·世界历史文化丛书·

泰国通史

The History of Thailand

段立生 ◎ 著

上海社会科学院出版社

前言

自从1962年考上北京大学东语系泰国语专业,就决定了我这一辈子注定要和泰国结下不解之缘。经过"文革"浩劫后的1980年,我又以36岁的高龄考上中山大学东南亚历史研究所的研究生,决定我经历10多年的用非所学之后,后半生又得以用泰语作为工具进行泰国历史的学习和研究。我毕竟是幸运的。我珍惜这种迟到的幸运,心无旁骛,把全部身心都投到我的专业上。

随着改革开放的大潮,我有幸走出国门,在泰国工作了10多年,又在美国待了七八年,始终都在搞泰国历史的教学和科研。但我一直认为,中山大学东南亚历史研究所才是我的最佳生存空间,我希望在那里读书、教书和写书。2000年回到广州,让我意想不到的是,校领导竟然撤销了东南亚历史研究所,把我们并入政治与公共行政管理学院。在那里,东南亚历史研究所的老师拿到的奖金是比过去多了,但付出的代价是昂贵的,由陈序经、何肇发和张映秋三代所长苦心经营的在国内外享有盛誉的中山大学东南亚历史研究所从此销声匿迹。我感到前所未有的失落,甚至愤怒,然而又能有什么办法呢?我从国外带回来40箱图书,20箱捐赠厦门大学南洋研究所,20箱捐赠暨南大学华侨华人研究所,唯独没有一本留给中山大学,因为中山大学东南亚历史研究所的资料室已被搞得七零八落,甚至以前花外汇从国外订购的旧报纸也被拿去称斤两卖掉了。

2004年,我退休回到家乡昆明,准备颐养天年。没想到云南大学泰国研究中心的瞿建文主任邀请我去帮助他们工作,结果发现我还有点儿余热,还能做点儿事。我又开始写文章,参加学术会议，被西安外国语大学和其他一些学校聘为客座教授。我利用跟泰国的老关系，让泰国朱拉隆功大学在云南大学设立了泰语水平考试的考点，大大方便了学泰语的中国学生。我们开通了中、泰学生相互到对方国家留学的渠道。正当我饶有兴致积极工作的时候，又收到上海社会科学院出版社张广勇编辑来函，邀请我写一本《泰国通史》，作为世界历史文化丛书之一出版。这正好与我的想法一拍即合，大概是冥冥之中的天意。季羡林先生曾说过，他的主要著作是70岁以后才写的。这话给了我很大的鼓舞，我今年正好进入古稀之年，看来今后还可以再写点儿东西。

从2013年9月开始写《泰国通史》，到2014年7月完稿，写作过程还算顺利。这主要得力于以前的史料收集。我们知道，13世纪泰国素可泰王朝建立以前，还没有泰文，更谈不上用泰文记载的历史。素可泰王朝是泰族摆脱高棉族统治后建立的第一个国家，但泰国历史并非始于素可泰王朝。根据中文史料的记载，在之前的很长一段历史时期，在现今泰国的版图内曾出现一些或大或小的城邦国家，构成泰国历史不可分割的一个组成部分。从公元1—2世纪开始，中国就与这些古国发生了直接的联系，开始用中文记述这一地区的情况。中国史料填补了前素可泰王朝时期的历史记载空白。由于泰国本身的历史学者和一般民众不懂中文，因此他们对前素可泰王朝时期的泰国历史知之甚少。他们所获得的一些零星历史知识，完全是从西方人的英文著作中得来的。比如说，霍尔的《东南亚史》(D.G.E.Hall, A History of Southeast Asian)就提到了许多东南亚的古代国家，其中包括在现今泰国版图内先后出现的一些城邦国家。霍尔的资料来源，大多依靠中国古籍的记载，即来自一些西方汉学家的翻译介绍。而这些西方汉学家虽有较深的汉学基础,却不能像中国学者那样通读浩如烟海的中文史料,也难免对古代文言文存在一些理解的误区,因此他们的翻译介绍不可避免地留下遗憾和瑕疵。笔者作为一个中国学者,占有先天的史料优势。

除了《二十五史》和大量的私家著述外,保存在北京故宫的《清史档案》也有许多不为人知的珍贵史料。比如说,泰国吞武里王朝时期曾与清政府有许多公函往返,对揭示这段时期的历史真实弥足珍贵。本书收集的许多史料是第一次公开发表。

笔者通晓中文、泰文和英文,当然也是一种语言优势。加之我在泰国生活了10多年,基本走遍了整个泰国,具备了关于泰国的人文地理优势。我用实地考察对照史籍记载进行比较研究的方法,往往可以发现一些被人忽略的细节,还历史以本来面目。

在这本《泰国通史》的写作过程中,笔者尽量发挥自身的优势,克服作为一名外国学者的不足,争取写一本颇具特色的有别于泰国学者的著作。虽然有这种雄心,但未必能达到这个目的,盼编辑和读者不吝赐教。

段立生
2014年7月9日于云南大学泰国研究中心

目录

1　前言

第一章　史前时期

- 1　一、班清文化
- 7　二、班菩史前文化遗址
- 8　三、泰国的铜鼓
- 11　**作者点评**

第二章　前素可泰王朝时期

- 14　一、谌离国和夫甘都卢国
- 16　二、金邻国
- 19　三、盘盘国
- 23　四、堕罗钵底国
- 26　五、赤土国
- 27　六、狼牙修国
- 27　七、单马令国
- 28　八、女王国
- 30　九、八百媳妇国
- 32　**作者点评**

第三章　素可泰王朝时期

- 34　一、泰族的起源
- 38　二、素可泰王朝的建立
- 42　三、素可泰旧城遗址
- 45　四、素可泰的政治体制
- 47　五、素可泰王朝时期的文化艺术
- 55　六、素可泰王朝的灭亡
- 56　**作者点评**

第四章　阿瑜陀耶王朝时期

- 57　一、建都阿瑜陀耶城
- 59　二、对外扩张版图
- 61　三、创建萨克迪纳制
- 64　四、阿瑜陀耶王朝与中国的关系
- 72　五、阿瑜陀耶王朝时期的外籍侨民
- 78　六、与西方殖民主义的斗争
- 85　七、阿瑜陀耶的佛教和文化艺术
- 102　八、泰缅战争和阿瑜陀耶王朝的灭亡
- 108　作者点评

第五章　吞武里王朝时期

- 110　一、郑信的家世生平
- 113　二、郑信领导的驱缅复国斗争
- 119　三、吞武里王朝时期的暹罗社会
- 125　四、吞武里王朝与清朝政府的关系
- 128　五、吞武里王朝的灭亡
- 131　作者点评

第六章　曼谷王朝初期

- 133　一、曼谷王朝初期的泰国社会
- 146　二、曼谷王朝初期的佛教和文化艺术
- 164　三、曼谷王朝初期的对外政策及西方殖民者的卷土重来
- 171　四、鲍林条约的签订及带来的社会危机
- 177　五、拉玛四世和拉玛五世的改革
- 190　作者点评

第七章　第一次世界大战前后的泰国

- 192　一、第一次世界大战前后暹罗的内政和外交

196	二、拉玛七世的《文官条例》和《僧人条例》
206	作者点评

第八章　1932年政变和君主立宪制的确立

208	
208	一、1929—1933年的世界经济危机对暹罗的冲击
212	二、1932年6月24日政变
219	三、保皇派的复辟及其失败
225	作者点评

第九章　第二次世界大战期间的泰国

227	
227	一、日本法西斯与第二次世界大战
228	二、战时銮披汶·颂堪政府及"大泰民族主义"
233	三、从废除不平等条约到执行亲日的外交路线
237	四、泰国人民反对日本侵略者的斗争
240	五、日本投降与战后自由泰政府
245	作者点评

第十章　拉玛九世领导下的当代泰国

246	
246	一、拉玛九世生平
250	二、拉玛九世时代的泰国政治和历届内阁
269	三、当代泰国的经济
273	四、当代泰国的宗教
282	五、当代泰国的文化和教育
311	六、当代泰国与中国的关系
315	作者点评

附录一　泰国历代王朝年表

317	
317	一、前素可泰王朝时期（公元1—13世纪）
317	二、素可泰王朝时期（1238—1419年）

318	三、阿瑜陀耶王朝时期（1350—1767年）
319	四、吞武里王朝时期（1767—1782年）
319	五、曼谷王朝时期（1767—）

320　附录二　泰国历届政府总理任职日期表

322　附录三　参考书目

322	一、中文书籍
323	二、英文书籍
324	三、泰文书籍

第一章 史前时期

史前时期一般是指有文字记载历史以前的漫长时期。而泰国的文字是13世纪才创立的,这是否意味着在13世纪以前都可以算作泰国的史前时期?回答是否定的。因为根据中国史料的记载,早在公元前1—2世纪,中国古籍就有关于现今泰国地区存在的大大小小城邦国家的记录。这些记录十分珍贵,是当今世界上仅存的关于泰国古代历史的真实记录。无论是泰国学者,还是西方国家研究泰国历史的学者,无一例外都必须依靠这些中文史料进行研究。中国人的记载把泰国的史前时期从13世纪推到公元前2世纪以前。

由于泰国史前时期的资料十分匮乏,我们只能依靠考古发掘报告。

一、班清文化

班清文化是泰国史前文化的代表。

班清位于泰国东北部乌隆府依旺县,"班"在泰语里是"村子"的意思,班清(Ban Chiang)即清村。这是一个名不见经传的小村,一个偶然的机会在这里发现了泰国史前文化的遗址。1966年,美国青年史蒂芬·杨(Stephen B. Young)到泰国东北地区旅游,来到一个名叫清的小村子,无意中在地上拾到几块碎陶瓷片,上面奇特而美丽的赭红色纹饰使他爱不释手,陶质的古朴也显示出年代的久远。尽管这位美国青年研习的是法律专业,对历史和考古学的知识懂得不多,但他还是把这几片陶瓷带回曼谷。值得庆幸的是,他父亲是当时美国驻泰国特命全权大使,由于这层关系,陶瓷片很快被送到美国,经宾夕法尼亚大学(University of Pennsylvania)的专家用碳14等方法测定,其年代为公元前3600—前1000年。这个结论在学术界引起轰动,因为谁也没料到在东南亚地区会发现这么悠久的史前文化。紧接而来的是泰国和国外学者蜂拥而

班清发掘现场

至，对班清遗址进行大规模发掘。

1967年，开始了班清的第一次发掘，由泰国艺术厅负责，依靠泰国的考古学家进行。

1969年，一位名叫泰锐·马尔斯（Teary March）的美国学者对乌隆府那干县进行了发掘。

1972年、1974年和1975年，泰国艺术厅与美国宾夕法尼亚大学联合进行了3次大规模的地下发掘，发掘面积达180平方米。特别是1974年的那次发掘，为了扩大对班清文化的了解，还把发掘地址扩大到班清以外的另外3个村。

1972—1973年，泰国艺术厅又组织国内力量对乌隆府南颂县、那干县及莱府和廊开府的部分地区进行了发掘和野外考察。

1974—1975年，新西兰奥它格大学（University of Otage）学者对莱府、乌隆府和老挝部分地区进行了野外考察。

但是，自1975年以后，由于国际政治形势的影响，学者不能像以往那样自由进入这一地区进行学术考察，迫使班清的发掘和考察不得不终止了一段时间。直到1983年，泰国艺术厅才获得机会恢复与新西兰奥它格大学的联合研

第一章 史前时期

究计划,对夜功河上游及乌隆府西部地区的公帕哇丕县进行普查和发掘,以寻找班清文化的分布范围及界限。

1983—1985年,泰国学者索姆素达·拉达尼(Soamsuda Rattanin)又到乌隆府西部考察和发掘,目的是寻找新的证据,解答班清文化研究中遇到的问题。

综上所述,先后共进行了9次大规模的考古发掘和野外调查,发掘出来大量的人体骨骼、陶器、青铜器和铁器,成为研究班清文化的实物佐证。

1. 陶器

陶器是一种用泥巴塑就的史前文明。一堆潮湿柔软的泥巴,经人工制成各种形状的器皿,火烧过后,变得坚硬,盛水不漏,盛物不丢。陶器的出现,是人类文明的一大进步,它使人类从单一依靠石材制造器物的时代中走出来,进入到陶器、青铜器和铁器的时代。陶器还改变了人类的烹饪习惯和生活方式,从此人类不仅仅用火烧烤食物,还懂得对食物进行蒸、煮、炖、煨。陶器还改变了丧葬习俗,发掘出来的许多班清陶器便是用来存放死人遗骸或骨灰的瓮罐,称为"瓮葬"。

班清出土的陶器,说明当地居民于5 600年前就懂得烧制陶器,并在上面绘制精彩的纹饰,既有一挥而就的赭红色花纹,也有经过精心构思的几何图形。美丽的图案与抢眼而又赏心悦目的色彩相搭配,使陶器具有强烈的艺术感染力。

红陶　　　　　　　　黑陶　　　　　　　　白陶

这种用泥巴烧制的陶器传递着史前文化的符号。从红陶、白陶和黑陶的胎质、形状及纹饰，可以看出它们的制作工艺及用途。

泰国学者素姆索达·尼亚瓦尼博士（Dr. Soamsuda Leeyawanich）在其著作《乌隆府地下发掘的陶器》中说：

最下层土层发掘出来的是矮罐，表面饰以绳纹和刻纹。此外还有存放儿童尸骨的颈口是刻纹的大瓮，绳纹的长颈瓶，广口瓶，底部系圆形的绳纹陶，肩部为刻纹和彩文混合的陶器。

中间一层出土的陶器代表中期的班清文化，计分为三种类型：（1）底部圆，肩部隆起成脊；（2）底部突出，饰以刻纹或彩纹；（3）陶质洁白，肩部隆起，底部突出。或者肩部隆起，底部或尖或圆，陶口涂以红泥。

在中间土层出土的陶器的纹饰，跟距班清2公里远的沃姆盖村（Omkei）出土的陶器纹饰相似。学者们断言，两者之间当有联系。

最上层出土的晚期陶器，亦明显地分为三类：（1）白陶上绘红纹；（2）红陶上绘红纹；（3）陶胎上涂以红泥釉。[①]

美国学者怀特·爵斯·西（White Joyce C.）参加了班清的发掘，他将发掘出来的陶器分为3个时期：

（1）早期，大约公元前3600—前1000年。有盛儿童尸骨的瓮，为绳纹，肩部有刻纹。此外还有一种长颈的陶器，颈上饰以刻纹或绳纹，外观呈筒状。至于外形近于圆球形的陶器，其肩部常有刻文或彩绘。

（2）中期，大约公元前300—前200年。为白陶绘红纹或红色的泥水陶釉。

（3）晚期，大约公元前200—公元200年。

不同时期的各种陶器大部分用于盛尸骨，相当一部分陶器保存良好，即使是破损的碎片，也可根据纹饰及外形将其复原。

专家对班清陶器的纹饰进行了收集、整理和研究，归纳为下述几类：（1）单螺纹。（2）双螺纹。（3）中国式的工字纹。（4）钩形纹。（5）蛋形纹。（6）蛋形重叠锁环纹。（7）波浪纹。另外还有牛、鳄鱼等动物的写实图案。

班清陶器纹饰的制作有固定的程序，通常采用刮、划、刻、刺、压、滚等方法。刻、划是用刀具在泥胎上制纹，刺、压则用来装饰花纹的细部。用绳子滚

[①] 见《班清：历史和考古学研究的新观点》（泰文），曼谷，1996年版，第21—24页。

压常用于花纹不固定的情况。有时在陶胎上加泥成为凸起的纹饰,然后用笔蘸颜料彩绘。

班清出土的陶器最小的高15厘米,大的高至62厘米。最常见的用途是盛死人的骨骸,也有造型不同的生活用具。

2. 青铜器和铁器

过去一般认为,东南亚地区使用金属从越南的东山文化开始,而东山文化则源于中国,其时间不超过公元前700—前500年。班清出土的青铜器和铁器,无疑是对上述观点的挑战。班清出土的青铜器和铁器有矛头、斧、箭镞、手镯、脚镯和鱼钩等。其中制作年代最早的是铜矛,大约有4000年的历史,化学分析的结果是锡占3%,含量较一般青铜器低。除上述铜矛外,班清出土的其他青铜器皆保持铜占85%—90%,锡占10%—15%的正常比例。有的还加了锌,使其容易磨得锋利,但质较软。

值得注意的是,在班清发现了坩埚和浇铸用的石模,说明这些青铜器是在当地生产的。

班清发现了公元前700—前500年的铁器,是一件矛,尖部是铁,尾部是铜,说明那时铁很稀奇。后来铁器才逐渐变得平凡。经测试证明,班清出土的铁器是用直接冶炼法从矿石冶炼的,跟中国的间接冶炼法不同。不必像中国

青铜器

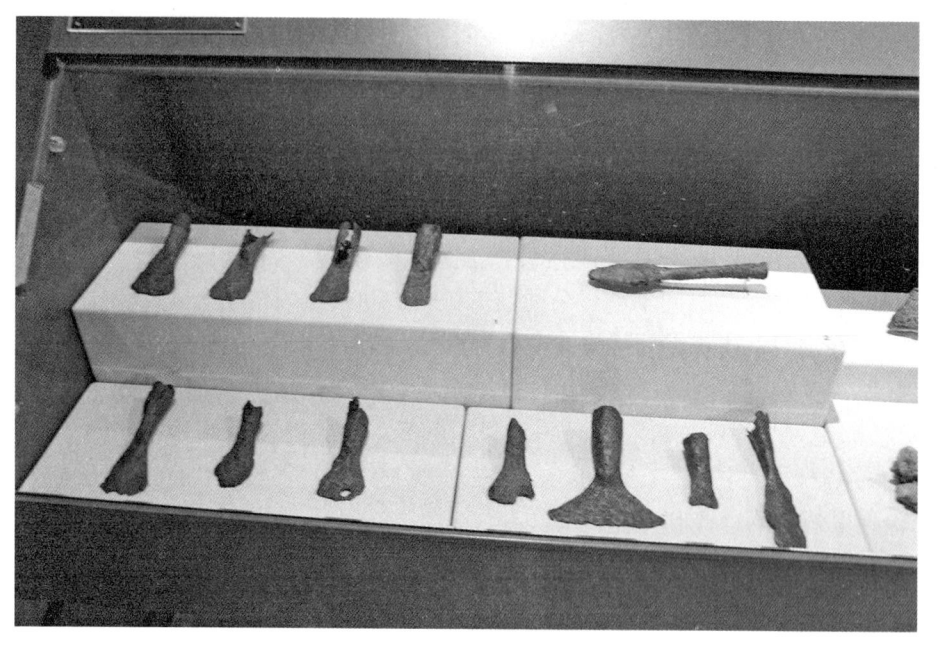

铁器

先炼出生铁,再加工成熟铁。

虽然班清出土的青铜器和铁器数量不多,但代表泰国冶金发展史上的一个重要阶段。

3. 班清文化亟待解决的问题

(1)班清文化的族属

班清文化的主人翁是当地的班清人,而班清人属于什么民族?或者说是什么民族的先民?解决这个问题对泰国史的研究至关重要。长期以来一直争议作为泰国主体民族的泰族是从哪里来的?虽然众说纷纭,但归纳起来不外3种意见:

第一种意见认为泰族是从中国南迁来的;第二种意见认为泰族是从爪哇或马来半岛北上的;第三种意见认为泰族自古就在这块土地上繁衍生息。

假如我们有足够证据能够确认班清人的族属,无疑将有助于解决泰族起源的问题。目前,人类学者与医学工作者相结合,对班清出土的男女成人和小孩的骨骸进行研究,期待在将来的某一天,能够提出令人信服的证据。

(2)班清文化的演变和发展

班清文化既然长达5 600年之久,并且知道使用陶器、青铜器和铁器,为什偏偏只在班清一地发现,而周围地区所发现的农业文化遗址不超过公元前1000年? 也就是说迄今不超过3 000年? 班清文化是怎样演变和发展的? 学术研究最忌孤证,如何才能取得其他旁证? 这是亟待学者深入研究和解决的问题。

二、班菩史前文化遗址

班菩(Ban Phu)位于泰东北乌隆府,距府治乌泰它尼(Udon Thani)68公里,紧接蒲潘山脉。1973年在这里的山岩上发现一批史前岩画,成为继班清之后的又一重大考古发现。

班菩的地形地貌显示,亿万年前这里曾是一片大海。由于海水的冲刷,一些巨石变成上面大、下面小的蘑菇状,可以蔽日遮雨。有的则像屋檐式地凸出来,形成岩穴。不知何时地壳变动,使这一地区由沧海变为陆地,孕育了早期的史前文明。

班菩的史前岩画分为四类:人、兽、手掌印和几何纹。用赤铁矿石粉作颜料绘制,也可能加了动物的血,故呈赭红色。岩画藏于每块长约6米,恰似蚌壳张口的岩壁上,因此得以保存悠久的岁月。人像共8人,作行走状。动物有

史蒂芬与作者在班菩考察

野牛、山猪、飞禽和马鹿等，线条简洁，形象古朴，被人类学家归为原始艺术类。手掌印和几何纹归为抽象艺术类。

班菩的史前岩画与云南沧源佤族的史前岩画十分相像，人的身体都画成三角形。据学者研究，泰东北地区古时也住着腊瓦族（Lava），与云南佤族同源。早期腊瓦人在班菩留下岩画的原因，不会是单纯出自美术创作的冲动，而是与他们的原始宗教信仰有关。否则，除了人兽的图像外，就不该有手掌印和几何纹。可惜我们现在还弄不清这种原始宗教的教义和崇拜仪式。

最近，云南永仁县灰坝地区也发现了史前岩画，约2平方米的遗留画面，有10余个手掌印，手掌印下方有两个一大一小的舞者，可惜人像看不太清楚。与班菩岩画相似的是，都是赭红色的手掌印，说明他们信奉同一种原始宗教。永仁自古是傣族聚居区，与泰国泰族同源，其先民是否曾沿澜沧江向南迁徙？

总之，班菩史前文化与云南史前文化有亲缘关系，这大概是毋庸置疑的。

三、泰国的铜鼓

铜鼓广泛分布于中国南部及东南亚各国，用青铜制成，最古老的铜鼓已有近3 000年的历史，形成一个铜鼓文化圈。铜鼓作为一种史前文化的代表受到学术界的高度重视。

关于铜鼓的发源地，过去西方学者认为越南清化省东山是一个重要的发源地，并将那里出土的铜鼓命名为"东山铜鼓"。1976年，云南楚雄万家坝出土了5面2 700年前的铜鼓，万家坝型铜鼓是中国乃至全世界最早的铜鼓。比万家坝铜鼓稍

班菩岩画：牛

班菩岩画：人

沧源岩画

永仁岩画

晚一点的是滇池石寨山型铜鼓。因此，中国云南是铜鼓的起源地，已是学术界的共识。公元前400年，滇西地区的铜鼓顺红河而下，与越南红河流域的青铜文化相结合，才出现了东山铜鼓。同样的道理，泰国、老挝、柬埔寨、缅甸、马来西亚、新加坡和印度尼西亚等东南亚国家的铜鼓，也是伴随着人口迁徙、文化和经济交流而从中国传过去的。

铜鼓作为这一广袤地区多种民族的共同的文化载体，是史前文化的代表。史前社会生产力极端低下，是铜鼓产生的历史背景，也是铜鼓得以在该地区传播的原因。当时的农耕和游牧正处于刀耕火种、逐水草而居的阶段，因此民族迁徙是一种常态。铜鼓正是伴随民族迁徙在云南和东南亚地区传播的。现在这一地区分属于不同的民族和国家，但在古代却是生态环境相似、社会发展形态相同的一个文化区。

铜鼓有多种用途，比如说，作为祭祀用的神器和礼器，象征权力和财富的国之重宝，打仗用的战鼓，载歌载舞用的乐器，官吏出巡开道用的鸣鼓，甚至储存货币用的贮贝器等。但是铜鼓最原始和最基本的用途，是作为祭祀用的神器和礼器，其他用途都是后来衍生和发展起来的。事实难道不是这样的吗？让我们来对照一下人类社会的发展历程：自从有了人，首先遇到的第一个问题是，人从哪里来？死后到哪里去？由于生产力和科学水平的限制，人们自然而然地把这个问题的答案交给神，这就是宗教信仰之滥觞。宗教是人类最早出现的一种文明，从某种程度上说是人类知识文化之源。铜鼓作为史前文化的载体，最原始和最基本的用途必然是充当原始宗教的神器和礼器。随着生产力的发展和剩余产品的出现，铜鼓才开始成为财富和权利的象征，此后又衍生出其他用途。

铜鼓是宗教文化的产物，这是不言而喻的。铜鼓的发明者和使用者，包括中国西南边疆的少数民族，东南亚各国的土著民族，皆是铜鼓的主人，他们都或多或少地受到印度文化的影响，都属于宗教文化的范畴。这跟中国中原地区的史官文化有很大的不同。铜鼓和鼎，皆是史前时期出现的青铜器，铜鼓属于宗教文化，而鼎则代表史官文化。

史官文化推崇用文字记载的历史，鼎上的铭文就是最早的历史。中国史学所提倡和宣扬的人文精神，已成为中华民族的民族精神，形成以历史为依据，以现实为基础，重实践、重传统、重祖先、重集体、重功利的民族特点。它以儒家学说为核心，主张人与自然和谐相处，摆脱宗教天命的桎梏，把天命和人生合二为一。以德、才、识、学作为衡量一个人的标准，以立功、立德、立言作为人生价值的取向,把修身、齐家、治国、平天下作为人生事业的追求目标。这就是史官文化。

宗教文化以宗教为核心,宗教起着支配一切的作用:人们为宗教而活着,文学为宗教而创立,史学为记录宗教活动而产生,教育依赖宗教而生存,美术雕刻是宗教图解或使宗教形象化的手段,舞蹈是为了酬神和传达神的信息。最重要的是,宗教相信生命轮回、因果报应,许多人因此放弃生产实践和社会责任,以毕生精力追求来世或永恒。宗教文化不重视文字记载的历史,或者说根本就没有历史,偶尔记录下来的也大多是宗教祭祀活动。他们的文字出现得很晚,有的少数民族至今没有文字。

所有的铜鼓上都没有发现文字,只有纹饰。文字跟纹饰是两种不同的符号,文字是推论性的符号,纹饰是呈现性符号。前者由语言而科学,后者由祭祀、神话和宗教而艺术;前者是科学性符号,后者是生命性符号。

作为生命性符号的铜鼓的纹饰,并非简单的装饰物,而是与他们原始宗教信仰相关联的一种宗教符号,它反映了以太阳神为主的多神崇拜。鼓面的中心是太阳纹,向外各个晕圈布满云雷纹、圆点圆圈纹、三角锯齿纹和鸟纹;鼓胸上有船纹;鼓身上有牛纹、羽人舞蹈纹、剽牛纹等。这些纹饰骤然观之,似觉错综复杂,但把它们置于原始宗教信仰体系下来观察,则可发现这些纹饰都有一定的宗教含义。铜鼓不折不扣的是一种宗教器物,是宗教的外在表现形式。

目前,泰国共发现40多面铜鼓。民间收藏的铜鼓不少于20面。其中最著名的是1960—1962年在北碧府翁巴洞出土的4个铜鼓的碎片,2面完整的铜鼓。在运往曼谷的途中丢失了一面完整的铜鼓,另一面落入北碧府尹手中,后布施给一座寺庙。这些铜鼓的形制和纹饰与云南石寨山型铜鼓和越南东山铜鼓十分相像,明显地存在亲缘和传承关系。

泰国最权威的由皇家科学院编纂的佛历2525年(1982年)版的《泰文大词典》在解释铜鼓这一词条时说:"铜鼓是中国南部各民族用来敲击发出信号或音乐的鼓。这种鼓是用铜、锡、铅之合金冶炼的,不同地区的使用者对它有不同的称谓,比

铜鼓

如泰国北部和缅甸称之为青蛙锣,因为在鼓边四周通常有青蛙塑像作装饰。"

铜鼓上的青蛙装饰实际反映了古人的图腾崇拜和宗教信仰。在自然界青蛙的出现,往往预示天要降雨,故青蛙锣常用于抗旱祈雨的宗教活动。另外,蛙鸣求偶,青蛙是生殖能力很强的动物,用青蛙装饰铜鼓,寓意人丁兴旺。我们常见两只青蛙叠在一起的装饰,这很好理解,表示青蛙正在交配。可是,在泰国有的铜鼓上,却出现3只青蛙叠在一起的情况,不知当作何解?

泰国的铜鼓为泰国的史前文化研究展示了一个新的平台。随着研究的不断深入,当会有更多的新发现。

作者点评:

泰国拥有光辉灿烂的史前文化,这一点过去的学者缺乏足够的认识。具有6 500年悠久历史的班清文化的发现,引起了全世界的轰动,也是对越南东山文化的挑战。过去普遍存在一种误解,以为东南亚各国的古代文化,皆受越南东山文化的影响。其实在东南亚还有比东山文化更为古老的文化,班清文化就是一例。由此证明,各个国家,各个民族,都有自己的文化传统和历史。不同国家、不同民族的文化和历史,皆有其自身存在的价值,应当互相尊重,互相交流。因为所有国家、所有民族的传统文化和历史,合起来才能构成全世界人类的共同文明史。

目前,学术界十分重视对班清文化的研究,作者有幸出席了1984年和1996年在乌隆府召开的两次国际学术研讨会,特别是后一次研讨会,邀请了班清文化遗址的发现者美国人史蒂芬·杨作为特邀代表出席会议。从1966年发现班清文化遗址到1996年召开第二次班清文化国际学术研讨会,时间过去了整整30年,史蒂芬·杨也从一个年轻的大学生变成了美国宾夕法尼亚州的执业律师。学术界对班清文化的研究也取得了重大进展。班清也被联合国教科文组织列入世界文化保护遗产。

班菩史前文化遗址的研究,开辟了一条把泰北史前文化与云南史前文化进行比较研究的新路。云南南部和泰国北部、东北部,现在虽然分属两个国家,但从民族史和文化史的角度来看,则属于同一文化区,有着密切的文化亲缘关系。认真梳理这种亲缘关系,将进一步促进两国人民的友好交往。

泰国的铜鼓虽然是一个老话题,但把它置于中国与东南亚的铜鼓文化圈里来研究,用中国南方少数民族及东南亚各族共同的宗教文化来与中国中原地区的史官文化进行比较研究,不难会有新发现。同时,也可以揭示中国与东南亚史前时期的密切联系。

第二章　前素可泰王朝时期

素可泰王朝建立以前,泰国缺乏用本国文字记录的历史,因为泰文字母的使用,是在1283年镌刻著名的兰甘亨石碑时才发生的事。据说素可泰国王兰甘亨把古孟文和吉蔑文加以改造,将其字母的弯曲部分拉直,创造了泰文字母。素可泰王朝是13世纪泰族摆脱高棉族统治后建立的第一个国家,但泰国历史并非始于素可泰王朝。根据中文方面的记载,在素可泰王朝建立以前的很长一段历史时期,在现今泰国的版图内,曾经出现一些或大或小的国家,在不同历史时期有不同的称谓。这些大大小小的邦国,构成泰国历史不可分割的一个组成部分。从公元1—2世纪开始,中国就与泰国地区的这些古国发生了直接的联系,往后在不同的历史时期皆陆续有记述。这些记载,或存于官修正史,或存于私家著述,或存于宫廷档案,大多是当时人记当时事,以其翔实可信而成为整个人类历史中一笔极其重要的精神财富。

由于泰国本身的历史学者和民众不懂中文,对中国史料不是很谙熟,因此他们对前素可泰王朝时期的泰国历史知之甚少。他们所获得的一些零星历史知识,完全是从西方人的英文著作中得来的。比如说,霍尔的《东南亚史》(*A History of Southeast Asian*)就提到了许多东南亚的古代国家,其中包括在现今泰国版图内先后出现的一些城邦国家。霍尔的资料来源,大多依靠中国古籍的记载,即来自一些西方汉学家的翻译介绍。而这些西方汉学家虽有较为深厚的汉学基础,但不能像中国学者那样通读浩如烟海的中文史料,也难免对古代文言文存在一些理解的误区,因此他们的翻译介绍不可避免地出现不够完善甚至错误的地方。这就影响了霍尔的这部权威著作的质量。霍尔的书因为引用中文古籍而名声大噪,同时也因为一些引文的不准确而留下遗憾和瑕疵。

过去一段很长的时间,泰国人对自身的历史也有一些模糊不清的认识,他

第二章　前素可泰王朝时期

清迈大学

们始终把13世纪由泰族建立的第一个王朝——素可泰王朝当作泰国历史的开端，似乎泰国史就是泰族史，而且仅仅存在了800多年。这种观点，突出地反映在泰国教育部编写的中小学历史教材中。1983年，作者应邀到泰国清迈大学历史系讲学，曾公开对这种观点进行批评。作者在泰国媒体上指出：什么是历史？历史就是现在以前所发生的一切。过去对于现在来说是历史；现在对于将来来说也是历史。什么是泰国史？泰国史不等于泰族史，正像中国史不等于汉族史一样。所谓泰国史，应该指现今泰国境内包括泰族、孟族、吉篾族、华族及山区少数民族在内的各个民族共同创造的历史。接着，作者撰文介绍了中国古籍中所载泰国境内早期的城邦国家，在当地的中文报纸和泰文杂志上连载，在泰国社会中引起了轰动效应。

　　30年过去了，泰国史不等于泰族史的观点已被泰国朝野广泛接受。现在，我们有机会利用中国史料，参照泰国的考古发掘，详细撰写泰国前素可泰王朝时期的历史，补充和订正霍尔的《东南亚史》，无疑是很有意义的一件事。

一、谌离国和夫甘都卢国

包括斜仔、苏梅岛在内的素叻它尼府及春蓬府，古代具有重要的商业地位，它正好处于中国商船前往印度的通道上。公元1—5年间汉朝使节从广东乘船，经越南、柬埔寨进入暹罗湾，在斜仔登陆步行越马来半岛最窄的地段克拉地峡，然后再乘船至印度。这就是历史上有名的汉使行程。

《汉书》卷82说："自日南障塞徐闻、合浦，船行可五月，有都元国；又船行可四月，有邑卢没国；又船行可二十余日，有谌离国；步行可十余日，有夫甘都卢国；自夫甘都卢国船行可二月余，有黄支国，风俗与珠崖（海南岛）相类。"

从《汉书》记载的汉使行程推断，汉朝使节从中国广西的海港徐闻及海南岛的合浦乘船出发，船行5个月，到都元国，当在越南境内；又行4个月，有邑卢没国，大概在柬埔寨境内；又船行20余日，到达谌离国，在马来半岛东岸，泰国境内；然后弃船登陆，步行10余日，到夫甘都卢国，即马来半岛西岸，泰国境内；又从夫甘都卢国下船，船行2个月，到印度的黄支国，那里的风俗与海南岛相似。

谌离国和夫甘都卢国系公元1世纪存在于泰国境内的两个古国，这大概是没有疑义的。它们位于马来半岛克拉地峡的东侧和西侧。克拉地峡最窄处只有50公里，最宽处也才190公里，是暹罗湾和安达曼海的分界，步行穿过克拉地峡，便可以从太平洋进入印度洋。这条通道比经过马来半岛南端，绕行马六甲海峡快捷了许多。

谌离国和夫甘都卢国所处的重要地理位置，使其在泰国古代史中占有非常重要的地位。遗憾的是，这两个国家仅见于《汉书》的汉使行程，其余没有更多的记录，使我们对它们的情况知之甚微。

到了7—12世纪的时候，素叻它尼府一带被沦为海上强国三佛齐的属国。斜仔这个地方在中国古籍中被称为加罗希，洛坤被称为单马令。《诸蕃志》三佛齐条说："蓬丰、登加侬、凌牙斯加、吉阑丹、佛罗安、日罗亭、潜迈、拔沓、单马令、加罗希、巴林冯、新拖、盐酦、蓝无里、细阑皆其属国也。"

三佛齐是7—14世纪称雄东南亚的一个强国，在中国唐代的载籍中称为室利佛逝，在宋代以后的载籍中称为三佛齐，学者认为，室利佛逝和三佛齐皆是Srivijaya的同音异译。而Srivijaya这个词，则在苏门答腊、爪哇和马来半岛出土的碑铭中多次发现，证明中国史籍所记不诬。三佛齐的政治中心在苏门答腊岛上的旧港。跟随郑和下西洋的通事马欢在其著作《瀛涯胜览》旧港条

第二章　前素可泰王朝时期

中说:"旧港即古名三佛齐是也。番名渤淋邦,属爪哇国所辖。"

赵汝适的《诸蕃志》说:"三佛齐间于真腊阇婆之间,管州十有五。""其国在海中,扼诸蕃舟车来往之咽喉,古用铁索为限以备他盗,操纵有机,若商舶至则纵之"。"若商舶过不入,即出船合战,其以必死,故国之舟辐辏焉"。赵汝适的《诸蕃志》撰于10世纪,与三佛齐是同一时代,因此比较可靠。从这段记载可以看出,三佛齐一方面从马六甲海峡方向扩张自己的势力,另一方面又控制着巽他海峡,从其首都巴邻旁到这两个海峡的距离正好相等,这对三佛齐控制这两个海峡,维持海上贸易霸权,十分合适。来往于中国与印度之间的商船,经过这里必须交税,然后才开放横亘于海峡中的铁索,让商船通过。如果过往商船不肯纳税,三佛齐便派出战船与之交战,直到取得胜利方肯罢休。

三佛齐在强盛的时候,曾一度扩张到马来半岛,使这一地区置于其统治之下,或者成为其属国。作者曾到马来半岛的素叻它尼府、春蓬府进行实地考察,亲眼见到这一地区存在的历史遗物,比如中国唐宋时期的陶瓷,说明这段时间那里与中国的贸易十分繁荣。奔屏县至今还有一座名叫"三佛齐"的山。猜也还保留着三佛齐时代的佛塔。该塔大约建于757年,除塔顶坍塌重修过外,其余皆保持原貌,从塔基至塔顶高24米,建在一个四方形的座基上,座基东西向宽13米,南北向宽18米。塔檐为3层,依次向上逐渐缩小。每层有8座模拟小塔,3层共计24座。原来的塔尖是银的,塔尖上端是金华盖,重82铢3沙楞。①原件被盗,1938年用镀金代替。现在又重制纯金华盖置上。这座塔十分有名,是泰国重点保护文物。由于这座塔的式样特殊,带有明显的三佛齐时代的特点,所以将与之类似的塔统称为三佛齐式的塔。除泰南的猜也外,泰北的清迈也有素可泰王朝时期建造的三佛齐式的塔。

三佛齐塔

---

① 铢和沙楞是泰国古代计量单位,1铢等于4沙楞,折合现今公制15克。

二、金邻国

金邻国又名金陈国,最早的记载见于三国时代朱应的《扶南异物志》和康泰的《吴时外国传》。231—245年之间,吴国官员朱应、康泰奉命出使中南半岛地区,归国后他们根据亲身见闻分别写了上述两本书,其中谈到位于现今泰国中部靠近暹罗湾的地区存在一个金邻国。可惜朱应、康泰写的这两本书现在已经失传,只留下零星片段,散见于《太平御览》等类书中。新加坡学者许云樵先生,生前曾做了大量的辑佚工作,编成《吴时外国传辑注》,给我们的研究工作提供了极大的方便。

《太平御览》卷790金邻国条引《异物志》说:"金邻一名金陈,去扶南可二千余里,地出银,人民多好猎大象,生得乘骑,死则取其牙齿。"扶南是公元1—7世纪在东南亚出现的一个泱泱大国,其政治中心在今柬埔寨境内,其本土包括柬埔寨及泰国东北部被称为上高棉地区。扶南强盛的时候拥有许多属国,比如说顿逊国,《梁书》卷54说:"(扶南)其南界三十余里有顿逊。在海崎上,地方千里,城去海千里。有五王,并羁属扶南。"顿逊,一作典孙,其地在马来半岛的丹那沙林(Tanassarin),泰语称为Tanaosi(达脑希),现在属于缅甸。

除顿逊之外,马来半岛上的小国屈都昆、九稚都是扶南的属国。那么金邻国是否沦为扶南的属国呢?史无明载。我们只知道,就在扶南国王范蔓准备讨伐金邻国的时候,得了疾病,遣太子金生代行。范蔓的侄子名叫旃,是统帅2 000名士兵的将官,篡蔓自立,并用计杀死拥有重兵的太子金生。范蔓死时,曾留下一个名叫长的小儿,藏匿民间。待长长到30岁时,交结壮士袭杀旃,为父兄报仇。旃大将范寻又杀长而自立。吴国使节朱应、康泰出使扶南,正是在范寻当国王的时候。由此看来,我们似乎可以推断,金邻国没有成为扶南的属国,只是扶南的邻国,它距扶南国有2 000里之遥。

《太平御览》卷790金邻国条引《异物志》说:"金阵(陈)国,入四月便雨,六月乃止,少有晴日。"这条记载虽然很短,却很有价值,它把金邻国的气候特征说得十分清楚。正如泰国的气候特征一样,一年之中没有四季之分,只有旱季和雨季。金邻国在泰国的文献中称为"萨旺那普米",意即黄金地,在现今泰国的素攀府一带,自古以产金闻名。泰国前国家博物馆馆长巴通·储平攀(Prathoom Chumpeng)根据这一地区遗留下来的大量金器,以及湄南河流域许多地名都跟金子有关这一事实,断言素攀府乌通城(U-Thong,金城)就是金邻

第二章 前素可泰王朝时期

国的首都。

除了中文古籍的记载外,古代的西方人也曾经提到过这块被称作黄金之地(Golden Land)的地方。公元1世纪60—80年代,一位佚名的混有埃及血统的希腊商人,写了一本《印度洋环游记》(*Voyage Round the Indian Ocean*),这是最早记录东西方商业贸易的书,书中说:

> 在印度恒河的对面,有一个岛在海中,这是世界上有人居住的最东的地方,也就是太阳升起的地方,叫作黄金之地,而又是印度洋出产最好的玳瑁的地方。很大的船舶叫作科兰地亚,航行到这里过了黄金之地,海洋的尽处,是支因(Zhin),在这个国家的北边。一个大城市叫支那(Zhinae),这是出产丝绸、生丝和蚕茧的地方。从这里经过陆路运输到大夏(Bactria),又经大夏运到巴利加沙(Barygarza),这就是在康本拜(Cambay)湾,这跟沿恒河而到印度东南沿岸卡鲁满得(Coromandel)的那条路是一样的。但无论如何,要到支那是很困难的,路途遥远,从那里来的人也没几个。

遗憾的是,这位佚名的混有埃及人血统的希腊商人,他本身居住在非洲靠红海的海岸城市柏累奈西(Berenice),他虽然有过相当多的航海经历,但最东边不超过麻拉巴海岸(Malabar Coast),上述记载是他从印度商人那里听来的传闻。

另外,公元150年左右,埃及亚历山大城的地理学家托勒密(Ptolemy)在其著作《地志》(*Geographike Syneaxis*)中,也曾提到金地或黄金半岛(Golden Chraonses),他指出从西方到中国要经过黄金半岛,即现在的马来半岛。

金地,在巴利文中称作"素旺那普米"(Suwarnabhumi),泰语、缅语沿用之。因为缅甸的古代宗教文献及碑铭中曾经出现过这个地方,所以缅甸学者认为金邻国应在下缅甸的勃固(Pegu)。但是,泰国学者反对说,假如金邻国真的在缅甸勃固的话,印度阿育王派到素旺那普米弘扬佛法的两位僧侣应该到过那个地区。然而,至今找不到任何证据足以证明两位印度高僧曾经到过勃固。而缅甸的佛教,是公元5世纪后才兴盛起来的。故素旺那普米当在泰国境内莫属。

佛统大金塔是佛教最早传入泰国地区的标识。据说,该塔建于公元前287年,虽不足信,但可供参考。我们现在看到的佛统大金塔,是曼谷王朝拉玛四世下令重新修建的。他为了保存文物古迹,命令先复制一座原塔,放在现今的佛统大金塔南面，然后在原塔的外面再建一座锡兰式的大塔，把原塔包裹在其中。该工程于1853年动工，直到拉玛五世时代的1870年才竣工。重修的佛统大金塔高达120米，巍峨雄伟，美轮美奂，几里之外，便可瞻见塔尖，聆听到塔上风铃传来的梵音，仿佛在娓娓叙说佛教传入泰国的悠久历史。

金邻国是孟族建立的国家。由于地处交通要冲，国内经济和对外贸易一度十分发达。20世纪20年代，这里曾经出土了公元2世纪制作的小铜佛。素攀府乌通县还发现大量的串珠，有石质、水晶和金子做的几种，系当时人使用的装饰品。另外还发现来自波斯和其他地方的罗马串珠，造型奇特，十分漂亮，可能是当时与西方国家贸易的舶来品。现在当地居民已发掘出上万粒这样的串珠，然后串成项链、手镯去卖，在泰国享有盛名，以致从其他地方出土的串珠，也被说成是乌通县出土的，便可以卖个好价钱。离此不远的佛统还发现了印度阿育王时代的石

佛统大金塔

串珠

第二章　前素可泰王朝时期

法轮　　　　　　　　　　　　　　　　　　　　　　佛教信徒石雕

刻法轮和摩羯陀经文。根据泰文资料的记述，公元1世纪时，有两名印度僧侣从印度步行，经缅甸到达佛统弘法，金邻国的10万户居民大多信仰佛教。另外，还出土了罗马式铜灯，考古学家断定来自地中海地区。可见金邻国强盛之时曾与海外进行贸易。到了6世纪下半叶，金邻国逐渐走向衰败，最终被堕罗钵底国取代。

三、盘盘国

盘盘国在现今泰国南部的马来半岛上。根据中国古籍的记载，公元424—464年间，盘盘国曾遣使访问中国的刘宋政权。以后在527年、529年和534年又3次派遣使节来到中国梁朝，送来象牙、宝塔和香料等礼物。直到唐贞观年间，盘盘国还遣使来中国。由此可知，这个国家存在的时间大约从5世纪到8世纪。

关于盘盘国的地理位置，杜佑《通典》卷188盘盘条说："盘盘……在南海大洲中，北与林邑隔小海，自交州船行四十日，至其国。"

《新唐书》卷222下盘盘条说："盘盘，在南海曲，北距环王，限小海，与狼牙修接，自交州船行四十日乃至。"

《通典》说的林邑和《新唐书》的环王都是指同一个地方，在今越南境内，盘盘与之隔一小海（暹罗湾），盘盘当在马来半岛上无疑。此外，盘盘与狼牙修接壤,狼牙修的政治中心在吉打、北大年一带。因此,学者认为,盘盘国的统治范围大约在泰国的素叻它尼府。

泰国学者贪玛尼·帕尼进一步明确指出,盘盘国的首都大概在远沙县(Wing Sa),位于达必河的右岸。在那里发现的文物计有:大型的那莱神石像一尊,中型的湿婆神和那莱神石像各一尊,印度笈多(Gupta)时代(公元320—600年)的小型石佛像一尊。在达必河与欺里叻河交汇处,有一地名 Pupin,大概源于盘盘。达必河的出海口叫作 Pankupa,是通往盘盘国京城的水道口。猜也(Chaiya)是盘盘国的一个城市,在那里发现的文物有刹拉亭寺保存的一尊那莱神石像,搓拉贪寺保存的3尊那莱神石像。贪玛尼·帕尼是泰国素叻它尼府人,他用数十年的业余时间进行地方文化史的研究,出版了许多著作,被誉为杰出的泰国文化研究的开拓者,他的看法,值得我们重视。

盘盘国的国名跟扶南一位名叫盘盘的国王同名,所以西方学者卢斯(G.H.Luce)提出这样的假设:盘盘国的得名,是因为扶南大王范蔓征服了这个地方以后,用前王盘盘之名称呼这个国家,以纪念其前王。①这种说法只是一种猜想,尚缺可资佐证的材料。但可以肯定的是,盘盘国跟扶南的关系十分密切。

《梁书》卷54扶南传指出:"其后王憍陈如,本天竺婆罗门也。有神语曰:'应王扶南。'憍陈如心悦,南至盘盘,扶南人闻之,举国欣载,迎而立焉,复改制度,用天竺法。"

这位名叫憍陈如的婆罗门,先到盘盘国,后来才到扶南为王的。他到扶南以后,大力推行印度化的改革,"复改制度,用天竺法",使印度文化得以在扶南和东南亚传播。

除了憍陈如外,其他印度人通过盘盘,再到扶南和东南亚各地以及中国的例子很多。例如,《太平御览》卷788引宋起居注说:"孝建二年(公元455年)七月二十日,盘盘国王遣长史竺伽蓝婆,奉献金、银、琉璃、诸香药等物。"

这位作为盘盘国派往中国的使节竺伽蓝婆,很可能就是印度人。因为在中国的古代文献中,凡是名字前冠以"竺"字,或者以竺为姓的人,大多来自印度。"竺"指天竺,乃印度的古译。

杜佑《通典》卷188盘盘条说:"其国多有婆罗门,自天竺来,就王乞财物,王甚重之。"

---

① G.H.Luce, *Countries Neighboring Burma*, Journal of British Royal Society 14(2), pp.138-205.

第二章　前素可泰王朝时期

由此可见,许多印度人,包括婆罗门教徒,都是先到盘盘国,再经盘盘国到其他地方。盘盘国成为继顿逊之后印度与东南亚联系的枢纽。印度文化,特别是婆罗门教,正是从印度经盘盘到扶南,然后在东南亚各地扩散的。婆罗门教传入泰国,对当时的泰国人来说,是一种新的宗教和文化,它改变了泰国人的生活方式和价值取向,同时也带来了一种新的社会秩序和政治制度。

如今,我们在泰国随处可以见到对男性生殖器——希瓦楞的崇拜。生殖器崇拜是早期人类社会普遍存在的一种文化形态,它反映了在生产力低下的情况下,人类对自身的再生产过程的迷惘和困惑,经过宗教的加工诠释,从而成为一种信仰或文化形态。这种生殖崇拜实际源于婆罗门教。因为婆罗门教的最高神祇湿婆(siva)就是以希瓦楞(siva leng)的形式出现的。

毗湿奴(Visnu)是婆罗门教的另一位神祇,经常被塑造为一个完美匀称的年轻人,戴着圆筒状的高帽,有4只手臂,分别拿着权杖、法轮、一根棍、一个球或一朵莲花。

婆罗摩(Brahma)是婆罗门教的创造之神,他创造了世界上的一切。他有4张脸,后来变成佛教的四面佛。

婆罗门教在泰国留下了许多高棉式的宗教建筑,如武里喃府的帕侬诺石宫(Prasat Phnom Rung)、柯叻府的披迈石宫(Prasat Phimai)等。石宫是当地华人对高棉式古建筑的习惯称呼,高棉语称之为"巴刹"(Brasat)。

希瓦楞　　　　　　　毗湿奴　　　　　　　四面佛

婆罗门教还带来称之为"巴朗"(Brang)的塔。这种塔的上端犹如一包玉米，或者说像一个菠萝，跟泰国称为"斋滴"(Chaidi)的佛塔有明显的区别。

婆罗门教对泰国影响深远，时至今日随处皆可见其身影。

此外，盘盘国跟中国的联系也十分密切。从5世纪初叶，它就直接与中国建立起朝贡式关系。朝贡本是中国古代诸侯定期朝见天子，贡献方物，表示诚敬的一种制度。到了后来，朝贡已不是最初的含义了，变为海外诸国与中国政府建立外交关系的一种模式。海外诸国派使节到中国朝贡，中国政府派官员到海外抚谕，实际是政治交往的一种外交手段，经济互利的一种官方贸易形式，人员和文化交流的一条途径。海外诸国名义上承认中国是上邦，中国视其为属国，但实际上海外诸国保持着自己的独立地位，不受中国的支配和干涉。它可以借助中国的势力和影响，调整它与周边邻国的关系，抵御外来侵略。这跟近代西方推行的殖民政策有本质的不同。因此，海外诸国都希望与中国建立和保持朝贡关系。通常是它们主动提出请求，中国政府多方考察后才认可。历代中国政府很重视外国来贡，万邦来朝是国力强大的标志。每次外国来贡都要命史官记录在案。所以，检索朝贡记录，便知两国间的友好交往。

巴朗

盘盘国与中国的朝贡关系，建立于5世纪初，一直维系到7世纪唐朝贞观年间，盘盘国消亡为止，历时200余年。其中交往最密切的是5—6世纪中国的南北朝时期，也正是佛教风靡中国的时期。盘盘国在沟通中印佛教交流方面，曾发挥了重要的作用。《南史》卷78列传第68夷貊上说："盘盘国，元嘉(424—453年)、孝建(454—456年)、大明(457—464年)中，并遣使贡献。梁中大通元年(529年)、四年(532年)，其王使使奉表累送佛牙及画塔，并送沉檀等香数十种。"

中国方面早期到西天求法取经的代表人物义净和尚于唐咸亨二年(671年)从广州乘船前往印度。他在其著作《南海寄归内法传》中提到盆盆洲，有学者如冯承钧认为,义净所说的盆盆就是盘盘。如果这种说法成立的话,也可证明盘盘国在中印佛教交流中的重要作用。

不管怎么说,我们可以肯定的是,盘盘国的地理位置正好处在马来半岛最窄的位置上,即现在所说的克拉地峡。从中国行船沿南海,渡暹罗湾,在万伦港(Bay of Bandon)登岸,陆行穿过克拉地峡,再到大瓜巴(Takuapa)下船,经安达曼海至印度,这无疑是中西海上交通的一条最便捷的通道。早在公元1—5年,汉朝使臣就走过这条通道,因此被称为汉使通道。盘盘国正好扼守这条重要通道的陆路咽喉地段,盘盘国的重要性也体现了这条通道的重要性。它的兴衰,也必然与这条通道的兴衰密切相关。

四、堕罗钵底国

大约在6—11世纪,相当于中国的隋唐时期,在现今泰国的佛统府一带,存在着一个堕罗钵底国。当时中国的学者和僧侣就已经知道这个国家,并根据它的国名的读音,译为堕罗钵底、杜和钵底、堕和罗、投和等。

唐朝名僧玄奘于贞观初年西行求法,沿丝绸之路行进,将沿途见闻写成《大唐西域记》一书,其中卷13摩咀托国条就提到了堕罗钵底国。玄奘本人未必亲临此国,他是在当时佛教的中心印度获知这个国家的,说明这个国家的佛教文化很发达,并与印度有密切交往。

唐朝另一位高僧义净于671年从广州出发,经海路到达印度,在那烂陀寺学习了10年,于695年返回洛阳。义净的著作《南海寄归内法传》也提到了杜和钵底国,该书卷1东裔国注说:"从那烂陀东行五百驿,皆名东裔,乃至穷尽,有大黑山,计当吐蕃南畔。传云:蜀川西行可一月余,便达此岭,此次南畔逼近海涯,有室利察咀罗国,次东南有朗迦戍国,次东有杜和钵底国,以东极至林邑国。"

由此可见,堕罗钵底国无论从海路或陆路都可以分别与印度、中国相连,并处于这两个文明古国的交汇点上,因此,不可避免地要接受中国和印度两种文化的影响。

有关堕罗钵底国的情况,杜佑《通典》卷188所记甚详:

投和国,随时闻焉。在南海大洲中,真腊之南。自广州西南行,百日至其国。王姓投和罗,名遁邪乞遥,理数城,覆屋以瓦,并为阁而居,屋壁皆以彩画之。城内皆王宫室,城外人居可万余家,王宿卫之士百余人。每临朝,则衣朝霞,冠金冠,耳挂金环,颈挂金涎衣,足履宝装皮履。官属有朝请将军,总知国政;又参军、功曹、主簿、城局、金威将军、赞理、赞府等官,分理文武。又有长州及郡县,州有参军,郡有军威将军,县有城局。其为长官,初至,各选官僚助理政事刑法。盗贼重者死,轻者穿耳及鼻,并钻鬓。私铸银钱者截腕。国无赋税,俱随意供奉,无多少之限。多以农商为业。国人乘象及马,一国之中,马不过千匹,又无鞍辔,唯以绳穿颊为之节制。音乐则吹蠡击鼓,死丧则祠祀哭泣,又焚尸以罂盛之沉于水中。若父母之丧,则截发为孝。其国市六所,贸易皆用银钱,小如榆叶。有佛道,有学校,文字与中夏不同。讯其耆老云,王无姓,名齐杖摩,其屋以草覆之。王所坐塔圆似佛塔,以金饰之,门皆东开,坐亦向东。大唐贞观,遣使奉表,以金函盛之,又献金榼、金锁、宝带、犀象、海物等数十品。

从上面的记载,我们可以看出:

(1)堕罗钵底国的族属

"王姓投和罗,名遁邪乞遥",可知国王不是泰族,因为泰族最初是有名无姓的。泰人有姓是19世纪以后的事。另外,从堕罗钵底国"文字与中夏不同",也可证明这个国家不是泰族建立的国家,因为泰文的发明和使用,是到了13世纪素可泰王朝兰甘亨王统治时才开始的。而堕罗钵底国早在6—11世纪就已经有"与中夏不同"的文字了。那么,堕罗钵底国究竟是由什么民族建立的呢?近年来在佛统地区发现了用巴利文和孟文镌刻的简短碑铭,巴利文是佛教徒使用的文字,源于印度;而孟文则是当地人使用的文字,故学者推断这个国家是由孟人建立的。

(2)堕罗钵底国的政治体制

这个国家的最高统治者是国王,国王之下有一个完整的官僚系统。朝请将军总管国政,相当于内阁大臣的职务。在下面有"参军、功曹、主簿、城局、金威将军、赞理、赞府等官,分管文武"。当然,这些官名都是中文意译,难免有附会之处。如

古孟文

果真的称为参军、功曹、主簿,则跟唐朝的官衔一致了。

这个国家已有较为健全的刑法。"盗贼重者死,轻者穿鼻及耳,并钻鬓。私铸银钱者截腕"。其他罪行想必也会有相应的惩处办法,只是没有留下记载罢了。

堕罗钵底国的国家统治机器比起邻国来要完备得多。根据《诸蕃志》的记载,到12世纪时,以六坤为中心的单马令国,和西境至吉打、东境至宋卡的狼牙修国,都还没有国王的称呼,只是将国王称为地主。单马令"地主呼为相公",狼牙修"地主缠缦跣足",当然都不如堕罗钵底国的国王体面。

(3)堕罗钵底国的经济情况

这个国家多以"农商为业",全国有6个集市,"贸易皆用银钱,小如榆叶"。近年来佛统地区的考古发掘,证明中国古籍所记不诬。1959年佛统府帕巴托区侬宋空村出土了一些钱币,直径1.2—1.5厘米,一面是母牛和牛犊的图案,另一面镌有梵文。这种"小如榆叶"的银币,是东南亚地区较早出现的金属铸币。从这种铸币的重量较轻可以推知它的面额较小,适用于堕罗钵底国刚刚发展起来的小批量或零星的商品交换。这个时期的税收制度并未建立,"国无赋税,俱随意供奉,无多少之限",税额没有硬性规定,跟佛教的随喜功德一样。

(4)堕罗钵底国的文化艺术

这个国家的房屋多是瓦房,"并为阁而居,屋壁尽以彩画之",可见他们很重视美术装饰;"音乐则吹蠡击鼓",说明已有管乐和打击乐;"有佛道,有学校,文字与中夏不同",表明文化已相当发达。再参证曼谷国家博物馆保存的堕罗钵底国时期的一些石雕或青铜佛像,可以发现这个时期的佛像艺术已经形成了独特的风格,它跟柬埔寨吴哥时期的艺术近似,而同时又带有印度笈多王朝艺术的特色。佛像的造型一般为椭圆形的脸,瘦削的鼻,丰富的面部表情,淳厚的嘴唇,头顶有角锥状的肉髻,这类佛像被统称为堕罗钵底派的艺术。

(5)堕罗钵底国与中国的关系

中国南方在隋代(581—618年)就已经有人

堕罗钵底石雕佛像

到达堕罗钵底国地区，但两国政府间的正式往来则始于唐贞观年间（627—649年）。《通典》卷188投和传说："大唐贞观，遣使奉表，以金函盛之。又献金榼、金锁、宝带、犀、象、海物等数十品。"《新唐书》卷222则云："贞观时，并遣使者再入朝，又献婆律膏、白鹦鹉，首有红毛齐于翅。因乞马、铜钟，帝与之。"从两书所记堕罗钵底国送来的礼物不尽相同，且《新唐书》有"并遣使者再入朝"的说法，证明唐贞观年间堕罗钵底国起码两度派使者来中国。当时佛统地区马很缺乏，"一国之中，马不过千匹"，所以堕罗钵底国的使者来向中国要马。

有关堕罗钵底国的记载主要见于中国唐代的文献。到了宋代，只有马端临的《文献通考》卷332有投和传，但文字完全照抄唐朝杜佑的《通典》，很有可能这个国家到了宋代已经不存在了。

堕罗钵底青铜佛像

五、赤土国

泰国南部宋卡一带，6世纪出现了一个赤土国，《隋书》卷82赤土传说："赤土国，扶南之别称也，在南海中，水行百日而达，所都土色多赤，因以为号。"

关于赤土国的地理位置，学术界长期以来一直有争议。有人认为在现今的马来西亚，有人认为在苏门答腊岛，有人认为在泰国的博他仑府，有人认为在宋卡。这里取最后一说，理由如下：

（1）《隋书》说赤土国"北拒大海"，正好跟宋卡的情况相符，宋卡东北紧连着暹罗湾，北面有一大湖，古时大约与海相通，故古人说"北拒大海"。

（2）赤土国的都城土色多赤，恰好宋卡亦多赤土，现今宋卡还有一个叻达奔县，"叻达奔"，就是红土地的意思。

（3）《通典》卷188说："王……居僧只城，亦曰狮子城。"僧只城大约指乍汀泊，现在这一带还有一些佛寺保存，至于又叫狮子城，过去中国人就称宋卡为狮子城，源其旧名Singora。

（4）古代聚居在宋卡一带的都是孟—吉蔑人，也就是所谓的"扶南别种"。

据《隋书》卷82赤土传所载,607年,隋炀帝派常骏、王政君出使赤土。常骏一行从南海郡出发,乘船走了一个多月到达赤土界,"其王遣婆罗门鸠摩罗以舶三十艘来迎,吹蠡击鼓,以乐隋使,进金缏以缆骏船"。到达王都后,赤土国王又举行盛大的宴会欢迎他们。"王前设有两床,床上设草叶盘,方一丈五尺,上有黄、白、紫、赤四色之饼,牛、羊、鱼、鳖、猪、玳瑁之肉百余品,延骏升床,从者坐于地席,各以金钟置酒,女乐迭奏,礼遣甚厚"。后来赤土国王还命王子那邪迦同常骏回访中国,于大业6年(610年)春到达弘农(今河南灵宝),受到隋炀帝的接见和封赏。

有关赤土国的记载主要见于隋唐的文献,即6—10世纪的文献。之后,赤土国便灭亡了。

六、狼牙修国

狼牙修,又作狼牙须、凌牙斯加,等等。中国古籍关于狼牙修的国名有多种译法,《梁书》说狼牙修,《隋书》说狼牙须,《诸蕃志》说凌牙斯加,《南海寄归内法传》说狼加戍,《武备志》说狼西加,都是来源于Lankasuka。

《隋书》卷82说:从赤土国"西望见狼牙须国之山",可见狼牙修国位于赤土国西面,其政治中心大约在吉打。515年,狼牙修国曾派使节去中国,使者名叫阿彻多,现今中国历史博物馆还保存一张这位使节的画像。

《梁书》卷54说:"狼牙修国在南海中,其界东西三十日行,南北二十日行,距广州二万四千里。"据说这个国家已经建立400余年。《梁书》撰于6世纪,上推400年,2世纪就已经有狼牙修国了。大约10世纪的时候,狼牙修国兼并了一些原属于赤土国的地盘,此后逐渐衰落,直到14世纪灭亡。

14世纪在北大年出现了大泥国。明张燮《东西洋考》卷3大泥条说:"大泥……本阇婆属国,今隶暹罗。"说明到那个时候,北大年已经臣属暹罗阿瑜陀耶王朝了。

七、单马令国

六坤在中国古籍中被称为单马令国。单马令一词最初源于梵文Tharmaraja。有关单马令国的记载首见于宋代赵汝适的《诸蕃志》,其中说道:

单马令国，地主呼为相公。以木栅为城，广六七尺，高二丈余，上堪征战。国人乘牛，打鬃跳足。星舍官场用木，民居用竹，障以叶，系以藤。土产黄腊、降真香、速香、乌楠木、脑子、象牙、犀角。番商用绢伞、雨伞、荷池、缬绢、酒、米、盐、糖、瓷器、盆钵、粗重等物，及用金银为盘盂博易。日罗亭、潜迈、拨沓、加罗希类此。本国以所得金银器，纠集日罗亭等国，类聚献入三佛齐国。

从上面这段记载可以看出，10—13世纪，单马令臣属于三佛齐，单马令国的统治者没有使用国王这个称呼，而是叫作地主，即土地之主，当地的百姓称他为相公。之所以这样，大概是因为这个国家很小，统治者不敢以国王自居。单马令国的政治地位可以概见。但从经济的角度来看，单马令国地处海上交通要冲，是马来半岛上一个重要的商品转运站，依靠贸易和税收作为主要的经济来源，经济收入是比较宽裕的。

13世纪末至14世纪初，是单马令国的极盛时期，《大德南海志》说："单马令国管小西洋，日罗亭、达剌希、崧古罗、凌牙苏家、沙里、佛罗安、吉兰丹、晏头、丁伽芦、迫嘉、朋亨、口兰丹。"所辖范围是很广的，其势力一直延伸到马来半岛南端。

15世纪以后，这个国家逐渐无闻。郑和七下西洋时，多次到达这一地区。随郑和同行的马欢、费信和巩珍分别写了《瀛涯胜览》、《星槎胜览》和《西洋番国志》3本书，其中都没有提到单马令国，说明这个国家大概已经不存在了。

15世纪以后，中国人开始使用六坤这个称呼，即是从泰文Nokon而来。成书于1617年张燮的《东西洋考》暹罗条说："六坤，暹罗属国也，风土与暹罗尽相类。"说明至迟于17世纪初，六坤已经臣属于暹罗阿瑜陀耶王朝了。

八、女 王 国

以泰国北部的南奔城为中心，8世纪的时候曾出现一个国家，中国文献称之为女王国，而这个国家则自称为哈利奔猜国。

根据泰文版《南奔地方志》的记述："佛历1310年（767年）拉锡瓦素贴和拉锡素嘎贪建南奔（哈利奔猜）城。次年请华富里的占玛苔微公主到南奔。占玛苔微应邀而来，并沿华富里至南奔一带建了许多城。"有的版本的《南奔地方志》把占玛苔微写作占玛哈苔微。有的学者认为，"玛哈苔微"在古代泰永语中是"已故国王寡妻"的意思，"占"也不是她的名字，而是代表曾经建立占婆王国的占族。这种看法值得参考。因为有记载表明占玛苔微的丈夫是华富里（罗斛）属国拉木城的君主，曾出家当和尚，在占玛苔微去南奔前就去世了。

《南奔地方志》还有一段说道："占玛苔微在华富里的时候就已经怀孕，到南奔后生下一对双胞男孩，取名玛罕塔约和膺它窝。后来占玛苔微又建了一座南邦城，让她的儿子膺它窝去统治，而让玛罕塔约代表她统治南奔城。"

虽然《南奔地方志》的各种版本成书的时间比较晚，记载混乱，一些内容自相矛盾，难以使人遂信，但参证南奔地区的历史遗迹，可知占玛苔微是实有其人的。目前在清迈府宗通县小山寺保存着一块镌于佛历2097年（1554年）的石碑，上面提到占玛苔微的名字，说她把佛骨带到小山寺佛塔里，并送来4位比丘尼看守佛骨。她使处于较高地位的泰南孟族文化在泰北传播，并把小乘佛教带到北方。

《蛮书》卷10说，南诏曾发兵2万征伐女王国，"被女王药箭射之，十不存一，蛮贼乃回"。可见8—9世纪的时候，女王国的军事力量十分强大。

1007—1017年，南奔的女王国曾发兵攻打华富里的罗斛国，双方在华富里城下正要开战，从六坤方面开来大批人马，南奔王和华富里王都十分害怕，急忙回撤，华富里王的军队乘船走，先到南奔便据城为王；南奔王的军队走陆路，后到南奔被拒于城外，只得折返泰南，此后华富里王便代替原南奔王统治王国。

1047年，南奔地区霍乱流行，南奔民众便逃到现今缅甸的直通城，但此时直通城被统治蒲甘的阿努律陀王所征服，他们不愿受缅甸人统治，又逃往在孟人统治下的白古。6年后，南奔人才返回故乡，并带回了缅甸的孟人文化。

大约1087年开始，南奔曾两次被外人占据，第一次是被塔不城的国王占据，统治了9年，第二次被素邦城的国王占据，统治了不长的时间此王便去世。这两位曾经统治南奔的国王是谁？塔不城和素邦城究竟在什么地方？至今仍是一个谜。

1147年，南奔与华富里又发生一次战争，这次战争很奇特，双方不以武力较量，而是比赛建一座塔，先建好者为胜，败者将作为胜者的奴隶。结果南奔方面失败，一部分士兵逃回南奔，一部分成了俘虏，后来华富里方面两次派兵攻打南奔，都没成功。

自从1147年的战争以后，直到13世纪，南奔没有再发生大规模的战乱，长期安定和平的生活使南奔的经济有所发展，以致有巨额的钱财用于修建许多佛塔和寺院。现存于南奔市中心的哈利奔猜寺，就是在这段时期修建的，其佛塔高达46公尺，塔顶的9层金，是用443铢又1钱黄金制成的，在阳光的照耀下，金光四射，备极华丽。

到了13世纪，在女王国的南边出现了一个泰族建立的素可泰王国，东北边以孟老城为中心存在一个兰那泰国。兰那泰国一位很有作为的君王孟莱于1261年即位以后，就积极向南奔方向扩张。南奔的女王国面临兰那泰国日益逼近的威胁，曾于元至元26年（1289年）遣使元朝，希望元朝出面遏止兰那泰国，但为时已晚。兰那泰国于1292年将女王国并吞，并于1296年在距离南奔不远的地方建立一个新都清迈。这就是中国古籍所说的八百媳妇国。

九、八百媳妇国

在很长的一段历史时期内，清迈曾经是一个独立的王国，中国元明时期的文献称它为八百媳妇国。《新元史》卷149和《明史》卷315都有《八百媳妇国传》，并解释这个名称的来源说："八百媳妇者，其长有妻八百，各领一寨，故名。"清迈国王是否真有800个妻子，我们不得而知，但从上述的记载我们知道，13世纪的清迈王国是由800个大小不同的城镇和村寨组成的，每个城镇和村寨的首领都由妇女担任，反映了当时泰北地区保留了许多母系社会的遗风。

在孟莱王于1296年建立清迈之前，这个国家的首都在清线，与中国的西双版纳只有一河之隔，双方关系十分密切，互通婚姻。孟莱王的母亲喃苔坎开原是西双版纳景昽金殿国的公主，孟莱王自己也娶了一位景昽金殿国的公主当妃子。从种族来说，两者都是泰泐（小泰），语言相通，文化相似，通过联姻结成政治联盟是很自然的事。1292年，元朝曾出兵征伐八百媳妇国，但没能到达，途中经过西双版纳的时候，征服了车里，置车里军民总管府，正式把西双版纳置于元朝的统治之下。就在这一年，孟莱王

孟莱王纪念碑

第二章 前素可泰王朝时期

消灭了女王国,接着又筑清迈城作为新都。元朝对八百媳妇国的策略也由武力征伐改为外交接触,遣使招徕,置八百大甸军民宣慰司。从此,八百媳妇国臣服元朝。

清迈在泰语里是"新城"的意思。其城址据说是孟莱邀请素可泰的兰甘亨王和帕耀国的孟昂王一起选择的。这一带地势开阔,是泰北最大的山间平坝区,又有滨河灌溉之利,在此建都十分合适。孟莱王命5万士兵修建城内的宫殿住宅,4万士兵挖护城河,筑城墙,4个月内便竣工。据泰文文献记载,清迈古城宽300畦(1畦等于2公尺),长1 000畦。实测结果,城墙以内为每边长800畦的正方形。在城墙东面外围,从北至南还筑了一道土墙,显然是为了防止滨河水泛滥时灌入城内。

清迈城墙和护城河

清迈城门

孟莱王统治时期,八百媳妇国一度十分强盛。其疆域东与老挝接壤,南与素可泰王朝交界,西与缅甸毗邻,北与西双版纳隔河相望。从王国统治者至普通百姓都崇信佛教。"每村立一寺,每寺建塔,约以万计"。目前清迈地区还保留着上百座寺塔。这样大规模地兴建土木工程无疑要耗费巨大的财力和物力,没有繁荣的经济是无法实现的。

清迈的佛寺华丽辉煌,现存最有名的佛塔是名叫"斋滴隆"的舍利塔,高98米,建于1481年,在1545年的地震中遭到损坏,尽管只剩下42米高的塔基和首层,但依然蔚为大观。

孟莱王于1317年去世,由其子浑乞滥继位。浑乞滥原统治清莱,曾在那里接待过元朝使节。他主张与元朝修好,并派王子昭三听访问北京。

浑乞滥于1327年去世,其子昭三听继位为王。次年,昭三听重修清线城,然后把首都迁往清线。此后八百媳妇国与中国的元朝、明朝一直维持着正常的友好往来。明朝四夷馆专门设八百媳妇国馆,负责翻译兰那泰文事宜。

自从孟莱王去世以后,八百媳妇国国势日衰。随着佛教思想深入人心,人民皆"好佛恶杀","有敌入侵之,不得已与战,举兵所得仇而罢,名慈悲国。嘉靖间(1522—1566年)为缅甸所兼,刀氏避于景线,一名小八百"。

清迈被缅甸统治了很长时间,直到1767年吞武里王朝建立后,吞武里王郑信亲自率领泰国军队,在清迈城下与缅军进行了两次鏖战,于1773年将清迈收复。此后,清迈因受战争严重破坏一度荒芜。曼谷王朝初期,清迈才正式划入泰国版图。

清迈的佛寺

斋滴隆舍利塔

作者点评:

公元1—13世纪,前素可泰王朝时期,在泰国版图上出现了许多城邦国家。尽管这些城邦国家是在不同的历史时期、由不同的民族创建的,但这些城邦国家的历史,都是光辉灿烂的泰国古代史不可或缺的一个重要组成部分。只可惜,这些历史记载在泰国本身的历史文献中阙如,这是因为泰文的使用是在13世纪素可泰王朝建立以后的事情。好在这些珍贵的记载大量地保留在中国的古籍中。中国远在殷商以前,就设立了史官制度,不仅完整地记载了中国五千年的文明史,还保存了周边邻国的许多宝贵史料。有关泰国各个历史时期的记载都可以从中国古籍中找到。这些记载,或存于官修正史,或存于私家著述,或存于宫廷档案,或存于水经地志,大多是当时人记当时事,以其翔实可信而成为人类历史中一笔极重要的精神财富。这些记载,填补了泰国古代史的历史记载空白。西方著名的东南亚历史学家霍尔在其著作《东南亚史》中就曾经引用大量中文史料,因而使其一举成名。遗憾的是,他作为一个西方人,对中国古文的理解还存在一些不够全面的地方,甚至是误解,因而也给他的著作带来一些瑕疵。作者有幸作为一个中国人,能用准确、完整的中文史料来描述泰国前素可泰王朝时期的历史,这无疑是本书的一个亮点。

婆罗门教和佛教的传入是前素可泰王朝时期的一件大事。宗教信仰是人类社会不可或缺的东西,它源于一个人类永远无法回避的问题:人从哪里来?死后到哪里去?怎样才能永生?对这些问题的回答和解释,就是宗教之滥觞。宗教作为一种文化形态,必然影响到人们的日常生活和政治制度,并且在某种程度上决定着历史发展的进程。从前素可泰王朝时期开始,婆罗门教和佛教就给泰国的历史打上了深刻的烙印。关注宗教问题,这是研究泰国历史不可忽视的一个重点。

第三章 素可泰王朝时期

过去,一般人认为,素可泰王朝是泰国历史上第一个由泰族建立的政权,因此,在叙述素可泰王朝历史的时候首先面临的就是关于泰族起源的问题。

一、泰族的起源

关于泰族的起源,学术界争论了100多年,至今还没有一个大家公认的答案。在世界众多的国家和民族的历史研究中,没有哪一个国家的起源像泰国泰族的起源那样受到广泛重视和讨论,并提出各式各样的假说。归纳起来有:(1)由中国北部往南迁移说;(2)由爪哇马来半岛等地自南往北迁移说;(3)泰族既没有从哪里来,也没有迁往哪里去,就起源于泰国当地说。

本来,泰族起源的问题作为一个学术问题,是允许有不同观点的。各种假说,只要言之成理,并能提出令人信服的证据,皆可自成一说。学者通过对各种假说的比较筛选,最终不难找出一种比较合理的、易为大家接受的说法。但是,政治因素的干扰,往往会把单纯的学术问题变得复杂起来。因此,我们只有竭力排除政治因素的干扰,才能揭示事物本来的真相。

最早提出泰族是由中国北部南迁假说的是西方著名的汉学家拉古伯里(Terrien de Lacouperie),他在1885年发表《在掸族中》(*The Cradle of the Shan Race*)的导言中说:"掸族的发源是在中国本部内,位于四川北部与陕西南部的九龙山脉中。"杜德(Doda W.C.)于1923年在美国爱荷华州出版社出版的《泰族》(*The Tai Race*)、吴迪(Wood W.A.R.)于1926年在伦敦出版的《暹罗史》(*A History of Siam*)中也都宣扬泰族源自中国的假说。单从学术的角度说,这批早期的西方学者,发现泰族与中国境内的许多少数民族有着密切的历史文化渊源,在语言、风俗、宗教信仰和生活习惯等方面有很多相似之处,因而断定他们有共同的族源,这无疑是一大贡献。特别是他们在地名考证、语言对比研究等方面,提出过一些独到的见解,这也是应该给予充分肯定的。但是,我们也应该看到,这批早期西方学者的研究工作,不可能脱离他们所处的那个历史环境。换句话说,那正是西方帝国主义列强加紧对中国和东南亚国家进行侵略和渗透的时期。英国占领了缅甸,法国把印度支那变成法属殖民地,泰国则处于英法两国的争夺之中。为了推行其殖民统治,首先就必须对这些国家和地区的民族、历史和文化等进行了解和研究,于是这些西方学者中的汉学家、东方学家便应运而生。他们的研究工作,自觉或不自觉地受到了本国政治利益的左右,他们的理论客观上适应了殖民主义扩张的需要。比如说,既然泰族是由中国迁来的,那么泰族打回老家去,收复故土便是理所当然的事。这恰恰暴露了英法帝国主义在占领东南亚以后,进一步觊觎中国云南的阴谋和野心。

到了第二次世界大战日本侵略者占领泰国时期,日本为了推行所谓的大东亚共荣圈,便授意和默许亲日媚日的泰国銮披汶·颂堪政府宣扬大泰民族主义。泰族起源于中国的假说,迎合了大泰民族主义的需要,一时甚嚣尘上。他们捕风捉影地说,泰族起源于中国川陕地区,甚至远到新疆的阿尔泰山,因为受到汉族的压迫而南迁。他们把三国时代被诸葛亮七擒七纵的孟获,说成是泰族的首领,把唐宋时期以云南大理为中心由乌蛮和白蛮建立的南诏政权,说成是泰人建立的国家,把大理称为侬塞,说成是泰族故乡。銮披汶·颂堪政府一方面在泰国国内推行反华排华的政策,取缔华文教育,规定某些职业只许泰人从事,不许华人和外侨问津,甚至颁布《划地区禁止外侨居留法案》。另一方面则通过泰国艺术厅厅长銮威集瓦干等人篡改泰国历史,把泰国史说成是泰族史,鼓吹"泛泰民族主义",把居住在中国、越南、老挝、缅甸和印度境内的泰族及有关民族,统统置于泰国的领导之下,"唤起泰国团结合作,领导泰族走向繁荣"。

有的学者不赞成泰族是由中国南下的假说,提出泰族由爪哇、马来半岛北上的假说。美国民族学家鲁思·本尼迪克特(Ruth Benedict)在1942年出版的《人类学》(*Anthropology*)一书中指出,泰族人有马来血统,是从马来半岛的南部向北迁徙的。泰国学者颂萨·素旺那汶将现代泰人与印尼人的血型进行比较研究后,发现有许多相似之处,因而于20世纪60年代初提出泰族起源于印尼群岛,然后由马来半岛北上的假说。由于这种假说所提供的论据不够充分,所以在学术界影响不大。

第三种假说认为泰族没有从哪里来,也没有迁往哪里去,就起源于当地。

这一学派的代表人物是泰国考古学家清·犹地。他在《泰国的史前时代》一书中说："考古的结果表明，远在50万年前的旧石器时代，在现今的泰国土地上就已经有人居住。以后又经历了中石器时代、金属时代，并进入历史时代。"泰国诗里叻医学院的解剖医师索·汕威迁，解剖分析北碧府城关县4 000年前的人类骨骼，发现跟当今泰人的骨骼相同，并且一直保留着饰齿和拔牙的风俗，从而证实泰国这块土地是"泰人祖先自史前以来繁衍生息的地方"。泰国前《文化艺术》杂志主编素集·翁添还专门写了一本《泰人没有从哪里来》的书，阐述这种看法。

中国的学者，对所谓泰族起源于阿尔泰山、川陕地区以及南诏是泰人建立的国家等观点，一直持批判的态度。陈吕范教授撰文多篇，用大量确凿的史实证明阿尔泰山自古以来便是萨迦、匈奴、突厥、回纥、契丹和蒙古等草原游牧民族的活动舞台，泰文化与北方草原文化是两种不同的文化。而四川的蜀文化有其自身非常鲜明的特点，与泰族文化大相径庭。在《所谓"泰族七次南迁说"剖析》一文中，陈吕范教授对杜德(Doda W.C.)所编造的"泰族被汉族压迫七次南迁"的说法进行了系统的批判，并在《南诏不是泰族建立的国家》一文中，征引大量大理出土的南诏文物资料说明南诏的统治者系白族和彝族。陈吕范教授的文章被翻译成泰文发表，在泰国产生了很大的影响。特别是一些泰国朋友亲自去大理等地实地考察后，更加信服中国学者的观点。目前，泰国国内相信第一种假说，即泰族由中国北方往南迁移的人已经越来越少了。

泰族是百越族系的一个分支。

中国学者批判泰族由中国北方往南迁移的假说，并不意味着否认中国南部的广西、贵州和云南等地也是泰族的发源地之一。相反，中国绝大多数的学者主张泰人起源于越人，泰族是百越族系的一个分支。黄惠焜教授在《从越人到泰人》一书中指出：

古代中国的黄河流域地区，是华夏民族的发源地。古代中国长江流域、珠江流域、澜沧江流域地区，则是越人诞生的摇篮。越人文化相同，语言相通，支系繁杂，被称为"百越"。著名的《汉书·臣瓒注》说："自交趾至会稽七八千里，百粤杂处，各有种姓。"交趾在今越南北部，会稽在今浙江省绍兴，加上云南省整个南部沿边地区便构成为半月形的广阔弧形地带，这便是最早的百越文化区。

百越是越人的统称，根据中国史书的记载，还可分为於越、杨越、南越、闽越、骆越、山越和滇越等。他们有一些共同的文化特征,如断发纹身、打牙凿齿、傍水而居、习于舟楫、役象乘象、干栏建筑、种植水稻,以及有肩石斧、有段石锛、使用铜鼓,等等。

我们把泰国的泰族跟其有渊源关系的若干民族进行比较,不难看出泰族由百越演变而来的痕迹。

与泰国泰族最接近的莫如中国西双版纳的傣族。在12世纪的时候,清迈的兰那泰与西双版纳景昽金殿国的傣族互通婚姻,有共同的语言和文化习俗,简直就是一家人。根据《泐史》的记载,叭真(Chao Bhaya Cheng)于祖腊历543年庚子(1180年)入主猛泐,即占景昽(Ching Hung,现译景洪)为王。叭真生四子,长子名陶怦冷,食采于兰那;次子名陶埃怦,食采于猛交;三子名陶伊杭冷,食采于猛老;四子名陶杭冷,后继父为景昽金殿国至尊佛主。可见清迈的兰那泰与西双版纳的傣族原是一回事。江应樑教授在《百夷传校注》的序言中说:"从德宏到西双版纳一带的傣族,兼及今国境外的掸、泰诸族,在明代都概称为百夷。"如果进一步探索百夷(摆夷)的族属渊源,中国学术界几乎一致认为属于百越中的滇越,即《史记》所说的乘象国。

泰国的泰族跟老挝也同出一个族源。老族主要分布在老挝、云南和越南北圻,最早发源于云南的哀牢山,称为哀牢人。"哀牢"实际是"牢",也就是"老"。"老"在泰、老语中是"我们"的意思,他们自称为"老",别人则称他们为"哀牢"。"哀"是个虚词,相当于汉语中阿王、阿陈的"阿"。现代西双版纳傣族平民男子的乳名,首字发音必读"岩"(读作ai),即"哀"的同音异写。陈序经教授一贯坚持这种主张,他在《掸泰古史初稿》中曾作了详细阐述。1964年,他亲临云南的西双版纳、芒市和保山等地进行实地考察,更加坚定了这一看法。他写了《泐史漫笔——西双版纳历史释补》一书,其中说道:"哀牢这个民族的名称,直至今天还用于越南西北与老挝的老族和泰族,越南人还叫他们为哀牢人。这就是说,近代或现代的越南人是用了这个民族最古的名称。"另外,中国古籍所载关于哀牢起源的九隆传说,也为哀牢的族属提供了证据。传说,妇人沙壹,触木怀孕生十子。后沈木化为龙。九子见龙惊走,独小子不能去,背龙而坐,龙因舐之。其母鸟语,谓背为九(读为gao),谓坐谓隆,因名子曰九隆。及长大后,诸兄以九隆为父所舐而黠,遂共推为王。笔者发现,沙壹妇人所说的鸟语,不是别的什么语言,而是泰语。至今泰语与傣语、老语还能够互通。

泰国泰族与中国的壮族也有族属亲缘关系。泰国和中国曾多次联合举行"泰、壮比较研究"的学术研讨会。学者从语言、文化、历史、风俗、考古和人体解剖等不同的角度进行泰、壮的比较研究,发现许多相似之处。泰、壮同源,中外学术界几乎是一致的看法。只不过壮族与汉族同化融合的时期比较早,汉化程度较深,所以比起傣族或老族来说,差异较大。壮族的祖先是百越中的骆越,这也是不容怀疑的。

泰国的泰族与缅甸掸族的族源关系也很密切。陈序经教授认为:"从种族方面来看,泰族是掸族或老族的支派……掸读为檀(Tan),是T音,也是较古的音。泰(Thai或Tai)是与檀相近,所以泰大概是从檀音转过来。"从公元1世纪前后到现在,掸族主要是居住在缅甸北部靠近云南一带。《后汉书》卷86西南夷传哀牢条说:

> (永元)九年(公元97年),徼外蛮及掸国王雍由调,遣重译奉国珍宝,和帝赐金印紫绶,小君长皆加印绶、钱帛。
>
> 永宁元年(公元120年),掸国王雍由调,复遣使者诣阙朝贺,献乐及幻人,能变化、吐火,自支解,易牛马头。又善跳丸,数乃至千。自言我海西人,海西即大秦也。掸国西南过大秦。

掸国大约在6—8世纪时被骠国所灭。骠是藏缅族系。骠国后来又被蒲甘王朝所取代。缅甸一直由藏缅族系统治。但掸族一直居住在缅甸的东北部及东南部,称为北掸邦和南掸邦。时至今日,掸邦还坚持要脱离缅甸而独立。

除了上面介绍的傣族、老族和壮族等跟泰族有着同族源的民族外,还有水族、仡佬族、侗族、黎族和布依族等都跟泰族有亲缘关系,他们都共同源于古代的百越。

假如我们承认泰族源于百越这一事实,那么关于泰族起源地区的问题也就不难解决。因为中国南部、泰国北部、越南北部、缅甸北部,甚至印度的阿萨姆邦,这一广袤的地区,皆是古代百越民族的活动范围。我们只要打破现行的国家边界的界限,便可以把这些地区视为泰族的发源地。因此,泰族的一部分可能由中国南部迁徙而来,一部分可能就是当地的土著。

二、素可泰王朝的建立

过去泰国史学界有一种普遍的说法,认为1238年建立的素可泰王朝是泰人建立的第一个国家。其实,这种说法是不全面的。泰族作为古代百越族的

第三章　素可泰王朝时期

一个分支，不会迟至13世纪才建立起自己的政权。黄惠焜教授曾试图为泰族古代史填补空白，他"初步排列的环链是：越裳、滇越、掸、篷、文单、参半、憍赏弥、庸那迦、景龙、兰那、素可泰、麓川，等等。时间大体上是从公元3世纪开始，至公元13世纪为止"。这是从泰族民族史的角度来说的。即使从泰国史的角度来看，庸那迦国的建立也比素可泰早。庸那迦就是以清迈为中心的八百媳妇国，又称兰那泰。根据《泐史》的说法，叭真的长子陶伻冷食采于兰那，则兰那的立国当在12世纪初。兰那泰肯定属于泰国史的范畴，故把素可泰当作泰族建立的第一个国家，或者说泰国史始于素可泰，都是不妥的。

但是，也不容低估素可泰王朝建立在泰国历史上的重要意义，正是素可泰王朝奠定了现代泰国的立国基础。

素可泰王朝的世系很复杂，过去一般认为始于室利·膺它沙罗铁（Sri Indraditya，又译室利·膺沙罗铁）。泰国学者素集·翁添整理古代残存的一些碑铭资料，理出这样一条线索：泼坤希挠纳统（Pokunsri Naonamtum）是统治素可泰城和是塞察那莱城的第一位国王。很早以来，这个家族在永河和难河流域就拥有很大的势力。他有一个儿子名叫帕孟（Pamuong），统治着难河流域的孟辣和孟卢。同时，帕孟还是真腊国王的女婿。跟帕孟有血缘关系的一个亲戚，碑铭没有注明是他的兄弟还是儿子，名叫披耶甘亨帕拉（Bhaya Khanheng Phra），统治着难河流域萨拉銮宋开城。披耶甘亨拉有个儿子，是一位非常勇敢的武士，后剃度为僧，四处化缘，去到锡兰（今斯里兰卡），得到锡兰方面赠予的僧爵"昭希拉塔"。此人便是叙述素可泰王朝世系的希初寺石碑的撰稿人。此外，帕孟有个十分亲密的同党名叫泼坤邦坎号（Po Kun Bankhranghao），他是室利·膺它沙罗铁的始祖。希初寺石碑并没有说明泼坤邦坎号原先统治哪个城，但他后来成了素可泰国王，帕孟称他为希膺它拉菩底沙罗铁。此后便简称作室利·膺它沙罗铁。

根据希初寺石碑的记述，室利·膺它沙罗铁是从名叫刹巴科隆拉蓬的克木人手中夺取素

室利·膺它沙罗铁

可泰城的。克木人后来被称为吉蔑人。据素集·翁添先生解释,这位叫刹巴科隆的克木人,是素可泰王室的亲戚,与真腊的吉蔑人无关。

室利·膺它沙罗铁有三男二女,大儿子幼年夭折。小儿子19岁时因作战有功,被其父命名为兰甘亨,意即勇敢的人。室利·膺它沙罗铁去世后,二儿子继承王位。大约1279年兰甘亨继其兄为王。

在兰甘亨统治时期,素可泰王朝达到全盛。正像兰甘亨石碑所说的那样:"兰甘亨国王在位的时候,素可泰国境内外是繁荣兴旺的。水中有鱼,田里有稻,国王不向他的子民征收过路钱;他们牵着牛骑着马去卖;谁愿意去做象的买卖,就去做;谁愿意去做马的买卖,就去做;谁愿意去做银和金的买卖,就去做。"

素可泰的经济以农业种植、采集和捕捞为主。"他们在全国都种上槟榔林和蒌叶林;椰子林和菠萝蜜林在这个国家繁茂地生长。芒果林和罗望子林在这个国家繁茂地生长。谁种植它们谁就自己收获和保有"。"当我(指兰甘亨)捕获任何猎物和鱼时,我就将它们献给我的父亲;当我采到任何酸果或甜果如果是美味可口时,我带去献给我的父亲;当我去猎象,不管用套索或把它们赶入栅栏捕获时,我带去献给我的父亲"。《真腊风土记》蚕桑条也说:真腊的土著"不事蚕桑,妇人亦不晓针线缝补之事,仅能织木棉而已……近年暹人来居,却以蚕桑为业。桑种蚕种,皆自暹中来。亦无麻苎,唯有络麻。暹人却以丝自织皂绫衣著,暹妇却能缝补。土人打布破损,皆倩其补之"。

素可泰王朝还通过武力对外进行扩张。《岛夷志略》暹条说:"俗尚侵掠。每他国乱,辄驾百十艘以沙糊满载,舍生而往,务在必取。近年以七十余艘来侵单马锡,攻打城池,一月不下。本处闭关而守,不敢与争。遇爪哇使臣经过,暹人闻之乃遁,遂掠昔里而归。"兰甘亨石碑说:"当我(指兰甘亨)袭击一个城市或乡村,俘获象、有身份的青年、少女、金和银时,我都把它们献给我的

兰甘亨

父亲。"《真腊风土记》村落条说:"(真腊)屡与人交兵,遂至皆成旷地。"《元史》卷210也有"暹人与麻里予儿相仇杀"的记载。

从兰甘亨石碑的记载可知,素可泰王朝强盛时,其势力最南部达到马来半岛,西部达到缅甸白古和孟加拉湾,东南达到南海,东北达到难府和湄公河西岸,北部达到喃邦府。

素可泰王朝积极发展与中国的关系。据《元史》统计,1297—1323年间,素可泰王朝共遣使中国7次,并与元朝政府建立了朝贡式贸易关系。暹国"地产苏木、花锡、大风子、象牙、翠羽。贸易之货,用硝珠、水银、青布铜铁之属"。

日本学者杉木直治郎曾花费大量精力考证素可泰王朝就是中国古籍中所说的暹国,他的结论无疑是正确的。但是,他当时如果能看到《大德南海志》便会发现他的考证是多余的。因为撰于元朝大德8年(1304年)的《大德南海志》明确记述说:"暹国管上水速孤底。"速孤底是素可泰同音异译。

近来有的泰国学者认为,"中国史书中的暹国并不是素可泰,而是指暹国集团内不是素可泰的另一个邦,这个邦是素攀蒲米或素攀武里"。这种误解主要是由于作者不懂中文,不能直接阅读中文史籍所致。如果暹国在素攀,中文一定会说,"暹国管素攀、上水、速孤底",而不会把素攀置于管辖范围之外。

泰国史学界过去还有一个误解,认为素可泰国王兰甘亨(敢木丁)曾经访问中国。这是由于翻译中文史料错误造成的误会。《续通志》卷12,至元31年(1294年)7月甲戌条说:"诏招谕暹国王敢木丁来朝,或有故,则令其子弟及陪臣入质。"在翻译成泰文时,被译为:"暹国王敢木丁来朝。元成宗皇帝谕暹国王敢木丁:若欲友好,应将儿子或职官入质。"泰国历史之父丹隆亲王读到这段译文,极为惊讶,遂相信兰甘亨曾访问过中国的说法。由于丹隆亲王的宣传,这种误解在泰国史学界流传多年,并且影响了一些西方学者。直到1980年才由中国学者邹启宇教授在《历史研究》上撰文正误。

总之,关于素可泰王朝历史的记载,主要依靠中文史料。泰国本身的记载不多,且多系后人所记。所以,发掘中文史料,是深入研究素可泰王朝历史的关键。

素可泰王朝作为一个独立的国家,存在了100

丹隆亲王

多年,最后被罗斛国所灭。《岛夷志略》暹条说:"(暹)土瘠,不宜耕种,谷米岁仰罗斛……至正己丑(1349)夏五月,降于罗斛。"此后,又作为罗斛(阿瑜陀耶王朝)的地方政权存在了一段时间。直到1419年才最终灭亡。

三、素可泰旧城遗址

素可泰原是一个城市的名称,后来这个城市变成一个王朝的首都,这个王朝就被称作素可泰王朝。那么,素可泰在泰语中是什么意思呢? 泰国沙耶玛南教授认为是"幸福之泰"的意思。它由巴利文的 Suk(意为快乐、幸福)与 ud(意为开始、来临)的组合,转为现在所见的泰文 Sukhotai。

素可泰城位于泰国北部,距曼谷440公里。旧城遗址在距新城12公里处,现辟为国家素可泰历史公园,是13世纪素可泰王朝首都的遗址,在这里可以看到当年王宫的遗迹,众多的佛寺、佛塔和佛像,颓废的城墙,依然清澈的护城河,使人感受到浓郁的佛教文化气息。1991年联合国教科文组织把素可泰旧城遗址定为世界文化遗产。

素可泰遗址

第三章 素可泰王朝时期

根据现存的城墙显示，素可泰古城范围呈规矩的长方形，南北长1800米，东西长1360米，四周有4个城门，惜已坍塌，无法一睹昔日的壮丽风采。城墙高约6米，有雉堞，为荷花瓣形，跟现今曼谷大皇宫的城墙相似，造型美观别致。城内主体建筑是王宫和佛寺，用砖石砌成，营造于1米多高的台阶之上。之所以建这样高的地基，是因为防范雨季来临时河水泛滥。数百年来的风雨侵蚀和战火兵燹，使得金碧辉煌的宫殿和巍峨雄伟的佛堂早已荡然无存，只留下断垣残壁淹没在荒草丛中。

很久以来素可泰古都遗址并未引起人们的足够重视，直到1833年，曼谷王朝拉玛四世即位前作为一位僧侣来到泰国北部朝圣，发现一块边缘有浅浮雕图案的石板，正是当年素可泰国王兰甘亨的御座，同时还发现高1.1米的圆锥顶石碑，四面为35厘米的正方形，镌有古泰文，这就是以后闻名于世的兰甘亨石碑。

兰甘亨石碑

国王的御座和兰甘亨石碑成为研究素可泰王朝历史的重要依据。

关于素可泰的城市建筑，兰甘亨石碑记载："在这城市之内，有一个奇异的水池，在旱季它像湄公河的水一样清澈甘美。环绕素可泰城的三重土城墙长3400哗。"

在现今素可泰古都遗址范围内，我们果然看到两个大水池，称为金池和银池。两池之间修了一条公路，古时很可能两池相通。池中有岛，岛上有藏经阁和佛塔。池子是当年为了烧砖取土，掘地而成。砖用于建造宫殿和佛寺，水池则作为蓄水池。至于环绕素可泰城的城墙，实测结果，最里面一层总长6320米，由此推算出那时的长度单位一哗等于1.86米。近年来，泰国朱拉隆功大学地理系提畦博士领导的研究小组，利用空中摄影的方式对素可泰古都遗址进行测绘，结果证明兰甘亨石碑的记述十分准确。从照片还可以清楚地看出，素可泰故都实际上由重叠交错的两个方城组成：一个方城包容在帕派銮寺的范围，先建；另一个方城以玛哈达寺为中心，后建。两座城皆以正北取向。实测结果，先建的一个城偏离正北7度，后建的一个城仅偏离2.8度，说明建筑技术

素可泰玛哈达寺

素可泰古都遗址

有所进步。

素可泰古都遗址，是发掘素可泰新史料和新证据的一个不可忽视的宝藏之地。最明显的例子是，近年来泰国艺术厅得到一块金牌，上面镌有文字记载："有一位长者，他曾担任过素可泰国王利泰（1347—1369年在位）的师傅，他在利泰王去世后，曾经修葺过安放利泰王骨灰的佛塔，在塔四周加以培修。"这块金牌原来埋在素可泰古都遗址的某佛塔里，不知何时被人盗走，后来被一位名叫林·布里差察的女士见到，将它购买下来，并献给当今国王拉玛九世。拉玛九世又将这块金牌转交给泰国艺术厅收藏。泰国艺术厅的考古工作者根据上述文字记载终于在古都遗址中找到安放素可泰国王利泰骨灰的佛塔，即玛哈达寺中的五角塔。这个考古发现，证实了利泰王的存在，并且为传说中的素可泰王朝世系提供了证据。

除了依靠地下发掘资料来丰富素可泰王朝的历史外，对素可泰古都遗址的地面残存建筑进行认真研究，也可得到一些新认识。例如，在三重城墙囊括的范围内，主要建筑不外乎王宫和佛寺，并无一般居民住宅。所谓京都，实则王城，臣民皆住在城外。这跟中国历史上古都的建筑结构迥然有别。中国古都一般包括皇家居住的宫殿以及寺观、民宅、街肆。关于这个特点，我们可以从兰甘亨石碑的记载中得到印证："由于这个素可泰城有四个很大的城门，人民经常成群结队地进来观看国王点蜡烛和放烟花，这个城充满了人，达到挤破的程度。""素可泰城之北有个市集，那儿有个固定的巨大神像，有神庙，有椰子林和菠萝蜜林，高田和低田，住宅，大小村庄"。

第三章 素可泰王朝时期

继素可泰王朝之后建立的阿瑜陀耶王朝,其都城内的建筑也主要是王宫和寺院。除了王族和僧侣,还有一部分贵族和华人可以在城中居住,一般居民和外国商人皆住在城外。葡萄牙商人聚居葡萄牙人村,日本商人聚居日本人村。直到1767年建立的吞武里王朝和1782年建立的曼谷王朝,吞武里城和曼谷才逐渐具备近现代都城的规模。

四、素可泰的政治体制

从素可泰古都的建筑特点,我们可以看到13世纪的素可泰社会刚刚由部落联盟过渡到早期城邦国家的痕迹。王室和僧侣是国家政权的核心。王权与神权相结合,实行家长制统治,并带有原始社会的部落民主成分。国王还没有被称为"国王"(帕诏佩丁,即土地之主),而是称作"泼"(父亲之意),如兰甘亨就被称为"泼兰甘亨"。

兰甘亨石碑记载:"领导着由嵯岭城和素可泰城组成的王国的君主兰甘亨,命令他的工匠雕制一块石板,放置在十四年前种植的这些糖棕树之间。在新月之日,在盈月的第八日,在满月之日,在亏月的第八日,其中一个贴拉或玛哈贴拉级的僧侣登坐在石板上,向遵守戒律的百姓宣讲佛法。在不是讲佛法的日子里,嵯岭城和素可泰城君主兰甘亨就登台坐在石板上,让官吏、贵族、亲王同他讨论国家的事情。"

"他(兰甘亨)将一个钟挂在王宫门口,如果国中任何一个老百姓有冤情闷在肚里和憋在心里,而且他想讲给他的统治者或君主知道,那是很容易的:他走去打响挂在那儿的钟,国家的统治者——兰甘亨国王听到这钟声,就出来询问,考查他的情况,公正地为他作出裁决"。

另外,从素可泰古都现存的大量废寺、佛塔遗址,可推知当时佛教鼎盛之况。据不完全统计,素可泰都城内共有佛寺30座,佛塔数百个,立、卧、坐、行各种姿势的佛像数十尊。这些佛寺、佛塔和佛像依其建造年代的不同而分别带有孟、吉蔑、缅甸和锡兰等不同的特点。最为可贵的是,素可泰的泰族在吸收异族文化的基础上,形成具有独特风格的素可泰佛教艺术。素可泰时期的佛像,面庞清癯,鼻若悬胆,两耳垂肩,神态安详,一眼便可看出与乌通时期、

素可泰石雕佛头

阿瑜陀耶时期和曼谷王朝时期的佛像造型有很大区别。正是从这时开始，素可泰从锡兰引进小乘佛教，以取代原先流行的大乘佛教和婆罗门教。小乘佛教宣扬众生平等，三世轮回，人人皆能修得正果等教义，对种姓制度和等级观念是一大抨击。时至今日，泰国90%以上的民众仍执着地崇信小乘佛教。佛教教义深入人心，形成泰国人敦厚朴实、乐善好施、温顺恭谦、平和厌斗的民族性格。可以说，不懂佛教，便不懂泰国历史。

泰文方面的文献记载说，素可泰兰甘亨王曾派人专程去锡兰延请上座部高僧来素可泰地区弘扬小乘佛法。位于素可泰城西的石路寺是专门为了赐给高僧摩诃贴拉·禅哈瓦乍而建的。寺内有一尊高约9米的佛像。每年7月进入雨季，僧侣皆在寺里守夏念经，不复外出。一个月后，守夏结束，要举行隆重的斋僧仪式。到了利泰王时期（1347—1369年在位），曾派使节到锡兰请来戒师，为国王本人受戒出家。从那时开始，泰国每位国王都要出家一段时期，并延续至今，成为定例。利泰王著有《三界》一书，论及欲界、色界和无色界三界轮回的种种情况，该书被认为是泰人所著的第一本佛教书。

素可泰王朝时期，地旷人稀，对人口和劳动力的控制远远比对土地的控制重要。战争的目的，还不仅仅在于争夺土地，扩大疆域，更重要的在于争夺财富和劳动力。所以兰甘亨石碑记载："当我（指兰甘亨）袭击一个城市或乡村，俘获象、有身份的青年、少女、金和银时，我都把它们献给我的父亲。"

素可泰王朝时期的社会结构主要由下述几个阶层的人员组成：

"诏"。《蛮书》说："夷语王为诏。"其实，在泰语中，"诏"不仅是"王"的意思，也有"头人"、"主人"之意。"诏"是一个阶层，代表统治阶层，包括国王、官吏和庄园主。

与"诏"相对立的是"派"，"派"是"诏"的依附民。到了后来的阿瑜陀耶王朝时期，依附于国王和官吏的叫"派銮"，依附于贵族庄园主的叫"派索姆"。"派"虽然在名义上保持人身自由，但他们被束缚在土地上，不得随意迁徙，不得变更主人。但不管怎么说，素可泰王朝时期的"派"比阿瑜陀耶时期要自由得多。

一般的平民被称为"子民"（鲁坤），因为国王是"泼坤"（父亲）。国王听任子民去开垦荒地，建森林、果园，但只有使用权，没有所有权。

商人。兰甘亨石碑记载："国王不向他的子民征收过路钱；他们牵着牛骑着马去卖；谁愿意去做象的买卖，就去做；谁愿意去做马的买卖，就去做；谁愿意去做银和金的买卖，就去做。"这说明素可泰王朝时期确实存在商人阶层。学者分析说,由于素可泰人口的绝大多数属于"派","派"没有迁徙的自由,故无法经商。商人阶层中多数应是外国侨民,即中国人和印度人。

兰甘亨石碑还提到了一个财主阶层,这个阶层由什么人组成?泰国历史学家尼提·姚西翁认为,大概指印度的3个最高的种姓:婆罗门、刹帝利和吠舍。素可泰王朝时期受印度文化的影响很深,婆罗门教在泰国地区十分流行,婆罗门教士人数可观。王室成员属于刹帝利,商人属于吠舍。这3种人掌握大量财富,构成了财主阶层。

工匠。这是一批手工业个体劳动者,掌握着某种专门技术,从事房屋和寺庙建筑,制造佛像或各种美术工艺品,也包括陶瓷、家具、衣服和器皿等日常生活用品的制作。工匠原本是一种自由职业,但在素可泰王朝,工匠被"诏"所控制,失去人身自由,依附于"诏"。

奴隶处于社会的最底层,其来源主要是战争的俘虏,或者是因天灾人祸卖身为奴的人。

最后一个阶层是宗教界人士,包括僧侣,还有碑文中提到的"白衫儿"。这些白衫儿曾一度剃度出家,因各种原因还俗,后又回到寺庙中帮助僧侣处理一些事务。他们身穿白衫,故名白衫儿。另外,还有大批的宗教信徒,称为善信。素可泰王朝时期的僧侣有较大的自主权,僧长由他们自己选举产生。

五、素可泰王朝时期的文化艺术

在介绍素可泰王朝时期的文化艺术之前,先介绍兰甘亨石碑和泰文字母的使用。

兰甘亨石碑是素可泰王朝时期一块非常重要的石碑,是研究素可泰王朝历史的重要依据。该石碑大约镌刻于1292年,此后长期淹没在素可泰都城遗址的荒草丛中。曼谷王朝拉玛四世在1851年即位为王之前,曾作为一位游方僧侣在泰北游历,发现了这块石碑。石碑引起了学术界的重视,许多学者进行研究和释读,后搬到曼谷国家博物馆保存。

石碑为四方形,上端呈尖状,高1.11米,四面皆有文字,第1面和第2面各有文字25行,第3面和第4面各有文字27行。根据内容可分为3段:

第1段:从第1面第1行至第17行的第1个字,说的是关于兰甘亨的历史,从其降生至继承王位,用第一人称的口气叙述。其中说到当时的社会情况,记述了兰甘亨王的家庭。

第2段：从第1面第18行的第1个字，到第三面的第27行，叙述素可泰人的生活和风俗习惯，以及那时的国家情况。最后说到佛历1835年（1292年）建神像和底座的事。第2段大概不是兰甘亨自己撰稿，而是镌刻于继兰甘亨王之后的乐泰王（Loethai）或沃南塔王（Nguanamthom）时期，甚至有可能是利泰王初期。叙述口气不再是兰甘亨的第一人称，而是用第三人称。而且第2段的行文（包括其语言、结构和内容安排）比第1段精致，大约是当时的文人学士所作。那时的素可泰已经成为一个王国，有许多属国，碑文宣扬其繁荣昌盛。

第3段：从第4面的第1行至末尾，主要赞颂兰甘亨和素可泰王朝的丰功伟绩。据戈岱司的看法，这一段是后来续的，因为字体扁瘦，元音和辅音字母的使用皆与上面两段不同。

整个碑铭使用的语言是泰语，间或掺杂少量的吉蔑语和巴利语的词汇。句型简单，句子很短，容易理解，语气犹如现今泰北方言。

按照兰甘亨石碑的记载，泰文字母是由兰甘亨王创立的。他把古孟文和吉蔑文加以改造，将其字母的弯曲部分拉直，创造了44个辅音字母和32个元音字母，增添了4个声调符号，并用这种新创新的字母镌刻了被称为兰甘亨石碑的第一块泰文碑铭。

其实，如果认真研究泰文古文字的演变历史，就会发现事情不像兰甘亨石碑所记述的那样简单。通过考古发掘所发现的泰国古代文字，从5世纪至18世纪这段时间逐渐形成和定型，分为四个阶段：

（1）使用南印度巴拉瓦（Pallava）字母时期。

这段时期约200年，从5世纪到6世纪甚至7世纪初期，在堕罗钵底、三佛齐和真腊时期，都使用南印度巴拉瓦字母。

（2）巴拉瓦字母的发展时期。

第二阶段巴拉瓦字母发生变化，但大体与原样相似，故称为"后巴拉瓦"字母。时间大约300年，从7世纪至9世纪。

（3）使用吉蔑字母时期。

第三阶段，曾在现今泰国版图上出现的各个国家，根据自己的特点，将巴拉瓦字母进行改造，真腊人创造了古吉蔑文字。在泰国所发现的古吉蔑文碑铭，从9世纪至13世纪，有100多块。三佛齐国则将巴拉瓦字母发展为嘎威（Gavi）字母。泰国所发现的嘎威字母，其年代约为12世纪。第三种从巴拉瓦字母发展而来的文字是哈利奔猜国的古孟文字母。尽管现有的证据说明，古孟文字母是从缅甸传来的，但总的来说古孟文字母并非直接来源于巴拉瓦字

第三章 素可泰王朝时期

母,而是从另外一个源于巴拉瓦的字母变化而来。哈利奔猜的文字约存在于11—12世纪。第三阶段历时400年,即9—13世纪。

(4)使用泰文字母时期。

这个时期分为两个阶段,即维持原字母及拼写规则和改变原字母及拼写规则。

1)维持原字母及拼写规则:泰文字母有两个系统:一是吉蔑—泰文系统;二是兰那泰系统。前者源自古吉蔑文,从素可泰王朝一直使用到曼谷王朝(14—18世纪)。而兰那泰文则经澜沧王国,传到泰东北地区,使用于16—18世纪。

2)改变原字母及拼写规则:素可泰泰文字母,是从古孟文和古吉蔑文发展而来,使用时间为13—14世纪。它后来发展为阿瑜陀耶和现今曼谷王朝使用的泰文,在兰那泰(清迈)则发展为"豆荚字母",14—18世纪后又发展为"表述字母"。素可泰的字母和豆荚字母以后又发展为澜沧王国和泰东北地区使用的小泰字母,时间为15—17世纪。

这个时期大约为13—18世纪,共600年,泰人的先民共使用了7种字母,并费时600年来发展它。

素可泰王朝时期泰人另一个显著的文化特征便是干栏式建筑。

所谓干栏,照《魏书》僚传的解释:"依树积木以居其上,名曰干栏,干栏大小,随其家口之数。"《新唐书》南平僚传也说:"土气瘴疠,山有毒草及沙虱,蝮蛇,人并楼居,登楼而上,号为干栏。"

素可泰的泰族承袭了古代百越民族传统的干栏式建筑,当然跟泰国的地理环境和气候条件有关。泰国地处热带和亚热带,天气湿热,没有四季寒暑的变化,只有旱季和雨季。每年4—11月为雨季,11月至次年4月为旱季。每当雨季来临之时,常是连日暴雨,洪水泛滥,淹没田野和庄稼。然而居住在高脚屋中的民众,因其楼板高出地面数米,通常可借此躲避水患。到了旱季,楼底可以饲养家畜,楼上住人,清凉爽快。

高脚屋

素可泰王朝时期一般居民的房屋建筑都比较简陋，茅草盖顶，竹片垫楼板，梁柱则用质地坚硬的树木。比较富裕人家、村长或者社会上层，则建造一种称为"嘎来"的房屋。"嘎来"这个称呼是现代的建筑学家命名的，因屋脊相交的那一部分泰语称为"嘎来"，而这种屋子正是特别讲究对"嘎来"的雕刻装饰，故名"嘎来"。继嘎来式古典建筑之后，又出现一种被称为木楼的民居建筑。这种建筑与泰国中部的建筑艺术相融合，外观随时尚和人们的喜好而变化。有的木楼采用镂空的花纹来装饰，做工精细，堪称木雕艺术的精品。

上述3种房屋，其大小或式样虽各有异，但都由几个相同的部分组成：（1）楼梯和拴狗柱。（2）平台。可以用来乘凉、会客、吃饭和做佛事。如果家里有成年少女，也可作为傍晚小伙子串姑娘的幽会之地。（3）放置水缸的地方（水店）。（4）卧室。卧室是仅供家庭成员憩息的地方，外人和客人是不能进去的。如果外人跨越卧室的门槛，便是对主人祖宗神灵的亵渎。（5）厨房。做饭和吃饭的地方。

素可泰王朝时期的陶瓷艺术以宋胶洛陶瓷最负盛名。宋胶洛现在是素可泰府的一个县，古时候是重要的陶瓷产地。把暹罗湾打捞出来的古代陶瓷碎片跟菲律宾发现的中国古陶瓷进行对比研究，学者断定宋胶洛陶瓷的年代在14—15世纪之间。

宋胶洛陶瓷明显地受到中国陶瓷的影响。过去认为，素可泰的兰甘亨国王曾亲自访问过中国，并从中国带回了一批制造陶瓷的工匠，在宋胶洛开窑烧瓷。后来的研究结果证明了兰甘亨国王本人没有到过中国，但不能排除中国的陶瓷工匠通过官方交往或私人途径到宋胶洛来帮助烧瓷。素可泰旧城现今还有一些被称为都良窑的古窑遗址，其名便是从中国江西景德镇的富良窑演变而来的，因译音稍偏，富良变成了都良。

宋胶洛陶瓷有两个主要产地：一在素可泰城；二在宋胶洛。

素可泰旧城的窑址称为都良窑，可能因为最早的中国工匠来自景德镇的富良窑。这个窑烧制的陶瓷，特点是质地较粗，先在陶上涂上一层白泥，再描黑色的花纹，最后再上一层淡绿色的

宋胶洛瓷盘

第三章 素可泰王朝时期

釉。比较常见的装饰图案是螺纹、环纹、鱼纹和花卉,特别是鱼形图案成了素可泰陶瓷的一个象征。

从宋胶洛陶瓷的造型和纹饰不难看出它与中国陶瓷的师承关系。有的宋胶洛陶瓷底部有莲花图案,为犬牙交错的莲花瓣。在一些陶瓷容器的颈口,有莲花瓣的文饰。容器的外部也有莲花花纹。这是中国元朝时期最为流行的款式。这种式样的陶瓷产于中国浙江省的龙泉窑。更为有趣的是,在现存的宋胶洛陶瓷中,还发现外观造型如柿子的瓷器,而柿子是中国北方特有的水果,泰国本土从来没有这种东西,可见宋胶洛陶瓷受中国影响之深。

宋胶洛府古代有一个是塞察那莱县(Si Satchanalai),在离该县城墙仅500米的橡胶林中,发现了许多古窑遗址,而且都是砖窑。在这里发现了大量陶瓷器皿的碎片和建筑装饰品的残骸,如陶佣人、兽、龙、蛇等,由此断定系官窑。它的产品做工精致,是素可泰王朝时期用于外销的商品。

另外,在宋胶洛城外永河之滨的小岛区,也有一些古窑,被称为槎良窑,因为宋胶洛还有一个古名叫槎良(Chalain)。槎良窑的产品与华富里的陶瓷相似,陶瓷粗糙,多上棕色釉。后期完全按照中国龙泉瓷的方向发展,即用高温烧制,使其产生美丽的色彩,计有翠绿、灰绿、墨绿、浅灰和靛蓝等颜色,其产品在东南亚一带备受欢迎。

槎良窑与素可泰窑产品的鉴别,可以从底部看出。素可泰窑烧制的时候,用五根支架来支撑陶坯,故烧出来的产品底部有五个疤痕。槎良窑没有用支架,而是直接放在案几上,所以底部有一个小圆圈。

宋胶洛陶瓷给素可泰王朝带来了巨大的收入,不仅在王朝版图内进行买卖,而且还沿着各条河流顺流而下,出口至马来西亚、印尼、印度、菲律宾和锡兰。更有甚者,连埃及的西奈半岛都发现有宋胶洛陶瓷。现在素可泰时期的宋胶洛陶瓷已经很难寻觅,一件宋胶洛古陶瓷精品的价格高达上百万铢。

素可泰王朝时期的佛像造型艺术达到前所未有的境界,具有明显的时代特征和个性。

佛像的出现大约在公元1世纪前后,即印

素可泰遗址佛像

度的贵霜王朝（Kushan Empire）时期，发源地是马图拉（Mathura）一带。其后，印度受到波斯、希腊和罗马文化的影响，形成犍陀罗艺术。犍陀罗造型艺术以华丽雄伟和表现人体的健美而著名，即使宝像庄严的佛像，也同样流露出一种内在的生命力。4—5世纪，印度的笈多王朝时期，佛像造型形成了独特的时代风格，令人一眼就能辨出其时代特征，这就是佛像弯曲的头发变为印度珠宝帽的样式，形成了后人所说的释迦头。衣服由宽敞变为合身，由多层变为单层。腰部由粗壮变为苗条，呈女性化倾向。眼帘下垂，表现出安宁静谧的气氛。

佛教于公元前2世纪传入泰国地区，佛像制作也伴随佛教而传入。最初，泰国的佛像受印度犍陀罗艺术和笈多王朝的影响颇深，以后注入本民族的文化元素，创造出具有本国民族文化特征的佛像，推动了佛像造型艺术的发展。6—11世纪，以佛统为中心的堕罗钵底国制造了带有堕罗钵底特征的佛像，其特征是：佛像的袈裟没有皱褶，轻薄透明，贴近身体，凸显了身体的线条美。7—14世纪，海上强国三佛齐统治了泰南的猜也和洛坤一带，信奉大乘佛教，创造了三佛齐的佛像造型艺术。三佛齐的佛像造型与堕罗钵底的佛像造型一样，是构成现代泰国佛像造型艺术的重要来源。三佛齐佛像造型的特点是：佛像的额头圆而光滑，没有螺状的发髻，所穿袈裟，外层宽大，衣褶整齐，佛头上的大智印如火焰状。13—14世纪的素可泰王朝，将佛像造型艺术推向一个新的高度，其代表作是一尊姗姗而行的青铜塑像。佛陀行走时的潇洒姿态，轻盈的步伐，被塑造得活灵活现。素可泰王朝时期的佛像一般具有如下特征：佛头上有火焰状光芒，发髻较小，鸭蛋形的脸，柳叶状的眉，鹰钩鼻（按照印度伟人常见的样式），嘴带微笑，手臂如象鼻，4根手指一样长。

素可泰的佛塔建筑形成了独自的风格。

佛塔原产于印度，梵名stupa，译为窣堵坡，意为坟冢上的建筑物。公元前468年佛祖灭度后，弟子哀思，筑塔以置舍利。而后，佛塔随教一起向外传播，包括佛塔建筑的外形和文化内涵。到了外地以后，佛塔经过当地人的改造，使之与当地人的观念、需求和物质条件相适应，

姗姗而行的佛像

从而创造了各式各样的佛塔。这就是目前分布于世界各地的佛塔,归纳为:锡兰式、缅甸式、泰国式、越南式、柬埔寨式、老挝式、中国式、朝鲜式、日本式等。即使是同一国家在不同历史时期所建造的塔,也留下了明显的时代烙印。就泰国的塔来说,可以分为堕罗钵底时期、三佛齐时期、吉篾时期、哈利奔猜时期、素可泰时期、阿瑜陀耶时期和曼谷王朝时期。各个时期所建造的塔,就其艺术风格和建筑样式来说,既有传承关系,又有突出的个性,凸显出时代和地方色彩。然而,万变不离其宗,所有变化都离不开古代印度佛塔的基本结构。

古代印度的佛塔由五部分组成:(1)台,又称基坛,或方或圆,是塔的基座。(2)覆钵,又称覆钟,台基上面的半球部分,状如倒翻的钵或钟。(3)平头,也称宝座,置于覆钵之上的方箱形建筑,周围绕以栏楯。后世常在平头周围造龛,安置佛像。(4)竿,用以标示此是圣地。有的塔立一竿,置于平头的上部中央;有的塔立三竿,除中央竿外,左右各置一竿。竿端安置宝瓶。(5)伞,即华盖,建于塔顶,《佛经》常译成盘、相轮和承露盘等。数目从1重至13重,数目多寡表示悟道深浅。

佛塔根据用途的不同又可分为四类:(1)舍利塔。用来盛佛骨舍利,或国王、高僧的骨灰。(2)纪念性佛塔。建在佛诞生地、悟道处、首次讲经处和佛涅槃处。(3)藏经塔。用以宣扬苦、集、灭、道"四圣谛",或收藏三藏经典。(4)奉献的佛塔。用以奉献给佛祖,没有规定一定要做成什么式样,比如说,可以建一个佛座代表佛祖。

根据塔的地位和作用,又分为主塔、副塔和列塔。主塔是一寺里最重要的塔,地位突出,以它为主;副塔是主塔四周的小塔;列塔则散布在小塔之外。

根据塔的外观形状,则可分为覆钵式塔(覆钟式塔)、方形塔、八角形塔和宫殿式塔等。

因建筑材料的不同,又分为木塔、砖塔和铁塔等。

在泰国素可泰王朝建立以前,佛塔的建筑样式主要有:(1)三佛齐式佛塔,以猜也的帕波罗麻它佛塔为代表。(2)堕罗钵底式佛塔,以佛统大金塔为代表。(3)吉篾式佛塔,原是吉篾人(高棉人)崇奉婆罗门教的庙宇,以柬埔寨吴哥寺为代表,后泰人仿建为佛塔,称为巴朗(Balang),如曼谷大皇宫里的一些塔。(4)哈利奔猜式佛塔,以喃奔的古骨塔为代表。

素可泰式的佛塔,在吸取上述各式佛塔建筑的优点后,加以改进,自成一格。其特点是:底座为四方形,高三层,重叠至塔身。塔顶为饭团花球形,或呈含苞待放的莲花形。素可泰都城的马哈达寺佛塔就是最典型的代表。素可

泰国通史

泰王朝统治下的其他重要城市是塞察那莱城、彭世洛城、甘烹碧城、达城和碧差汶城都有这一类的佛塔。

素可泰王朝时期的文学作品传世的计有5部：(1)《兰甘亨石碑》。(2)《巴玛芒寺石碑》。(3)《帕朗格言》。(4)《三界经》。(5)《娘诺玛》。其中《帕朗格言》和《娘诺玛》其雏形可能源于素可泰王朝时期，但实际成书于曼谷王朝拉玛三世时期（1824—1851年）。

可以说，素可泰王朝时期的文学作品主要是碑铭文学和佛教文学。

《兰甘亨石碑》是碑铭文学的精品，分为三部分，第一部分以第一人称的口吻叙述兰甘亨国王的经历。第二部分叙述他修建寺庙供奉佛舍利的情况。第三部分可能是时隔多年后补刻的，改用第三人称，歌颂兰甘亨国王的丰功伟绩。字体也有改变。它之所以被视为文学作

玛哈达寺佛塔

是塞察那莱城佛塔

品,是因为文字优美流畅,文句音调铿锵,类似散文体的韵文。例如"田中有稻,水中有鱼"。这样的描写,已成为泰国文学的千古绝唱。

《巴芒寺石碑》是利泰王下令镌刻的。内容记述利泰国王登基、修行、苦读和出家等事情,补充反映了兰甘亨之后素可泰王朝的历史和社会情况,类似一篇以历史为题材的散文。

《三界经》的作者是利泰王,这是由泰人撰写的第一部佛教著作,开启了泰国佛教文学的先河。该书资料来源广泛,引用了30多部佛经,汇集了当时所有的佛教知识。它将世界分为三界:欲界、色界和无色界。欲界有11处,生存于欲界的人都还有欲望,因其修行的高低分处于11个不同的等级之中。色界,是禅定后达到的阶段,分为16等。此时的人已无欲,但仍有形,还与大千世界有联系。无色界有4级,是禅定的最高境界,已无形体。书中讲述了人的转世轮回,佛教教义,并生动形象地描述了传说中的佛教仙境,奇珍异兽。

《帕朗格言》是诗歌体,收录格言158条,作者不详。其内容反映了古代泰人的人生观、价值观和道德观。之所以名为帕朗,是因为采用素可泰王朝时期出现的一种诗体,托名素可泰王朝时期的作品,以增加其权威性。

《娘诺玛》是以本书的作者之名命名。她父亲是婆罗门,担任朝廷高官。母亲名叫雷瓦迪。当她17岁时,被父亲送进王宫,做利泰王的王妃。书一开始就叙述了她的身世,记述了后宫的生活。特别是详细描述了一年之中9个月的各种祭拜仪式,因为另外3个月是守夏节不必介绍。另外,还说到宫廷官员的行为和礼仪准则,其中还穿插一些故事,明显有训诫臣民的作用。学者认为,此书不大可能是素可泰王朝时期的作品,大概是后人伪托,因为书中提到了一些素可泰王朝时期不可能出现的东西,如美国人、大炮等。但也有人认为,书中所记9个月内举办的各种仪式与事实大体相符,或许后人作了增删补充。

六、素可泰王朝的灭亡

与素可泰王朝同时存在并对素可泰王朝构成威胁的一个国家是罗斛国(Lavo),其政治中心在湄南河下游的华富里。中文史籍《宋会要》、《宋史》、《云麓漫钞》、《诸蕃志》、《岛夷志略》、《通志》、《通考》、《大德南海志》、《元史》等都出现过罗斛国,但罗斛不见宋以前的载籍,说明罗斛这个国家是宋以后才出现的。

泰文方面的载籍提到,在素可泰利泰王统治时期(1347—1369年),罗斛国的中心从华富里迁到阿瑜陀耶。与此同时，在素攀存在一个素攀政权，其国王坤銮泼旺娶素可泰国王利泰的妹妹为妻，因此是素可泰国王的亲戚。而迁都至阿瑜陀耶城的罗斛国王又跟素攀国王是姻亲，即罗斛国的乌通王娶素攀王坤銮泼旺的姐姐或妹妹为妻。后来罗斛国与素攀国合并，成为称雄湄南河中下游的强国。1350年，乌通王重建阿瑜陀耶城，自称拉玛铁菩提一世（Ramathibodi I），封其子为拉梅萱（Ramesuan），让他统治华富里。封坤銮泼旺照旧统治素攀。所谓罗斛灭暹的事就发生在1349年。《明史·暹罗传》说："罗斛强，并有暹地，遂称暹罗斛。"

罗斛为什么能够灭暹呢？首先是罗斛的自然条件比暹好，地处湄南河中下游冲击平原，土地肥沃，气候温暖。《岛夷志略》罗斛条说："其田平衍多稼，暹人仰之。气候常暖如春。"暹国条又说："（暹）土瘠，不宜耕种，谷米岁仰罗斛。"

其次，罗斛国出现了两位很有作为的君主：拉玛铁菩提一世和其子拉梅萱，依靠罗斛人劲悍的风俗，最终战胜了素可泰人。学者认为罗斛是孟族（Mon）建立的国家，前身是堕罗钵底国。笔者怀疑罗斛可能跟拉瓦族有关，Lavo（罗斛）即 Lava（拉瓦）。

罗斛国于1350年打败素可泰王朝后，素可泰政权还被允许存在了一段时间，到1419年才最后灭亡。

作者点评：

过去认为素可泰王朝是泰族建立的第一个政权，其实不然。在此之前已经有清迈的兰那泰（八百媳妇国）等泰族建立的邦国。素可泰王朝的重要性，在于它奠定了现代泰国的立国基础。

从政治体制讲，素可泰王朝实行家长制统治，并带有原始社会的部落民主成分。国王被称为父亲，百姓是子民。国王和僧侣是国家政权的核心，实行君权与神权相结合的统治。素可泰王朝注重对人力的控制，出现了"派"这一阶层，成为依附于土地的依附民，为后来阿瑜陀耶王朝实行萨克迪纳（封建制）奠定了基础。经济方面，农业和渔业比较发达，"田中有稻，水中有鱼"。素可泰王朝还经常通过战争对外进行掠夺。素可泰王朝文化上取得了辉煌的成就，创造和使用泰文，出现了名闻遐迩的宋胶洛陶瓷，在佛像和佛塔的制作上展示了前所未有的业绩，留下来一些碑铭文学和佛教文学的精品。

素可泰王朝存在了近200年，最后被罗斛国灭亡。中国史籍称之为暹罗斛，后简称暹罗。

第四章 阿瑜陀耶王朝时期

1350年乌通王战胜素可泰王朝,建都阿瑜陀耶城(大城),开启了阿瑜陀耶王朝(Ayutthaya Kingdom,又称大城王国,1350—1767年)。直至1767年被缅甸灭亡,历时417年。

一、建都阿瑜陀耶城

阿瑜陀耶(Ayutthaya)源于梵文,意为"不可战胜"的意思。印度古时也有一个国家名阿瑜陀耶,玄奘《大唐西域记》中曾经提到这个国家。受印度文化影响很深的泰人,当然知道阿瑜陀耶,并以此作为王朝新都之名,应是情理中事。

阿瑜陀耶位于泰国中部,是湄南河下游的一个小岛,它北面是华富里河,西面和南面是湄南河,东面开凿了一条巴萨运河,将华富里河和湄南河沟通。整个城市的四周被河流环绕。从现存遗址来看,城墙沿河而筑,周长12公里。城中地势低平,有纵横交错的水道,既是排水沟,又是水上交通线,总长56公里。还有陆上的街道,全长47公里。市内外交通发达。由此北上,有水、陆道可达泰北诸城;由此南下,经曼谷沿湄南河出海,可通中国和东南亚各国。这一带系湄南河冲积平原,土地肥沃,物产丰富,气候暖和,民众富足,确实是理想的建都之地。

从中国古籍的记载中我们可以窥知阿瑜陀耶初期的历史面貌,明代黄衷的《海语》暹罗条说:

> 其地沮洳,无城郭,王居据大屿,稍如中国殿宇之制,覆以锡板,辟东壁为巨扉,是为王门。治内分十二塘坝,酋长主焉,犹华之有衙门也。其要害为龟山,为陆昆,主以阿昆猛齐,犹华言总兵,甲兵属焉。有奶街,为华人流寓者之

居。土夷乃散处水棚板阁,荫以荛草,无陶瓦也。

  黄衷是明成化至嘉靖年间人,大约生于1478年,卒于1550年,正是暹罗阿瑜陀耶王朝初期。黄衷本人虽未亲临海外,但《海语》是他致政家居时与过往山翁海客的座谈记录。对照阿瑜陀耶现存遗址,可知《海语》记载颇为翔实。《海语》说阿瑜陀耶"无城郭",说明初期没有城墙。现存城墙可能是第十四世王帕拉猜(Chairacha)在位期间(1534—1546年)所筑,因为从那时起,泰缅开始了旷日持久的战争,为了防御缅军的进攻才筑城墙。

  继黄衷之后大约100年,明人张燮在《东西洋考》暹罗条中也描述了阿瑜陀耶当时的情况:"其土下湿,气候岚热不齐,民悉楼居,楼密联,槟榔片藤系之甚固,藉以藤席、竹簟寝处其间。王宫高九丈余,以黄金为饰,雕缕八卦,备极弘丽。"张燮所记,正是阿瑜陀耶王朝中后期的情况,与黄衷所记相比,最明显的区别在于王宫的建筑比初期华丽多了。

  继张燮之后又是100年,清人所著《皇清通考》四裔门说:"王居在城西隅,别建宫城,约周三里有奇。殿用金装彩绘,覆以铜瓦,室用锡瓦,阶砌用锡裹砖,栏杆用铜裹木。"可见阿瑜陀耶后期的王宫更是金碧辉煌。

  只可惜1767年缅甸军队攻陷阿瑜陀耶城后,肆意掠夺,一把大火将这座古都焚烧殆尽,只留下断垣残壁供人凭吊。阿瑜陀耶旧城至今一直没有修缮,其遗址被辟为国家公园,并列入联合国世界文化遗产名录。

阿瑜陀耶遗址

第四章 阿瑜陀耶王朝时期

故宫遗址

实地考察阿瑜陀耶遗址,我们可以看到的王宫遗址计有3处:故宫、前宫和后宫。故宫的范围很大,包括现今的帕希汕派寺和7座不同时期建筑的寝宫。前宫是纳黎萱大帝于1577年修建的。他因为打败了来犯的缅军,而成为泰国历史上荣获大帝称号的五位王之一。后宫,也称皇家花园。因在故宫之后,故有后宫之称。这里曾经是第二十一世王厄迦陀沙律(Ekathotsarot, 1605—1610年在位)的寝宫,后改为皇亲贵戚的住所。现改建为泰国国家博物馆。

通过对王宫遗址考察,可以得出这样的结论:王宫建筑是阿瑜陀耶城市建筑的主要部分。初期的王宫建筑比较简朴,后来日趋奢华。这一方面反映了阿瑜陀耶王朝社会经济的发展和建筑工艺的进步;另一方面也反映了这个王朝的统治者由初期的励精图治,到后期耽于享乐,导致国势日衰,最终为外族所灭。

二、对外扩张版图

阿瑜陀耶王朝建立以后,积极发动对外战争,以掠夺人力资源和扩张王朝版图。

1. 挑战真腊

真腊原是东南亚的一个泱泱大国,是吉蔑人(Khmer)建立的国家,崛起于6世纪下半叶,8世纪初分为陆真腊和水真腊两部分。802年,水、陆真腊又合二为一。这位统一真腊的国王阇耶跋摩二世(Jayavarman II)动员了大量的人力物力,在洞里萨湖东北修建了新首都吴哥城(Angkor Thom)。此后200多年,到了真腊国王苏利耶跋摩二世(Suryavarman II)在位的时候(1113—1150年),又在距吴哥城5里之遥修建了吴哥寺(Angkor Wat),使吴哥成为名闻遐迩的古都。

真腊最强盛的时候,征服了东南亚的许多国家,宋赵汝适《诸蕃志》卷上真腊条说:"登流眉、波斯兰、罗斛、三泺、真里富、麻罗问、绿洋、吞富里、蒲甘、寔里、西棚、杜怀、浔蕃,皆其属国也。"

13世纪素可泰摆脱了真腊的统治,泰人获得了独立。阿瑜陀耶王朝建立后,公开对日益衰落的吉蔑人进行挑战。1369年,阿瑜陀耶国王拉玛铁菩提一世(Ramathibodi I,1350—1369年在位)派兵攻打真腊首都吴哥。虽然历史学家对这次战争中吴哥城是否被攻陷持有异议,但对暹罗方面获胜是没有争议

吴哥寺

的。此后,1388年和1431年,暹罗又两次出兵吴哥。周达观《真腊风土记》村落条说:"(真腊)屡与人交兵,遂至皆成旷地。"特别是1431年的战争,阿瑜陀耶军队攻陷吴哥,迫使吉篾人迁都金边,以致最后成为暹罗的属国。

2. 征讨兰那泰

阿瑜陀耶国王波隆摩罗阁一世(Borommaracha I,1370—1388年在位)多次派兵北伐。1371年,攻打北方诸城。1378年,攻打甘烹碧。1386年,攻打喃邦和清迈,不克。1438年,彻底灭掉素可泰政权。阿瑜陀耶王朝在存在的417年时间里,一直妄图并吞清迈的兰那泰政权,但由于缅甸东吁王朝也对清迈存在侵略野心,所以清迈成了暹罗和缅甸争夺的战场,双方进行了旷日持久的战争,各有胜负,交替控制清迈。直到1767年缅军灭亡阿瑜陀耶王朝后,清迈才落入缅甸的掌控之中。后来,曼谷王朝又一次打败缅甸,使清迈划归泰国版图。

3. 向南拓展

阿瑜陀耶王朝沿湄南河南下,向马来半岛扩展领土。它占据了洛坤后,积极南进,最终目的是要控制满剌加(马六甲),因为马六甲海峡是东西方的交通要冲,是国际海上贸易通道。阿瑜陀耶王朝曾派军队先后4次征讨满剌加,但因距离较远,最终未能如愿以偿。后来,葡萄牙殖民者来到东南亚,并于1511年将满剌加变成它的殖民地。

4. 向西挺进

西面,阿瑜陀耶王朝的势力挺进到孟族居住的白古、毛淡棉、默利岛和丹那沙林等地。这就不可避免地要与缅甸的军事力量遭遇,终于在1538年在靠近毛淡棉的清干城爆发了暹罗与缅甸的第一次泰缅战争。这次战争持续了229年,双方共交战24次,死伤惨重,各有胜负。1767年缅军攻陷阿瑜陀耶城,遂使阿瑜陀耶王朝灭亡。

但不管怎么说,阿瑜陀耶王朝强盛时,向东南西北四方扩张疆域,其国土面积大大超过素可泰王朝时期,奠定了现代泰国的领土范围。

三、创建萨克迪纳制

阿瑜陀耶王朝到了波隆摩·戴莱洛迦纳王(Boromma Trailokkanat,1448—1488年在位)统治时期,进行了具有重大历史意义的政治改革,建立了萨克迪纳制,加强了对人力的控制,正式确立了封建领主制和中央集权的统治。

所谓萨克迪纳，就是把全国的土地，按贵族的爵位、官吏的官衔和职务以及平民百姓不同的级别进行分配，使其占有"职田"或"食田"，然后由国家征收劳役地租或实物地租。在泰语里"萨克迪"意为权力，"纳"是土地，萨克迪纳即对土地占有的权力。

根据萨克迪纳的规定，地位仅次于国王的副王封地10万莱；王子封地2万莱；公主封地1 500莱；昭披耶玛哈塞纳（军务大臣）封地1万莱；昭披耶却克里（政务大臣）封地1万莱；披耶爵衔封地1 000—1万莱；庶出王子封地50—400莱；僧尼封地400—2 400莱；下级官吏封地10—25莱；奴隶封地5莱。每莱相当于中国的2.4亩。

从上述的规定可以看出，决定封地多寡的主要条件，一是阶级出身；二是行政职位。而且从某种角度来看，行政职位比阶级出身还重要。例如，没有担任行政职位的庶出王子，其封地少于军务和政务大臣，也少于某些披耶爵衔的官吏。戴莱洛迦纳王进行行政制度改革的目的，就是要提高行政人员的地位和作用。

古代泰国社会，受印度婆罗门教的影响很深，其中一个重要的方面就是承袭了印度的种姓和等级制度。虽然泰国社会没有像印度那样分为5个种姓，但身份等级的划分依然十分严格，王族统称为昭，正如中国历史文献《蛮书》所说："夷语王为昭。"国王称为"帕昭佩丁"，意为"土地的主人"，表明"普天之下莫非王土"。国王的嫡子称为"昭法"。国王的庶子，或者昭法的嫡子，则称为"帕翁昭"。昭法的庶子，或帕翁昭之子，称为"蒙昭"。这些称呼同时也是爵衔。爵衔是世袭的，但不是一成不变，每传一辈，爵衔就降一级。蒙昭之子，即成平民。

王族下面的一个等级是贵族和官吏，称为"坤囊"。最初的坤囊是部落或村社的首领，他们的职责是战时率领所属的成年男子出征。随着社会生产力的发展和剩余产品的增多，他们利用职权向部落或村社成员征收赋税和摊派劳役，而转化为贵族或官吏。坤囊的任职是终身的，但不是世袭的。他们的子孙要重新获得国王的诰封。贵族和官吏的爵衔分为五级，依次排列如下：(1)昭披耶。(2)披耶。(3)帕。(4)銮。(5)坤。

萨克迪纳制的实行，标志着泰国社会封建领主制的确立。在萨克迪纳制度下，每个社会成员无一例外地分属不同的社会阶级。国王是最高统治者，下面是副王、贵族和各级官吏，他们是统治阶级。而占全国人口绝大多数的被统治阶级是"派"和奴隶。"派"虽说是普通平民，可以分为三大类："派素姆"、

第四章 阿瑜陀耶王朝时期

"派銮"、"派帅"。派素姆是指隶属于拥有400莱以上封田贵族或官吏的私家农奴,也叫"私民"。他们耕种份地,将收成的部分实物缴纳所属的主人(乃),同时还为主人服各种杂役。他们本身可以拥有一些私有财产,并且可遗留给子女亲属。但他们不能随意迁徙,不能擅离所属主人的管辖。派銮是指隶属于国王的农奴,也称"官民"。他们与派素姆一样拥有份地和微薄的私产。派銮一般由国王指定地方官吏代管,所以,他们除向国王纳赋和服役外,还要为管辖他们的地方官吏干活。在双重剥削下,派銮的地位还比不上派素姆,常有派銮宁愿当私民而逃亡去投靠新的主人。派帅是指为国王生产手工业特需品的工匠,其境况跟派銮一样。尽管法律规定不准出卖"派",但这种买卖事实上是存在的。处于社会最底层的奴隶称为"塔特"。按萨克迪纳制度规定,奴隶可以获得5莱耕地,可以拥有私人财产和后裔继承权。他们在无偿地替主人做家务、服杂役的同时,耕种自己的小块土地。主人除了不能杀害奴隶外,可以对他们任意打骂。

萨克迪纳制确立了"派"和奴隶对土地的人身依附关系,把他们紧紧地拴在土地上。封建领主通过占有土地而控制了生产者。在当时泰国社会处于地广人稀的历史条件下,对劳动力的控制显得更有其重要性。

戴莱洛迦纳王为了加强中央集权,把全国土地的分配权掌握在国王手中。为了防止地方势力的膨胀,他把分封给贵族和官吏的食田分散到各地,使其不能形成一股集中的强有力的地方势力。而且还规定官吏的食田不是世袭的,国王可以随时变换和剥夺,贵族和官吏在离职时要把食田交还给国王,仅留部分土地以维持其体面的生活。而且,贵族也不是一成不变的,法令规定贵族每传一代爵位降低一级,即使出自国王的嫡系王子,五代以后也降为平民。所以,不存在稳固的世袭贵族集团。

戴莱洛迦纳王改革的另一重要措施是于1445年颁行《文官统治法》和《军官及各地官吏统治法》,改革过去的军政合一制,把国家管理分为政务和军务两大类,设政务大臣主管全国民政事务,设军务大臣处理全国军政事务,两者皆授最高爵衔"昭披耶",政务大臣称为昭披耶却克里,军务大臣称为昭披耶玛哈塞纳。在政务大臣下设财务、田务、宫务、政务四大部,各有部长负责。军务大臣下设陆军和海军部。另有披耶爵衔军官一名,主管王宫卫队。全国各府也建立相应的行政机构。规定从中央到地方的军、政官吏均由国王直接委任或通过中央政府机构任命。

为了维持国王权威和防止宫廷内部篡权夺位,1450年还颁布了《宫内法》,包括礼仪、百官职守和处罚法规三部分内容。即使王子犯法也逃脱不了惩罚,与常人不同的是用金银制的脚镣和用檀香木笞挞处死。

戴莱洛迦纳王的改革为古代泰国社会确立了一种新的封建式的生产关系,为社会生产力的发展开创了一个新的前景,给阿瑜陀耶王朝带来了400余年的繁荣。

四、阿瑜陀耶王朝与中国的关系

1. 朝贡贸易和大米贸易

阿瑜陀耶王朝于1350年建立,此后不久,中国的农民领袖朱元璋领导农民起义推翻元朝蒙古人的统治,于1368年建立明朝。暹罗阿瑜陀耶王朝与中国明朝的关系主要靠"朝贡"与"抚谕"来维系。据《明实录》和《明史》的统计,在明朝存在的276年里,暹罗来中国朝贡110次,明朝遣使暹罗19次。

朝贡是中国古代诸侯定期朝见天子,贡献方物,表示诚敬的一种制度。到了明代,朝贡已经不是最初的含义了,它已经变为海外诸国与中国政府之间进行政治交往的一种外交手段,经济互利的一种官方贸易形式,人员和文化交流的一条重要途径。

朝贡贸易的大帆船

第四章 阿瑜陀耶王朝时期

暹罗阿瑜陀耶王朝与中国明朝的朝贡关系，首先是为了双方的政治需要而建立和维持的。阿瑜陀耶王朝甫建之初，面临着彭世洛、呵叻和洛坤等地方豪强势力的反叛与安南和缅甸等邻国随时可能发生的武装侵略。为了谋求生存和发展，争取亚洲大国中国的支持是非常必要的。因此，阿瑜陀耶王朝主动多次遣使中国，请求明朝颁给金印和勘合底簿，作为朝贡关系的凭证。这是暹罗方面基于政治需要而采取的重要措施。

对于中国明朝来说，威胁主要来自北方的游牧部族。对南海诸国，则只求维系安宁，"保境安民"。朱元璋在《皇明祖训箴戒章》中告诫后世子孙说："四方诸夷，皆阻山隔海，僻在一隅，得其地不足以供给，得其民不足以使令。若其不自揣量，来扰我边，则彼为不祥；彼既不为中国患，而我兴兵侵犯，亦不祥也。吾恐后世子孙倚中国富强，贪一时战功，无故兴兵，致伤人命，切记不可。但胡戎与西北边境，互相密迩，累世战争，必选将练兵，时谨备之。"可以认为，北拒强敌，南抚诸邦，做到"中国安而四方万国附顺"，这是明朝政府的对外方针。

从经济的角度来看，朝贡是一种官方贸易形式。明朝政府对海外各国来贡，主要从政治上着眼，满足于"万邦归顺"的虚荣感，在经济上则采取"怀柔远人，厚往薄来"的方针。明朝政府除了照例"赏赐"给各国贡使大量礼品外，还准许贡使将带来的货物开市出售，免于抽税。所以，朝贡已不是最初那种"所贡方物，不过表诚敬而已"的概念了，而带有商品交换的性质。海外各国利用朝贡的机会，进行官方垄断的对外贸易。"虽云修贡，实则慕利"。

暹罗历次朝贡送来的礼物有：大象、象牙、苏木、降香、罗斛香、胡椒、鹦鹉、孔雀、硫磺、黄蜡、白蜡、阿魏、丁皮、碗石、紫梗、藤竭、藤黄、没药、乌爹泥、肉豆蔻、白豆蔻、大枫子、芯布、油红布等。有时货物的批量很大。例如洪武二十年（1387年）贡胡椒1万斤，苏木10万斤。洪武二十三年（1390年）贡苏木、胡椒和降香等物17万斤，简直就是趸批贸易。明朝送给暹罗的东西有瓷器、文绮罗帛和织金锦缎等，有时干脆付给大量的钱钞。如洪武十四年（1381年），赐给暹罗贡使陈子仁等钞240锭。

朝贡贸易，给暹罗带来很大的经济利益。以槟榔为例，在暹罗收购价每担6钱，运到中国来就值4铢。利之所在，趋之若鹜。尽管明朝一再表示，"入贡既频，繁劳太甚"，"令遵古典而行，三年一贡"，但仍是贡使不绝，相望于途。由三年一贡，变成一年三贡。即一年之中，探贡一次，正贡一次，接贡使一次。

到了清朝初年,除维持原来的朝贡关系外,又正式开启了中暹之间的大米贸易。康熙六十一年(1722年),康熙皇帝听暹罗贡使说:"其地米甚饶裕,价钱亦贱,二三钱银即可买稻米一石。"遂要求暹罗运米至广东、福建和宁波等地贩卖,给予免税待遇。雍正七年(1729年)准许各省商民与闽省一样到暹罗贩米。乾隆八年(1743年)规定:"带米一万石以上者,著免其船货税银十分之五;带米五千石以上者,免其税银十分之三。"乾隆十六年(1751年)决定对运米2 000石以上者赏给顶戴。清朝政府的大米贸易政策,从要求暹罗政府官运,到准许中国商民私贩;从大米免税,到随船的压舱货也减免税;从一般号召,到奖给顶戴。

贩运大米与贩运山货土产相比,"向来获利甚微"。许多船商象征性地装载少量大米,使船运合法化,而夹带大量的香料、苏木、铅、锡等货。米不满5 000石,货可值数十万。由大米贸易向一般贸易发展,使暹罗和中国双方都获得经济利益,使朝贡贸易的内涵发生了质的改变。清粤海关税馆在澄海设五口收税,每年得正额税银11 600余两有盈。

清政府颁赠的暹罗国王印玺

由朝贡贸易、大米贸易,以及向一般贸易的发展,不仅给两国带来经济实惠,也促使中暹两国的社会结构发生了重大的变化。

2. 两次华人移民高潮

中国方面,明清之际一直实行闭关锁国的政策,除了官方派出的船队外,私人商贾一律不得擅自出海贸易。移民海外也是非法的,一经查获,就要治罪,甚至就地正法。15世纪以后情况发生了变化,由于西方人的东来,中国国内资本主义萌芽的产生和商品经济的刺激,迫使明朝政府一度开放海禁,打开国门,准许沿海商民出海贸易。与此同时,也有一些守旧官僚反对开放海禁,这就是明朝隆庆年间(1567—1572年)的海禁之争。当时中国主要的出海口岸在福建的漳州和泉州。明人张燮应漳州地方官的请求撰写《东西洋考》,就是为了支持开放海禁的政治主张,同时为当时的海外贸易编撰一本"通商指南"。随着明朝隆庆年间海禁的开放,大批中国商人和破产的农民、手工业者移居海外,因而形成中国近代史上的第一次移民高潮。这时的华人移民,被称为"流寓",含有流落他乡,寓居异国的意思。然而好景不长,清朝入关后,又重新实行海禁。因为郑成功占据台湾,打着"反清复明"的旗号,对清朝是一

第四章 阿瑜陀耶王朝时期

个很大的威胁。直到1662年郑成功的孙子郑克塽投降清廷,导致清朝政府实行了22年的迁界禁海政策宣布结束。自此"海疆宁谧,商民两益"。康熙年间的中暹大米贸易又开启了私人出海贸易的先河,使私人经营外贸合法化。许多华人乘机移民海外,形成第二次大规模的移民高潮。

泰国方面,对来自中国的移民持欢迎态度,这是因为泰国自古以来,地旷人稀,自然资源丰富,但劳动力缺乏。加之,阿瑜陀耶王朝建立以来,不断地跟周边邻国缅甸和柬埔寨等国发生战争。战争的目的除了争夺财富和土地以外,对劳动力的掠夺也是一个主要目标。而战争中又不可避免地造成人员伤亡和损失,因此增加和补充人口,成为一个亟待解决的难题。大批中国移民的到来,不啻是解决人力不足的一条有效途径。泰国方面从未对华人移民设置障碍或进行刁难,而是持友善和欢迎的态度,这也是促成明清之际两次移民高潮的一个原因。

泰国的社会结构也因大米贸易和大批华人移民的到来而发生重大的变化。之前,泰国社会是一个封闭的自给自足的小农经济社会,几乎没有商品交换。由于实行萨克迪纳制,农民都成了依附民,被牢牢地拴在土地上,没有迁徙的自由,也不能去外地经商。华人移民成了这片国土上第一批自由民。他们可以驾着小船沿河湾港汊去农村收购大米或其他农副产品,辗转贩运,做些小本生意,成了泰国社会中较早出现的商人阶层。资本稍大的华人,则依仗其语言和文化背景的优越条件,进行中泰之间的海上贸易,有的华商因其卓越的经商才能,被选派到暹罗王室垄断的贸易厅,替王室经营对外贸易。包括阿瑜陀耶王室与中国的朝贡式贸易,与东南亚邻国和日本的贸易,都是依靠华人来进行。因此,在阿瑜陀耶王朝派往中国朝贡的贡使中,不乏有名有姓的华人移民。如成化十三年(1497年)贡使美亚,原名谢文彬,福建汀州人。还有许多留下名字的贡使或翻译,如黄子顺、罗渐信、马黄报等,都是华人移民。阿瑜陀耶王朝时期旅居暹罗的华人,90%以上都是经商,这已经是不争的事实。华人移民通过他们辛勤的商业活动,像催化剂一样,促进了暹罗封建领主经济内部商品经济的萌芽和发展,逐渐动摇

华人小贩

和瓦解了以人身依附关系为基础的萨克迪纳制,引起了泰国社会结构的变化,给阿瑜陀耶王朝带来了经济的繁荣和文化艺术的进步。

3. 华人社会的形成

阿瑜陀耶王朝时期,由于两次华人移民高潮的缘故,使得旅居暹罗的华侨人数剧增。这段时期究竟有多少华人侨居泰国?这是一个很难获得确切答案的问题。李长博的《华侨》说:"清康熙年间,暹罗全国人口600万,华侨150万人。"泰国学者沙拉信·威腊蓬在他提交给美国哈佛大学的博士论文《清代中泰贸易演变》中说:"1690年初期,在大城(阿瑜陀耶城)的中国人已经达3 000人,在暹罗其他地区的中国人数目可能更多。似此可观数字使人可以了解当时的对外贸易几乎全在中国人经营之内,因为事实上是时全暹人口不会超过200万人。"美国学者威廉·斯金纳(G.William Skinner)在其著作《泰国的华人社会》中估计说,17世纪,暹罗京城有4 000华人,全暹罗有1万华人。

尽管上述的估计数字有些出入,但华人人数众多是大家的共识。华人聚居在一起,形成了华人社区。明人黄衷的《海语》暹罗条在介绍京都阿瑜陀耶城时说:"有奶街,为华人流寓者之居。"奶街并不是一条街,而是指一条名叫奶街(读gai)的小河。当时阿瑜陀耶城的交通主要靠水路,沿河两岸是"水棚板阁"式的住宅或商店。黄衷约生于1478年,卒于1550年左右,所以他介绍的正是阿瑜陀耶王朝初期的情况。

另外,中式寺庙的出现,也是华人社区形成的一个重要标志。因为任何一座中式寺庙,不是凭借一两个人的力量就能修建的,它必须依靠集体的力量,由大家出钱出力,才能建成。哪个地区能够建起一座中式寺庙,说明那一带已经形成了一个华人聚居的社区。阿瑜陀耶城外的帕南车寺,始建于1324年,其历史比阿瑜陀耶城作为京都还早26年。自从1409年三宝太监郑和下西洋时率领船队来到这里,之后,当地华人便把帕南车寺改称为三宝公庙,以纪念郑和。明人张燮《东西洋考》暹罗条说:"三宝庙,在第二关,祀太监郑和。"

三宝公庙一带作为华人社区,一直存在了400多年,与阿瑜陀耶王朝共始终。三宝公庙则

三宝公庙

一直保存至今。

若干大大小小华人社区的组合,便形成了华人社会。毫无疑问,阿瑜陀耶王朝时期已经形成了华人社会。在华人社会中,华人移民保持原来的语言、文化、风俗和生活习惯,并逐渐与当地社会进行相互渗透和融合。魏源的《海国图志》暹罗条说:"华人驻此,娶番女,唐人之数多于土番,惟潮州人为官属,封爵,理国政,掌财赋。"这就是当时华人社会情况的真实写照。

4. 中华文化的传播和影响

阿瑜陀耶王朝时期的两次华人移民高潮,同时也是中华文化在暹罗社会的两次大传播,其影响是十分深远的。

早期的华人移民,都喜欢与来自同一地方的华人聚居在一起,形成以同乡为主的华人社区。在这种社区里,他们可以自由自在地使用原先的方言,穿着原先的衣服,保持着原先的宗教信仰和风俗。这样,虽然生活在异国,却没有陌生之感。在大大小小华人社区形成的基础上,出现了各种华人社团组织:以地缘为纽带的同乡会,以血缘为纽带的宗亲会,以职业为纽带的行业公会,各种慈善会,以及信奉某种神祇的拜神会。一些热心于社会公益事业的华人,自然而然地成为华人领袖,肩负起对外交涉和管理华人社会的职责。华人社会的形成,使中华文化有了赖以生存的群众基础和传播空间。

以研究华人著称的美国学者威廉·斯金纳(G.William Skinner)在《泰国的华人社会》一书中写道:"阿瑜陀耶的华人社区大部分由商人组成,但也有从事其他职业者。欧洲人的记载很清楚,全城都有养猪的华人,市场上满是具有各种手艺的华人工匠开的店铺。中国戏很流行,有好几个中国戏班,就连华尔康和其他西方人都雇中国戏班去演戏。从中国来的中医极受尊重,以至于国王御医的首领都是华人。"

阿瑜陀耶城内的帕纳买卢寺(Wat Phra Mainu)是早期阿瑜陀耶建筑。该寺四周墙壁的壁画,保存了一些当时华人在暹罗的生活片段。其中有一幅描绘中国大帆船在海中航行的情景,船工舵手皆为华人打扮,反映了当时华人不畏风险,梯山航海,到暹罗贸易。另一幅画的是演戏场面,露天戏台上正演中国古装戏,台下是一群梳长辫的华人观众,有的像绅士,有的似小贩,有的是水手,有的如挑夫,神态各异,呼之欲出,再现了当时的生活情景。

伴随着华人移民而来的中华文化在暹罗社会的传播和影响是十分广泛和深远的。时至今日,在泰国社会生活的各个领域,几乎没有哪个领域找不出中华文化所留下的影响。

从语言的角度来看，泰语是泰国通行的语言，全国90％以上的人都使用泰语。泰语属汉藏语系壮泰语支。古代泰语受孟、吉蔑语的影响比较大，佛教传入以后，又大量吸收梵文、巴利文的词汇。由于华人移民的涌入，又使泰语中渗入许多汉语的新单词，特别是一些生活词汇，就直接从汉语借用过来。如：我、你、他、大姐、阿叔、阿伯、先生等称呼，就是借用潮音。酱油、醋、粿条、油条（炸鬼）等词，也跟汉语一模一样，致使现在年轻一代的泰国人，感觉不到这些词是外来词。

中华饮食文化对泰国的影响更是如水银泻地，无孔不入，几乎可以说改变了泰人的饮食结构和生活习惯。泰人以大米为主食，菜肴以酸、辣、鲜、冷为特点，用生菜蘸辣酱佐餐。沿海的泰人喜欢吃鱼虾海鲜，其烹调方法主要是用火烧烤。华人移民来到以后，同时带来了中华饮食文化。古人说："民以食为天。"对于人类来说，首先要解决的便是吃饭问题。在人类所面临的一切问题之中，没有什么比吃饭问题更为迫切、更为重要的了。因为"饮食，活人之本也"。人必须通过饮食来维持生命。"食必常饱，然后求美"。对美食的追求便成为一种价值取向和高层次的文化享受。中国的饮食文化，具有区别于其他民族饮食文化的许多特点：菜肴必须是五味调和，色、香、味俱全。在材料的选择和加工方面，有许多讲究。烹饪的方法有煎、炸、蒸、炒、焖、煮、燉等，形成了川、滇、粤、潮、湘等菜系。特别是粤菜和潮州菜对泰国的饮食业影响巨大。中国食品的传入使泰国的食品变得多姿多彩，中国的一些传统小吃也稍加改革，成为泰人喜好的小吃，如粿条（米粉）、高捞（杂碎汤）、嘎仗（粽子）等。

在宗教信仰方面，由于泰国和中国都信奉佛教，所以华人移民来到泰国以后，跟当地居民一拍即合，不存在宗教信仰方面的矛盾和冲突。虽然泰国人信仰小乘佛教，华人信仰大乘佛教，但在佛教提倡的宽容和谅解的大前提下，泰国的大、小乘佛教也能融洽相处。由于泰人和华人在宗教信仰和种族方面的一致性，使得华人移民能够很顺利地跟当地泰人通婚，融为一家。

除了佛教，华人移民的宗教信仰还有道教和万物有灵的原始宗教。这些信仰，都对泰国的风俗和文化产生了不同程度的影响。

道教是中国土生土长的宗教，奉先秦道家的代表人物老子为教主，把老子的哲学理论"道"神秘化，以得道成仙为最高的追求境界。要达到这一境界，可通过两条途径：一是弃欲守静，在自身形体中修炼"精、气、神"而成仙，称为内丹；二是烧炼矿石药物以成金丹，服食后成仙，称为外丹。道教是多神

第四章 阿瑜陀耶王朝时期

教，尊奉的神极为复杂。元始天尊（玉皇大帝）、道德天尊（老子）和宝灵天尊合称"三清"，是道教的最高神祇。天界的统领者是玉皇大帝，男女人仙的执领者是东王公和西王母，鬼界的执领者是十殿阎王。另外还供奉财神，福、禄、寿三星和八仙等。对道教诸神的信仰，通过华人移民作为媒介，也在泰国民间广泛流传。

　　万物有灵的原始宗教，是人类在原始社会时期由于生产力低下和认识水平的限制，对风雨雷电、天体运行等自然现象，既不能解释，又不能战胜，遂把它们当作神灵加以崇拜，这就是对自然神的崇拜。水有水神，山有山魈，河有河伯，树有树精。凡金木水火，鸟兽鱼虫，世间一切，皆能变幻为精灵。世界上的每个民族，都有自己的原始宗教观，并形成各自的体系，彼此间有同有异。华人移民对泰国当地人民在原始宗教信仰方面影响最大的是对土地神的崇拜和对祖先亡灵的崇拜。中国人认为，土地生长草木五谷，养育了人类；土地包容万物，使人类得以安居乐业。所以拜天和祭地具有同等重要的意义。《孝经》说："土地广博，不可偏敬，故封土以为社而祭之。"土地神也与人间的官吏一样划地而治。早先的中国人具有浓厚的安土重迁的观念。当他们被迫背井离乡去到外国的时候，也希望在新的国土上安居乐业，于是又照例供奉起土地神来。所以世界上凡是有华人的地方，无一例外都有土地庙。旅泰华人以潮州人为主，潮音读"本土公"如"本头公"，所以泰国的土地神庙一般都写作"本头公庙"，并相沿成习。本头公的打扮一如中国古代农村的土绅，白发白髯，面目慈祥。华人移民对本头公的信仰也影响了当地泰人。最初，泰人信仰的土地神是一只称为"嘟蚧"的类似壁虎的爬虫。泰国气候湿热，蚊虫滋生，故以蚊虫为食的嘟蚧随处可见。泰人视其为神，恭敬有加。有的嘟蚧长得个头很大，啼叫起来，声如喜鹊。据说谁要是听见家里的嘟蚧连续啼到24声以上，就要交好运。然而这样的机会毕竟不多。后来，泰人也学会盖土地神龛。泰国的土地神龛的造型一律是用独木柱支撑着一间小木屋，屋里供神像，屋外置供品。泰语有句俗语："土地神吃鸡，

土地神

鸡吃白蚁,白蚁吃神龛。"现在这种神龛已发展为用水泥来砌筑,使白蚁无法下口。每个泰人家庭都有一个土地神龛,置于门前或阳台上。有时,在亲戚朋友家借宿,要先拜他家的土地神,否则睡觉不安稳。泰国的土地神也划地而治,有家里的土地神、村里的土地神、菜园里的土地神、稻田里的土地神等,加起来一共有9尊。

此外,中国人对祖先亡灵的崇拜,也对泰人产生了重要的影响。中国人相信人死后灵魂会变成鬼。《礼记·祭法》云:"人死曰鬼。"鬼具有活人无法做到的特殊功能,能给活人带来祸福,这就是产生鬼魂崇拜的思想基础。加之,儒家学说提倡的孝悌仁爱,又为崇拜祖先亡灵提供了伦理学的理论依据。为了使死人继续享受良好的生活条件,因而有修坟墓、看风水和四时祭祀。泰人几乎毫无保留地从华人移民那里接受了这种信仰及做法。在泰语中"风水"就是坟墓的同义词,专门替人看风水的与算命先生一样,被称为"磨都"(modu)。时至今日,迷信风水的泰人,比比皆是。

华人移民所信仰的许多带有地方色彩的神祇,也都成为泰人信奉的神祇。如福建莆田的妈祖、海南岛文昌县的水尾圣娘和潮州的龙尾爷等,在中国的神庙里并不多见,在泰国则是家喻户晓的神祇。

由于在宗教信仰方面受中华文化影响的缘故,许多中国传统的宗教节日,也变成泰国民间的传统节日。例如每年农历7月15日的中元节,泰人要举办孟兰盛会和施阴济阳的善举。农历8月秒至9月9日的九皇斋节,源于对九颗星辰变成的九皇神仙的信仰。据说明末清初,九皇曾下凡人间,帮助反清复明,不幸蒙难,所以老百姓要连续10天白衣素食,以示悼念。现今泰人仍坚持过九皇斋节,除了信仰方面的原因外,也利用这个机会素食减肥,增进身体健康。

总之,自阿瑜陀耶王朝时期华人社会形成以来,中华文化便在泰国广泛传播,影响所及,遍及语言、饮食、文化、信仰和风俗等各领域。这种影响,一直持续至今。

五、阿瑜陀耶王朝时期的外籍侨民

除了华人移民外,阿瑜陀耶城周围还居住着来自日本和西方的外籍侨民。

1. 山田长政——日本人村

根据现存文献记录,日本人通过正式合法渠道访问阿瑜陀耶王朝始于

第四章　阿瑜陀耶王朝时期

1592年。当时，刚刚统一日本的丰臣秀吉（1536—1598年）为了控制海外贸易，采取通行证制度，商船必须领到盖有朱印的通行证，才可以出海。那时曾分发朱印通行证给京都、长崎和板井等地商人，准许他们的船只驶往安南和暹罗。现在找到的最早的朱印通行证签发于1604年，即德川幕府统治日本时期。

　　严格说来，日本人之所以能够与阿瑜陀耶王朝进行海上贸易和移居阿瑜陀耶城，是因为中国人开辟了东、西洋航线，即建立在中国人的现成基础之上。早在唐宋

1634年日本朱印船

之际，中国就分别与日本、暹罗建立了海上交通和贸易关系，到了明代才大致划定了东、西洋的范围。曾随郑和下西洋的马欢在《瀛涯胜览》纪行诗中说："阇婆又往西洋去。"张燮《东西洋考》文莱条明确指出："文莱即婆罗国，东洋尽处，西洋所自起也。"也就是说，从文莱以西，至安南、暹罗和马来半岛等地，为西洋航路；由文莱以东，至日本、菲律宾等地，为东洋航路。从当时中国的舟师、舵手使用的海道针经可以看出，16世纪以后，中国和日本的海上交通日益频繁。《顺风相送》记有从福建唔屿和五虎门往日本的航海针路。在《指南正法》中，中国和日本直航的港口数目有所增加，计有福建的厦门、福州和沙埕；浙江的温州、凤尾、宁波、普陀和尽山。到日本后收拢长崎港。另外，这一时期的海道针经还详细记载了从中国往暹罗，从暹罗往日本的航海针路。阿瑜陀耶城已成为中、日、泰三国海上贸易的中转枢纽，东洋和西洋两条航路自此连成一线。

　　中国人开拓的东、西洋航路使得德川幕府时代的日本商船比较顺利地到达暹罗，这些日本商人遂成为首批侨居阿瑜陀耶城的日本侨民。他们聚居于城外东南郊，临湄南河建成日本人村。明人张燮的《东西洋考》暹罗条说："贾舶入港，约三日程至第三关。舟至，则侦者飞报于王。又三日至第二关。又三日至佛郎、日本关。所至关，则听与其地交易，不必先诣王也。"这里所说的日本关，即指日本人村。《东西洋考》刊刻于1617年，说明在此以前，已有日本人在阿瑜陀耶城侨居。

　　日本人村的存在，也可由1687年法国国王路易十四派驻暹罗的使节西

泰国通史

蒙·德·拉·鲁贝尔（Simon de la Loubère，1642—1729年）绘制的一份地图得到证明。该地图上标注了Japponois，并收入1691年出版的《暹罗国纪》一书。地图上的日本人村与《东西洋考》的记载位置相吻合。

除了日本商人外，还有一些日本的天主教徒因为躲避宗教迫害而移居暹罗。早在1587年，丰臣秀吉面对西方的侵略威胁，又怕农民利用西方传入的天主教聚众起义，遂下令禁止天主教并对教徒进行政治迫害。德川幕府于1611年再次下令禁止天主教。1642年在江户用火刑处死天主教徒50人。日本天主教徒相继逃亡海外，其中最有名的一位叫Ishigawa Jihei，曾去到阿瑜陀耶城。另外发现一份文件，记载着1627年日本神父在阿瑜陀耶城为400名日本人进行洗礼。当时聚居暹罗的日本天主教徒当不在少数，成为日本侨民的一个组成部分。

日本的浪人、武士也因国内政局变化而移居国外。浪人是失去土地和户籍的农民。武士是依附于大小封建主的职业军人，他们居

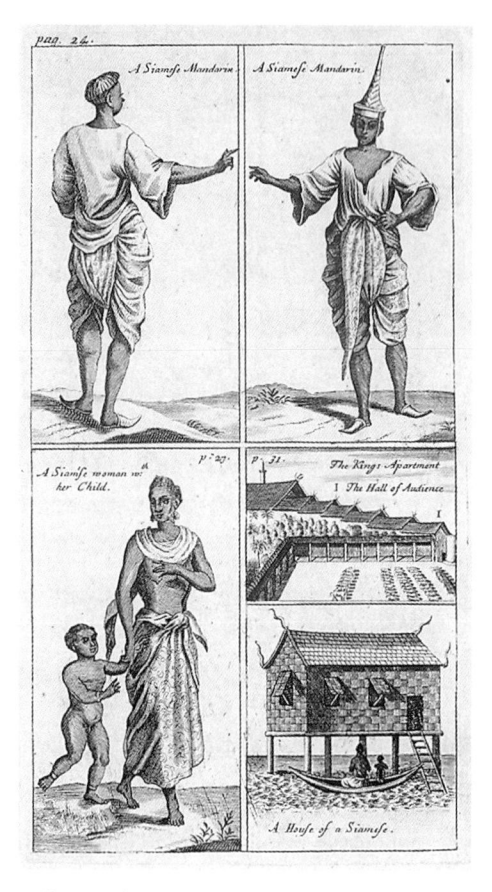

西蒙·德·拉·鲁贝尔的《暹罗国纪》插图

"四民"之首，享有随身佩刀等特权。日本浪人和武士抵达阿瑜陀耶城后，投靠暹罗王室，组成日本志愿团，和平时期担任王室警卫，战争时期协同作战。据泰国最早的法律著作《三印法典》规定，日本志愿团的军官享受封田从200莱至1 000莱不等。1629年，日本军人因介入暹罗王位继承问题而被驱逐。

在日本人村，有一段时期是由一位名叫山田长政的日本商人当村长，他经营鹿皮生意，并充当阿瑜陀耶王朝与日本贸易往来的中介人。1633年德川幕府颁发锁国令，禁止日本人出国，已在国外的日本人也不许回国，违者处死。山田长政有家难回，遂与聚居阿瑜陀耶城的日本侨民一道，把日本人村建设成常住久居的家园。根据泰文文献《暹土战事》的记载："有一名叫日本人村的小村子，井然有序地建筑了上百间房舍，日本人就在这里繁衍生息。佛历2167—2186年间（1624—1643年）生活在这里的日本人超过8 000名。"有的

第四章　阿瑜陀耶王朝时期

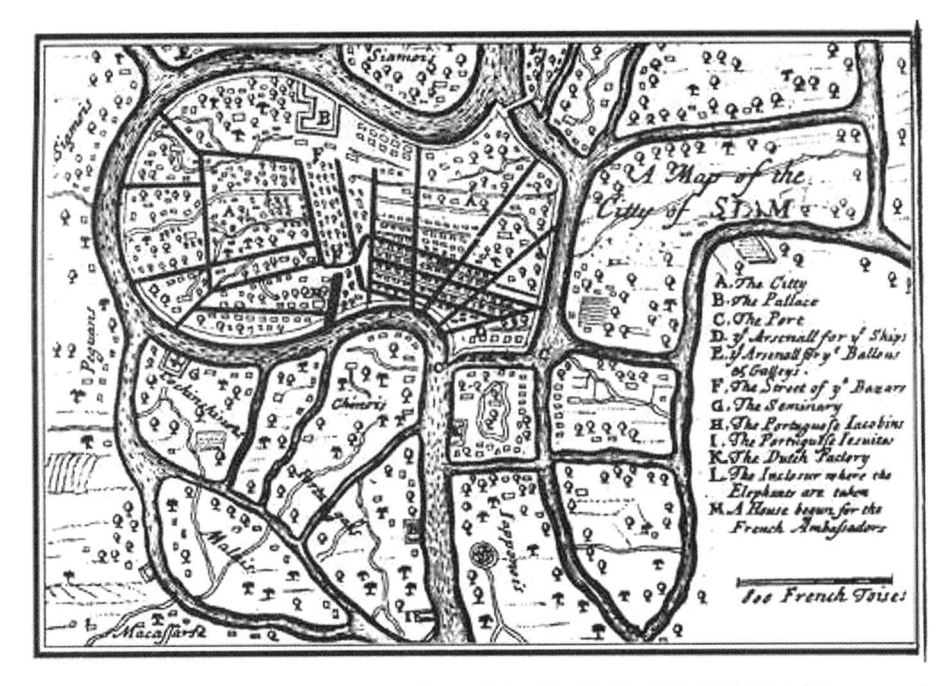

西蒙·德·拉·鲁贝尔绘制的阿瑜陀耶城地图，图下方标注了日本人村（Japponois）

学者认为，8 000这个数字有些夸大，依照当时荷兰人的记载估计，日本人村的侨民当在1 000—1 500人为宜。1767年阿瑜陀耶王朝被缅甸灭亡后，坐落在阿瑜陀耶城郊的日本人村也几经火焚，变成一片废墟。20世纪30年代，日本方面曾组织人力对日本人村进行勘察，结果发现该村的范围东西长480码，南北阔1 200码。日泰友好协会募资修复了部分建筑，作为历史纪念馆。馆前立一木碑，上书：山田长政——日本人村。

附带应该说明的是，阿瑜陀耶王朝时期日本人开始移居暹罗，是建立在中国开辟了东、西洋航路基础之上的，当然也跟17世纪初期日本德川幕府鼓励商人与东南亚贸易的政策有关。从1604年至1635年的31年间，幕府颁发的朱印通行证达356张，有时一年发20多张。大量的日本商船驶往暹罗，日籍移民也纷至沓来。到了1693年以后，幕府面对西方列强的侵略威胁，下了最后的锁国令，禁止与外国贸易，西方商人和传教士皆被驱逐出日本，只准许中国和荷兰的商船在长崎通商。由于这样的缘故，阿瑜陀耶王室更是仰仗中国船民来维系与日本的海上贸易，使中、日、泰三国之间的三角贸易持续了200多年，直到1853年日本重新开关。

2. 佛郎关——葡萄牙人村

葡萄牙人是最早到达泰国的西方人。自从1498年达·伽马的船队绕过好望角到达印度后,葡萄牙人发现东方有许多他们所渴求的商品和财富,运回来的香料、丝绸、宝石和象牙,获利达60倍。1510年,葡萄牙出兵占据了印度西岸的果阿,次年又占据了马来半岛的马六甲。张燮《东西洋考》马六甲说:"后佛郎机(指葡萄牙)破满剌加(马六甲),入据其国,而古王之社遂墟。"并指出,当地人把龟龙(鳄鱼)、黑虎和佛郎机统称为三害。

葡萄牙军队占据马六甲以后,派杜尔德·菲南迪斯(Duarte Fernandes)持葡军统帅信函,乘船抵达暹罗首都,要求与阿瑜陀耶王朝通商。暹王拉玛铁菩提二世(Rama Tibodi II,1491—1529年在位)接见了杜尔德·菲南迪斯,并派暹罗使节随他回访马六甲。1518年,葡萄牙又派杜尔特·科埃略(Duarte Coelho)为使节晋见拉玛铁菩提二世,提出葡萄牙将为暹罗提供武器弹药,允许暹罗在马六甲建立据点,换取阿瑜陀耶王朝为葡萄牙的商业活动提供的各种方便和特权,包括准许葡萄牙人在暹罗合法居住,享有信仰和传播基督教的自由。

由此可见,阿瑜陀耶王朝时期的葡萄牙移民,从一开始便带有浓厚的殖民色彩,这跟来自中国和日本的移民有本质的不同。

由120名葡萄牙士兵组成的志愿军受雇于阿瑜陀耶王室,并参与对缅甸作战。摩诃·查克腊帕特王(Maha Chakkraphat,1548—1569年在位)统治阿瑜陀耶时期,葡萄牙雇佣军参加了保卫暹罗首都的战争。当时缅军围困了阿瑜陀耶城,停泊在湄南河中的葡萄牙舰队发射大炮,赶走了缅甸侵略军。葡萄牙之所以这样做,当然也是因为出于保护他们在暹罗自身利益的目的。

到了阿瑜陀耶王朝厄迦陀沙律王(Ekathotsarot,1605—1610年在位)统治时期,旷日持久的泰缅战争一度暂停,出现了一个相对稳定的和平时期。为了发展经济,1607年厄迦陀沙律王派使节到果阿,要求与葡萄牙发展商

葡萄牙士兵塑像

第四章 阿瑜陀耶王朝时期

业贸易。与此同时,对所有来泰国做生意的外国人都一律表示欢迎。这时,荷兰已成为能够同葡萄牙在暹罗竞争的唯一对手。葡萄牙便与西班牙联合对付荷兰。1608年厄迦陀沙律王派使节赴荷兰,让葡萄牙人十分担忧,遂在毛淡棉建立军事据点,以对抗荷兰。1617年葡萄牙使节要求阿瑜陀耶王朝把暹罗的荷兰人驱逐出境,遭到拒绝,最后发展到发生军事冲突。葡萄牙军队强占了荷兰的一艘船,暹罗要求葡萄牙归还荷兰的船,葡萄牙不依,后由葡萄牙与荷兰双方协商解决。类似的事件在1624年又发生了一次,葡萄牙抢劫了一艘荷兰船,颂昙王(Songtham,1611—1628年在位)下令暹罗海军攻打葡萄牙船,夺回了这艘荷兰商船。从这个事例可以看出阿瑜陀耶王室对葡萄牙在泰国肆无忌惮的扩张深感不安,企图利用荷兰与葡萄牙的矛盾来对付葡萄牙,以求自保。

尽管葡萄牙政府殖民主义的掠夺政策在暹罗受到一些挫折,但葡萄牙移民仍源源不断地来到阿瑜陀耶城,在城郊形成葡萄牙人村。1984年泰国艺术厅考古队对葡萄牙人村遗址进行考古发掘,挖出许多葡萄牙人的骨骸,还有陶瓷制作的烟具和碗碟、银元、贝比、中国铜钱等,并建了一个葡萄牙人村遗址展览馆。

3. 外籍侨民的作用和影响

继葡萄牙人之后,相继有荷兰人、西班牙人、法国人、英国人、印度人和来自阿拉伯地区的穆斯林移居泰国,在阿瑜陀耶城郊形成肤色不同、语言各异、形形色色的外籍侨民村。这些外籍侨民主要是为了商业贸易目的而来。因此,他们所起的作用首先就在于促进了阿瑜陀耶王朝的商品经济和对外贸易的发展。来自东西方不同国家的商船麇集于此,使之成为东西方海上交通的交汇口和商品集散地。中国的丝绸、陶瓷和金子,日本的银和铜,东印度的香料,西方的武器弹药,泰国的鹿皮、牛角、象牙和苏木,通过一艘艘的大帆船进行流通和交易,让令人羡慕的利润得以兑现。1630年侨居阿瑜陀耶城的荷兰米士特·施曹欧就曾经说过,暹罗国王帕拉塞·东(Prasat Thong,1630—1656年在位)是"印度(包括东南亚及

法国画家所绘的那莱王像

印度洋地区)最富的太子之一"。而那莱王(Narai，1656—1688年在位)时期暹罗王室从对外贸易中获得的收益占王室总收入的1/3以上。

各国侨民聚居阿瑜陀耶城，也使得带有东西方色彩的各种民族文化在这里进行融合和交流。在众多的外籍侨民中，惟中国侨民与当地泰人相处最善，他们变服易俗，同泰人通婚，迅速克服语言障碍，使用泰语，信奉佛教，使华人成为泰国的一个少数民族，与泰国人水乳交融，密不可分。此外，还有一些穆斯林在泰国定居下来，子孙相继，世代相传，至今在泰国阿瑜陀耶城、曼谷和泰国南部，仍可见他们的踪迹。至于日本侨民和来自西方各国的侨民或先后返回故国，或终老泰土。但是，他们留下来的文化影响依旧是很深远的。这不仅表现在基督教开始在泰国流行，西方的坚船利炮、风俗文化、衣着服饰、建筑式样和科学技术等也逐渐被泰国人所接受，更为重要的是为后来曼谷王朝拉玛四世所推行的旨在学习西方政治制度的改革奠定了必要的基础。

六、与西方殖民主义的斗争

尾随着西方侨民移居泰国的脚步，西方各国的殖民主义者也在各自政府的指派下纷至沓来，妄图在这里建立殖民统治。

16世纪初，葡萄牙殖民主义者最先来到泰国。自从1498年达·伽马的船队绕过好望角到达印度以后，葡萄牙人发现东方有许多他们所渴求的商品和财富，便于1510年出兵占据了印度西岸的果阿，次年又占领了马六甲。接着，葡萄牙驻马六甲的殖民总督阿伯空派两名使者到泰国查探虚实。这两名使者将泰国的风物土产和港口位置等写成报告，经果阿送回里斯本。1518年，阿伯空又派杜尔特·科埃略携带信件和礼物，到达暹罗首都阿瑜陀耶城，并与阿瑜陀耶国王签订了一个条约。条约规定，暹罗必须为葡萄牙的商业活动提供方便，允许葡萄牙人到暹罗居住，享有信仰和传播基督教的自由。葡萄牙方面则答应向暹罗提供武器弹药，并允许暹罗在马六甲建立据点。此后，大批葡萄牙人进入暹罗，在阿瑜陀耶城郊10多公里的地方形成了一个葡萄牙人的聚居区。北大年、六坤等地也有葡萄牙人开的商馆。帕拉猜国王(Chairacha，1534—1546年在位)统治时期，暹罗军队中还聘用了120名葡萄牙雇佣军。时至今日，在曼谷王宫或皇寺的大门上，还留着持枪的葡萄牙卫兵的画像，其作用类似中国的门神。

16世纪末，西班牙殖民主义者也相继东来。1591年，西班牙驻马尼拉的殖民总督黎牙实比派泰勒·阿奎士抵达暹罗,代表西班牙政府与暹罗签订了一个《友好通商条约》。这是暹罗与欧洲列强签订的第二个条约。

荷兰人是在纳黎萱王时期才来到暹罗的。1601年,有两艘荷兰商船抵达北大年,标志着荷兰与暹罗属国发生关系的开始。1604年,荷兰商人出现在暹罗宫廷,受到纳黎萱王的款待,从此开启了暹罗与荷兰的直接往来。荷兰人的到来打破了葡萄牙人对暹罗贸易的垄断地位,所以葡萄牙和荷兰不可避免地要在暹罗发生争夺。1608年,荷兰人在阿瑜陀耶城正式设立了商馆。刚继位不久的阿瑜陀耶国王厄迦陀沙律于翌年派出使节去访问荷兰,这是暹罗第一次向欧洲派出的使团。当时,阿瑜陀耶国王给使节的训令说明访问的目的是学习铸造技术和招募工匠。从荷兰方面来说,通过这次对暹罗使节的接待,获得了出售布匹和工艺品的理想市场,用这些商品换取暹罗的兽皮、苏木、香料、生丝、紫梗和宋加洛陶瓷,然后转运到日本和爪哇出售。荷暹贸易的增长,特别是1617年荷兰东印度公司与暹罗签订了关于兽皮的贸易协定,使葡萄牙大为不满,葡萄牙使用武力抢夺了一艘荷兰船希莱德号。暹罗出面要求葡萄牙归还荷兰的希莱德号商船,但葡萄牙只是还了船而拒绝还回船上的商品及荷兰船员。这个事件使葡暹关系十分紧张。1628年,葡萄牙袭击了暹罗商船,并打算封锁暹罗的港口,但没有成功。暹罗与葡萄牙的关系日趋恶化,同荷兰就愈加亲密。1633年,荷兰在阿瑜陀耶城建立了一个规模宏大的商馆,由荷兰东印度公司的负责人宋斯特·休顿亲临那里负责。荷兰商馆垄断了暹罗鹿皮和苏木的贸易。1664年8月,暹罗被迫与荷兰签订了一个不平等条约。条约规定:荷兰东印度公司在暹罗的侨民享有治外法权;荷兰商人可以在暹罗统治范围内的任何一个地方自由贸易而不受到限制;暹罗不得随意增加荷兰商品的进出口关税;暹罗商船不得雇用中国水手,一经发现便没收船只货物;荷兰垄断暹罗的牛皮和鹿皮的出口贸易。从此以后,暹罗在与西方列强的交往中,处于被宰割的地位。

英国人继荷兰人之后来到暹罗。成立于1600年的英国东印度公司的轮船环球号于1612年6月首次抵达北大年,在北大年停留了15天后,又驶往阿瑜陀耶城。暹王颂昙(Songtham,1611—1628年在位)接见了英国商人,拨了一幢楼给他们作为商馆,并允许英国人在湄南河东岸荷兰人村附近建立一个英国人村。第一批到达暹罗的英国商人马上出售他们带来的布匹。接着又有几艘英国商船相继到北大年和阿瑜陀耶做买卖。由于荷兰人设置了种种障碍,使英国对暹罗的贸易无法取得大的进展。1626年,英国关闭了在北大年和阿瑜陀耶城的商馆。以后的30多年都没有与暹罗发生贸易往来。

君士坦丁·华尔康

Costantino Paulkon Veneziano Dinominato il Sig.r Costanzo

法国使臣肖蒙向那莱王递交路易十四的信

法国人则是在17世纪下半叶才开始涉足暹罗的。法国的拉莫·郎伯特主教及两名天主教传教士,原打算经缅甸到中国,但由于中缅正发生战争,遂决定改道从暹罗经越南到中国。他们于1662年到达暹罗,是最早来到暹罗的法国人。后因越南与柬埔寨的战争,途经越南的路不通,他们决定留在暹罗传教。1664年,巴卢主教率领的另一批法国传教士又来到暹罗。他们的传教活动得到暹罗那莱王的认可,他们获准在阿瑜陀耶城建立教堂和开办学校。为此,法国国王路易十四于1673年写信给暹罗那莱王,对他支持法国传教士的传教活动表示赞赏和感谢,法国的意图是想劝那莱王改信天主教,因为按天主教的惯例,一个国家的国王皈依了天主教,国王的忏悔牧师便成了该国的太上皇,可以左右国王,控制全国。可见,宗教不仅是一种信仰,也是一种文化;是一种生活方式,也是一种社会制度。法国希望通过这个途径来改造和控制暹罗。暹罗方面,那莱王鉴于荷兰在暹罗的势力日益扩张,企图借助法国对荷兰进行一些制约。但那莱王本人则始终坚持泰国传统的佛教,没有改信天主教。

法国势力在暹罗的迅速扩张是与当时在暹罗宫廷任职的希腊人君士坦丁·华尔康(Constance Phaulkon)的一系列活动分不开的。

华尔康原是克法利亚岛人,最初在一艘英国轮船上当海员。1670年,随同英商乔治·怀特到印度,后来又到暹罗。1680年,华尔康被推荐到暹罗朝廷中当翻译官,他深得暹罗财政大昭披耶哥沙铁菩提的器重,很快被提升为对外贸易总监。继而他又得到那莱王的赏识,封爵为昭披耶,掌握了暹罗的外交和财政大权。

第四章 阿瑜陀耶王朝时期

起初，华尔康投靠英国，竭力维护英国商人在暹罗的商业利益。后来他与英国驻暹罗的商馆发生矛盾，法国趁机对他进行拉拢，终于使他转而为法国服务。华尔康看准那莱王有意借助法国来与荷兰在暹罗的势力抗衡，便竭力为法国与暹罗之间建立密切的联系而牵线搭桥。在华尔康的招引下，法国使臣肖蒙（Alexandre, Chevalier de Chaumont, 1640—1710年）受法国国王路易十四的委托，率领一批天主教传教士于1685年10月到达暹罗，受到那莱王极其隆重的接待。肖蒙竭力劝说那莱王皈依天主教。他在使团中带来了著名的天主教神父舒瓦齐，准备一旦那莱王同意改信天主教，就让舒瓦齐给国王举行洗礼仪式。然而这个目的没有达到，便转而迫使暹罗与法国签订两项条约：一项是关于宗教的条约；另一项是关于商业贸易的条约。根据宗教条约的规定：法国传教士可以在暹罗各地

1686年法国标示肖蒙一行抵达暹罗路线的暹罗地图

自由传教、修建教堂、创办学校；暹罗的天主教徒拥有在礼拜日或其他宗教节日停止工作的权利；教徒发生诉讼由教会裁决等。商业条约则规定：暹罗对法国商人的商品免收进出口税；在暹罗的法国人享有治外法权；法国公司垄断普吉岛的大锡贸易；法国可以在暹罗任何一个地方设立商馆，宋卡由法军驻防。这两项条约于1685年12月10日签署，肖蒙代表法国政府签名，华尔康代表暹罗政府签名。

条约签署两天后，肖蒙的使团启程返回法国，同行的有那莱王任命的以哥沙班为首的暹罗赴法国使团。1686年6月，他们抵达巴黎。当哥沙班（Kosa Pan）晋见法国国王路易十四时，路易十四并不满足于肖蒙在暹罗取得的利益，借口宋卡离京城太远，提出要驻防曼谷和墨吉，以便让法国舰队能够控制孟加拉湾、暹罗湾和中国至印度之间的重要贸易通道。暹罗卓越的外交家哥沙班深知，若让法国军队进驻曼谷，将扼杀暹罗的独立，坚决拒绝了路易十四的要求。

哥沙班

哥沙班（Kosa Pan）晋见法国国王路易十四

  1687年3月，法国国王路易十四又派一个庞大的使团再次出使暹罗。为了壮大这个代表王室、商业集团和宗教势力三方面利益的使团的声势，法王还配备了一支拥有1 400名士兵、6艘军舰的远征军随同前往。在使团出发前，路易十四向使团发出了充分表现其殖民野心的指示。他训令使团与暹罗谈判时，要求暹王让法军进驻曼谷和墨吉，并由法国人充任这两个要塞的行政长官和军事长官。如果谈判失败，必须下决心使用武力进驻曼谷。

  庞大的法国使团于1687年9月抵达湄南河口。使团将路易十四的意图告诉华尔康，同时宣布为酬谢华尔康的功劳，法国封他为伯爵，给他颁发了法国圣·米加勒和圣·彼得骑士勋章。另外，还递交了路易十四称他为兄弟的亲笔信、法国议员的信件和一大批礼物。罗马教皇为表彰华尔康劝说暹王皈依天主教，也给他写了亲笔信并赠送名贵的礼物。

  那莱王召集御前会议讨论法国的建议，与会大臣力陈法军进驻暹罗的危害，反对接受法国的要求；但华尔康以抵御荷、英入侵为理由，极力劝说那莱王同意路易十四提出的要求。由于华尔康的说项，那莱王终于同意把控制暹罗湾和孟加拉湾的两个堡垒——曼谷和墨吉交由法国管辖。谢·德法热斯（Marshal Desfarges）成为驻暹法军的司令兼曼谷的行政长官。另外一名法国军官率120名士兵进驻墨吉，并担任该地的行政长官。谢·德法热斯的儿子担任暹王近卫军的指挥官,另有24名法军被指派为暹王及其大臣的卫士,或安插到暹罗军官团中任教官。这样,法军实际上控制了暹罗的武装力量,并监视着暹王及其大臣的活动。后来,暹罗还被迫把墨吉周围方圆10海里的全部岛屿割让给法国。华尔康与法国人密谋拟定了一个在暹罗政府中安置法国人的计划,据一位法国牧师1690年11月给友人的信中透露,当时法国已物色了100人,准备前往暹罗任职,以实现其控制整个暹罗的目的。

华尔康让法国殖民者逐步控制暹罗的阴谋为暹罗臣民所洞悉。暹罗属国柔佛的王子写信给那莱王,以过去柔佛引进荷兰人帮助平乱,后来被荷兰所强占的历史教训,劝说那莱王驱逐异族。他断言,若法国人作为联盟者被引进曼谷,那么法国人很快就会变成暹罗的主人。

当时,暹罗宫廷内部分为两派,以象队统帅帕碧罗阁为首的一派,坚决反对法国殖民者。帕碧罗阁出身非贵族,是那莱王乳母的儿子,自幼与那莱王一起长大,因作战有功,被晋升为象队统帅。这一派的主要人物还有他的养子銮素,著名外交家哥沙班,以及那莱王的兄弟,他们被称为亲王派。另一派是以那莱王的儿子亚派耶脱为代表的亲法派。亚派耶脱王子是天主教教徒,华尔康对他重点培植,以便那莱王一旦驾崩,便由他继承王位。两派之间的矛盾斗争十分激烈。早在1687年法国使团提出进驻曼谷和墨吉的要求时,帕碧罗阁就拼死反对,宁愿因违抗命令而被砍头。

1688年春季那莱王病重,华尔康妄图先发制人,打着勤王的旗号,命令驻守在曼谷的法军赶赴那莱王驻跸的华富里,以确保信奉天主教的亚派耶脱王子能够继承王位。消息传出后,以帕碧罗阁为首的亲王派立即给予反击。朝中一些大臣因忌恨华尔康平时的专横弄权,站到帕碧罗阁一边。原来拥有巨大势力的佛教僧侣,也因亚派耶脱王子抛弃佛教而大为不满,广大暹罗民众更因法国殖民者的入侵而身受双重压迫。这样,一场由暹罗各阶层参加的驱逐法国殖民主义势力的斗争终于爆发。

5月中旬的一天,帕碧罗阁突然带领人马冲进王宫,逮捕了亚派耶脱王子及其同党。华尔康闻变,急忙步入王宫,企图向病中的那莱王寻求庇护,但被埋伏在王宫的帕碧罗阁的人马捕获。第二天亚派耶脱王子和华尔康相继被处死。帕碧罗阁监禁了在华富里的所有法国人,以免他们将消息泄露给驻守阿瑜陀耶城和曼谷的法国军队。帕碧罗阁让哥沙班去曼谷将法军统帅谢·德法热斯骗到华富里,逼迫他给驻扎在墨吉的法军将领写信,让墨吉的法军开赴华富里。谢·德法热斯给墨吉写信的时候,故意出现一些用词和语法的错误,以

华富里府的标志——三峰塔

暗示这里发生了非常事件。后来,帕碧罗阁将谢·德法热斯的儿子扣下作为人质,将他本人放回曼谷。

谢·德法热斯回到曼谷后,下令将大炮及战略物资都搬到曼谷对岸的吞武里,准备以吞武里为据点与暹军决一胜负。帕碧罗阁看到法军决心负隅顽抗,就命令部队将吞武里包围起来,并在北揽坡筑起堡垒,以堵截前来增援的法国舰队。

1688年7月11日,那莱王在华富里驾崩,帕碧罗阁(Phetracha)被拥戴为王。他亲临前线督阵,将吞武里的法军围困了整整两个月,使他们弹尽粮绝不得不投降求和。9月30日,双方签署了停战协议,规定法军放弃吞武里炮台,全部撤离暹罗。暹军将缴获的3艘法国船还给法军,并赠送一艘装备有34门大炮的船给法军,以便他们乘船撤出暹罗。暹罗方面还将原来监禁的法国人统统释放。帕碧罗阁宣称,今后禁止法国人再到暹罗来,若有违反,将严惩不贷。从此以后,法国人整整有15年没敢再到暹罗来。

1688年帕碧罗阁领导的驱逐法国殖民者的斗争,是暹罗历史上一次重要的革命运动,它沉重打击了入侵暹罗的西方殖民主义势力。

七、阿瑜陀耶的佛教和文化艺术

泰国佛教自素可泰王朝的兰甘亨王倡导以来,为历代国王所承袭,广为传播,发展迅速。到了阿瑜陀耶王朝时代,已经达到每个村寨都建有佛寺,这些佛寺成为村寨的文化教育中心。每个男子在成年以前,都在寺里读书,由僧侣担任教师。成年后必须有一段时间剃度出家,国王也不例外。据《阿瑜陀耶编年史》记载,戴莱洛迦纳王剃度出家后,在寺院待了8个月,学习小乘佛教文字——巴利文。他十分重视佛教,不仅派人从锡兰(斯里兰卡)引进佛教律藏,还派遣僧侣使节到邻近各国发展友好关系。佛教获得人民的普遍崇信,全国90%以上的民众信奉佛教。上自国王、贵族和官吏,下至平民百姓,都把捐资修建佛寺当作第一善事,因而全国寺院林立。

拉玛铁菩提二世曾动用大量的金钱和人力,在京都修建了帕希讪派寺(Wat Phra Si Sanphet)。这是当时全国最宏伟瑰丽的一座寺院。而后又在积寺内修建了两座颇具阿瑜陀耶建筑特色的佛塔,分别存放其父戴莱洛迦纳王

阿瑜陀耶三塔

和其兄波隆摩罗阁三世的骨灰,开启了用佛塔存放国王骨灰的佛教丧葬先例。拉玛铁菩提二世驾崩以后,他的后人按照上述两座佛塔的样式又修建了一座相同的塔,用来存放他的骨灰,这就是有名的三塔。直至现今,三塔依然保存完好,成为文物古迹和旅游胜地。

由于佛教的盛行,僧侣成为一个特殊的团体,是泰国一支举足轻重的力量。僧侣不但具有强大的精神号召力,同时佛教寺院还拥有大量的财富、肥沃的土地和依附民。历代统治者往往借助宗教的力量来控制人们的思想和维系其政治统治。

文化艺术也深受佛教的影响。建筑、雕刻、绘画和文学等,从题材到形式,都与佛教息息相关。可以说,宗教成为一种支配力量:人们为宗教而活着,文学为宣传宗教而创作,史学为记录宗教活动而产生,教育依附宗教而存在,美术是宗教的图解,雕塑是宗教形象化的手段,音乐舞蹈是为了酬神或传达神的旨意,建筑充满了宗教的色彩。

1. 建筑

阿瑜陀耶王朝时期的建筑主要集中表现在王宫、民居和宗教建筑三方面。

(1) 王宫

阿瑜陀耶王朝初期的王宫建筑比较简陋,这从明代黄衷的《海语》暹罗条的记载可以看出:"其地沮洳,无城郭,王居据大屿,稍如中国殿宇之制,覆以锡板,辟东壁为巨扉,是为王门。"也就是说,国王居住在一个大岛上,地势低凹,相当准确地描述了阿瑜陀耶城的地理环境。王宫的样式跟中国的殿宇有些相似,只不过屋顶是盖以锡板,大门朝东边开。

继黄衷之后大约100年,明人张燮在《东西洋考》暹罗条中也描述了阿瑜陀耶城的王宫:"王宫高九丈余,以黄金为饰,雕镂八卦,备极宏丽。"张燮所记,正是阿瑜陀耶王朝中期的情况,与黄衷所记相比,最明显的区别在于王宫的建筑比初期华丽多了。

继张燮之后又是100年,清人所著《皇清通考》四裔门说:"王居在城西隅,别建宫城,约周三里有奇。殿用金装彩绘,覆以铜瓦。室用锡瓦,阶砌用锡裹砖,栏杆用铜裹木。"可以说,后期的王宫更是金碧辉煌。

笔者曾对阿瑜陀耶王宫的遗址作了实地考察。王宫遗址计分三部分:一是王宫,由国人本人驻跸;二是前宫,由王储或副王居住,即国王法定继承人的住所;三是后宫,由王室贵族居住。

王宫的范围很大,包括现今的帕希讪派寺(Wat Phra Si Sanphet)和7座不

第四章 阿瑜陀耶王朝时期

帕希讪派寺佛塔

同时期建筑的寝宫。最初乌通王建都阿瑜陀耶城的时候，王宫在现今的帕希讪派寺内。第八世王戴莱洛迦纳于1448年往北迁至靠近华富里河的地方，并将原来的王宫改作王寺。由王寺往北，可以见到昔日的御花园，古木阴翳，曲径通幽，小桥流水，断垣残荷，极像北京的圆明园遗址。

前宫是纳黎萱大帝于1577年修建的，当时他作为王储封地在彭世洛城。前宫是他因事到京都时的住所。他即位后的最初几年，也住在前宫，并在这里指挥作战。纳黎萱因为打败了来犯的缅军，从而成为泰国历史上获得大帝称号的五位国王之一。而后的那莱大帝（Narai，1656—1688年在位）和波隆摩阁王（Borommakot，1732—1758年在位）都在前宫住过。1767年，阿瑜陀耶城被缅军攻陷后，前宫毁于大火。曼谷王朝拉玛一世（Rama I，1782—1809年在位），曾将前宫所剩砖瓦运至曼谷修建大皇宫。现存宫址，经曼谷王朝拉玛四世（Rama IV，1851—1868年在位）重建，有的建筑保存了阿瑜陀耶王朝时期的原貌。前宫现辟为国家博物馆，陈列阿瑜陀耶王朝时期的历史文物。

后宫在王宫之后，曾经是第十九世王厄迦陀沙律（Ekathotsarot，1605—1610年在位）的寝宫，后成为王公贵戚的住宅。

除上面介绍的阿瑜陀耶城的王宫外，那莱王还在华富里城盖了一座行宫。这段时期暹罗与法国发生频繁的交往，欧洲的建筑样式由此传入暹罗。华富里行宫开始以欧洲和暹罗两种建筑艺术相结合的新样式出现。

通过对王宫遗址的考察，可以得出这样的结论：王宫建筑是阿瑜陀耶城市建筑的一个主要部分，整个京城的建筑物主要由王宫和佛寺组成，民居一般建在城外。这种情况跟素可泰王朝时期一样。阿瑜陀耶王朝初期，王宫建筑比较简朴，后来日见繁华。这一方面反映了阿瑜陀耶王朝时期社会经济的发展和建筑工艺的进步；另一方面也反映了这个王朝的统治者由初期的励精图治，到后期耽于享乐，导致国势日衰，最终为外族所灭。

那莱王华富里行宫

（2）佛寺

阿瑜陀耶王朝时期的建筑师，把他们的京城想象成一条大帆船，因为京城的四周皆是水。这条帆船的船头朝东，船尾朝西，所以他们设计的建筑物，王宫也好，佛寺也罢，都是大门朝东，坐西向东。即便是北面、南面或西面临水的佛寺，也一反大门必须面对水的旧传统，而把大门朝东开。这是阿瑜陀耶王朝时期建筑区别于前代的一个特点。

阿瑜陀耶王朝时期极佛寺建筑之盛，据现存遗址统计，共有大小佛寺400余座。佛寺与王宫连成一片，占去了京城2/3的土地，剩下的才是王公贵戚的住宅和商业区。佛寺建筑群集中了那个时代的文物精华，形成了阿瑜陀耶王朝时期独特的艺术风格。

佛寺建筑一般包括两个部分：一是佛殿和佛堂，用于举行宗教仪式。其附属建筑有佛塔。佛塔的作用是作为佛陀的象征和僧侣的坟冢。二是僧僚，

第四章 阿瑜陀耶王朝时期

阿瑜陀耶城雄伟美丽的寺庙——柴瓦塔那兰寺

是僧侣生活和休息的地方,其建筑包括僧舍、藏经阁和斋堂。

在佛寺建筑方面,常把佛殿和佛堂建成一对,其特点是佛殿和佛堂常建在一个高起的台基上,而台基比建筑物略小。墙壁用砖和泥灰砌成,有门无窗,墙壁上凿一小孔代窗,让一缕光线透进来,使殿内造成一种阴森肃穆的气氛。佛殿和佛堂的屋顶为人字形,倾斜小于45度,多层重叠。屋梁上描以龙凤花纹。屋檐不超出柱子。檐上有木刻装饰,天花板为木制,拼成众星拱月的图案。

阿瑜陀耶王朝时期的400多座佛寺,在1767年的泰缅战争中几乎被焚烧殆尽。从现存的一些佛寺的遗址,我们仍可以窥见昔日的辉煌。

令人惊叹不已的是,泰国人民在大规模修建佛寺中所表现出来的卓越智慧和惊人才艺,以及乐善好施的精神。正如《海国图志》卷七暹罗条所说:"(暹罗)尊奉印度佛教,凡事苟且节俭,惟修建寺宇,则穷极华靡。"《明史·暹罗传》也说:"富贵者尤敬佛,百金之产,即施其半。"这大概是因为佛教把布施视为"种福田"的缘故。

阿瑜陀耶三塔佛寺遗址

（3）民居

阿瑜陀耶王朝时期一般民众居住的房屋，大体上沿袭素可泰王朝时期的传统样式。因为暹罗地处热带和亚热带地区，气候炎热多雨，因而决定了木结构的高脚屋是居民建筑的最基本、最实用的样式。若有变化，只是随地理环境的不同，在结构布局上稍有变更。

明清之际到过暹罗地区的华人，对当地的民居建筑十分关注，留下了深刻的印象，这大概是因为中暹两国的自然条件和人文环境不同的缘故。中国北方气候寒冷，民居多系砖木结构。中国南方虽建木楼，但亦覆以陶瓦。这种民居建筑的差异，在许多明清时期的著作中皆有记述。

黄衷《海语》暹罗条说："土夷乃散处水棚板阁，荫以荙草，无陶瓦也。"

张燮《东西洋考》暹罗条说："其土下湿，气候岚热不齐，民悉楼居，楼密联，槟榔片藤系之甚固，藉以藤席、竹簟寝处其间。"阿瑜陀耶王朝时期，除了王宫和寺庙是砖木结构之外，民居一概是木架的高脚屋，上层住人，下面养牲畜。遇上洪水泛滥，人们住在楼上，水也淹不着。这个时期的高脚屋，比素可泰王朝时期宽敞坚固，通常建成三开间，用茅草、椰树叶或木板来盖屋顶。阳台紧挨着厨房。有的有会客厅，但家具很少，只有必要的几件。

第四章 阿瑜陀耶王朝时期

水上市场

阿瑜陀耶王朝时期由于商品交易日趋发达,所以出现了临河而建的商店。这种商店的前面用来售货,后面用来住人。商店与商店之间有木桥相连。各家店前有一个小码头,供上下货物及顾客乘船来购货时使用。水上交通比陆路发达。交易常在早上和中午进行。出售的货物有水果、蔬菜、大米、肉类和衣服等。

还有一种水上商店是建在木筏上,店主一家也在上面生活,可随心所欲地用竹篙撑着木筏商店去参加各地的农贸集市。

2. 造型艺术

(1) 壁画

阿瑜陀耶王朝初期的壁画,明显受到吉篾艺术的影响,笔法生硬,气氛凝重,形象呆板。一般只使用红、黑、白三种色彩,少数壁画贴金,如坐落在京城的拉查补那寺的壁画,大约绘于1424—1448年,是阿瑜陀耶王朝初期壁画的代表作。以后又有绘在石板上的壁画,在希汕派寺东面的一座佛塔里发现,画的是佛门信徒,双手合十,手持莲花,正在拜佛诵经。这幅石板画大约绘于1491—1529年之间,现存于曼谷国家博物馆。这一时期的壁画基本上以佛教为题材。

曼谷玉佛寺壁画

到了阿瑜陀耶王朝中期,壁画的风格发生了明显的变化,素可泰式的艺术风格逐步取代吉蔑式艺术的影响,色彩使用也打破了过去只限于红、黑、白三种色彩的老传统,变得五彩缤纷,绚丽多姿。这种变化以一本名为《三界》的画册为代表,它绘于1621年,共计100页,每页宽21厘米,长54厘米,跟泰式的笔记本一般大小,但不知作者是谁。内容是《佛本生经》的故事。从山、水、树的画法来看,明显受到中国山水画的影响,着重写意,而非写实。此画册不但是绘画的教本,也是壁画的蓝本,一直用到曼谷王朝时期。

阿瑜陀耶王朝末期的壁画已趋于成熟,形成了具有强烈时代色彩的纯粹泰国自己的民族风格。画面色彩丰富,对比鲜明,善于变幻。还在画上贴金,使其金灿亮丽。由于从中国购买绘画颜料,所以壁画的色彩十分艳丽。这段时

神仙壁画

期已不画成排列坐的佛像,而是画欲界、色界、无色界三界的内容,以宣扬人的转世轮回。此外,还画国王出巡、飞禽走兽、神灵鬼怪和《拉玛坚》的故事。艺术水平达到了高峰。

(2) 雕塑

阿瑜陀耶王朝时期留下来的雕塑作品数量众多,内容广泛,除了佛像以外,还有神仙的雕塑,以及法座、门窗的雕塑等。

佛像雕塑也与壁画一样,阿瑜陀耶王朝初期受吉篾影响较深,中期受素可泰艺术的影响,末期,也就是从拉玛铁菩提二世时起,真正形成了阿瑜陀耶佛像的艺术风格。

阿瑜陀耶王朝初期的佛像以希讪派寺佛像为代表。希讪派寺是戴莱洛迦纳王献出皇宫修建起来的,寺里供奉的是一尊用纯金浇铸的佛像。帕南车寺(三宝公庙)的大佛以体形硕大闻名,铸于1324年,泰人称为銮抱多佛,意即大佛。一个正常人的身高还没有该佛的一根手指长。每当给大佛换袈裟时,需架以数层楼高的扶梯。

阿瑜陀耶王朝中期,由于戴莱洛迦纳王将统治势力扩张到北部,故素可泰的佛像艺术很自然地传到了阿瑜陀耶,形成素可泰艺术与阿瑜陀耶艺术相融合的局面。例如,1458年戴莱洛迦纳王下令浇铸的青铜菩萨像,便是典型的代表。像高64厘米,发现于阿瑜陀耶城希讪派寺,现存于曼谷国家博物馆。

拉玛铁菩提二世在菩塔寺内用合金铸造的一尊站立佛像,也是阿瑜陀耶王朝中期佛像艺术的精品,高8腕尺(两臂张开为1腕尺),外包黄金,共用去黄金2万多铢,是当时世界上最巨大、最贵重的佛像,可惜毁于1767年的泰缅战争。

阿瑜陀耶王朝末期,在吸取吉篾和素可泰艺术的基础上,形成了独具风格的阿瑜陀耶佛像艺术。其特点是,佛像发际的边沿有一条凸起的边,袈裟的边沿为直线等。但是,佛像的面部表情不如素可泰佛像那样富有生气。

(3) 木雕

阿瑜陀耶王朝时期的木雕很有特色,刀法细腻工整,形象婀娜多姿。在买卢寺的山墙上,有一幅

阿瑜陀耶三塔佛像

那莱神骑着大鹏金翅鸟的木雕,就是这段时期木雕艺术的代表作。那莱王头戴尖塔式王冠,骑在名叫迦楼罗的金翅鸟身上,众天神簇拥在周围,再加上一些类似云彩或树叶花卉的图案装饰,显得构图新颖,立意奇特。

佛丕府素弯那拉大寺的门雕是贴金的花纹图案。这种漆底贴金或绘彩的工艺,是从中国学来的,在阿瑜陀耶王朝末期十分流行,常用来装饰门窗和木柜等。

买卢寺山墙木雕

另外,镶贝的工艺也时兴起来。用贝壳拼成人物、花卉、鸟兽和鱼虫等,作为木器的装饰,兼具审美和实用的价值。

(4)佛塔

阿瑜陀耶王朝时期的佛塔建筑,可以分为四个阶段:

第一阶段,从1350年乌通王建都阿瑜陀耶城起,到1488年戴莱洛迦纳王去世为止,这段时期建造的佛塔基本遵照华富里或乌通时代的样式,即吉篾

门神 　　　　　　　　　吉篾式塔

第四章 阿瑜陀耶王朝时期

式。塔的外观呈杨桃瓣或菠萝瓣的形状。

第二阶段,从1463年戴莱洛迦纳王北上征伐彭世洛府起,素可泰的佛塔艺术便开始大量传入阿瑜陀耶。这个时期流行的是锡兰式的佛塔,其典型的建筑便是希讪派寺的三塔,塔的外观呈覆钵式,塔尖为花串藤式。

第三阶段,从帕拉塞·东王(Prasat Thong,1630—1656年在位)征服柬埔寨以后,便时兴建吉篾式塔来纪念其赫赫战功。塔为楞形,称为四角十二曲佛塔。

第四阶段,从1732年波隆摩阁王即位至1767年阿瑜陀耶王朝灭亡,主要流行方楞式佛塔。由于缅甸的入侵,缅式塔也开始出现。

锡兰式塔

四角十二曲塔 　　　　　　方楞式塔

莲花瓣形彩瓷

(5) 陶瓷

在素可泰王朝宋胶洛陶瓷的基础上,阿瑜陀耶王朝时期的陶瓷又有了很大的发展。这是由于伴随着与中国交往的日益频繁,中国的陶瓷新工艺和新技术也源源不断地输入泰国。阿瑜陀耶王朝时期中国的五彩瓷和描金瓷开始传入泰国,泰国的工匠也模仿制作了一批泰国的五彩瓷。专家将地下发掘出来的五彩瓷和描金瓷跟中国的同类瓷比较,证明阿瑜陀耶王朝时期已经到中国去定制五彩瓷和描金瓷了。这不是一般的外销瓷,而是泰国方面特别定制的,主要供宫廷和高级官吏使用,市场上买不到,数量有限,被视为瓷器中的珍品。其花色和式样根据泰人的喜好由泰国工匠设计,但送到中国去生产。所以这种瓷,从艺术的角度来讲,属于泰国,从工艺的角度来看,属于中国。

3. 文学

阿瑜陀耶王朝时期的文学创作以诗歌最负盛名,这是因为诗歌这种文学形式短小精悍,言简意赅,声调和谐,便于朗朗上口,不必依赖文字记载而在民间口头流传。因此,古代各民族的文学创作,往往都是从诗歌开始的。例如中国的《诗经》、希腊的《荷马史诗》、印度的《罗摩衍那》等,便是最好的证明。

泰国也一样,最初形成的文学形式是民间口头流传的诗歌。只是由于泰国文字形成的时间较晚,一般认为是素可泰国王兰甘亨于1283年创立的。前素可泰时代的民间歌谣因无人收集记载,几乎全部湮没无闻,没有流传下来。素可泰时期开始有诗歌创作,但只有《帕朗格言》等为数不多的几篇传世。到了阿瑜陀耶王朝时期,诗歌创作日趋繁荣,出现了许多著名的诗人和脍炙人口的名篇。特别是经过长期的创作实践,借鉴巴利文的音韵规则,形成了许多种类的律诗,有律律体(Lilit)、克隆体(Klowg)、莱体(Lai)、嘎体(Gab)和禅体(Chan)等,标志着诗歌创作进入成熟的阶段。下面简要地介绍几篇代表作。

(1)《饮誓水诗》

古代泰国王室举行的各种典礼和仪式中,有一种饮誓水的仪式,即王公大臣宣誓对国王效忠时要饮誓水,相当于中国古代的饮盟誓酒一样。《饮誓水诗》就是在举行这种仪式时所唱诵的诗。这是一首比较古老的诗,作者及创作年代不详。因诗中有一段专门赞颂阿瑜陀耶王朝的创建者乌通王的文字,故学者将其归入阿瑜陀耶王朝初期的文学作品。就其诗歌的体例来说,这首诗属于律律体,系五言诗。这种诗的特点是交替使用克隆体和莱体的押韵规则。诗的内容,从世界的形成说起,说到法轮的运转、领袖的出现及其必要性,告诫人们要遵从和效忠自己的领袖。所以,这是一首维护和巩固王权的政治诗。

(2)《钦定佛本生经》

佛本生经原是印度民间流传的关于佛陀的故事,用巴利文写成,有1 000多颂。传入泰国后被译成泰文。其翻译的步骤是,先将故事情节译成散文,再加工凝练为诗歌。这个翻译工作,据推测从素可泰时代就已经开始了。丹隆·拉查努帕亲王在1817年出版的《佛本生经记事》的序言中说:"最初的《佛本生经》是用摩揭陀文写的,不知作者是谁。大概从素可泰时代就开始翻译成泰文了,但那时候的译文已经失传。现存最早的译本是阿瑜陀耶时期戴莱洛迦纳王佛历2025年(1482年)召集文人学士集体翻译的。由于国王本人参与领导该书的翻译校订工作,故称为《钦定佛本生经》。"

《钦定佛本生经》常用于宗教集会的某些场合,诵读给善男信女们听。泰国的佛教信徒很喜欢听《佛本生经》里的故事,他们认为,在一天内听完诵读一遍《佛本生经》,就等于积了一次功德善果。

从文化艺术的角度来看,《钦定佛本生经》具有较高的美学价值,它经过许多文人学士字斟句酌地推敲,译文十分优美流畅,音韵旋律和谐动听。它第一次将泰国所有的律诗体例融为一体,既是以往诗歌创作的大总结,又为后代的诗歌创作规定了范例。

(3)《大海的轰鸣》

这是一首禅体诗。是那莱王

《佛本生经》故事场景

命主管祭祀的太傅创作的,以便在太傅的生日庆典时为演出的皮影戏配音。但是,太傅还没有写完这首诗就与世长辞了。那莱王便自己接着写。最后一段则是由一位僧侣完成的。

(4)《划船曲》

是一首嘎体(Gab)诗。作者是摩诃·昙摩罗阁二世(Maha Thammaracha II)的儿子,民间称他为汆亲王。他是一位很有名气的诗人,有许多诗作传世。《划船曲》描写船队在河中行驶的情景,讴歌了水中的鱼、河边的树和空中的鸟,洋溢着热爱大自然的情趣。这种嘎体诗,只讲押韵,不论平仄,相当于中国的赋。

在阿瑜陀耶王朝存在的417年中,先后涌现出许多杰出的诗人,但大多是王公贵戚和僧侣,这是因为当时文化教育只局限于上层社会,未能普及到一般的平民的缘故。若干位国王有诗作传世,如戴莱洛迦纳王、那莱王、摩诃·昙摩罗阁二世等。王子之中,也有成为著名的诗人,如汆亲王、阿派亲王等。

此外,宫廷里还养了一批专职的宫廷诗人。诗葩就是一位最负盛名的宫廷诗人。关于他的生平事迹史无明载,只有一些传说流传在民间。传说在那莱王统治时期,雄才大略的那莱王某日诗兴大发,吟诵了两句律诗后却不能完成续篇,遂将诗稿交给宠臣拍贺拉铁波滴去续成。拍贺拉铁波滴将诗稿带回家中,碰巧被9岁的儿子诗葩看见,便代父将诗的后两句续完。那莱王读了续句后十分满意,召见诗葩,并封他为御前侍卫,留作宫廷诗人。诗葩的父亲毕竟经历了多年的宦海生涯,深谙"福兮祸所依"的道理,便趁那莱王高兴之时恳求道:诗葩若有过失,但求放逐,免去死罪。那莱王应允了。若干年后不幸的事情果然发生了。诗葩和王妃比赛唱歌,王妃输了,心生妒忌,诬告诗葩对她非礼。依当时的法律当判死罪,但那莱王因有诺言在先,遂将诗葩放逐到泰南的洛坤城。诗葩年轻气盛,恃才傲物,到洛坤后又得罪了当地的权势,被洛坤城主下令处死。临刑前诗葩留下一首诗:

这块土地,
可以作证。
我有良好的师教,
百中挑一。
我若有错你杀我,
我心甘情愿;
我若无辜你害我,

此剑将让你偿命。

洛坤城主将诗葩杀害后,在池中洗去剑上的血渍,把池水都染红了。以后事态的发展,果然如诗葩的绝命诗所言的那样。那莱王将诗葩放逐后,宫中少了一位能够写诗作曲的人,时间一久,便寂寞难耐,遂下令将诗葩召回。结果获悉年轻的诗人已成冤魂,一怒之下,用洛坤城主杀诗葩之剑,再杀洛坤城主本人。由于这个缘故,洗剑池成了一处供人凭吊的历史遗址,现今坐落在洛坤城区敢拉耶尼学校的校园里,池畔立了一块诗碑,诗葩的绝命诗镌刻其上。诗是用泰文写的,诵读起来朗朗上口。

4. 舞剧

舞剧源于印度。大约9世纪时,印度的舞剧随着婆罗门教传入柬埔寨的吴哥地区,吴哥寺壁上迄今还留下许多头戴金冠、赤裸上身的蛮腰舞娘的浮雕像。舞剧最初用于酬神,宗教的目的十分明确,后来才逐渐显示出娱乐的作用。

泰国阿瑜陀耶王朝时期,舞剧有了较大的发展。那莱王时期一位名叫拉鲁贝尔的法国人在他的见闻录中曾提到泰国的孔剧。孔剧的演员带着野兽或

孔剧演员

魔鬼的面具，手执武器进行表演，随着音乐节拍变幻舞姿，有武打和械斗的动作，演员自己不说话。

另外，还有称为"腊空"（Lakhon）的剧。这种剧，有主角和配角，多人表演，剧本为格仑体诗。演员均为男子，后台有人配唱。至于歌舞剧，则是由一男一女，边唱边舞，若即若离，多表现缠绵的爱情。演员戴着长指甲，赤膊跣足，舞姿翩翩，给人以美的享受。

泰国的舞剧虽然源于印度，但经过泰国人民的加工改造，已经成为泰民族的一种传统艺术形式，在歌、舞、化装和音乐等方面具有鲜明的民族特点，并对缅甸、柬埔寨和老挝等国的舞剧产生了影响，是泰民族宝贵的文化遗产。遗憾的是，现今只有14个不完全的剧本流传下来。

5. 史学

泰文字母产生于13世纪素可泰王朝时期，泰国的史学则发轫于14世纪的阿瑜陀耶王朝时期。为什么这样说呢？因为泰国从阿瑜陀耶王朝开始，才出现了比较系统的文字记载史料。

泰国的史籍有3种，分别体现了泰国历史著作的3个发展阶段。第一种叫丹南（Tamnan），其字面的原意是故事、传说或神话，产生最早。第二种叫朋沙瓦旦（Phongsa Wadan），意思是一个世系、一个王朝或一个王国的编年史，现在通常意译为纪年。第三种叫巴哇刹（Prawatsat），就是现代的历史著作。

所谓丹南，根据泰国皇家艺术院于佛历2493年（1950年）编纂的《泰文词典》解释说："丹南是事后记载以前所发生的事情，或民间的口头传说，经常是关于文物、古迹和国家历史的事。"

《美国百科全书》说："丹南所叙述的是假设为真实的故事，经常是有关国王、英雄或重要人物的故事，属于特别强调人的民间故事一类，目的是歌颂祖先和宗族的功业。尽管这样，丹南毕竟不是历史著作，只是可能提到历史上的某些真实人物和真实事件。"

泰国的丹南产生于14世纪的阿瑜陀耶王朝时期，经历了3个世纪，到18世纪后半期，即曼谷王朝初期，才最后消亡。

丹南的出现，标志着泰国历史学的开始。但是丹南所叙述的泰国史，是仅仅作为佛教传说的一部分而提及的。历史上的重要人物，国王、王室成员和英雄，也是以他们弘扬佛法的功德，以及他们所举办的宗教活动，才得到不同程度的记载。所以，泰国的史学从一开始便打上了强烈的宗教烙印，或者说没有佛教的传入，便没有泰国的史学。

第四章 阿瑜陀耶王朝时期

目前泰国已经整理出版了50多本丹南。按其内容可分为两大类：一是有关佛寺的丹南；二是有关城市的丹南。

因此，当我们把丹南作为史籍来研究泰国历史的时候，一定要进行认真地筛选和鉴别，绝不可马虎了事。

继丹南之后出现的第二种史籍是朋沙瓦旦，按其字面意思的解释是佛祖投生转世的世系分期。阿瑜陀耶王朝时期的朋沙瓦旦以小历（朱拉历）纪年。小历也就是傣历或缅历，曾流行于中国的德宏、西双版纳、缅甸和泰国，小历比公历晚638年。朋沙瓦旦与丹南的区别在于朋沙瓦旦注重王朝世系，内容从宗教转向国王及国王子嗣，撰写工作主要由世俗的宫廷官吏担任，而不是像丹南那样主要由僧侣撰写，使用的文字也由佛教通用的巴利文转变为世俗使用的泰文，而且十分重视语言的修辞。优秀的朋沙瓦旦往往有比较可靠的历史事件的记录和比较准确的年代排列。因此，朋沙瓦旦的出现，是泰国史学史上的一大进步。

学者把泰国现存的朋沙瓦旦按时间顺序分为两类，即阿瑜陀耶王朝时期的朋沙瓦旦和曼谷王朝时期的朋沙瓦旦。

阿瑜陀耶王朝时期的朋沙瓦旦指那些据说是阿瑜陀耶王朝时期就有的朋沙瓦旦，绝大部分是阿瑜陀耶王朝时期所发生的事。也有的是后来吞武里王朝和曼谷王朝时期才收集整理的，或者把原有的材料抖散重写，因记载的是阿瑜陀耶王朝时期的事，也归入阿瑜陀耶王朝时期的朋沙瓦旦一类。它所记述的事件，最早的记载始于1324年，最迟记述到1767年阿瑜陀耶城被缅军攻陷。遗憾的是，很多朋沙瓦旦篇幅不全，只剩下一部分残本。

在阿瑜陀耶王朝时期的朋沙瓦旦中，最优秀、最有代表性的当数《故都纪年》，也就是《阿瑜陀耶纪年》（*Phongsawadan Ayudhya*），因泰人称1767年被缅军焚毁的阿瑜陀耶城为故都，所以译为《故都纪年》。这本书原是阿瑜陀耶王朝那莱王于1680年下令编纂的，记述小历686年（1324年）至小历966年（1604年）这一段时期的历史。成书以后，有许多不同的抄本散佚民间。到了曼谷王朝拉玛五世（Rama V，1868—1910年在位）时期，一位名叫銮巴塞·阿顺匿滴的政府官员，在民间发现一册《故都纪年》的手抄本，于1907年6月19日将此书赠给瓦栖拉然图书馆（现在的曼谷国家图书馆），为表彰銮巴塞的贡献，遂将此书命名为《銮巴塞本〈故都纪年〉》。后来又发现该书的若干抄本，但以銮巴塞本最为翔实可靠，故将此书作为研究阿瑜陀耶王朝历史的最重要的依据。

八、泰缅战争和阿瑜陀耶王朝的灭亡

缅甸是泰国的近邻,两国疆域犬牙交错,民族矛盾突出,自古以来为争夺地区霸权进行了长期的较量。泰国阿瑜陀耶王朝时期,正逢缅甸东吁王朝兴起并实行对内对外扩张政策之时。1539年缅王莽瑞体(Tabinshwehti,1530—1550年在位)攻占了白古。1554年缅王莽应龙(Bayinnaung,1551—1581年在位)打下阿瓦。缅王穷兵黩武,北扰中国,南寇泰国,导致乾隆征缅和泰缅数百年的战争。

1. 泰缅战争的开启

1549年,阿瑜陀耶王朝内部因王位继承问题发生内乱,缅王莽瑞体以为这是征服泰国的良机,遂统率30万大军取道马都八,直趋阿瑜陀耶城。泰军凭借城周四面环水作为屏障,在战略上实行坚壁清野,把所有粮食都运进城内储存,准备持久斗争,等待缅军粮草断绝或雨季降临而自动撤退。在战术上,则采用流动袭击,以消耗敌军的有生力量。而缅军由于是首次入侵,对地形不熟识,加之远道前来,跋山涉水,没有携带大炮等重型武器,故虽围城4个月,仍无法陷城。时间一长,缅军粮草补充困难,又鉴于雨季即将来临,莽瑞体不得不下令撤军。

缅军从达城方向退去。暹王命令王子纳黎萱率军尾袭缅军,不料反被缅军伏击,王子被俘。查克腊帕特王只好向莽瑞体求和,缅王以暹罗不得偷袭缅军撤退和贡献两头战象为条件,同意议和,遣返纳黎萱王子。

在这次泰缅战争中,还流传着一段巾帼英雄的故事。当缅军兵临城下之初,查克腊帕特王欲摸清敌军虚实,亲率一支队伍出城。王后素里玉台女扮男装,作副王模样,随同暹王出征。暹王同缅军前锋相遇,激战不敌败退,缅军将领紧追不舍,暹王情势危急,王后素里玉台驱象上前迎敌,暹王得救,但王后被缅将所杀。这一可歌可泣的巾帼英雄故事,至今仍在泰国民间流传。素里玉台王后的骨灰,被收葬在一墓塔之内,此塔至今犹存。

经过初次交锋,暹王查克腊帕特深知缅军强大,为防范缅军卷土重来,便加紧备战。缅军撤回缅甸后,由于国内民族矛盾加剧,1550年莽瑞体被得楞族人暗杀身亡,缅甸国内分崩离析,各自为政。但不久,即1555年,莽瑞体的妹婿和部将莽应龙重新统一了缅甸,不仅恢复了莽瑞体时期的疆域,而且向北扩展到阿瓦地区,降服清迈,对阿瑜陀耶王朝形成更大的威胁。

第四章 阿瑜陀耶王朝时期

2. 泰缅白象战争

莽应龙统一了全缅之后,着手准备再度远征阿瑜陀耶。恰好此时,阿瑜陀耶的查克腊帕特王在积极备战的捕象活动中,有幸捕获了7头白象,而白象在当时被视为瑞兽,查克腊帕特王被尊为"白象王",名闻遐迩。然而,这却成为莽应龙再次入侵暹罗的借口,他致书暹王索取两头白象。阿瑜陀耶方面接到缅王书信,立即明白了缅王的用意。因白象被视为国宝,平等国家,从未有相赠之例,只有附庸之国,才有贡献白象于宗主国的义务。因此,若答应缅王所求,无异于向缅王称臣;若不依所求,就等于给缅王发动侵略战争的口实。查克腊帕特王召集群臣商议对策。大臣们有两种意见:一派主张依其所请,进献两头白象以息兵患;另一派以太子纳黎萱为首,主张不向武力屈服,免使国家民族受辱,并指出缅王索取白象只不过是一种借口,战争迟早终会发生。缅甸虽比以前强大,但阿瑜陀耶也作了备战准备,前次尚且能抵挡莽瑞体的强攻,今日以逸待劳,万众一心,也有可能战胜侵略者。主战虽是少数派,但言之有理,查克腊帕持王遂决定回信拒绝缅王的要求。

阿瑜陀耶象栏

1563年，莽应龙统率号称90万的大军，兵分5路入侵阿瑜陀耶。莽应龙参加过1549年莽瑞体远征阿瑜陀耶之役，了解阿瑜陀耶城的情况。鉴于上次莽瑞体远征未果的教训，他采取了新的战略战术：第一，在入侵路线上改从北面进攻，这样既便于携带辎重，也可以先廓清北部分散的抵抗力量，解除泰北组织力量救援首都而形成对缅军内外夹击之忧。第二，鉴于上次阿瑜陀耶采取坚壁清野，缅军粮秣不济的情况，这次命令属国清迈负责筹集粮草送往前线，以确保缅军粮秣供应。第三，雇佣了400多名技术熟练的葡萄牙人充当炮手，以对付阿瑜陀耶所雇佣的葡萄牙炮手。第四，入侵时间选择在旱季一开始，可以有较长的时间进行军事进攻，避免雨季到来的困难。

阿瑜陀耶方面虽然也积极备战，但却犯了战略上的错误，只注意防守孤城，忽视了北方防御力量的组织。当查克腊帕特王得到缅军从北方进军的情报时，为时已晚，命太子纳黎萱带兵驰援彭世洛，北方诸城已被缅军击破，缅军很快就兵临阿瑜陀耶城下。两军在城郊激战，暹军损失惨重，决定采取上次的固守战略，希望拖垮敌人。但这一次莽应龙早有准备，船只大炮，一应齐备。他们先行击毁暹军的游动舰船，使阿瑜陀耶失去水上防御屏障，然后用大炮向城里轰击，民房寺院，击毁无数。同时，开展劝降攻势，致书查克腊帕特王，提出可以不把阿瑜陀耶作为战败国来议和的诱降策略，使暹罗内部主和派一时嚣张起来，逼迫暹王同缅甸谈判。其实，缅王之所以提出议和，是因为缅甸国内有变，急需班师。莽应龙向阿瑜陀耶提出了如下苛刻的议和条件：第一，将主战派骨干纳黎萱王子等3人入质于缅。第二，暹罗每年必须向缅甸贡战象30头，白银300斤，丹荖（墨吉）港的税收全归缅甸。第三，暹罗必须向缅王贡献4头白象。查克腊帕特王迫于内外压力，接受了这些议和条件。1564年2月，这场白象战争以暹罗失败而结束。

3. 阿瑜陀耶城第一次失陷

白象战争的结局并未让莽应龙扩张领土、兼并暹罗、称霸中南半岛的欲望得到满足，他在安定内部、镇压属国骚乱之后，于1568年又兴兵50万，从马都八入侵暹罗。此次分兵七路，在甘烹碧会师，直捣阿瑜陀耶城。由于阿瑜陀耶城四面环水，缅军虽多次强攻，均未能奏效。值此相持之际，查克腊帕特王不幸崩驾，王子马欣继位。新王没有乃父能力，全靠大将披耶蓝摩辅助，才得以固守阿瑜陀耶城。时间的推延，对缅军十分不利。所以，莽应龙决定巧施奸计，离间阿瑜陀耶内部的关系，派使密书马欣王，假说披耶蓝摩是引起这场战争的祸根，如能交出披耶蓝摩，一切皆可谈判解决。昏庸无能的马欣王，在投降派大臣的怂恿之下,竟将披耶蓝摩擒献缅王。缅方在清除了披耶蓝摩之后,向阿瑜陀耶提出了无条件投降的要求,阿瑜陀耶方面始知上当。主战派主张死守城池,等待雨季来临,河水上涨,敌人不战自退。缅方见招降未成,又施一计,派1563年白象战争后与纳黎萱王子一起作为人质被拘于缅甸的披耶却克里,带着镣铐,佯称逃脱缅方的控制回归阿瑜陀耶。马欣王不知有诈,委他以城防指挥的重任。披耶却克里在获得信任和权力后,调离城防得力干将,削弱城里防卫,并密报莽应龙。由于叛徒的出卖,阿瑜陀耶城于1569年(暹历蛇年9月11日)第一次被缅军攻陷。马欣王及王族全部被俘往缅甸,财物被劫掠一空,城里居民大部被放逐到下缅甸,阿瑜陀耶沦为缅甸的附庸国达15年之久。

4. 纳黎萱恢复暹罗独立的战争

1569年12月,摩诃·昙摩罗阇(Maha Thammaracha)被缅甸扶植为暹罗国王,时年54岁。他有一女二男。长子纳黎萱,人称"黑王子",1564年白象战争时被挟持到缅甸作人质,从9岁至15岁一直待在缅甸,学会了缅语和孟语。次子厄迦陀沙律,人称"白王子"。由于昙摩罗阇把女儿帕素弯苔微献给缅王莽应龙当妃子,莽应龙才把黑王子纳黎萱放回暹罗。1571年刚回国的纳黎萱被封为乌巴腊,即暹罗副王,镇守彭世洛城,时年16岁。

在暹罗受制于缅甸期间,其东面已经衰落的柬埔寨,趁机多次对暹罗进行袭击,图谋夺回被暹罗占据的领土。这正好成为暹罗向缅甸要求重建军事防务的理由,暹罗重整军队,修建工事,而不受莽应龙的怀疑。

1581年,不可一世的缅王莽应龙去世,其子莽应里(Nanda Bayin,1581—1599年在位)继位。莽应里虽有其父的野心和残暴,却没有其父的权威和治军能力,所以缅甸各路诸侯离异之心渐显。莽应里的叔父莽著镇守阿瓦,最先策动叛乱。1584年,莽应里率军征讨阿瓦,命令属下各诸侯和属国派兵助战,以此考验他们是否忠诚。

暹罗作为缅甸属国,理应派兵去支持莽应里。纳黎萱自告奋勇代替父亲作为暹军统帅,带兵驰援,但途中他故意拖延时间,静观事态发展,引起了莽应里的疑虑。莽应里密令缅军准备截击暹军,把纳黎萱捕获处死。这个消息的走漏,促成了纳黎萱宣布独立,并计划攻取缅甸的首都白古。当暹军开拨到离白古城不远的地方,获悉莽应里已经平定阿瓦叛乱,此时攻城未必适宜,遂班师回国。在暹军撤退的过程中,1万多名被缅军驱赶到缅甸居住的泰人和孟人也一起回到了阿瑜陀耶城。

莽应里闻讯,大为震怒,于1584年12月发兵3万征讨阿瑜陀耶,但大败而回。1586年11月，又派25万大军再次征讨，由北、西、东三面并进，于次年正月包围阿瑜陀耶城，但遭到暹罗方面的顽强抵抗。缅军围城达5个月之久，始终未能攻克。后因粮尽和瘟疫流行，加上雨季来临，只得无功而还。

1590年，暹王摩诃·昙摩罗阁驾崩，纳黎萱继承王位。同年11月，缅王莽应里又动员20万军队，由王储亲自统领，对阿瑜陀耶进行了第三次征讨，企图靠突然袭击，一举将该城攻破。没料到暹罗方面早有准备，缅军又告失败。

1592年12月，缅甸王储又率领25万大军向阿瑜陀耶城进发，还未到达阿瑜陀耶城，便遇到暹罗方面的迎击。双方在素攀地区进行激战。纳黎萱同缅甸王储进行象战，结果缅甸王储被杀死在象背上。缅军主帅被杀，三军失去指挥，遂遭惨败。2万缅军陈尸沙场，许多缅军首领被

纳黎萱

生擒，800头战象和3 000匹战马成了暹军的战利品。缅甸经过这次挫折，整整有150年的时间，都没能组织力量入侵暹罗。纳黎萱因为打败了缅甸侵略军，赢得并维护了国家的独立，成为泰国历史上最受尊敬的五位大帝之一。

纳黎萱趁缅甸的军事力量日益削弱之机，不断地向外扩张领土。1593年，暹罗重新占领了土瓦和丹那沙林。随后又攻占了毛淡棉和马都八，控制了马都八以南的下缅甸地区。1594年，攻下了柬埔寨首都洛韦。1595年，又将清迈置于阿瑜陀耶王朝的统治之下。同年，还出兵进攻缅甸首都白古，作为过去若干年来被缅军侵略的报复，但没有获胜。

纳黎萱的一生都在戎马征战中度过，1605年他在远征缅甸的战争中因病去世，享年50岁。纳黎萱去世后，其弟"白王子"继位，号称厄迦陀沙律王（1605—1610年在位）。

5. 泰缅战火重起

18世纪中叶，正当暹罗的最高统治者忙于内部争权的时候，缅甸国内发生了急剧的变化。1752年，孟族占据了阿瓦，致使缅甸东吁王朝灭亡。但雍笈牙（Alaungpaya）很快聚集起颓丧的缅人，鼓舞起他们的斗志，驱逐了孟人，建立了贡榜王朝（Konbaung Dynasty）。

第四章 阿瑜陀耶王朝时期

1760年1月,缅甸借口暹罗境内的孟人经常从土瓦边境侵犯缅甸,开始了对暹罗的入侵。雍笈牙和他的儿子亲率一支拥有步兵、骑兵和象队共40个联队的军队,由瑞冒前往白古,另外一支包括有大量葡萄牙雇佣兵的缅军,则乘船5艘进军土瓦。两支军队共有6万人,汇合后攻入暹罗境内的墨吉,在暹军毫无防备的情况下,不到两天便占领了丹那沙林。缅军长驱直入,迅速包围了阿瑜陀耶城。后来由于各种原因,缅军在围城几个月后不得不撤走。根据吴迪《暹罗史》的说法,是因为缅王雍笈牙在放炮时,因炮管爆炸而受伤。缅甸《琉璃宫史》则说是因为雍笈牙感到身体不适而撤兵。也有人说是因为雍笈牙的儿子辛标信在一次只有亲信参加的军事会议上,怀疑暹罗一直往后撤军是一种计谋,目的是拖延时日,等雨季再行反攻,因而竭力主张撤退。不管怎么说,缅王雍笈牙考虑到自己的健康情况和部属的意见,于1760年5月解除了对阿瑜陀耶城的包围,撤回缅甸。雍笈牙本人在撤军回国的途中,还没走到萨尔温江便猝然死去。雍笈牙死后,缅甸发生了争夺王位的内讧,暂时停止了对暹罗的侵略活动。

6. 阿瑜陀耶城第二次沦陷

1763年,曾随乃父入侵暹罗的辛标信(Hsinbyushin,又称孟驳)登上了缅王的宝座。这个好战的国王,首先派兵占据了暹罗北部重镇清迈,又控制了老挝的琅勃拉邦,随后便向阿瑜陀耶城大举进兵。根据《琉璃宫史》的记载,当辛标信完成了准备工作后,率领一支拥有100头大象、2万名士兵的步兵联队和拥有1 000匹战马的10个骑兵营,于1764年12月离开京都瑞冒,向暹罗进发。

缅军沿途所向披靡,很少遇到抵抗。接近阿瑜陀耶城时,暹王闻讯,才匆忙在京城西面布置了6 000名士兵、500头大象、500门大炮进行抵抗。经过一场激战,暹军败退,100多头大象、200多门大炮、2 000名士兵被缅军掳去。缅军在阿瑜陀耶城西面扎下营寨,让士兵充分休息,等待从清迈方向开来的缅军到达后,再继续攻城。

大敌当前,昏聩无能的暹王波隆摩罗阁五世(Borommaracha V,1758—1767年在位)不思应对之策,而是整天拜神求佛,把希望寄托于雨季的降临,指望洪水能把缅军赶走。可是,这次缅军早有准备,事先占据了城外高地,征集了许多船只,纵然城外一片汪洋,仍旧攻城不止。暹罗守军曾组织了一次大规模的出击,兵分六路出动,但是大败而回。暹军主将披耶碧武里战死沙场。负责守卫阿瑜陀耶城的暹军统帅害怕缅军一拥而入,急令关闭城门。撤退在后的披耶达信(郑信)率领的暹罗部队也被关在城外,处于进退维谷的境地。披耶达信只得率领残部突围,来到暹罗东南沿海地区,建立抗缅复国的基地。

阿瑜陀耶城遗址

  阿瑜陀耶城被缅军围困达14个月之久，城内弹尽粮绝，瘟疫流行。在极端困难的条件下，暹罗军民仍然进行着殊死的抵抗。特别值得一提的是，当时居住在阿瑜陀耶城郊区的外国侨民，也参加了暹罗人民反抗缅甸侵略者的斗争。据泰国《史料汇编》第三十九集记载："天主教教士们也参加了增修堡垒的劳动。英国商人，例如波莱先生去帮助发射大炮。约6 000名中国商人和华侨分散在各要塞抵抗缅军，他们以欧洲人的商店作为打击缅军的据点。"许多外国侨民，特别是为数众多的中国人，为捍卫暹罗的独立献出了宝贵的生命。

作者点评：
  阿瑜陀耶王朝从1350年建立，到1767年灭亡，历经417年。在这段历史时期中，对泰国历史影响最大的事件莫过于戴莱洛迦王的改革和萨克迪纳制的建立，它标志古代泰国社会正式确立起封建领主制和中央集权的统治。在萨克迪纳制度下，每个社会成员无一例外地分属不同的社会阶级。国王、贵族和各级官吏是统治阶级，而占全国人口绝大多数的"派"和奴隶是被统治阶级，他们作为依附民而被束缚于土地上。封建领主制为阿瑜陀耶王朝的经济发展和社会稳定起到了一定的作用，并影响了泰国以后几个世纪的历史发展。

第四章　阿瑜陀耶王朝时期

　　暹罗阿瑜陀耶王朝与中国明清两朝的朝贡关系，是政府间进行政治交往的一种外交手段，经济互利的一种官方贸易形式，人员和文化交流的一条重要途径。它与西方推行的殖民主义政策有本质的不同。

　　朝贡实际上是一种官方贸易形式。中国封建王朝为满足于"万邦归顺"的虚荣感，对来贡者采取"怀柔远人，厚往薄来"的方针，故对来贡者来说是一种经济上获益的好事，他们乐于来进贡。由原来规定的"三年一贡"，被他们变成"一年三贡"。康熙年间开启的中泰大米贸易，使华人移民泰国合法化，并在泰国形成华人社会。华人成为泰国早期不必依附土地而生存并可以自由流动的商人阶层，使泰国开始摆脱自给自足的自然经济的束缚，大大促进了商品经济的发展，动摇了泰国实行的萨克迪纳制的社会基础。

　　除了华人移民外，也涌入了大量的日本和西方移民，在阿瑜陀耶城郊出现了日本人村和葡萄牙人村。这些外籍侨民主要是为了商业贸易的目的而来，来自东西方不同国家的商船麇集于此，使阿瑜陀耶城成为东西方海上交通的交汇口和商品集散地。客观上他们起到了促进阿瑜陀耶王朝商品经济和对外贸易发展的作用，也给泰国社会带来了西方文明。

　　尾随着西方移民的脚步，西方各国的殖民主义者也在各自政府的指派下纷至沓来，妄图把泰国变成他们的原料供给地和商品推销的市场。16世纪初，葡萄牙殖民主义者最先来到泰国。16世纪末，西班牙殖民主义者也相继东来。荷兰人是在纳黎萱王时期才来到泰国的。英国人继荷兰人之后于1612年来到阿瑜陀耶城。法国人则是在17世纪下半叶才开始涉足泰国的。法国势力在暹罗的迅速扩张是与当时在暹罗宫廷任职的希腊人君士坦丁·华尔康的一系列活动分不开的。1688年帕碧罗阇逮捕和处死华尔康，领导了驱逐法国殖民者的斗争，是泰国历史上一次重要的革命运动，它给西方殖民主义势力以沉重打击。此后，法国人整整有15年没敢再到暹罗来。

　　与邻国缅甸的矛盾和争夺，一直贯穿于阿瑜陀耶王朝的始终。泰缅战争进行了200多年，双方经过长时间的军事较量，虽然各有胜负，但总的来说缅方处于强势，曾二度攻陷阿瑜陀耶城。1569年阿瑜陀耶城第一次沦陷，导致泰国沦为缅甸属国长达15年，后在"黑王子"纳黎萱的领导下，打败了缅军，获得了国家独立。因此纳黎萱被尊为泰国历史上仅有的五位大帝之一。1767年阿瑜陀耶城第二次沦陷，导致阿瑜陀耶王朝的灭亡。华裔将领郑信领导泰华军民，以东南沿海为基地，在短短不到一年的时间内，驱逐了缅甸占领军，建立吞武里王朝（1767—1782年），使国家重新获得了独立，因此郑信也被尊为大帝。

第五章 吞武里王朝时期

一、郑信的家世生平

　　1767年4月,缅甸军队攻陷暹罗首都阿瑜陀耶城,经过一番掳掠焚烧,留下孟族将领苏基率领一部分缅军镇守阿瑜陀耶城附近的重镇三株菩提树村,其余主力部队迅速撤回缅甸。这是因为当时缅甸正在与中国清朝政府进行战争,乾隆皇帝派出的征缅部队已经打到阿瓦附近,迫使缅王辛标信急令在泰国的缅军撤回援救。缅军主力从泰国撤走,客观上有利于泰国人民的驱缅复国斗争。

　　泰国人民的驱缅复国斗争是在郑信的领导下进行的。郑信祖籍中国广东潮州澄海县华富村,一说祖上是海丰人。成书于民国年间的四十二梅居士著《郑昭传》说:"予家南洋(村名),距华富(村)仅数里,少时尝访其墓,颓败已甚,遗族数家亦贫不自存。民国初,邑人为之修饰,今犹焕然。"1983年笔者在中山大学东南亚研究所读研究生,硕士论文的题目就是《泰国吞武里皇郑信评传》。在张映秋教授的带领下,我们到潮州进行实地调查。张教授是泰国归国华侨,祖籍也是潮州。她带着我走访潮州耄老,并亲临华富村外乌鸦地寻访郑信衣冠墓。我们还在华富村找到了郑氏宗祠,为一字形的3间平房,门楼前有一小石碑,可依稀辨出该祠重修于民国11年(1922年),估计是郑信后裔所为。我们这次调查惊动了当地政府,澄海县政府将郑信衣冠墓列为县级文物保护单位,重新修缮。

　　关于郑信的父亲,四十二梅居士《郑昭传》说:"父达,旷荡不羁,乡人号之曰歹子达。歹子犹言浪子也,以贫不自聊,且见恶于乡,乃附航南渡。"棠花《泰国古今史》也说:"郑镛年轻时在故乡,因行为不检,被目为浪子,不容于乡党,遂南渡来泰。"其实,这种说法并未道及根本。郑镛是清季初年移居泰国

第五章 吞武里王朝时期

澄海郑王衣冠墓

的成千上万潮州人之一,他的出国原因也应与绝大部分潮州移民一样,要结合当时的历史背景来分析考察。潮州人为什么会大批移民泰国呢?这是因为潮州自古以来人稠地狭,如《澄海县志》所云:"土田所入,虽有大年,不足供三月粮。"在生齿日繁、物力渐耗的情况下,许多人靠泛海为生。加之,"澄居韩江下游,地势卑洼,故水灾之患,无岁无之"。天灾、人祸和兵燹使大批自耕农破产,成为无业游民,为了谋求生存,他们不得不背井离乡,到海外谋生。

距澄海不远的樟林港,因康熙年间的中泰大米贸易而兴起,在汕头因鸦片战争失败而被迫开放为通商口岸之前,樟林是广东一个重要的海港。《澄海县志》说:"千艘万舶,悉由澄分达诸邑。""扬帆捆载而来者,不下千百计"。樟林码头上形成了一条新兴大街,长约300米,宽约5米,两侧是商店、仓库和货栈。街口有一石牌坊,坊前有一望海楼。附近方圆几百里的人,都从这里搭船赴泰国。临行之前,照例要到这里的妈祖庙烧一炷香,这座妈祖庙是乾隆年间修建的。这些历史遗迹至今依然保存完好。郑信的父亲郑镛,正是在这种移民潮流的裹挟下来到泰国的。

从樟林港乘船去泰国的潮州人中,除了一些去做生意的殷实大户外,绝大多数是破产农民和城镇无业贫民。他们随身只带着一个竹篮、竹扁担和竹枕头，便漂洋过海。潮州有句民谣："无可奈何蒸甜粿。"这充分反映了当时人民因生活无着，被迫远走异域的心情。照郑明经《韩江闻见录》计算的航程："潮之海客，舟往暹罗，云水程百零六更，更六十里，是六千三百六十里也。"每年9—10月间，乘东北信风出发，顺风一月半方抵暹罗。乘客出国带着糯米蒸的甜粿，作为途中食粮，既可存放良久，吃了又很耐饿。另外还要带上一个大冬瓜。大冬瓜有多种用途：压舱，抵淡水，遇险时当救生圈。潮州船俗称红头船，福建船叫绿头船。《澄海县志》说："闽船绿头较大，潮船红头较小。"船头涂上红绿不同的颜色，是为了让官方便于海上盘查和收税。红头船代表了潮州人自由移民泰国的一个时代。鸦片战争后，中国变为半封建半殖民地的社会，随着汕头的开埠，蒸汽轮代替木帆船，猪仔华工代替了自由移民，潮州人乘木船自由移民泰国的时代宣告终结。为此，曼谷王朝拉玛四世在曼谷石龙军路的然那瓦寺修建了一艘巨型的石制红头船，以纪念潮州移民对泰国作出的贡献。

郑镛与无数潮州先民一样，历尽艰辛，九死一生，乘红头船来到泰国。他先在阿瑜陀耶城贩卖水果，做些零星小买卖，积累了一定的资金后，承包赌税，渐至发达，娶暹女洛央为妻，成家立业。郑镛的境况，在千百万早期华人移民

石制的红头船

中算是比较好的。泰国有一处专门埋葬华侨尸骨的地方叫义山亭,挂着一副中文对联:"渡过黑水,吃过苦水,满怀心事付流水;想做座山(注:潮人称老板为座山),无归唐山,终老骨头归义山。"道尽了绝大多数华人移民的辛酸。

1734年4月17日郑信诞生于家境富裕的税务承包商的家庭。其父郑镛是华人,其母洛央是泰人。郑信童年的生活情况,多为传说,无信史可证。据说他出生不久,被过继给当时的财政大臣昭披耶却克里为养子。为什么要过继给昭披耶却克里?泰国方面有一个传说,见于泰文手抄本《祖先的伟绩》:"郑信出生三日,卧簸箕内,有巨蟒缠身,其父以为不祥,依中国俗应将他活埋。幸好遇见暹罗财政大臣昭披耶却克里,遂将该儿收为养子。"这种说法是不足为凭的,因为中国从来就没有这样的习俗,因蟒蛇缠身,就要将婴儿活埋。相反,照中国古代的迷信观点,龙蛇呈现乃帝王之相。郑信之所以被过继给昭披耶却克里,是因为其父郑镛包揽赌税,跟财政部业务关系密切,曾获坤钺陀那封爵,可算是昭披耶却克里的下属。两家又是近邻,过从甚密。鉴于昭披耶却克里无后,郑镛或许出于友情,或许出于对自身事业发展和孩子前途的考虑,才将亲生儿子送给财政大臣抚育。这种寄养关系,颇似古代贵族间的政治联姻。郑信到昭披耶却克里家后,养父家财运亨通,因而给他取名为"信",即泰语"财富"的意思。

郑信生于华人家庭,成长于泰国权倾朝野的财政大臣之家,从小精通华语和泰语。这种特殊的经历,对他日后的生活道路发生了重要的影响。他童年时接受了泰国传统的寺院教育,又以官宦子弟的身份入宫充任御前侍卫。后来又被委任为达府的军政长官,封爵披耶,故人称披耶达信。清朝的官方文件《清实录》称他为披耶新。

二、郑信领导的驱缅复国斗争

1766年年底,当缅军围困阿瑜陀耶城的时候,郑信奉命率领达府军队前往京都救援。翌年1月,郑信的部队参加了阿瑜陀耶守城部队组织的六路出击,但遭到失败,郑信退却在后,被关在城外,进退无据,遂率领手下的500名泰人和华人士兵,连夜冲出缅军的重围,乘船沿湄南河而下。当他们的船队来到曼谷的时候,正好赶上黎明,故把曼谷河对岸的寺庙称作黎明寺,寺旁高耸的佛塔叫作黎明寺塔。后来为纪念郑信,老百姓又称之为郑王寺和郑王塔。如今,郑王塔仍巍巍高峙于湄南河畔,塔高79米,为吉篦式建筑,泰人称作巴朗

郑王塔

（Blang）。塔尖呈杨桃瓣形，塔底有金刚力士托塔，金碧辉煌，金光灿烂，俨然曼谷的一座地标。目前我们见到的黎明寺塔是曼谷王朝拉玛二世和拉玛三世时期修建的。

据泰国《御定本编年史》载，1767年1月上旬，郑信率部从阿瑜陀耶城（大城）突围出来，在他率领的500名士兵中，相当一部分是华人。当时，只有郑信一人手中有一支枪，其余的人皆以大刀棍棒为武器。在菩三浩村，他们与缅甸追兵发生激战，击溃缅军，缴获不少武器弹药。在巴真府挽康村，又与一支开赴阿瑜陀耶城增援的缅军遭遇。缅军共有骑兵30名，步兵200名，郑信挥军从两路夹击，缅军狼狈败逃。两战告捷，鼓舞了暹罗人民的斗志，许多逃散在外的泰人踊跃投军。

1767年2月，郑信的部队到达泰国东南沿海城市罗勇，以此作为驱缅复国的基地，打造船只，招募士兵，很快就发展到1万余人。在当地华侨商人的支持下，获得经济赞助，每个战士都配备了一支火药枪，还组织了战象队。为了便于号召暹罗军民参加抗缅复国战争，郑信宣布自立为王，采用暹罗一等城市统治者的仪仗。他说："我自立为王，是想得到民众的尊敬，以便挽救国家。"郑信最初进驻罗勇的时候，原先的统治者披耶罗勇表面上对他表示欢迎，暗中却调兵遣将,企图把郑信赶出罗勇。这一阴谋被郑信所侦悉,他首先把披耶罗勇抓起来。披耶罗勇的部属1 500人向郑信的部队发起进攻,但被击溃,罗勇城遂为郑信所掌握。

郑信率部占领了罗勇后,下一个目标是尖竹汶城,因为这是一个较大的海滨城市,水陆交通方便,商贾云集。每年从广东、福建驶来的商船,最先就在这里靠岸,使这一带成为重要的商品集散地和贸易中转站。郑信原不想对尖竹汶使用武力,他致书披耶尖竹汶,提出联合抗缅的建议。披耶尖竹汶对郑信的建议采取阳奉阴违的态度,迫使郑信必须与披耶尖竹汶决一雌雄。双方开战前,郑信命令士兵将饭锅砸坏,并说:"今晚一定要攻下尖竹汶,到城里吃饭。否则,只好饿死。"他本人骑着战象,率先冲进城门。在冲杀中,郑信乘坐的战象受了重伤,象奴担心他的安全,策动战象准备回撤。郑信十分生气,亲自驱使战象,带头杀进尖竹汶城。

接着,郑信又用和平方式取得达叻城。这样,暹罗东南沿海地区全部为郑信所控制,成为抗缅复国的基地。

华侨商人作为一种商业资本参加光复暹罗的斗争,给郑信的军队以必不可少的财政支持。据现存的泰文资料记载,有下列几位华侨富商曾给予郑信的军队经济援助。

(1)华商莫赛

莫赛原在阿瑜陀耶城东门开商行,他看到阿瑜陀耶王朝十分衰弱,无法抵御缅军的进攻,在城被攻陷前就带着所有的财货逃到尖竹汶。郑信的部队来到尖竹汶后,莫赛献上印度花布1 500骨里,①广东色绢200匹,上海丝绸100匹,并定期捐赠军饷钱500昌。②莫赛姓郑,跟郑信同宗,后来得到銮阿派帕里的封爵。

(2)华商森

森的父亲是在阿瑜陀耶王朝末期才来到暹罗的。他从中国载了一船陶瓷俑到暹罗来卖,但无人购买,这位中国船主便把这些陶瓷俑献给暹罗国王,国王赏给他一些山货,而后又封他为通事,随贡使到北京。回来后晋爵为銮锡宋钹,以后又作为第三副使多次到北京。到了波隆摩罗阁五世(Borommaracha V,1758—1767年在位)时期,銮锡宋钹被提升为格龙爵衔,担任船务官,后又

---

① 1骨里等于2幅。
② 古代暹罗币制:1昌等于20单楞;1单楞等于4铢;1铢等于4沙单;1沙单等于2分;1分等于800贝。

提升为管皇库的昭披耶。他有4个儿子，森是其中之一。因为听说柬埔寨发生饥馑，粮价上涨，便命森与其他三兄弟率领32艘帆船，满载米、肉和咸鱼到柬埔寨贩卖。当船队到达哒叨城的时候，传来柬埔寨发生战乱的消息，森便把船队带回尖竹汶。接着暹罗首都阿瑜陀耶城被缅军攻陷，船队只得留在尖竹汶。郑信率部到达尖竹汶时，森将船上所载物资连同32艘船一起捐赠给郑信，米、肉和咸鱼供部队食用了很长时间，船则改作战船，在驱缅复国战争中发挥了很大作用。

（3）华商古

古的父亲有一支船队，来往于中泰之间做生意。阿瑜陀耶城沦陷时，船队刚好从中国回来，抵达吞武里。古因父亲去世继承了全部家产，他把船队载回的丝绸等商品捐赠给郑信，得到郑信的封赠。吞武里王朝时期，华商古专门负责为朝廷造船和到广东贸易。

（4）华商林

林是吞武里城富有的鱼商，曾给郑信的军队提供食宿、金钱和许多牲畜。后来，在曼谷王朝拉玛一世时，华商林获得了格龙坤素塔拉普拜的封爵。

正是因为郑信动员了包括华侨在内的泰国社会各阶层的力量，形成了广泛的爱国阵线，才能在短短几个月的时间内，将入侵的缅军赶出泰国。

1767年10月，郑信率领拥有100艘战船的大军，挥师北上，正式开始了驱逐缅军的正义战争。11月6日，攻破吞武里城，泰奸乃通及其党羽被俘处死。接着又继续向阿瑜陀耶城方向挺进。驻守三株菩提树村的缅军主将苏基，命副将蒙耶率水军堵截，但为时已晚，蒙耶不战自退，苏基顶不住郑信的迅猛攻势，只好献城请降。

1768年1月4日，郑信加冕为吞武里王。

（1）万公区之战

郑信光复阿瑜陀耶城的消息传到阿瓦，缅王辛标信命塔瓦城守将率兵3 000人，从西部入侵暹罗，抵达万公区。驻防该区的是郑信麾下的一支华人部队，担负着镇守暹罗西部门户的重任。缅军依仗人多，将华人部队层层包围。华人士兵以一当十，殊死拼搏。直到郑信亲率援军赶到，内外内击，才击退来犯缅军。这是吞武里王朝建立后以华人部队为主力抗击缅军所取得的第一次重大胜利，大大挫败了缅甸入侵者的气焰。

（2）宋胶洛保卫战

1770年，驻守清迈的缅军在波摩瑜源的率领下，南犯宋胶洛城。负责守卫该城的是华侨将领陈联,他的爵衔是披耶。双方在宋胶洛城下进行鏖战,陈联身先士卒,挥动双剑奋勇杀敌,杀死许多敌人,把剑都砍折了,获得了"断剑披耶"的美称。陈联领导的华人以少胜多,成功地保卫了宋胶洛城。

万公区之战和宋胶洛保卫战已作为两次光辉的战例,被载入泰国史册。此后,缅军再也不敢轻犯暹罗。

郑信在短短的几个月内成功地驱逐缅甸占领军,建立了吞武里王朝,使暹罗重新获得了独立。但此时国家仍处于四分五裂的局面,各大封建主据地称雄。全国最大的几股割据势力是:(1)统治那空沙旺和彭世洛的銮侯;(2)统治难府、帕府的僧伽长老组织了僧侣武装,建立了僧权割据地;(3)统治洛坤的昭孟(城主)宣布独立,自号"穆锡卡王"。原阿瑜陀耶王朝波隆摩罗阇五世的一个庶出王子吉多罗则与披迈城主结成同盟。封建割据给人民的生活和商业贸易带来诸多不便,也不利于对外交往。因此,实现国家统一是全国人民寄予郑信的又一厚望。

郑信首先需要对付的是彭世洛的割据势力。彭世洛是泰北的一等城市,其统治范围包括素可泰、碧差汶、甘烹碧和达府的一部分。1768年雨季,郑信发动了对彭世洛的攻势。昭披耶彭世洛早有准备,派遣銮哥沙到那空沙旺城以北的滨河河口阻击郑信的军队。当时正逢河水泛滥,銮哥沙的军队占据了有利的地势,郑信带领的船队到达时,遭到袭击,首战失利,郑信的腿部受了枪伤,只好下令撤回吞武里城。昭披耶彭世洛宣布自己为暹罗国王,登基才7天,便因病去世,其弟帕膺它阿阁继位。同年年底,北方的割据者枋长老派僧侣军攻打彭世洛,围城2个月后将它攻下。百姓扶老携幼,到吞武里城投奔郑信。

以披迈城为中心的东北部割据势力是阿瑜陀耶王朝的旧王族,他们打出拥护昭王吉的旗号逐鹿暹罗。1768年雨季刚过,郑信分兵两路包抄东北重镇呵叻:一路由郑信亲自率领;另一路由通銮和其弟汶吗(即后来曼谷王朝的拉玛一世和其弟)率领。两军皆大获全胜,披迈的割据势力遂被平定。

1769年4月,郑信派昭披耶却克里(名穆)为主将,通銮、汶吗和披耶碧差武里为副将,率兵5 000人由陆路出征洛坤。由于主将与副将之间不团结,首战失利。9月,郑信亲自率水军由海路增援,因途中遇到风暴,10月6日才抵达洛坤港口。洛坤守军未及布防,仓促应战,战败弃城逃亡北大年。郑信致函北大年,令其交出洛坤王。北大年方面害怕受到牵连,遂将洛坤王及其家属交出。当时有人主张将洛坤王处死,罪名是他自立为王。郑信却认为,在国家沦亡的时候自立为王,并不是什么过错,遂赦其无罪。洛坤王的一个女儿被郑信选为妃子,所以洛坤王及其家属都迁往吞武里居住。洛坤王的一个侄子被封为昭披耶洛坤,继续统治洛坤。

这样,整个暹罗就只剩下枋长老的割据势力。枋长老的和尚军,饮酒宿娼,抢劫财物,名声很臭。1768年年底,枋长老吞并了彭世洛后,又把势力向南部伸延。他派人到乌太他尼、猜纳抢劫粮食和财物。这两个地方的守军向吞武里方面求援。郑信委任刚晋为披耶爵衔的汶吗和披耶披差各率500军士从陆路出发,自己统领12 000名水军由水路开拔。水军首先攻占了彭世洛城。9天之后,汶吗的陆军也赶到,又合攻那空沙旺城。枋长老见大势已去,逃到清迈去投靠缅甸人。郑信借此机会巡视北方各府,招抚流民,整顿佛门。

1770年11月14—16日,吞武里王郑信在彭世洛城举行连续3天的庆典,庆祝暹罗复归统一。鉴于故都阿瑜陀耶城遭到缅军的严重摧残,主要建筑都被大火焚毁,一时难以重建,城中及周围的居民或被缅军掳往缅甸,或已逃匿外地,征集兵役和劳役都十分困难,加之从地理位置看,阿瑜陀耶城容易受到缅军的袭击,且距海较远,不利于发展交通运输和对外贸易,因此,郑信决定将首都由阿瑜陀耶城迁到吞武里城,故历史上把他建立的王朝称为吞武里王朝。

在取得了打击缅甸入侵的胜利以后,吞武里王朝便把精力转移到对外扩张上。老挝首先成为它进攻的对象。

1776年,呵叻城的昭孟(城主)与其下属满隆城的昭孟发生纷争,满隆的昭孟转而投靠老挝境内的独立小邦占巴塞。郑信闻讯,派昭披耶却克里去惩治满隆城的昭孟,将他活捉后斩首。当占巴塞国王准备援助满隆城和攻打呵叻时,郑信先发制人,命昭披耶素拉西去征讨占巴塞。结果占巴塞战败,国王昭蛾被俘,素里、汕卡和索塔等地均划归暹罗。

1778年,郑信发动了征服万象和朗勃拉邦的战争。这次战争的导火线是帕沃事件。帕沃原是万象国元老,曾支持西里本亚桑于1760年登上万象国王位。帕沃以为自己能当副王,但西里本亚桑不愿将这个位置授予非王族成员。帕沃一怒之下带领部属到农磨朗普(即现今泰国的乌隆)自立为王。万象国王派兵讨伐,帕沃向缅甸求援,结果缅甸反而支持万象,将农磨朗普攻下。帕沃流亡占巴塞。在郑信征服占巴塞时,帕沃臣服暹罗。后来暹罗军队从占巴塞撤出,万象方面以为惩罚帕沃的时机已到,便派披耶苏波进攻帕沃驻地,帕沃战死,其子陶坎突围向吞武里求救。郑信遂派昭披耶却克里统率陆军,由陆路出发;派昭被耶素拉西统率水军,取道柬埔寨,溯湄公河而上,与陆军合攻万象。琅勃拉邦王与万象王素有夙怨,带领3 000人马从北面进攻万象,为暹军助战。万象被围两个月,1778年9月开城投降。西里本亚桑逃往安南,于1781年去世。从此,万象和琅勃拉邦都成了暹罗属国。

衰弱的柬埔寨也是暹罗扩张的对象。本来,阿瑜陀耶王朝时期,暹罗曾一度控制柬埔寨,但缅甸的入侵,使暹罗失去了这种控制权。郑信决心重掌这种控制权,1769年,他写信给柬埔寨王乌迭二世(Outey II),要求柬埔寨像阿瑜陀耶王朝时期一样,向吞武里王朝进贡金银花。乌迭二世以郑信不是暹罗正统王族为由拒绝臣服。郑信即派披耶却克里兄弟去攻打暹粒,派披耶哥萨提布去攻打马德望,命令他们先占领这两个城市,然后等候中央主力部队从这里通过,再去讨伐乌迭二世。但郑信本人因忙于同南方洛坤"穆锡卡"王的战争,抽不开身。后来吞武里王虽然占领了洛坤,但因海上发生风暴,船队不能按期返回,且有谣传说郑信在洛坤去世,因此侵入柬埔寨的暹罗军队急忙撤回国内,第一次征柬战争遂告终止。

1771年,郑信再次出兵远征柬埔寨。这次兵分两路,一路由昭披耶却克里率领,取道菩萨从陆路进攻。郑信亲率水军从吞武里出发,首先向南攻取河仙,消灭了鄚天赐政权,然后直指柬埔寨首都金边。暹罗的水陆两军在金边会师,赶走了乌迭二世,扶安农二世(Ang Non II)为王。乌迭二世逃到安南,并在安南的保护下控制了柬埔寨东南部。后来,安南发生西山起义,无暇顾及柬埔寨,乌迭二世失去靠山,主动与亲暹罗的安农二世修好,承认安农二世为柬埔寨王,自己为副王,整个柬埔寨重新被暹罗控制。

1779年,柬埔寨发生内乱,此前僧王被人刺杀,副王乌迭二世去世。亲越派认为是亲暹派将他们杀害的,便发动叛乱,将柬王安农二世扔到水里淹死。安南王阮福映(Gia Long)以为有机可乘,便插手柬埔寨,企图使柬埔寨脱离暹罗而成为安南属国。1782年,吞武里王朝动员了20万军队,以昭披耶却克里为统帅,昭披耶素拉西为先锋,王子昭水管后勤,出兵柬埔寨。安南方面派阮有瑞迎战。就在这时传来了吞武里发生骚乱,郑信被囚的消息,昭披耶却克里立即与安南议和,率部赶回京都。据越南史籍《大南实录》载,两军在洛韦对垒,未及开战,暹军提出议和,阮有瑞应邀到昭披耶却克里营中会约。"酒酣,折矢为誓,有瑞因以旗、刀、剑三宝器赠之而归"。

三、吞武里王朝时期的暹罗社会

连年不断的战争破坏了暹罗的经济和社会秩序。吞武里王朝建立初期,

暹罗呈现一片凋敝的景象。由于缅军对暹罗人口的掳掠，战争中人口的伤亡，以及大批居民因战乱而逃匿山林，全国人口急剧减少，劳动力奇缺，战争破坏了农业生产的正常进行，粮食不足。加之瘟疫流行，匪盗猖獗，社会秩序十分混乱。攀·詹它努玛本《吞武里编年史》描述当时的情况说："举目望去，被饥饿、疾病、兵燹所害死的人不计其数，尸骸遍野，堆积成山。苟活的人面黄肌瘦，形同饿鬼。"

郑信决心使暹罗社会恢复到阿瑜陀耶王朝时期的繁荣。在经济上，他首先设法解决民众的吃粮问题。他用高于平常12倍的价钱向外国商人购买粮食。正常年景每牛车粮食价40铢，郑信出价500铢。利之所在，趋之若鹜。外商为牟暴利纷纷运粮到吞武里出售。粮食一多，粮价又自然下跌了。郑信将购得的粮食用于周济难民，每天都有上万的难民来乞求救济。至于官员，每20天可以分到一桶粮食，每年领一次薪俸。立有军功的人，可以得到赏赐的战俘作为家奴，以供驱使或耕种自己的土地。对于逃匿山林的流民郑信则用发给粮食、衣服和钱物的办法，鼓励他们重返家园，从事生产。中国当时的官方文件也曾记载了郑信为安定社会秩序、恢复社会生产力所采取的措施。《清实录》说，披雅新（郑信）组织人力，"入山搜寻象牙、犀角等物，给赡难民"。[①] 两广总督李侍尧在给乾隆皇帝的奏折中也提到："所有暹罗城池房屋，（披雅新）着令民人修葺。"[②]

郑信还通过发展商业贸易来刺激社会经济的发展。他广泛招徕外国客商到吞武里经商。但在初期，曾经发生了英国商人波内以及一些中国商人的帆船和货物在达叻附近被郑信的军队抢劫的事件，这使一些外国商人产生顾虑，担心人身和财物的安全。对此，郑信发布明令，严禁部队抢劫外商，违者军法处置，并令军队偿还抢去的船、物。从此以后，再没有发生类似事件。于是大批外商，特别是中国商人，在吞武里王朝时期纷纷来到暹罗。

①《清实录》高宗实录卷817。
② 清史档案，朱批奏折，外交类，案卷号346。

第五章 吞武里王朝时期

这一时期，来暹罗的中国人大致可以分为两类：一类是拥有一定资本的船货商，他们用帆船从中国载运丝绸和瓷器等货物到暹罗贩卖，又从暹罗载回大米和各种土特产，利用两地商品的差价，从中获取利润；另一类是身无分文的破产农民和城镇贫民，为了糊口，到暹罗谋生，他们主要靠出卖劳动力维持生计，如当水手、车夫和搬运工等。后来有些人稍有积蓄，转而从商，充当零售商和包税人。移居暹罗的华侨之所以能够在暹罗商业活动中充当重要角色，是因为暹罗实行萨克迪纳制，占全国人口绝大部分的"派"和奴隶都没有人身自由，他们被紧紧地束缚在土地上，不可能去从事商业活动。而占全国人口极少部分的"乃"和贵族官吏，则热衷于追求权势，鄙视经商。移居暹罗的华侨，他们不受萨克迪纳制的束缚，既没有按身份等级占有封田的权利，也没有承担各种劳役的义务，相对来说是比较自由的。华侨以自己的劳动所得或省吃俭用存下来的积蓄作为资本，经营一些小买卖，从事边远农村土特产品与城市日用工业品的交叉贩运，促进了暹罗社会的商品交换和流通，活跃了社会经济。郑信对华侨采取了优惠的政策，如对华侨免征人头税等，因此吸引了中国东南沿海地区的破产农民移居暹罗。在暹罗首都吞武里的对岸（即现今曼谷的大皇宫一带），形成了一个华人聚居区。那里街市热闹，商业繁荣，华人与泰人和睦相处，关系融洽。

为了适应商业贸易的发展，郑信还注意交通运输的建设。他在一些主要城市之间修筑公路，以便商贾来往和货物流通，逐步改变原来只靠水道运输的交通状况。当时陆上的主要交通工具是牛车。

除此之外，为了减轻民众的负担，郑信将"派"的服役时间，由每年6个月减至4个月，使"派"们有较多的时间在自己的土地上劳动。因故不能服役的，还可以用货币或实物代替。这有利于减轻"派"的负担和压力，促进了暹罗生产的发展。

在政治上，吞武里王朝基本上沿袭阿瑜陀耶王朝时期的政治制度，只作了小部分的变化和修改。吞武里王朝仍旧实行萨克迪纳制。国王名誉上拥有全国土地，官吏和民众根据不同的身份等级，从国王那里得到数量不等的封田。国王掌握全国的军政大权。国王之下设文、武沙木罕（相当于文、武首席大臣），辅助国王分管全国军政大事。吞武里王朝取消了阿瑜陀耶王朝时期武沙木罕管理南方各省的权力，在战争时期的军事指挥权也由昭披耶却克里所取代，从而削弱了武沙木罕的权力。吞武里王朝初期是由一位名叫穆的将军担任昭披耶却克里，穆去世后便由通銮（即后来曼谷王朝拉玛一世）继任，所以在吞武里王朝中后期,通銮的权势炙手可热。

政府所设的主要职务是负责城务、宫务、财务和田务4个部的官吏,他们的爵衔是披耶。除京城设4个部外,其他各城也设相应的机构。郑信授权一等城市的统治者可以自己任命本城4个部门的官员。

中央对城市的管理分为两大类:畿内城市和畿外城市。畿内城市是指京城附近列为第三等的小城市,例如新城、暖武里、巴吞他尼等。这些城市的统治者称为"乍孟"。乍孟同主管法律和税收的官员组成城市管理委员会。畿内各城的军政工作直接受京城控制。远离京城的畿外城市,则按城市的大小和重要性分为一至四等。一等城市往往由国王的亲属或信任的大臣进行统治,其周围的小城镇也归他管辖。如果一等城市的统治者昭孟立了功,国王就增加一些小城市归他管辖,以此作为奖励,因为这意味着他所能得到的税收和劳动力增加了。畿外城市的昭孟对于他所管辖的城市有充分的指挥权,中央也派一些负责法律、税务或其他方面的官员来协助他工作。

宗教是维护封建统治的重要支柱,而佛教则是暹罗的传统信仰,暹罗居民90%以上都信奉小乘佛教,郑信本人也是一位虔诚的佛教徒。阿瑜陀耶城沦陷的时候,暹罗佛教受到严重摧残,寺院被焚烧,佛像被毁坏,佛教戒律和三藏经典散失殆尽,寺庙香火中断。吞武里王朝初期,人们都说,谁要是剃度出家,就一定会被饿死。有的僧侣担心,佛教恐怕将从此从暹罗消失。一些外国神父乘机力劝郑信用天主教来代替佛教,但这一建议遭到郑信的坚决拒绝。郑信知道,坚持佛教就是坚持暹罗的传统民族文化,恢复宗教秩序就是恢复社会秩序。他决心通过振兴佛教来恢复暹罗的社会秩序和传统的佛教文化。1768年,郑信亲自在大钟寺召集全国德高望重的僧侣开会,选举各地僧侣团的首领,重建各地的佛教组织,并决定收集各地散佚的三藏经典,集中到京都吞武里,组织力量校勘和整理。1769年,郑信征服洛坤的时候,把那里珍藏的佛教论藏带回吞武里,命人抄写,抄了副本以后又将原著送回洛坤保管。洛坤的希长老曾被他请到吞武里担任僧王,后因有人揭发这位希长老在缅军攻陷阿瑜陀耶城的时候,曾把埋藏财物的地点告诉缅军,致使许多无辜百姓被杀,郑信才免去这位希长老的僧王职务。1770年,郑信平定北方枋长老的割据势力后,对北方的宗教进行了整顿,清洗那些不法僧侣,重申戒律,派吞武里的高僧为北部的僧侣重新剃度。他还在京都和全国各地修建了许多佛寺。当时作为皇寺的膺陀烂寺,至今仍享有盛名。1778年,郑信到金边作战的时候,从那里把一尊印度古代镌刻的碧玉佛运回暹罗,就放在这座寺庙里。

第五章 吞武里王朝时期

由于吞武里王朝只存在短短的15年，而且忙于应付内外战争，所以在文学艺术上没有特别突出的建树。较为著名的是郑信命人收集整理的长诗《拉玛坚》，可以算是一大盛举。泰国的古代文学剧本《拉玛坚》实际源于印度古代梵文史诗《罗摩衍那》，叙述一位名叫罗摩的印度英雄的故事，最初在民间口头流传，最后经蚁垤整理加工。整个史诗约2万颂，最早的部分可能成书于公元前3—4世纪，最晚的部分大约完成于公元前2世纪。在全书的七篇之中，第二篇至第六篇是最原始的部分，首尾第一篇和第七篇，是后来添加的。

《罗摩衍那》在公元初几个世纪大概经过3条路线传到国外：北路，从旁遮普和克什米尔，由陆路传入中国的西藏和新疆；南路，从南印度由海路传至爪哇、苏门答腊和马来西亚；东路，从孟加拉由陆路传至缅甸、泰国、老挝、柬埔寨、越南和中国的西双版纳。

《罗摩衍那》传到泰国以后，深受泰国人民的喜爱，经过民间艺人的加工改造，变成了《拉玛坚》。《拉玛坚》虽然脱胎于《罗摩衍那》，但它不是简单的翻译，而是经过再创造的移植。从故事情节来看，两者大体一样，都是叙述罗摩王子与其妻悉达的悲欢离合。罗摩王子遭受后母的迫害被流亡以后，妻子悉达又被拖沙甘魔王劫走。罗摩在猴王哈努曼的帮助下，战胜魔王，夺回妻子，阖家团圆。但是，《拉玛坚》根据泰民族的欣赏习惯，在故事的内容方面有所增删，情节的次序有所调整。因此，泰国人把《拉玛坚》视为自己民族的文学作品，也有一定的道理。

《拉玛坚》和《罗摩衍那》在形式上有较大的区别。《罗摩衍那》在印度是可以吟诵的长诗，后来变成印度的经典。泰国的《拉玛坚》则没有人把它视为宗教的经典，而是供人娱乐的文学作品，主要以剧本的形式出现，供皮影戏、孔剧和舞剧等各种演出。

泰国最早出现的《拉玛坚》剧本是

罗摩衍那的神猴

为皮影戏配音的不完全本，大约出现于阿瑜陀耶王朝的戴迦洛纳王时期，这大概是第一次以泰文的方式记录这个古老的故事。此后，从帕碧罗阁王即位至阿瑜陀耶王朝灭亡，即1688—1758年之间，还出现了《拉玛坚》的另一个皮影戏配音剧本，计分9段，情节既不连贯，也不完整。此外，还有一个供舞剧和孔剧演出的剧本，虽然比较粗糙，语言不够流畅，带有明显匆忙赶写的痕迹，但经历了泰缅战争的战火还流传下来，也是弥足珍贵的。

1767年吞武里王朝建立后，郑信鉴于《拉玛坚》面临散失的危险，便组织人力对这部伟大的民间文学遗产进行抢救。郑信本人也参与了文字上的润饰修改，故该版本称为吞武里王版。这个版本比起阿瑜陀耶王朝流传下来的版本，内容更为充实完整，语句也比较通俗凝练，带有吞武里王的个人风格，可惜只有四段，是在征战间隙的两个月的时间里完成的，曾由宫内剧班子上演。

另外，诗人披耶摩诃奴婆曾于1781年随外交使团访问中国，写下了一首著名的长诗《广东纪行诗》。披耶摩诃奴婆（Phraya Maha Nubhab）原名奴婆，披耶是他的爵衔，摩诃是伟大之意。其生平事迹不详，是吞武里王朝和曼谷王朝初期的著名诗人。1781年，吞武里王郑信派出庞大的外交使团，分乘11艘大船，满载象牙、苏木、犀角和藤黄等货物，5月从暹罗出发，7月抵达广州。披耶摩诃奴婆作为使团的成员，参加了这次远行，作《广东纪行诗》记录了这次盛举。这首诗是泰使入贡中国的亲身见闻，具有较高的史料价值。从文学的角度来看，也是一部现实主义的诗歌佳作。《广东纪行诗》泰文抄本现藏泰国国家图书馆。卷首有一序言，大约出自泰国历史之父丹隆·腊贾努巴亲王（Damrong Rajanubhab）之手笔，该诗全篇775句，每句七言，讲求韵律，为暹罗"长歌行"诗体。

《广东纪行诗》详细描述了从曼谷至广州的航程。关于从曼谷至广州的航程，我们对照明清时期中国船户所使用的《海道针经》，可以看出沿途所记地名皆准确无误。贡船由北榄港出发，经三百峰头，过河仙镇，到昆仑岛，渡东京湾，拜灵山大佛，入外罗洋，经由澳门、老万山，溯珠江，抵广州。途中他们历尽惊涛骇浪，风雨险阻，差一点被巨鲸吞噬，最后到了中华国土，才"闻之喜洋洋"。

披耶摩诃奴婆眼里的广州是一个农业发展和经济繁荣的商业城市，"商舶如云集，面城四行横，桅樯森然立，时或去来频"。"水村遥相望，清幽足留连，居民鳞次列，檐脊相绵延，带水起园圃，油油菜色妍，有林皆果树，地洼辟水田"。虽然当时尚未兴起旅游业，但是听说来了暹罗客，男女皆来围观，语言不通没关系,打着手势来销售菜肴,还有浓妆艳服的妓女来取媚风流客,"卖笑无国界,异族亦相邀"。清朝的官吏特别叮嘱暹罗使节:"暹人务自爱,严禁露水亲。"

广州总督专门款待暹罗贡使,并准许他们将随船带来的部分物品就地发售,并免征关税。只可惜披耶摩诃奴婆没能随贡使上北京,所以北京的情况阙如。

此诗描述了沿途航海的情况和在广东的见闻,具有较高的文学和史料价值,是泰国吞武里王朝时期一部重要的文学作品。此诗曾由姚楠、许钰从英文翻译成中文并加注,载商务印书馆1958年版《古代南洋史地丛考》。1999年,笔者将其收录在泰国华侨崇圣大学出版的《吞武里皇郑信中文史料汇编》一书。

四、吞武里王朝与清朝政府的关系

吞武里王朝刚一建立,郑信立即委托华侨船商陈美生携带文书,到广州请求与清政府建立正式关系。他之所以这样做,是因为当时暹罗和中国都与缅甸处于战争状态,缅甸贡榜王朝南侵暹罗,北扰中国,使郑信的抗缅斗争和乾隆征缅变成互相声援、互相支持的南北两个战场。郑信有心联合中国,共同对付缅甸的扩张。另外,郑信希望得到清政府的外交承认,确立他作为吞武里王在暹罗国内的合法地位和权威,并对柬埔寨和老挝等属国行使宗主权;出于经济方面的考虑,郑信希望恢复暹罗与中国的传统朝贡贸易,通过合法途径从中国购买硫磺、铁和铜等暹罗急需的战略物资,出售暹罗的大米和香料等丰足产品。

郑信与清政府的关系,根据清史档案的记载,可按照时间顺序和事态发展分为3个时期:

(1)清朝政府拒绝承认郑信时期(1768年7月—1770年7月)。华侨船商陈美生受郑信之托,携带文书从暹罗乘船,于1768年抵达广州。两广总督李侍尧请示北京。乾隆皇帝从封建正统观念出发,认为郑信"与暹罗国王宜属君臣,今彼国破人亡,乃敢乘其危乱,不复顾念故主恩谊,求其后裔复国报仇,辄思自立,并欲妄希封敕,以为雄长左券,实为越理犯分之事"。除了将郑信请封原文掷还外,乾隆皇帝还命令军机处以李侍尧名义,拟一份回文,严斥郑信,由陈美生捎回。在这段时间里,清政府主要依靠统治现今越南南部河仙港的郑天赐了解暹罗的情况。河仙位于今越南的南端,距泰国东南沿海城市尖竹汶不远。清季初年广东雷州人郑玖率领族人因躲避满族统治而避难至此,将它开发为重要的港口城市,并建立称为本底国的华侨自治体。郑玖死后,其子郑天赐继位。1767年阿瑜陀耶城沦陷于缅甸后,阿瑜陀耶国王的孙子昭萃(也写作诏萃)、昭世昌投奔河仙,郑天赐便萌生了立昭萃为王,逐鹿暹罗的野心。他看准清政府从维护封建正统观点出发,希望原暹罗国王的后代子孙复立,便以辅佐暹罗阿瑜陀耶国王的裔孙昭萃为名,邀请清廷信任,同时诽谤郑信,促成清廷拒绝承认郑信。

1769年,郑天赐在安南的支持下对郑信的吞武里政权发动攻势,派其外甥丑才侯陈大力率领3万水步兵攻打尖竹汶,广南定王派张德魁举5营兵前往援助。郑信派华裔将领陈联带3 000兵驰援尖竹汶。暹军闭城坚守,河仙军力攻不克。迁延2月余,瘴疠突作,河仙军病死战死无数,主将陈大力也身染重病。郑天赐闻讯,只得下令撤兵。陈大力病死途中,3万人马生还仅万余人。

(2)清政府对郑信的看法逐渐改变时期(1770年6月—1771年8月)。在这段时间里,尽管清政府坚决不承认郑信的吞武里政权,但已经看出原暹罗国王的后裔子孙复立无望,郑信实际上控制了暹罗的局势。客观形势的发展,促使清政府不得不修改对暹罗的政策。1771年8月,郑信将他俘获的缅军头目泻都燕达等解送到广州,乾隆皇帝指示两广总督李侍尧:"不必概付不答,绝之太甚。自应即以该督之意,酌量赏给缎匹。"李侍尧也意识到,河仙郑天赐诋毁郑信,"揆其隐曲,当暹罗残破,裔孙昭萃逃至该镇之时,郑天赐未始不欲居奇,从中图事",对河仙郑氏也不像以往那样听信了。这样,清朝政府开始改变对郑信的生硬冷淡态度,对郑信与郑天赐的矛盾也听其自然,采取不偏不倚的态度。正如乾隆皇帝对军机大臣的谕示说:"暹罗僻在海外,地势辽远,固非声讨所及,即丕雅新(郑信)篡窃鸱张,自相吞并,止当以化外置之。若河仙镇目郑天赐欲为邻封力图匡复,亦唯听其量力而行,更可不必过问。"

1771年,郑信亲率大军征讨河仙,郑天赐败走朱笃道,原暹罗王子昭萃被俘处死。郑信派部将陈联占领河仙。

1773年,郑天赐遵从广南定王的旨意,"遣人如暹,以讲和为名,探其动静。天赐(士麟)遣舍人郑秀赍书及礼币如暹。暹王大喜,送回所掳子女,召陈联还"。① 郑天赐派其子郑潢重新进驻河仙,自己留驻镇江。

---

① 武世营:《郑氏家谱》。

这段时期，安南爆发了轰轰烈烈的西山农民起义，很快就摧毁了南、北方的阮氏和郑氏政权。1777年3月，西山起义军首领阮文惠率部南下，广南定王逃到河仙依附鄚天赐，并禅让给新政王。新政王屯守巴越，8月城破被杀。西山起义军乘胜占领镇江。定王逃到龙川，也被义军捕杀。鄚天赐保定王弟尊室（王子）春流亡富国岛，打算南渡爪哇。这时，郑信派4艘海舶来迎，鄚天赐一行遂投奔暹罗。

鄚天赐虽然亡命暹罗，却仍打着辅佐尊室春的旗号，伺机再图恢复。他说："我臣事天南，已二世矣。心如铁石，不易其志。"①这跟过去拥戴昭萃在暹罗复国的做法一脉相承。鄚天赐总是与腐朽没落的政治势力搅在一起，这决定了他最终必将失败。

1780年，郑信截获一封阮福映从安南写给鄚天赐的密信，内有"若东山战船到日，宜里应外合"之语，遂将尊室春和鄚天赐等人逮捕下狱。尊室春不堪鞭笞，供认谋反。鄚天赐自知不免，吞金自杀。

鄚天赐政权的灭亡，使郑信失去了一个竞争对手，也清除了与清政府建立外交关系的障碍。

（3）清朝政府正式承认郑信时期（1771年8月—1782年2月）。郑信以清朝政府的态度转变为契机，主动采取措施促进两国关系的发展：1772年送粤省海丰县民陈俊卿等眷口回籍；1775年送还被缅军俘虏的滇兵赵成章等19人；1776年送云南商人杨朝品等3人回籍；1777年押送缅俘霭呵等6人来粤。清朝政府一方面为郑信的友好至诚所感动，更重要的是郑信已经成为暹罗实际上的统治者，这促使清朝政府必须正视现实。乾隆皇帝亲自出面说："其易姓争据，事所常有，如安南国陈、莫、黎诸姓，亦已屡更其主，非暹罗为然。况丕雅新当缅匪攻破暹罗时，以报复为名，因利乘便，并非显有篡夺逆迹……至其代立原委，原不必拘于名分，从而过问。丕雅新初立孤势，欲求依附，若中国始终摒弃弗纳，彼或惧而转投缅匪，非策之善也。"并通知李侍尧："嗣后丕雅新处若无人来则已，设或复遣使禀请加封，愿通朝贡，不必如前固却，察其来意果诚，即为奏闻，予以封号。"

从1772年8月开始，清政府官方文件不再对郑信采取"暹罗国夷目"这种蔑称，也不再叫他旧官衔"丕雅新"，而是称他为郑昭，即郑王的意思。

清政府一反军火不准出洋的惯例，允许郑信派人来中国购买军需物资。

---

① 李文雄：《越南文献》，越南1972年版。

计有两次：1775年买回硫磺100担。事后，乾隆皇帝还亲自批示两广总督杨景素："前暹罗两次求买硫磺铁锅等，俱经加恩允许，此后该处若再需用，仍当准其买回。"硫磺可以用来制火药，铁锅则化铁制造炮弹。

1777年7月，郑信派3名使节到广州，用书面方式提出建立正式关系的请求。清政府明确表态："可以准行。"

郑信经过充分准备，于1781年派出披耶逊吞那排亚突为贡使，包括王子銮利陀提奈毗罗和诗人摩诃奴婆在内的庞大的外交使团，分乘11艘大船，满载象牙、犀角、苏木和藤黄等货物，5月从暹罗出发，7月抵达广州。摩诃奴婆曾作《广东纪行诗》，记述了这次外交活动。可惜在暹罗贡使回国之前，吞武里王朝便灭亡了。

五、吞武里王朝的灭亡

1782年，暹罗故都阿瑜陀耶城发生了民众骚乱的严重事变。事变的起因是：1767年缅军围攻阿瑜陀耶城的时候，城内居民纷纷将贵重财物埋到地下。经过战火的洗劫，这些财物的主人大多伤亡或被俘，待到阿瑜陀耶城光复后，挖掘无主的地下财物便成了一种热门的职业。吞武里王朝对此实行征税。一个名叫帕·威集拉农的官员以每年纳钱500斤的代价向政府取得挖掘地下财物的垄断权。他依仗权势，鱼肉百姓，使一些居民无以为生，被迫起来造反。造反群众在乃布纳、枯该和枯素拉3位首领的率领下，袭击阿瑜陀耶城的昭孟（城主）因它拉阿派的官邸。因它拉阿派抵挡不住，逃到吞武里告急。郑信命令披耶汕带领王宫禁卫队到阿瑜陀耶城去镇压。披耶汕到达阿瑜陀耶城后，被他的弟弟——造反群众首领之一的枯该说服倒戈，并被推戴为首领。披耶汕命令他的部队每人在脖子上系一条红围巾，作为识别标志，会同阿瑜陀耶城的造反群众，转而进攻京都吞武里。这时，郑信的主力部队被派往柬埔寨作战，京城卫戍部队又被披耶汕带走，王宫里没有多少兵力，只有一些外国雇佣兵负责守卫。经过一夜的战斗，王宫卫队渐渐不支，郑信只好派洪寺长老出宫同造反者谈判，接受披耶汕的条件：郑信退位，剃度为僧。当天，郑信便到王寺里落发出家，披耶汕派人将王寺严密看守起来，防止他逃跑，自己则进驻王宫，俨然以吞武里的统治者自居。

正在柬埔寨作战的昭披耶却克里闻知国内变故，密令其弟昭披耶素拉西撤军，并把随军主管后勤的王子昭水抓起来。昭披耶却克里同安南统帅阮有瑞达

第五章 吞武里王朝时期

成和平协议后,便带领部队从巴真武里和那空那育府撤回暹罗。1782年4月6日,昭披耶却克里回到京城。第二天,郑信被处死,同时被杀的还有王子昭水、王孙格龙坤拉普摆和格龙坤阿奴拉颂堪等人。接着,昭披耶却克里举行了加冕礼,号称拉玛一世。他把首都从吞武里迁到湄南河对岸的曼谷,史称曼谷王朝。

北京故宫清史档案里现今还保存着郑信去世后曼谷王朝拉玛一世呈送清廷的国书原件:

不幸小邦福薄,于乾隆四十七年二月二十三日祸延亡父,昭因病身故。临终之际嘱华慎重无改旧制,当以社稷为念,天朝是遵。华自父故任政之后,幸赖皇天福庇,属土皆安,回思旧制,暹罗忝叨属国,理合禀报。兹特遣朗亚排川罗蒂贵文禀赴阶前,并差船商驾船前来护接贡使回国。俟至贡朝,华当虔备方物朝贡,俾亡父被皇恩于不朽,使华永戴圣德而无穷。

从这份文件可以知道,郑信死亡的确切日期是乾隆四十七年(1782年)阴历二月二十三日。至于死因,照拉玛一世的说法是"因病身故"。这显然是一种托词。清朝政府在回文中要求郑华"将尔父身亡及尔继嗣各情节详细声叙"。说明清朝政府对这个问题已经有些怀疑。直到1784年,郑华的贡使到达广东,送来的国书里避而不答清廷在上次檄谕中所问的问题,将郑信身故的情节含混过去。至于为什么拉玛一世自称名叫郑华,是郑信之子,道理很简单。因为拉玛一世作为郑信的老部下,自然悉知郑信与清朝建立外交关系的全过程。特别是因为郑信不是王室的后裔,而久久得不到清廷的正式承认,遂使拉玛一世自称自己是郑信之子郑华。事实证明这个办法十分奏效,时隔不久他便得到清廷的册封。以后的拉玛二世、拉玛三世、拉玛四世呈交清廷的国书中都沿称姓郑,并有各自的中文名。更为重要的是,曼谷王朝自拉玛一世以来,确实遵循郑信所制定的外交政策,积极发展与中国的睦邻友好关系,"慎重无改旧制,当以社稷为念,天朝是遵"。暹罗曼谷王朝与中国清政府的互相往来一直延续到中英鸦片战争后的1869年。

吞武里王朝灭亡后,作为吞武里王朝创始人的郑信,受到了极其不公正的待遇。很多历史真相被恶意篡改,比如说郑信的死因,曼谷王朝初期流传的说法是,郑信晚年患了"心疾",神经错乱,疯疯癫癫,所以才被他的部将兼女婿通銮取代。这显然是一种污蔑不实之词。本来,披耶汕攻陷京都之后,郑信答应退位,剃度出家,按照佛教惯例是可以免死的。可是郑信最后还是遭到杖杀,

与常人不同的是,他是被人用檀香木棍打死的,这是处死帝王的礼仪。在这以后很长的一段时间里,有关郑信的事情成了老百姓不准议论的禁区。然而,郑信驱缅复国的丰功伟业是谁也抹杀不掉的,作为泰国的民族英雄,他永远活在泰国人民的心里。不知从什么时候开始,吞武里、曼谷和罗勇等地先后出现了郑王庙,每逢郑信的生日、登基纪念日及遇难日,人们都会自发地来到庙里,献上祭品,燃一炷香,寄托哀思。

到了20世纪60年代,终于由泰国政府出面,在泰国首都隔河相望的吞武里,竖立起一座雄伟的纪念碑,上端有一个真人般大小的骑马戎装的塑像,碑面镌刻着这样一段文字:

此碑为纪念达信皇大帝和增进他的荣誉而建。他是泰国人民的好男儿,生于佛历2277年(1734年),卒于佛历2325年(1782年)。

泰国政府和人民于佛历2497年(1954年)4月17日敬立此碑,以便提醒泰国人民牢记他抵御外敌,恢复泰国独立和自由的恩德。

罗勇的郑王庙

郑王纪念碑

纪念碑浮雕

第五章　吞武里王朝时期

此后每年4月17日,即吞武里王郑信登基纪念日,泰国政府和国王都要在这座纪念碑前举行隆重的仪式,纪念驱缅复国的民族英雄郑信。

1994年,诗琳通公主曾亲自莅临郑信的故乡——中国广东澄海市,在郑信衣冠墓前致祭。

1995年5月15日,泰国海军部内郑信王故宫博物馆动工修建,诗琳通公主为动工仪式剪彩。1998年12月27日,郑信王故宫博物馆修缮完毕,正式开展。在泰国海军部大院里,在郑信王故宫遗址前的草坪上,搭起了祭台,支起供桌,摆起香案花烛,数千民众,身穿光鲜的民族传统服饰,鱼贯进入会场。仪式由故宫修复基金会主席——前海军总司令夫人坤仁依诺主持,贵宾席上,坐着85岁高龄的郑午楼博士和郑氏宗亲会的华人代表,他们为故宫修复基金会捐赠了巨款,故受到特殊的礼遇。郑信王纪念亭上挂着郑午楼撰写的一副中文对联:

牧野鹰扬,三尺青霜开帝业;
鼎湖龙去,千秋俎豆纪丰功。

这副对联对郑信一生的功业作了高度的概括。上联说郑信手提三尺青霜宝剑,驱逐外敌,统一暹罗,开创了吞武里王朝;下联说一代伟人虽然逝去,但他的丰功伟绩仍让后人千秋万代祭祀悼念。

郑信逝世迄今已有200多年,随着时间的推移,郑信终于获得泰国人民、政府和王室的一致肯定。

作者点评:

吞武里王朝始于1767年,终于1782年,仅仅存在了短短的15年,但在泰国历史上是一个关键的转折。如果没有吞武里政权的建立,没有郑信领导的驱缅复国斗争的胜利,那么泰国历史则将是另一副模样,泰国将被长期置于缅甸的统治之下。

吞武里王郑信出身于一个华人的家庭,但不影响他成为一位著名的泰国民族英雄。正如早期成千上万华人移民家庭一样,郑信的父亲是一位潮州澄海县的破产农民,因生活所迫,移民泰国。他们很快就融入了泰国社会,为创造泰国的物质文明和精神文明而努力工作,为捍卫泰国国家的独立和主权而不惜流血牺牲。郑信正是团结了包括华人和泰人在内的所有爱国力量,才赶走了缅甸侵略者。因此,对吞武里王郑信的肯定,实际上就是对华侨华人在泰国历史上所起作用的肯定。

至于曼谷王朝和吞武里王朝通过什么样的方式过渡,用今天的眼光来看并不十分重要。因为在封建社会里,在民主和法制尚未健全的情况下,通过宫廷流血的方式转换政权,已是司空见惯之事。就连一贯以维持封建正统关系为己任的乾隆皇帝也说过这样的话:"荒徼岛夷,易姓争据,事所常有,即如安南之陈、莫、黎诸姓,亦已属屡更其主,非独暹罗为然。"我们今人,更用不着以谁是正统来判别是非,也用不着为先人的过失而为先人讳。评价一位历史人物,主要看他是否为国家和人民作出贡献。若有贡献,就当肯定。持这样的观点来研究历史,就没有什么不可接触的禁区。所以,我们一反过去有关泰国历史的著作对吞武里王朝一笔带过或语焉不详的做法,不吝篇幅,撰写郑信王和吞武里王朝的历史,还历史以本来面目,相信一定会得到中泰读者的赞同。

第六章 曼谷王朝初期

一、曼谷王朝初期的泰国社会

曼谷王朝的创建者拉玛一世（1782—1809年在位），原名通銮，华名郑华，是郑信小时候的同窗好友，阿瑜陀耶王朝后期曾任叻丕府的军政长官。阿瑜陀耶王朝灭亡后，他于1768年投奔郑信，成为其手下的一员干将，在驱逐缅甸侵略者和国内统一战争中立下了汗马功劳。吞武里王朝后期，他被晋封为昭披耶却克里，执掌军政大权。1782年暹罗发生内乱，郑信被废黜，他从柬埔寨前线回京，自立为王，把首都从吞武里迁到河对岸的曼谷，开创了曼谷王朝。时至今日，曼谷王朝已有200多年的历史，经历了九世国王。

曼谷王朝的历史从1782年拉玛一世即位，1910年拉玛五世逝世，称为曼谷王朝初期。

1. 政治

曼谷王朝初期，极力恢复和发展封建中央集权的政治制度和社会结构。拉玛一世首先树立国王不可侵犯的权威。国王不仅是封建等级最高的统治者，而且是国家的化身。反对国王，就是叛国，就是犯罪。国家的一切法律、命令要由国王颁布，全国的行政事务要以国王的名义进行，国家大事要由国王亲自处理。国王及王室成员被奉若神明，国王在场时，任何人皆不得坐着或立着，都必须在国王面前下跪。国王是全国土地的所有者，有权征召一切臣民为他服役。为了显示

拉玛一世

大皇宫

律实宫

国王的权威,拉玛一世在曼谷修建了一座极其华丽的皇宫。皇宫所需的砖瓦是从拆除吞武里炮台和阿瑜陀耶城的城墙而来的。其中一部分建筑材料,是吞武里王朝派往中国的最后一次贡船从广东采购回来的。为模仿阿瑜陀耶故都的格局,特地从柬埔寨征募上万名柬埔寨人来修建环绕大皇宫的运河。运河全长8 246米,宽20米,深2.6米。后来又从万象强征了5 000名老挝人来修环绕曼谷的城墙和堡垒。每隔400公尺就修一个防卫堡垒。拉玛一世时修筑的八大堡垒,至今尚存。此外,还在皇宫内外修建了一些大殿、寝宫和佛寺,这些工程动用了大量的人力和物力,费时10年。

最早修建的大殿是律实宫(Dusit Maha Praset Throne Hall)。律实(Dusit)在泰语中是兜率天,即佛教所说欲界云天中的第四层天。因此,律

第六章 曼谷王朝初期

实宫按其意思来说就是第四层天上的兜率宫。在中国古代的神话传说里,兜率宫是太上老君住的地方。律实宫的造型为带尖顶的庑殿式的大屋顶,计有七层,用碎玻璃片嵌饰,在阳光下熠熠生辉。殿内的墙壁上绘有各式各样的图案,有奇花异草和饭团花球图案。所谓饭团花球,是泰国独有的东西,将饭包成锥形,分别夹置在花球上,作为祭祀之用。大殿的门楣和窗棂上端,呈穹庐式拱形,贴金描饰,镶嵌玻璃。律实宫经多次翻修,我们现在看到的是按照拉玛五世时代的样式重修的。该殿的南面墙上有一大窗台,当年国王就是坐在这个大窗台上接见王室成员和大臣的。

帕玛哈孟天殿(Pra Maha Montien)曾经是拉玛一世的寝宫,后用来举办各种王室大典。整座大殿坐南向北,厅房一字儿排开又互相连接,左右两侧为配殿。帕玛哈孟天殿为典型的泰国古代建筑,屋顶两端有龙凤角装饰和鸱尾,山墙的人字板上有叶纹图案。

却克里大殿(Chakri Maha Prasat)是拉玛五世时期修建的,采用西方建筑与泰式建筑相结合的方式,底部是用大理石砌成的一层楼房,石阶、石栏、石柱和石壁皆是洁白无瑕的上等石料,镂花雕刻,备极精致。屋顶则是泰国传统的

却克里大殿

庑殿式大屋顶,多层重叠,斜度很大,描金彩绘,变幻灵活。屋顶上高耸的尖塔,像一顶王冠,罩在大殿之上,既增加了整幢建筑伟岸挺拔的气势,又使其金碧辉煌,富丽堂皇。却克里大殿由4个大厅组成,中央大门东面紧接的那个大厅原是拉玛五世的寝宫,后来改为宴会厅。西面紧接的大厅用作会议厅,有时也在那里接见外宾。最具有纪念意义的是,1874年拉玛五世在这里颁布了在泰国废除奴隶制的命令。至于最东面的那个厅,拉玛五世时期用来存放衣服饰物。最西边的那个厅,用来存放瓷器古玩。

大皇宫内有佛寺和佛塔。佛寺为皇寺,是专供王室成员吃斋念佛、举行佛教仪式的场所。泰国历代王朝都有在皇宫修建佛寺的传统。素可泰王朝有玛哈达寺,阿瑜陀耶王朝有帕希讪派寺,吞武里王朝有黎明寺,曼谷王朝则有玉佛寺。玉佛寺(Wat Phra Kaeo)是拉玛一世于1782年所建。该寺建成后2年,拉玛一世将征讨老挝万象时获得的一尊玉佛迎奉到这里,故称玉佛寺。玉佛成了镇国之宝,拉玛一世专门为玉佛定制了夏季和雨季的衣服,以后拉玛三世又增制了冬衣。每年换季那一天,都要举行隆重的仪式,由国王亲自为玉佛换衣,代代相传,沿袭至今。

大皇宫内佛塔林立,有吉篾式佛塔、缅式佛塔和泰式佛塔。仅在玉佛寺的院子里就建了8座佛塔,以献给8位值得尊敬的人。另外,还堆筑了假山,种植花草,放置了一些从中国运来的石雕神像。

皇宫和皇寺遥相呼应,伟岸峙立,金光灿烂,彰显了皇权和神权至高无上的权威,让老百姓从心理和视觉上产生一种凛然不可侵犯的效果,这就是曼谷王朝初期不吝重金修建大皇宫和皇寺的一个重要原因。

为了加强中央集权,拉玛一世恢复和健全了封建等级制度。他首先给王室成员授予封爵。正宫皇后所生的王子,授予"昭法"爵号;皇妃所生的王子,授予"帕翁昭"爵号,皇孙授予"蒙昭"爵号,这种按血缘亲疏排列的"姓氏爵衔"最初只有昭法、帕翁昭和蒙昭3个等级,到了拉玛四世时代增加了蒙拉差翁和蒙蛮两等。拉玛一世封自己的兄弟为乌巴腊,即副王,这是仅次于国

碧玉佛

第六章 曼谷王朝初期

大皇宫寺塔林立

王的最高职位。根据爵位的高低封授土地。曼谷王朝初期，乌巴腊占有封田10万莱，昭法占有封田2万—5万莱，帕翁昭占有封田4 000—7 000莱，蒙昭占有封田1 500莱。其他贵族和官员则按他们身份和职位的高低，分别授予昭披耶、披耶、帕、銮、坤、汶、攀等爵位。这称作"职位爵衔"，也是按等级授予封田。凡授田400莱以上的官员，由国王直接任命。授田400莱以下的官员，由部长任命。王室成员不仅都获得最高爵位，而且在行政上也封授最高官阶。国王通过对王室成员的分封，把国家军政大权牢牢地掌握在王室手中。

曼谷王朝初期基本上沿袭了阿瑜陀耶王朝的中央行政组织形式，但有所发展。中央设立6个部，即：军务部，吞武里王朝时期曾取消武官沙木罕兼管南方各省的权力，拉玛一世恢复这个部兼管南方各省的权力；内务部，除负责民政工作外，还兼管东方和北方各省；财政部，为适应曼谷王朝初

贵族

期对外贸易的发展,还兼管暹罗湾沿岸各省。这样,上述3个部便分管了全国各省,维系中央与各省的联系,从而加强了中央对各省的控制。其余3个部:宫务部主管王室财产和从中央到地方的司法权,主持宫廷典礼及向国王推荐司法、行政官员;政务部,负责维护首都和京畿地区的法律和居民。农务部,监督土地开垦,征收赋税,征集粮秣,按爵位及官阶给贵族和官吏分配土地等。除了这6个主要的部外,还设有宗教厅、皇家驯象厅、宫廷安全厅和皇库。中央6个部的部长均由亲王担任。

这一时期,全国行省分为四等,如洛坤、呵叻和彭世洛为一等省,甘烹碧和素可泰等为二等省,还有三等省和四等省。一等省和二等省都是指派亲王去统治,三等省和四等省也多由王室成员或国王的亲信官吏去当省督。拉玛一世即位后便委派了21名王室成员充任省督。省督掌管全省司法和行政大权,他们代表国王行使权力,同时又受到中央政府的严格监督。拉玛一世为加强对省督的监督,还任命一批高级官员代表国王或副王"协助"省督处理地方事务。这些官员一般都有较高的爵衔,通常被任命为副省督,或监察官,或最高税务官。此外,国王还设有联络官,传递国王与地方官的信件和文书,沟通中央与地方的联络,便于加强中央对地方的控制。一等省至三等省还分为若干府、县。府、县官吏由省督任命。县以下的基层行政单位是村,村由村长领导。村长的职责是把直接生产者"派"固定在土地上,负责对"派"征收赋税,组织"派"承担劳役,维护封建秩序,实现国王对生产者的政治统治和经济剥削。

曼谷王朝初期特别重视对劳动力的控制。规定一个"派"在结婚前可以得到15莱的份地,成婚后可以增加至20—25莱。每个奴隶也可以获得5莱的土地。但无论"派"或奴隶,都必须依附于占有封田400莱以上的封建主,要向所属的政府部门或主人进行登记,称为"入籍"。入了籍的"派"被固定在主人的土地上,不能随便离开土地。即使要求改属于另一个封建主,也要受诸多条件的限制。每当国家有战争,"派"们由所属封建主统率,参加作战;和平时期,"派"们要为国王或封建主服劳役。曼谷王朝初期,各级官吏没有薪金,他们的生活完全由"派"来负担。每一个已经入籍的"派",每年必须把他收获的一部分交给主人;一部分上缴爵位更高的官吏;剩下的一部分才留为己用。一年的时间,也是一部分为主人劳动;一部分服公共劳役;剩下的时间才用于自己份地的耕种。由于剥削严重,"派"的逃亡不断发生。为了缓和这个矛盾,拉玛一世规定"派"每年服劳役的时间不得超过4个月,以后拉玛二世又把服役时间减至3个月。但这对于"派"来说,仍然是一项沉重的负担。

加之苛捐杂税繁多,"派"的经济负担很沉重。国王还颁布法令,规定在任何情况下,"派"必须绝对服从主人的意志和任何处分。"派"不得随便搬迁,除非得到主人的同意和所在省的证明。而且非经主人同意,任何人都不得雇用"派"从事劳动。

在曼谷王朝初期,仍然存在着奴隶制的残余。奴隶在社会结构中,仍是一个重要的组成部分。奴隶被分为可赎身奴隶和不可赎身奴隶两大类。可赎身奴隶多是债务奴隶,他们按年龄和性别,以部分身价或全部身价作抵押向封建主借款,变为债务人的奴隶。这种奴隶只要还清债款,便可以重新获得自由。不可赎身奴隶是主人用全部身价购买来的奴隶,这种奴隶终身为奴,主人除不能把他们杀死外,对他们拥有绝对的权力,可以把他们当作商品随意出卖或转让给别人。他们的子女,母亲如是可赎身奴隶,其子女便是自由民;母亲如属于不可赎身奴隶,其子女也是主人的奴隶,但可向主人付出身价获得自由。曼谷王朝初期,贩卖奴隶之风盛行。据记载,在曼谷的奴隶市场上,一般男奴隶可值80—120铢,女奴隶可值60—100铢。各级封建主大都占有奴隶。这些奴隶除供主人使唤和做各种杂役外,有的也要担负农田劳动。至于战俘,最初列为王室的奴隶,或分赐给贵族官吏为奴,属于不可赎身奴隶。1805年,拉玛一

奴隶

世谕示,规定战俘奴隶也有赎身的权利。这一时期,由于劳动力缺乏,奴隶也容易找到一个有钱的新主人为自己向旧主人付出足够的身价赎身,从而改换一个新主人。新主人往往比旧主人待他们更为宽厚。因此,这一时期奴隶与主人的矛盾较为缓和。"派"与奴隶之间,除社会地位、政治待遇和人身自由程度不同外,对主人承担的劳役都是一样的。甚至某些奴隶所得到的待遇比"派"还要好一些。例如,一个亲王或大臣的家奴,其地位不比依附于一个小官吏的"派"低。奴隶的衣、食、住均由主人提供,而"派"每年除了为主人或王室服沉重的劳役外,还要设法维持自己的生计。所以有的"派"宁愿将自己出卖到一个较好的主人家当奴隶,以避免服徭役。

地位在"派"和奴隶之上的是被称为"乃"的自由民。这个阶层的成员主要是商人、知识分子和自由职业者。华人移民也大多属于这个阶层。"乃"与贵族之间并没有不可逾越的鸿沟,坤、汶、攀这些较低级的爵衔,既可以授给贵族,又可以授给"乃"。获得爵衔的"乃",便可以跻身贵族之列。诚然,这种情况在和平时期毕竟是少数,一般只有在战争时期"乃"才有机会因军功而得到封赏。另外,也有一些发了财的商人,用钱买官爵,通过这个途径来改变社会地位。当然也有一些原属于"乃"这一阶层的人,由于天灾人祸或其他种种原因,下降为"派"。

曼谷王朝初期由于采取了加强中央集权和恢复萨克迪纳制的一系列措施,使得封建专制的政治统治得到加强,重建了封建的等级制度和社会秩序,为社会经济的发展提供了一定的条件。

2. 经济

曼谷王朝建立以后,国家获得了统一和安定,因而生产得到逐步的恢复和发展。曼谷王朝农业生产的基础仍然是个体小农经济,但在19世纪初,开拓了新的农业耕作区,大田作物的种植已经出现。湄南河三角洲纵横交错的河流被凿通并连接起来之后,三角洲上肥沃的新都平原被开发出来。三角洲东南面和西面原有的两个广阔农业地区,随着国家的和平安定,也迅速得到了恢复。由于暹罗优越的自然环境,大部分地区一年可以栽种水稻2—3次。据估计,截至19世纪中叶,暹罗的水稻种植面积约有580万莱。水稻产量在有良好灌溉系统的地区,其收成是播下种子的40倍。暹罗大米的优良品质和极好的口感,使它成为出口的热门货。1822年,西方人克劳福德在《出使暹罗和交趾支那王朝日记》中写道:"除孟加拉外,暹罗输出的大米,无疑比亚洲任何一个国家要多。"大米生产已逐步趋于专业化。此外,还种植国际市场需求的经济作物,如甘蔗,已从过去用作美味果品或大象饲料的少量栽培,转为以生产出口糖为目的大面积生产。19世纪初,在南部诸省,如曼谷、北柳和那空猜西出现了一批甘蔗种植场。尖竹汶种植的黑胡椒,北部和南部一些府种植的烟草和棉花,都是为了供应国际市场的需求。

农产品生产的发展,促进了手工业的发展。部分传统的家庭小手工业逐步让位于手工业作坊。尤其是南方各府,制糖、榨油和酿酒等作坊的建立如雨后春笋,仅在甘蔗种植区的北柳,就有20家制糖作坊,每一作坊约有200—300名工人。其他如纺织、制盐和金属冶炼等工业也兴旺起来。航海、造船以及与此有关的木材加工工业,也随着对外贸易的扩大而不断发展。据克劳福德的日记记载,商船队每年都有6—8艘大船下水。1835年,暹罗已能造出多桅帆船,用于海外经商。总的来说,这个时期的手工业依然与农业保持着紧密联系,个体农民把家庭手工业与农业结合起来。例如纺织业,每个农户一般都有自己的纺车和传统的织布机。他们的生产主要是满足自身的需要。在比较落后的北部和东部地区,手工业大都还没有超出家庭工业的范围,但也开始与市场发生联系。北部各府和呵叻地区种桑养蚕的农民,他们把生产出来的生丝送到附近集市售给专门收购的商人,或者织成丝织品自己进行交易。

农业的发展和手工业的勃兴,需要更多的劳动力,尤其是具有熟练技术的劳动力。于是,中国南方沿海各省特别是广东潮汕地区的农民移居暹罗者日渐增多。具有较高生产技术的中国移民,深受渴望增加劳动力的暹罗封建主的欢迎,他们积极帮助中国移民进入暹罗。据估计,1820—1850年,从中国南部地区乘船前往暹罗的人数,每年达15 000人。每一艘到中国贸易的暹罗船只,回国时无不搭载中国移民。移居暹罗的华人从拉玛二世(1809—1824年在位)末期的44万人,增加到拉玛三世(1824—1851年在位)末期达110万人。① 19世纪30年代,在曼谷40万居民中就有20万华人。② 中国移民来到暹罗以后,参加开垦新土地,扩大经济作物的生产,发展畜牧业,开发矿山等,对暹罗社会经济发展起了积极的推进作用。因而,曼谷王朝初期对中国移民采取了比较优惠的政策。华侨被列为"乃"的阶层,不必像"派"一样承担劳役。但

---

① 素威·提拉沙瓦:《在泰国泰人为什么做生意做不过中国人》,泰国《艺术与文化》1982年第2期。
② 巴勒格瓦:《泰国或暹罗国王记述》第一卷,第60页。转引自烈勃里科娃:《泰国近代史纲》,第166页。

从拉玛二世开始,政府对华侨也征收人头税:年满20岁以上的华侨,每人每年必须缴纳2铢的人头税。另外还要交付主管官吏18个土丁(等于1/5铢)。而对在暹罗出生的第二代华人,则视同当地居民,将他们列入"派"的阶层,要他们服劳役,但不必缴纳人头税。事实上华人宁愿缴纳人头税也不愿当"派"。拉玛一世时,人头税收入每年约20万铢;到拉玛四世时,每年人头税收入高达200万铢。① 从人头税岁入数字的变化,可以看出华侨人口的增加趋势。

3. 贸易

移居暹罗的华侨,与当地人民友好相处,许多华人娶当地女人为妻,到第二代已跟当地人同化。华侨不但对暹罗的农业、工业和采矿业有贡献,而且对暹罗国内商业和对外贸易也起了很大的推动作用。曼谷王朝初期,国内商品交换得到发展,商人人数不断增加。据克劳福德的日记记载,19世纪后半期,从事国内商业贸易活动的商人约有6万人,其中主要是华人。

曼谷是当时国内商业贸易的中心,全国各地的产品都运载到这里销售,主要的运输通道是湄南河。从北面运来的产品有皮革、生丝、柚木、树脂、乳香、蜡和象牙等,南部地区出产的锡、铅、黑胡椒、藤及棉花也源源不断地运抵曼谷。东部的呵叻和南部的洛坤,是仅次于曼谷的国内商品销售点。

在对外贸易方面,曼谷王朝初期仍然采取国家垄断的政策,只有王室才能经营对外贸易。国王委托主管皇库的官吏负责对外帆船贸易,隶属财政部管辖。克劳福德的日记写道:"暹罗国王俨然是一个垄断资本家和商人。有些时候他享有对产品的专有权。另一些时候就利用自己的权力,按低于市场的价格买进产品。除此而外,还用征收租税和贡赋的办法取得产品。"19世纪20年代,国王通过对锡、象牙、燕窝、胡椒和食糖等7种产品的垄断贸易,每年获得75万铢的利润。单胡椒一项,皇库每年以每担8铢的低价购进4万担,却按每担20铢的高价售出。扣除运输等开支外,皇库每年盈利40万铢。暹罗对外贸易的主要对象是中国,由于朝贡贸易获利甚丰,因而,拉玛一世登基后,即致书清朝政府,自称是吞武里王郑信的儿子郑华,请求维持与中国的朝贡关系。1821—1827年,暹罗同中国贸易的帆船约有140艘,总吨位约35 000吨,贸易额为614 000铢。19世纪20年代,暹罗向中国输出商品,每年约6万担胡椒、3万担糖、16 000担虫胶、3万担苏木、1万担象牙、500担小豆蔻。还有毛

---

① 泰国史料整理委员会编:《曼谷王朝一世皇至三世皇史》(泰文),曼谷,1982年版,第163页。

皮、大米、柚木和锡等，也是暹罗向中国出口的重要货物。暹罗从中国运进瓷器、茶叶和丝织品等。据泰文文献记载，曼谷王朝初期在同中国的贸易中所获得的利润高达300%。这种所谓的朝贡，实质上是官营贸易。因为清朝政府以上国自居，对进贡者往往要给予超过贡品价值数倍的赏赐。所以，虽云朝贡，实则慕利，而且是单方面有利于暹罗的贸易。尽管清朝政府有"三年一贡"的规定，但暹罗几乎每年都有贡船到中国。除正贡船外，还有副贡船、探贡船，加起来一年来的贡船多达数次。暹罗有的私商也打着朝廷的名义，谎称是贡船，到中国广东做生意。所以中国方面十分注意查验勘合底簿。所谓勘合，就是一个类似兵符的东西，一剖为二，双方各执一半，核对相符后，再对底簿文书，才能进行朝贡贸易。朝贡贸易是官营贸易，可享受一些特殊的优惠。这一时期也出现了大量的私人贸易，使暹罗国王颁布的由国家垄断外贸的命令实际成为一纸空文。暹罗的官商和华侨私商都有贸易帆船定期来往于中暹两国之间。根据拉玛二世时期的统计数字，暹罗官商有帆船25艘，华商有48艘。拉玛二世时期约有86%的暹罗商品运往中国销售。而来自中国的商船也超过了所有进入暹罗的外国商船的总数。华侨在中暹贸易中担任了重要的角色。暹罗对外贸易的官员、贡使、通事、船夫、舵工和水手等，大都由闽粤籍华侨担任。拉玛一世和拉玛二世时期，外贸的载运工具主要是中国式的大帆船，俗称红头船，到拉玛三世末期才出现轮船。拉玛三世曾下令在曼谷然那哇寺修建一个中国红头船的模型，用以表彰华侨所建立的不可磨灭的功勋。

除了与中国进行贸易外，暹罗也重视与马来群岛国家的贸易。它同新加坡、马六甲、雅加达、三宝垄、井里汶、巴邻旁和坤甸等，都有商船往来。此外，与柬埔寨、越南、菲律宾、日本、朝鲜和印度等国也发生了贸易关系。暹罗的出口商品有大米、柚木、苏木、椰油、砂糖、盐、胡椒、豆蔻、虫胶、锡、象牙及各种兽皮。进口商品有各类布匹、瓷器、景泰蓝器皿、铁器、武器、酒和纸张等。曼谷港是暹罗主要的出海港，它既是国内货物的集散地，又是与世界市场发生联系的大港口。当时曾在暹罗旅行的西方人莫奥记述说：曼谷是"世界上最美的和最大的港口之一……并不亚于甚至像纽约那样驰名的港口"。[①]

由于国内外商业贸易的发展，不少原来的乡间集市发展成为颇具规模的城市。拉玛三世时期，就有21个农村集市获得城市地位。在曼谷周围形成数

---

① 莫奥：《1858、1859、1860年在印度支那（暹罗）、柬埔寨、老挝中央地带旅行记》第2卷，第46页。转引自《泰国近代史纲》，第165页。

以十计的市镇,如通格耶、班普拉素伊和萨姆谷等,人口在4 000—6 000人。由于政府规定城市居民不列入服劳役的花名册,不堪忍受封建主压迫剥削的"派"便纷纷流入城市,为新兴的城市工业提供了雇佣劳动力。这些雇佣劳工逐渐形成一股新兴的社会力量。如果说一批商人和封建主因经营工商业而成为暹罗的民族资产阶级的话,那么这些雇佣劳工便是暹罗工人阶级的前身。

4. 税收

曼谷王朝初期政府经济收入的主要来源之一是税收,政府规定的税收项目多如牛毛。拉玛一世的主要税收有土地税、果园税、菜园税、市场税和酒税等。拉玛二世时期增加了燕窝税、苏木税、锡税和胡椒税。拉玛三世时期又增加了花会赌税和6种违禁物品税,以及盐、椰油、节草、竹子、木材、棉纱、烟叶、麻、蓝靛、砂糖、石灰、纸牌和蜡烛等商品税。

在名目繁多的税收中,土地税是政府的一项重要收入。"派"必须按土地的等级类别和数量缴纳土地税。土地有可耕地和非可耕地之别。在阿瑜陀耶、红统、素攀和华富里一带的良田,无论"派"耕种与否,有无收成,每莱地都要交2桶(每桶约20公升)稻子。而对不能引河渠水灌溉的土地,则按实际耕种的面积收税。没有耕种就不交税。政府发给耕种土地的"派"两种证书,持红色证书者,只要逐年向政府缴纳税谷,便可以保持对土地的使用权;持预约证书者,如满3年不耕种,政府则收回土地。"派"要花时间和人力把税谷按时送到京城的皇库,如果不亲自运送,得花钱雇人。因此,交付土地税是"派"的一项沉重负担。拉玛二世时期,随着商品经济发展,实物地租逐渐向货币地租转化,即既可缴纳实物,也可用货币代替。缴纳实物也改为送到省城即可。但政府又以压低粮价从"派"手中收购粮食的手段,使"派"受到新的剥削。

除了土地税外,"派"还必须缴纳各种各样的杂税。如按种植作物的品种、面积和茬数缴纳菜园税。每莱菜地交税一铢,一年三茬,就得交3次税。其他如南瓜、胡麻、青豆、番茄、大麻烟、南瓜、棉花、花生、西瓜和香蕉等37种作物,按品种和经济价值分别缴纳不同的税款。经营果园的"派",除缴纳土地税外,同样也要缴纳果园税,即按果树品种和棵数缴纳税款。例如榴莲和芒果,每棵树要交税一铢。其他如山竹、黄皮、椰子和杨桃等,都要按规定的税额纳税。此外,官方时而派人来丈量土地,发放土地证,"派"还要交付丈量税和土地证税。以捕鱼为业的渔民则必须缴纳水税,每年缴纳一次,其税额视其捕鱼工具的种类而决定。每个渔民若拥有几种捕鱼工具,他就得缴纳几项税款。平民百姓如果将一些农副产品拿到市场出售,还必须缴纳市场税。如果农副产品是用交通工具运到市场的,还得按交通工具的种类、货物的品种和数量缴纳交通税。这种巧立名目、重复收税的做法,加重了民众的负担。根据1838年的材料统计,一个六口之家的"派"的收支是:每年税金支出占总支出的67.89%,或总收入的59.53%,而生产支出只占总支出的12.42%,或总收入的10.89%,用于维持一家人生活的开支只占总收入的17.81%,占总支出的20%还不到。繁重的税收,使农民没有足够的资金来进行扩大再生产和提高生产效率,生活水平的低下,也限制了他们的生产积极性。

代役钱和人头税是政府经济收入的又一个重要来源。所谓"代役钱",就是"派"因各种原因而不能前往服役者,可以出钱代役。在商品经济逐渐发达的情况下,政府也欢迎以钱代役,并规定官民(派銮)每年每人需18铢钱代役,一年服役3个月,即每月合6铢;私民(派索姆)每年每人6铢,即每月合2铢。由于劳役繁重和来往途中耗费时日,许多人宁愿以钱代役,以便腾出时间来为自己进行生产。这样,代役钱便成为政府的一项重要收入。在曼谷王朝初期,每年政府所收代役钱总数高达1 200万铢,约占国家财政总收入2 700万铢的44%还多。人头税的征收对象是城市居民和华侨。从拉玛二世开始,才开始对华侨征收人头税,也叫"系手税",因为完税的华侨,政府在其手腕上系一小绳,表明已交人头税。政府每年从征收华侨人头税中获得了可观的经济收入。同时,通过征收华侨人头税便于政府对华侨加强管理。

为满足封建主日益增长的货币需要,拉玛一世统治时期扩大了包税制度,允许承包的税收有酒类产销税、赌场税和店铺税等。拉玛三世时期,包税制更加风行,政府让私人对税收进行承包投标,完全委托私人代为收税。税收承包商后来被称为"税主"。税主所收得的税金,除按投标数目上交政府外,超出部分就归自己所有。因此税主千方百计多收税,这就是造成税收多如牛毛的原因之一。

国内外商业贸易的扩大和包税制度的实行,促进了商品与货币关系的发展和货币职能的扩大,对货币的需求量也日益增多。除早已流通的银币和铜币外,曼谷王朝初期拉玛一世、拉玛二世和拉玛三世执政期间,还增铸了各种金币,但数量不多,仅作为国王发给贵族官吏的一种奖励品,并不参加社会货币流通。而银币和外币也只在与外国有贸易联系的大城市才流通。地方商场的贸易主要使用铜币和传统贝币。比较落后的地区,如泰北清迈等地,则仍实行以物易物,通常以盐、大米和棉花等来进行交换。

二、曼谷王朝初期的佛教和文化艺术

曼谷王朝初期,鉴于吞武里王郑信在处理宗教问题上的教训,在佛教僧王遴选问题上处置不当,没有充分获得佛教界人士的支持,没有把王权与神权有机地结合起来,而最终导致吞武里政权只存在了短短15年。所以,曼谷王朝建立后,对宗教特别重视,专门设立国家宗教事务厅,把宗教事务直接纳入中央政府的管辖之内,力图借用宗教的力量来帮助加强封建中央集权的统治。从拉玛一世至拉玛五世,都在佛教问题上作出了不同的建树。

1. 拉玛一世(1782—1809年)

拉玛一世登基后不久,接连颁布了7个有关暹罗佛教的法令,对佛教职务级别进行调整,提高佛教僧侣的道德水平,恢复僧侣的权势和威信。1788年,在曼谷召开了由全国著名佛教僧侣参加的会议,由副王(即后来拉玛二世)主持会议,王室的主要成员及佛教界领袖也都出席了会议。当时,暹罗僧侣人数众多,仅曼谷一城就有寺院82座,40万曼谷居民中就有1万名是和尚。拉玛一世对那些不服从国家政权领导的寺院和僧侣,采取了严厉的惩罚措施。1801年便取消了128个"道德败坏,形迹恶劣"和尚的僧籍,并罚他们去做苦工。

拉玛一世修建了许多重要的寺庙。如1782年在皇宫里建玉佛寺和素塔寺。此后还修缮了10座寺庙。如1789年修缮阿瑜陀耶王朝时代的帕派扑寺,动用了2万工人,费时12年,花费银钱46万多铢。战乱后大规模修缮佛寺,使僧侣们获得了安定的居处和举办宗教活动的场所。

搜集古代佛像。从北方搜集了大小佛像1 248尊,放置于曼谷各寺。原打算重新浇铸被缅军焚烧后的希讪派寺的佛像,但僧王反对说:"希讪派的佛像已经被烧过一次了,不应该再烧一次。"因而改为建塔,称为希讪派塔。

搜集整理佛教典籍。由于阿瑜陀耶城被缅军攻陷,佛寺和佛教典籍损失惨重。吞武里王

玉佛寺

郑信曾做过一些搜集整理佛教典籍的工作,但没有全部完成。拉玛一世认为有必要将这项工作进行下去,并对搜集到的典籍进行审核,邀请擅长巴利文的218位高僧和32位获得僧爵的僧人组成委员会,从1788年年底开始工作,地点在希汕派寺(现在的吗哈达寺),国王每天亲自去两趟,委员会的工作持续了5个月才结束。委员会共审核了佛经354部,装订成书3 486卷,封皮贴金,称为金本或钦定本。除此之外,还有两个版本:一是隆颂本,计305部(3 649册);二是彤粗本,计35部。此后,便将这些佛经分送各寺。

拉玛一世不仅要求僧侣遵守佛门戒律,他自己也严格遵守佛教的规矩,早上起来斋僧,听佛乐,晚上诵经。为了加强对佛教的领导,他更换了僧王,撤掉吞武里王郑信立的僧王(澈),将被吞武里王废黜的原僧王(希)重新立为僧王,并更换了僧团的部分上层领导人。为了整肃僧侣的纪律,1782—1801年间,共颁布了10部僧律。

2. 拉玛二世(1809—1824年)

继拉玛一世之后的拉玛二世,是拉玛一世之子。他进一步整顿佛教组织,剥夺了2 500名不法和尚的僧籍,为佛门清扫了门户。同时重修三藏典籍,因拉玛一世时期的钦定本佛经被一些寺庙借去传抄而有丢失,故拉玛二世下令补充修订。这次没有集结高僧,只命人进行增补,称为红墨水本,因每册佛经的封面都是用红墨水写字。另外,对1482年阿瑜陀耶国王戴莱罗迦纳的著作《大皇语》也作了增补,恢复了许多文学方面的内容。拉玛二世本身是诗人,所以他特别重视文学。

拉玛二世还进行了僧伽学制的改革。原先《佛经》的学习分为三级,一般僧人即使全部完成三个级别的学业,也还没能将应该学完的《佛经》全部学完。拉玛二世将《佛经》的学习改为9段,由简而难逐步升段。学习完最初的3段,可获"普连"(学者)的称号。学完第四段,获"普连4段"的称号,一直到学完9段,获"普连9段"的称号。学的时候可以分散在各个寺庙里学,考试的时候,则集中在吗哈达寺或玉佛寺里考试。考试时间不确定,由考试委员会规定。考试的时候由

拉玛二世

考生当着三四名考试委员会考官的面翻译佛经，由20—30位法师担任证人。假如考生译得顺利，也可以在一天之内通过9段考试。这个规定，鼓励僧侣皓首穷经，钻研学问，跟俗家子弟一样，通过发奋读书，获取功名爵位。

从拉玛二世开始，将佛诞纪念日规定为全国的法定假日。本来泰国早在素可泰王朝时期就已经有纪念佛诞日的风俗，阿瑜陀耶王朝后期因战争曾一度中断。曼谷王朝建立后，拉玛二世重新规定，为了庆祝佛的诞生、得道和涅槃，每年阴历6月的月圆之日，连续3天举行大规模的庆祝活动，称为礼佛节。这项规定一直沿袭至今。

1820年，泰国霍乱流行，很多人染病死去。在当时缺医少药和科学知识匮乏的情况下，拉玛二世只有依靠宗教来作为鼓舞人民战胜瘟疫的精神支柱。他下令全国僧俗共同诵经攘灾，不但僧侣举办诵经法会，政府官员和普通百姓也要诵经，而且是用泰文诵经。这样做的结果未必能对遏制霍乱的蔓延起到实际作用，但获得了一项意外的收获，那就是在全国民众中普及了佛法。

拉玛二世统治时间仅15年，先后立了3位僧王。他对僧团的控制方式一如拉玛一世时期。

锡兰被英国占领后，拉玛二世担忧锡兰僧王的安全，派10名僧侣组成使团访问锡兰。该团于1814年出发，行进到春蓬海口，被洛坤的昭孟（城主）关押了11个月后，才得以渡海到锡兰。他们在锡兰待了一年，1818年才返回曼谷。这是曼谷王朝第一次派遣僧团出访外国。

3. 拉玛三世（1824—1851年）

拉玛三世下谕铸造了许多佛像，青铜浇铸，外面鎏金。另外，还用银铸造了64尊佛像，每尊耗银10两。1842—1843年间铸造了两尊立佛，仅外面的贴金，每尊用金箔63泰斤14两。还有两尊特大的佛，一尊是銮菩多佛，置于吞武里的越因寺，仿照帕南车寺的大佛而建。这是曼谷最大的一尊降魔式的佛像。华人非常崇拜这尊佛像，每逢中国的春节，来拜的华人达数十万。另一尊是卧佛，置于帕派坡寺，是泰国最大的一尊卧佛。据说戴莱洛迦纳王曾经造了550尊菩萨，

銮菩多佛

而拉玛三世则认为,菩萨之中,有的是神仙,有的是凡人,有的是动物,用不着一概都拜祭。小乘佛教不信菩萨。他命人去查阅佛经,增加了佛的40多种姿势,造成佛像。此外,佛塔和佛寺也建造了不少。

拉玛三世命人将摩揭陀文本佛经翻译成泰文,倡导所有僧俗信徒读经,并对佛教典籍进行了认真的校对

众多的佛像

和整理。为了从信奉佛教的邻国获得佛教典籍来作为校对的底本,他两次派使节前往锡兰。第一次是因为有9位锡兰僧人于1840年来到泰国,到1842年年底,锡兰僧人要回国,拉玛三世给他们提供了很大的方便,命5名泰国僧人随他们一起去锡兰,向锡兰方面借了40部佛经。后来,1844年,锡兰方面送信来,要求归还泰国借去的40部佛经,拉玛三世便派船载着3名泰国僧人和1名小沙弥送还佛经。当泰国僧人从锡兰返回时,又有40名锡兰僧人随同来到泰国,又借给泰国30部佛经。有的佛经,锡兰不存,拉玛三世命孟族僧人去孟人的国家访寻,通过这个途径,据说找回了不少佛经。

在每座皇家寺院里,都聘请法师来为沙弥授经。即使在皇宫里,也要盖专门的亭子供僧侣学习之用。对研习佛经成绩好又懂巴利文的僧人,国王亲自接见并授予僧爵。因此,拉玛三世时期僧侣的学风很好,出现许多学识丰富的哲人和高僧。僧人的人数也急剧增长,按西方学者的统计,当时曼谷的僧侣达1万人以上。而全泰国的僧侣约10万人以上。

组织人抄写佛经,计有5部:《洒法水经卷1》、《洒法水经卷2》、《袖珍贴金本》、《孟文简写本》和《拉曼文简写本》。拉玛三世认为,佛经多为巴利文和高棉文,要把它译文泰文,以提高泰人的民族自尊心,故找人用泰文译了许多佛经。

当时流传这样的说法:"无论三世王在什么地方,无论发生什么事情,他总是首先考虑扶持佛教。"全国的佛教徒都在国王的庇荫之下,他每天都要按时斋僧,下令取消杀生的法律,免除发生自然灾害地区的赋税,赈济粮食给贫民。

他在去世之前还让王子到84座寺庙里斋僧,受益的和尚7 353人,折合白银1 838泰斤。

拉玛三世对僧侣的管理方式进行了调整,他把王室建的寺庙和百姓在曼谷建的寺庙合并起来,组成中央僧团,从原有的3个僧团中独立出来,形成了4个僧团:即北部僧团、南部僧团、中央僧团和阿兰瓦西僧团。设僧王一职作为各个僧团的总领导。

拉玛三世临终之际仍不忘修建寺庙。他在临终遗言中说:"跟越南和缅甸的战争结束了,只剩下西方人,要小心,不要吃他们的亏。对他们的好东西,我们要学习,但不要盲目崇拜。现在我最牵挂的是寺庙,一些正在建设中的大庙的工程,遇到阻力,如无人继续赞助,就会损坏……谁将来继承王位,请转告他,请他出钱赞助寺庙。"

拉玛三世

4. 拉玛四世(1851—1868年)

拉玛四世登基前曾以行脚僧的身份走遍全泰国,他对佛教事务最了解也最重视。他即位后,在曼谷修建了4座寺庙,修缮了2座寺庙。另外,替30座寺庙改名。

拉玛四世认为,每年阴历3月的万佛节(The Makha Puja Day)是佛教的一个重要日子,从1851年开始,正式宣布成为公共假日,并延续至今。

与锡兰佛教界的关系,1852年拉玛四世谕示,过去与锡兰有过若干次交往,从锡兰借回的佛经尚未送回,而人家多次送礼给我们,我们也没回报。因此,他命6名官员,10名长老,7名普通僧人,把所借佛经送还锡兰,锡兰方面派船队来迎接。

与缅甸佛教界的关系,1856年缅甸派4名居士来曼谷觐见泰国僧王,询问泰国有多少僧侣?有多少部佛经?还需要什么经典?有什么需要尽管告诉这4名居士,缅甸将如数送来。缅甸使节被安排住在曼谷帕猜颇寺,因泰国僧王已经去世2年,新僧王尚未任命,所以没能觐见泰国僧王。

修补佛经。拉玛四世下令检查孟天贪图书馆的佛经,结果发现缺了许多册,于是设法增补,使之完备。后来完成了一套完整的三藏经,称为《套红三藏经》。

赞助大乘佛教。从素可泰王朝时期起，泰国的大乘佛教就已经开始衰败，到了拉玛四世时期，又得到了国王的支持。这是因为有一批越南的大乘派僧人迁徙到泰国。吞武里王朝时期来的越南僧人名叫翁强簇（译音）。拉玛一世时期来的越僧名叫翁强舍。拉玛三世时期也有越僧来到泰国，当时作为王子正在剃度为僧的拉玛四世，也时常会见越僧，以至相互熟悉，成为朋友。当拉玛四世登基时，第一次邀请越僧来参加庆典。拉玛四世善待越僧，是为了圆融大小二乘，消弭教派之间的矛盾和分歧。越僧获准在现今的白石桥一带建庙，国王钦赐庙名为"硕木那南波里汉"。这个教派一直延续至今。

对僧团的管理。拉玛四世增设了两个僧伽职务：一名主管弘法事务，8等僧爵；另一名主管僧律，7等僧爵。也就是说，佛教的宣传和纪律的监督分由两人负责。拉玛三世后期，僧王一职出现空缺。拉玛三世原命素它寺的住持悟长老为僧王，但尚未即位，拉玛三世就去世了。拉玛四世没有任命悟长老为僧王，只是让他担任北部大首领，另外任命格龙门亲王为僧王，任命黎明寺的住持为南部大首领。刹该寺的住持为阿兰瓦西派的首领。中部大首领的地位有所提高，进爵为"颂德"，移住吗哈达寺，以便离皇宫更近。那时的吗哈达寺，聚集了许多小乘派的高僧，王室成员也在那里举行剃度仪式。后来又设立副僧王的职务。此外，拉玛四世还给许多僧侣加官进爵，使僧官的等级制度逐渐跟世俗官吏的等级制度一样完善起来。

有关僧侣的告示。拉玛四世一生颁布了343个告示，如果加上所有的政令、政策和法规，则有500多项。其中，关于僧侣和宗教的共有14项，足见他对僧侣管理工作的重视。比如第13项告示是追查僧侣吸毒的事；第19项告示是统计僧侣中原系金匠和其他工匠的人数。这显示了拉玛四世的想法：一方面要严肃僧侣的纪律，保证僧伽队伍的纯净；另一方面要控制僧侣人数，不要使大量的社会生产力和技术工人流失。

创立新宗派。拉玛四世在登基前当了27年的僧人，他以一个王子的特殊地位和对佛学深入精湛的研究，特别是他一贯所持的严谨的经典主义态度，在泰国创立了一个新的佛教宗派——法宗派（也称达摩有派）。法宗派以拉玛四世曾经住持多年的母旺尼寺（Bowonniwet）为大本营，信奉该宗派的僧侣人数不多，但与王室关系密切。法宗派与泰国最大的大宗派（摩诃派）同属小乘佛教派。

5. 拉玛五世（1868—1901年）

剃度和还俗。按泰国的风俗，一个男人（包括王室成员）必须经过剃度，才算是一个完美的男人。1868年拉玛五世即位时年仅15岁，由别人代为摄政5年，他则到寺庙里剃度出家。到他20岁时，他作了一个还俗的声明说："我已经年满20周岁了，应该有权以一个佛教徒身份为我们的佛教国家作贡献了。"因此，他于1873年6月24日从帕西拉塔那沙达蓝寺里还俗。拉玛五世的还俗，是他的一个计谋。这是要摄政王还政给他，用这种委婉的办法，先举行还俗礼，再举行加冕礼。

修缮寺庙。每位国王即位，都要为本朝修建一座王寺。在曼谷，帕采坡寺是拉玛一世的皇寺；黎明寺是拉玛二世的皇寺；拉查沃洛寺是拉玛三世的皇寺；拉查布拉滴寺是拉玛四世的皇寺；到拉玛五世时，他下令建拉查波皮寺为皇寺。此外，贴西里它蓝瓦寺是建给贴西里王妃的。最漂亮的是1899年建的云石寺，全部用意大利的大理石建成，西方人称之为Marble Temple。同时，仿照彭世洛府的吗哈达佛寺的佛像，重铸一尊大佛。拉玛五世原想把彭世洛府的大佛搬来曼谷，但考虑到这尊大佛是北方的镇国之宝，怕当地人不同意，才改为仿造。

拉玛五世

云石寺

寺庙办学。1885年，拉玛五世下令让寺庙办学。那时，西方式学校尚未普及，家长把孩子送进寺庙里念书。因此，每座寺庙，无论是王寺还是普通寺庙，至少配备5名有文化的僧侣充当教员。如果僧侣不够，请普通人当教员也行，但要付给工资。每隔6个月举行一次会考，考试优异者，教师和学生都能获奖。寺庙的住持，必须重视教学工作。

开办佛教大学。拉玛五世十分重视教育的发展，他认为教育不能只停留在会写会算的基础上，要把教育提高到大学的程度。1889年，在吗哈达寺创办了吗哈达学院，到1896年改名吗哈朱拉隆功佛学院。1893年，在波瓦洛尼寺办吗哈蒙固佛学院。他希望把这两个佛学院办成像西方的神学院一样具有大学的水平，但他在位时并没有实现这个愿望。直到1946年，吗哈蒙固佛学院才开设大学的课程。而1947年，吗哈朱拉隆功佛学院才正式成为大学。在办佛学院的同时，即1916年，拉玛五世把玫瑰园军官学校改为朱拉隆功大学，这所泰国的最高学府一直办到今天。

拉玛五世十分注意解决僧侣内部的民族矛盾问题。泰国的孟族和尚为数不少，因历史上泰国曾一度置于孟族的统治之下。13世纪素可泰王朝建立以后，泰族取得了统治地位，为了解决民族纷争，树立统一的国家意识，历代统治者都实行了民族同化政策。拉玛五世特别注意让孟族和尚逐渐同化为泰族和尚，使他们在教义的理解和诠释、宗教礼遇和服饰等方面趋于一致，只剩下念经的声调稍有不同。这样做的结果，避免了僧团内部出现大的矛盾和分歧。

拉玛五世还注意改善小乘与大乘教派之间的关系问题。泰国曼谷王朝时期的大乘僧人主要指越僧和华僧。这两部分僧人历来不受重视，一直未被授予僧爵。他们跟世俗的越南侨民和中国侨民一样，隶属于左局，不享受泰国僧人的特权。按照曼谷王朝113年（1895年）颁布的条例第14条规定："如果需要僧人出庭当证人，不许传僧人到法庭，而必须去寺庙里取证，也不能要求僧人先发誓保证所提供的证词属实。如果僧人不愿提供供词，法庭亦不能强迫。"这个特权仅仅适用于泰国僧人，不包括越僧和华僧。拉玛五世改变了这种不合理的规定，他认为大乘派的僧侣也值得重视，下令授予他们僧爵。任命越僧（阿难派）的首领为法师，接下来的职位是协理和助理。华僧的管辖权也从左局移到司法部，但他们还没有享受与泰国和尚同等的权利。他们还必须出庭作证，并像普通人一样宣誓。到拉玛六世时期，他们被交宗教部管辖，才开始有权按其职务设住持和宗长等。

对僧侣的管理。拉玛五世时期跟拉玛三世、拉玛四世时期一样把僧侣分为4个僧团：

(1) 北方僧团。设大宗长，有时由僧王兼任。还设左副宗长作为辅佐，领导划归内务部管辖的所有省市的各寺庙。

(2) 南方僧团。设大宗长、副大宗长，领导属国防部和海关局管辖的南部沿海和边境城市的所有寺庙。

(3) 中部僧团。设大宗长、副大宗长。照理说应领导曼谷和现今北榄府的所有寺庙。但实际情况并非如此，有的寺被分给北部僧团管辖，有的寺被分给南部僧团管辖，十分复杂。所以，中部僧团管辖的仅仅是在曼谷地区的不属于其他僧团管辖的寺庙。

(4) 法宗派僧团。那时尚无大宗长，只设副宗长，管辖南方各城市和京都的所有信奉法宗派的寺庙。这个僧团的领导人皆是地方势力的最高首长，属于封建社会中昭孟（城主）一类，故具有特殊的地位。

上述8位宗长和副宗长，除了法宗派僧团的大宗长外，都不掌握实权，而是由他们的助理管事。

隶属四大僧团之下各城市的僧团，由法师领导。某些大城市还管辖若干小城，该城法师的爵位就要比一般法师高。这样的城市如彭世洛城和占他武里城等，被管的小城如披集和达叻等。

拉玛五世增设了许多过去没有的僧爵等级和僧爵制度，规定世俗政权不得对僧团事务横加干涉，保障僧团拥有处理寺产和田租收益的权利，确保僧团有独立的经济来源。

从拉玛一世到拉玛五世，国家的最高统治者无一例外都十分重视宗教问题，尽其所能地推动佛教的建设和发展，这不仅因为国王本身就是虔诚的佛教徒，更重要的是他们都把佛教视为国家统治机器的一个重要组成部分，想尽办法来维护它和完善它。可以说，每一位国王在佛教方面表现出来的智慧，实际上反映了他们统治国家的政治智慧。

6. 寺院教育

佛教推动了暹罗教育事业的发展。在20世纪拉玛五世改革以前，暹罗的文化教育是与佛寺密切联系在一起的。人们习惯将子弟送入寺院当僧人的差役或短期出家，以向僧人学习文化和佛教知识，这便是寺院教育的起源。寺院教育主要是传授佛教教义，实施佛教的道德训练，传授佛教礼仪和学习巴利文等。官家子弟也必须接受寺院教育。他们从7岁开始入寺接受传统的寺院教育，打下文化知识基础。经过七八年之后，才进宫当御前侍卫。20岁成年以后，还要遵循惯例，再进寺院削发为僧3年，而后才还俗担任公职。与寺院教育同时存在的有贵族家庭的私家教育，这种私家教育主要学习泰文和浅易的算术，类似中国古代的私塾。然而办得起私家教育的人毕竟是少数，绝大多数的平民及官家子弟都是接受传统的寺院教育。

7. 文化艺术

寺院不仅垄断了教育，也垄断了意识形态和上层建筑。佛教思想深入人心，形成了全民信奉的人生观和普世的价值观。可以说，佛教是泰国社会构成的一块重要基石。泰国所有的文化艺术和上层建筑都以这块基石为活动平台。

佛教对建筑、雕刻、绘画、文学、史学、音乐和舞蹈等文化艺术的影响力，首先表现在它是一切文化艺术创作的一个原动力。或者说，一切文化艺术的创作实践，首先是为了适应佛教活动的需要。泰国文化就其实质来说是一种宗教文化，它以宗教为核心，宗教起着支配一切的作用。人们为宗教而生活，文字为宣扬宗教而创立，教育依赖宗教而存在，雕刻是宗教形象化，绘画是宗教的图解，文学为宣传宗教教义而创作，史学为记录宗教活动而产生，音乐是为了娱悦神灵，舞蹈是为了酬神或传达神的信息。同时，宗教又是文化艺术取之不尽、用之不竭的创作源泉。宗教故事、宗教人物、宗教理念和宗教价值成为文化艺术的主要表现对象和内容。最后，宗教经济又是宗教文化艺术品的最大消费者。宗教艺术品之所以能够保持昂贵的价格，是因为通过宗教需求来实现其自身的价值。因此，在泰国历史上，宗教兴则文化艺术兴，宗教衰则文化艺术衰，形成了一条万古不变的循环规律。

曼谷王朝初期，许多建筑、雕刻和绘画等艺术作品，无疑都是佛教文化的瑰宝。如曼谷大皇宫内的玉佛寺，建于1782年，是闻名遐迩的"泰国艺术大全"。寺内供奉的玉佛，高27寸，用整块无瑕的绿色宝玉雕成，精湛的雕刻艺术可谓巧夺天工。玉佛寺的回廊画壁上，描绘着印度史诗故事和泰国《拉玛坚》的人物形象。画工精细入微，富有暹罗民族特色。拉玛二世时期在曼谷建立的越素读佛寺，是曼谷王朝初期的著名佛寺。寺内的佛殿门楣上，镂刻着各式各样的飞禽走兽，花草树木，千姿百态，栩栩如生。曼谷城内最大的佛寺是越菩寺（卧佛寺），寺内佛塔和佛像最多。据统计，全寺高7公尺以上的佛塔共有71座，最高的3座佛塔高达41公尺。有的还镶嵌着青色瓷砖，在阳光的照耀下熠熠生辉。寺中的一尊大卧佛长46公尺，高12公尺，铁铸纹金，镂镶宝石，金光闪烁，豪华气派。寺院各处还设置各种姿势铜佛像，总数在1 000尊以上。

玉佛寺壁画

  暹罗文学也深受佛教的影响。曼谷王朝初期的文学可分为宗教文学、宫廷文学和民间文学3种，但后者为数不多。诗歌是暹罗文学作品的主要表现形式。为了复兴和繁荣曼谷王朝初期的文学，拉玛一世曾召集全国僧俗文人开会，敦请他们发挥各自的专长，致力于文学创作，歌颂新王朝，整理佚失的文学名著。拉玛一世本人也亲自动手写作，他是曼谷王朝初期文学繁荣的开创者。他著有《抗缅疆场的长歌》，是用长歌体的形式写下自己9次参加抗缅战争的一组诗歌。格调苍凉悲壮，粗犷豪迈，注重歌颂英雄业绩而不大讲究韵律，具有浓郁的时代气息和历史价值。同时代的诗人乃拉里也写了一篇与《抗缅疆场的长歌》相似的诗《里拉里诺》，成为流传后世的名篇。在战乱中散失的文学名著《拉玛坚》，在拉玛一世的倡导下，重新收集、整理和加工，以完整版本流传至今。除了诗歌以外，戏剧也是暹罗文学一种重要形式，深受人民群众的欢迎。拉玛一世时期出现了《塔郎》、《伊瑙》和《乌拉努》3出较好的泰戏，据说拉玛一世本人也参加了这3个剧本的创作。

  拉玛二世也是杰出的诗人和文学家，堪称暹罗文坛的巨擘。他创作的《预言长诗》、《赴洛坤抗击缅军诗》和《进攻缅城诗》等作品，记述了他的戎马生涯。他根据印度史诗《罗摩衍那》提供的素材创作的《卡威》、《猜耶策》、

《金螺》和《猜尼披猜》等作品，也获得了很大成功。他创作的剧本经常在宫廷中演出，使舞剧从此开始风行。现在流传的《伊瑙》剧本，据说也是经拉玛二世修改过的。

曼谷王朝初期最重要的作家是拉玛一世时期负责对外贸易的披耶洪，他以披耶披帕哥萨的爵号闻名暹罗。他创作了许多诗歌，如《黄色的诗》、《谚语诗》和《长歌》等，他的代表作是《皇冠宝石诗》。他的贡献还在于他冲破了过去用诗歌体韵文写作的旧传统，开创了用散文体写作的先导。他创作的反映孟族生活的历史小说《英主》，为拉玛一世所重视，曾打算用它来动员缅甸南部的孟族迁徙来暹罗。他还在拉玛一世的授意下，将中国著名的历史小说《三国演义》翻译成泰文。尽管披耶洪本人并不通晓中文，但在他主持下翻译的《三国演义》则是迄今为止所有泰文版《三国演义》中的最佳版本，无人能够取代和超越。他没有采用直译的办法，而是将整部小说的内容吃透，融会贯通，经过一个再创作的过程，用明白晓畅的泰文译出来，使泰文读者感到亲切易懂。《三国演义》从此在泰国广泛流传。孔明和关公等人物成了泰国妇孺皆知的英雄人物。空城计、借东风、草船借箭、火烧赤壁和蒋干盗书等故事为泰国民众所津津乐道。苦肉计、连环计、拖刀计和美人计等军事智慧，不仅被泰国的兵家所接受，广泛地应用于军事斗争，而且被泰国的商家所效法，运用于商业战争。《三国演义》影响所及，可以说遍及泰国社会生活的方方面面。《三国演义》所宣扬的忠孝、义气、气节、重然诺、重朋友、重交情、善权谋、知人善任、知恩必报、仗义轻财和爱恨分明等人生观和价值取向，成为泰国人的精神榜样和道德追求。就连《三国演义》的行文风格，也对泰国的文学产生了巨大的影响，形成所谓的"三国文体"。《三国演义》的翻译，是中国传统文化在泰国的一次大传播和大普及，意义深远。

著名民间诗人顺吞蒲（Sunthorn Phu，1786—1855年）也是曼谷王朝初期人民所熟知和喜爱的诗人，被誉为"泰国的诗圣"。他创作了大量诗歌、寓言、故事、剧本和游记。顺吞蒲原名叫蒲，1786年6月26日出生于吞武里，父母的姓名不详。他4岁的时候父母离异，父亲出家当和尚，母亲再嫁，又生了两个女儿，在王室家当奶妈，年幼的蒲随母亲入宫，后担任国王的侍卫。他在吞武里的琪巴考寺完成了寺院教育，在王宫担负文书工作，喜欢写诗，并且小有名气。他后来与一名叫簪的女孩暗地相恋，触犯了皇家规矩，被关押了一段时间。出狱后去罗勇寻找生父，遂有《格亮城记行诗》问世。从罗勇府返回京城后，他与簪组建了家庭，投靠在巴统翁亲王门下。1807年随亲王出游，作《随驾纪行诗》。出于对诗歌的热爱,蒲辞去亲王侍卫之职,加入巡回剧团的唱诗班,到各地巡回演出。这段经历,使他深入民间,积累了生活素材,创作了诗剧《牛犊》和《拉沙纳翁》等。曼谷王朝拉玛二世时期,宫廷斗争复杂,匿名诬告之风盛行,蒲受到牵连,偕妻避祸于碧武里府的朋友家,以卖诗和教书过活。随着他的作品在坊间广泛流传,他的名声越来越大。1820年拉玛二世下诏,宣他入宫,在文牍厅任职,封爵"坤顺吞欧含",正式使用顺吞蒲的官名。他担任拉玛二世的诗歌顾问,与王子(后来的拉玛三世)共事。由于两人在诗歌创作的问题上意见相左,感情不融洽,为日后顺吞蒲在拉玛三世执政时期的失势埋下了祸根。顺吞蒲恃才傲物,喜欢狂饮,一次酒醉后伤害了妻子娘家的长辈,被法庭治罪下狱,妻子簪与之离婚。顺吞蒲被关押的时间不长,恰逢拉玛二世写诗遇到难题,遂被重召入宫,官复原职。1824年拉玛二世驾薨,其子继位,即拉玛三世。顺吞蒲不为所容,遂主动辞职,相继在几个寺院出家当和尚,不问世事,埋头诗歌创作。这段时间他有缘与身为行脚僧的蒙固王子结识,并被蒙固王子所器重。1842年还俗,任蒙固王子的诗歌顾问。1851年蒙固王子继位为拉玛四世,打开国门,向西方学习,大刀阔斧地推行行政制度的改革。顺吞蒲辅佐拉玛四世,在文学方面充分显示了其才华。可惜他一生命运起伏跌宕,此时已届暮年,好景不长,过了4年便与世长辞了。

顺吞蒲最著名的代表作是爱情故事诗《帕阿派玛尼》,内容是说:

王子帕阿派玛尼和弟弟西素旺,受父王之命外出访师学艺,以便将来继承王位。他们经过长途跋涉来到一个村子,遇见两位能人:一个会使棒;另一个擅吹笛。西素旺学使棒,帕阿派玛尼学吹笛。学成之后,他们拜别师傅,回到自己的国家。父王看到他们学了一些无用的技艺,不能治国安邦,大失所望,遂将他们赶出家门。他们来到海边,遇见3位身怀绝技的婆罗

1851年蒙固王子继位为拉玛四世

门教士：一位叫莫拉，能将碎草变成帆船；第二位叫沙诺，会呼风唤雨；第三位叫维谦，长于骑射，百步穿杨。他们5人便结为莫逆之交。一天，帕阿派玛尼在海边吹笛，被水鬼发现，恋其眉清目秀，又擅长吹笛，故将他掳至海底，并化为美女，逼他与之结婚，帕阿派玛尼便成为水鬼的佳婿。

当帕阿派玛尼的同伴发现他失踪以后，四下找寻。他们根据水鬼的脚印推断，帕阿派玛尼是被水鬼掳去了。莫拉用碎草变成一条船，出海找寻。4人乘船来到隆加国，该国公主凯沙拉非常美丽，爪哇国王子前来求婚，隆加国王嫌其为异教徒，不允，爪哇国便派兵来征讨。西素旺扮成婆罗门教士，帮助隆加国打败爪哇国，荣幸地与美丽的公主凯沙拉结婚。

再说帕阿派玛尼，他与水鬼生活了一段时间后，水鬼为他生下一子，跟水鬼一样长着獠牙，取名信沙姆。帕阿派玛尼非常失望，时刻想着逃走。当信沙姆长到8岁时，有一天机会来临，一对美人鱼夫妻帮助帕阿派玛尼和他的儿子成功地逃出水鬼的控制，与一位道术高深的婆罗门教士住在一起。水鬼闻讯赶来，吃掉美人鱼夫妻，但慑于婆罗门教士的法术，对帕阿派玛尼无可奈何，只好失望而归。帕阿派玛尼在岛上又娶了一位名叫娘娥的姑娘为妻。

故事又说到帕惹国，有一位名叫素婉玛丽的公主，曾许配给锡兰王子武沙林。某夜，素婉玛丽做了一个噩梦，巫师解梦说要去国外旅行才能解除厄运。于是公主乘船出海游玩，不幸遇到风暴，船被吹到帕阿派玛尼居住的小岛。帕阿派玛尼认为机会来临，带着儿子信沙姆登上素婉玛丽公主的船，抛下怀孕3个月的妻子娘娥，只留下一个戒指和簪子给尚未出生的孩子。

在船上，帕阿派玛尼与素婉玛丽产生了恋情。水鬼得知帕阿派玛尼在公主的船上，妒火中烧，兴风作浪，把船掀翻。帕阿派玛尼抱住一块船板漂到岸上，水鬼追来要求复婚，帕阿派玛尼拒绝，吹起仙笛，水鬼双耳被笛声震裂而死。

信沙姆落水时紧紧抓住素婉玛丽，漂到一个小岛上，此岛被海盗占据。信沙姆向海盗提出搭乘他们的船只，海盗见素婉玛丽颇有姿色，便满口答应。他们把信沙姆灌醉，企图强暴素婉玛丽，素婉玛丽用计拖延。信沙姆酒醒后，杀掉匪首，降服众匪。船行至隆加国，其时西素旺与凯莎拉已育有一女，名叫阿伦拉萨米。因信沙姆与其叔西素旺素未谋面，互不相识，发生争斗，打成平手。后真相大白，十分欣喜，共同去寻找帕阿派玛尼。

锡兰王子武沙林在海上到处寻找未婚妻素婉玛丽，遇见帕阿派玛尼方知沉船之事，心情十分悲痛。帕阿派玛尼搭乘他的船，途中正好与西素旺的船相遇。武沙林向信沙姆追问素婉玛丽的下落，信沙姆拒不回答，两人在船上发生搏斗，武沙林被擒。帕阿派玛尼出面说情，将武沙林放走。武沙林怀恨在心，后又重整旗鼓与信沙姆进行水战，被打得惨败而回。

帕阿派玛尼来到帕惹国做了国王。素婉玛丽因帕阿派玛尼没有兑现把她送还给武沙林的诺言而耿耿于怀，遂削发为尼。帕阿派玛尼不思茶饭，日渐消瘦，后得到丑女瓦莉的帮助，应用智慧使素婉玛丽回心转意，与之重归于好。

一天，帕阿派玛尼思念阔别10年的父母，派西素旺和信沙姆回去探望。年迈的父王和母后喜出望外。

娘娥在帕阿派玛尼离开后，生下一个儿子，名树沙昆。婆罗门教士当他的师傅，教他法术。长大后骑一黑龙马，可以奔驰于水面。当他从婆罗门教士口中获悉自己的身世后，便去找寻他的父亲。他来到婆罗门天衣派教士（以裸体为特征）居住的帕侬岛，裸体僧企图抢夺他的魔杖和黑龙马，骗他至山顶，将他推下山崖。裸体僧用魔杖驱赶黑龙马来到卡拉维国，刚下马，黑龙马就跃入水中，去找旧主。裸体僧谎称能医百病骗该岛的国王留他为御医。

树沙昆跌入山谷后没有受伤，其师闻讯后搭救了他，然后直奔卡拉维国，找到裸体僧，夺回魔杖。该国国王得知裸体僧的劣行，将其鞭笞、放逐。树沙昆深得国王宠信，暂住卡拉维国。最后还是回到他父亲身边。

帕阿派玛尼与素婉玛丽生了8个女儿。锡兰王子武沙林又发兵来攻打帕惹国。帕阿派玛尼在丑女瓦莉的帮助下，再次将武沙林擒获。帕阿派玛尼欲放走武沙林，但丑女瓦莉却用激将法刺激武沙林，使其羞愤吐血而死。他的灵魂附在丑女身上，使丑女最终与之同归于尽。

武沙林的尸体被运回锡兰国，国王悲痛而死。容貌非凡的公主拉薇继位，发誓要为父王和兄长报仇。她请各国出兵助战，并宣布说，谁帮她打败帕阿派玛尼，她便以身相许。九路大军兵临帕惹国。拉薇施展魔法，被树沙昆用魔杖所破，拉薇的九路大军终于败北。帕阿派玛尼随即派兵去攻打锡兰国，西沙旺和信沙姆统领的两支大军被围困，帕阿派玛尼用笛声解救。拉薇虽然战败，又想出新的计谋，用女兵出战。帕阿派玛尼用男兵去跟女兵配对，化干戈为玉帛。帕阿派玛尼也与拉薇结为夫妻。

素婉玛丽得知帕阿派玛尼沉迷于拉薇，醋意大发，也派女兵去征讨拉薇。拉薇战败，打算重整旗鼓再战，婆罗门教士赶来调停，双方偃息旗鼓，言归于好。

帕阿派玛尼与拉薇生了一个儿子，回锡兰国当国王。后又和父亲发生战事，但遭到失败。帕阿派玛尼外部战火熄灭，但内部妻妾纷争不断，使他不堪忍受，遂出家为僧。素婉玛丽和拉薇也大彻大悟，出家为尼。她们居住的尼姑

第六章 曼谷王朝初期

庵与帕阿派玛尼出家的寺庙毗邻。

顺吞蒲的长篇叙事诗《帕阿派玛尼》故事曲折,头绪纷繁,人物众多,想象丰富。它讲述了人、鬼、神之间的爱情故事,但又没有现代人信奉的道德说教。它体现了人类早期社会弱肉强食的丛林原则,鲜明的个人英雄主义的特点,颇似希腊《荷马史诗》和印度史诗《罗摩衍那》的创作风格。所不同的是,在思想内容方面,又着重宣扬佛教"四大皆空"的出世思想,主人公最终都以出家为僧为尼作为最后的归宿,充分打上了泰国佛教文学的烙印。诗歌的语言明白晓畅,朗朗上口,数百年来一直在泰国民间广为传诵,并被改编为舞剧上演。《帕阿派玛尼》奠定了顺吞蒲在泰国文学史上不可逾越的地位。时至今日,泰国人民仍经常怀念这位伟大的诗人。20世纪中叶,在罗勇府竖立了一组关于顺吞蒲的纪念塑像,真人般大小的顺吞蒲昂首端坐在小山头上,正在写诗。四周有《帕阿派玛尼》诗中的主要人物塑像:正在吹笛的帕阿派玛尼,长着獠牙的水鬼,美人鱼夫妻等,仿佛让《帕阿派玛尼》的古老故事,在现实生活中再现。

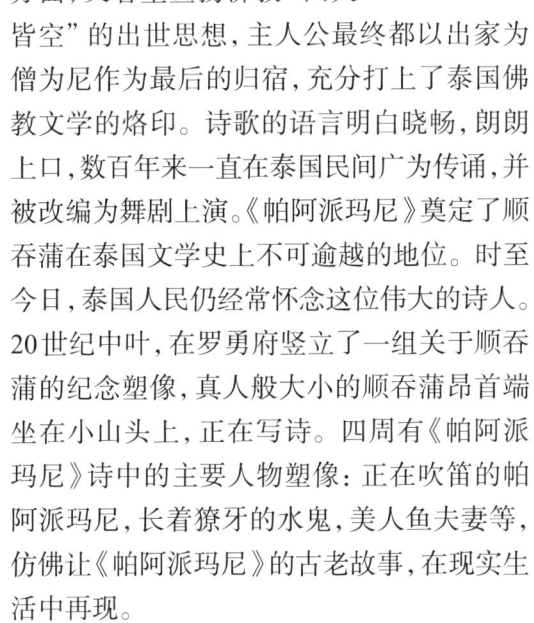

曼谷王朝初期的文学创作在拉玛三世时期得到了充分的肯定和发展。1836年,拉玛三世下令将重要的文学作品镌刻在帕猜杜朋寺的墙壁上,还将佛教经典、星相卜文和传统

顺吞蒲

《帕阿派玛尼》诗中正在吹笛的帕阿派玛尼

泰国通史

《帕阿派玛尼》诗中的美人鱼

医学镌刻在另一面墙壁上。这种"石刻丛书"对保存文化遗产很有意义。

　　这一时期，泰国的史学得到了较大的发展。泰国最早的历史著作叫丹南，意思是故事、传说和神话。这类著作以宗教活动为中心，记述了一些与佛教有关的人物和事件，由于充满了神话和传说，不能视为信史。17世纪以后，出现了称为朋沙瓦旦的历史著作。朋沙瓦旦在泰语中是一个世系、一个王朝的意思，是一种按年代顺序记述王室活动的编年史。它的编纂工作一般由世俗官吏担任。可以说，曼谷王朝初期是编年体历史著作的成熟时期。这种体裁的历史著作一直统治着泰国史学界，直至19世纪下半叶，在西方资产阶级史学的影响下，泰国才出现了称为巴哇刹的现代历史著作。

　　曼谷王朝初期的编年史主要有攀·詹它鲁麻本《编年史》。1795年一批文人学者开会，商讨整理泰国编年史的事宜。在此之前，早在吞武里王朝时期就已经开始了《编年史》的编写工作。拉玛一世命令昭披耶镜披差继续这项工作，所编成的就是现在称为攀·詹它鲁麻本《编年史》。这部编年史的前半部分是曼谷王朝以前编写的，从那莱王以后的历史则是在拉玛一世授意下撰写的。现在这部编年史由泰国艺术厅保存，共有手抄本22册，记述了从泰人立国到吞武里王朝灭亡的历史。由于这份手稿曾由丹隆亲王的秘书攀·詹它

第六章 曼谷王朝初期

鲁麻保管,因而被称为攀·詹它鲁麻本《编年史》。1807年拉玛二世即位前在担任宫务部长时,曾组织具有格隆爵衔的6位学者编写了一本《北方纪年》,叙述泰北地区的历史。但由于内容繁杂,缺乏确凿的历史依据,不能算是一部好的历史著作。《锡兰地区编年史》是1796年由一位名叫披耶它麻罗黑的学者撰写并呈送给拉玛一世的一部著作,内容主要讲述锡兰的佛教。后来拉玛三世命令修建帕猜杜朋寺时,将该书的一部分内容绘成壁画。此外,《低滴芽》、《玛哈约它干》(《大战》)和《朱拉约它干》(《小战》)这3本著作既是编年史,又是佛教史。作者是吞武里王朝时期的护法僧,因为不肯向吞武里王郑信跪拜,而被撤职。拉玛一世时期被召回来当差波里寺的住持。这3本书一度散失,后来丹隆亲王从柬埔寨找回来。《低滴芽》由披耶巴旦牙它从巴利文本译为泰文。《玛哈约它干》和《朱拉约它干》是从差波皇寺里找到的。《玛哈约它干》是关于孟族英主的编年史。《朱拉约它干》则是阿瑜陀耶王朝的历史,从建国写到阿瑜陀耶王朝第十四位国王帕拉猜(Chairacha, 1534—1546年在位)。原稿是用巴利文韵文写成的,披耶杨咸吉将它译成泰文,改名《阿瑜陀耶编年史》。这本编年史由西欧人巴拉莱于1863年第一次将它铅印出版,成为泰国第一本铅印的编年史书。《曼谷王朝编年史》由昭披耶堤帕哥撰写,他生长在拉玛三世至拉玛四世时期。这部拉玛一世至拉玛四世的编年史,被公认为曼谷王朝初期最好的一部史书。该书对曼谷王朝初期的一些重大历史事件都有详细叙述。作者曾任港务助理,因而对有关对外关系的部分写得尤为出色。

法律是维护统治秩序的手段之一。曼谷王朝初期十分重视法典的修改和法律的制定工作。古代泰国的法律依据主要是学习和照搬印度的《摩奴法典》,由于翻译方面的错误和历代执行法律的偏差,使得法律的文本十分混乱,妨碍着公平公正的执法。1804年拉玛一世下令整理法典,将皇宫法庭保存的法律文本与地方法庭的文本及其他副本相比对,结果发现不少相互矛盾的地方。拉玛一世任命4名宫廷大臣、3名法官和4名法学家组成一个委员会,负责整理阿瑜陀耶王朝遗留下来的法典。拉玛一世强调委员会的重要职责是检查法律是否合乎巴利文的经典,如果不符合,必须加以更改,使其恢复原文的精神。委员会经过一段时期的工作,对旧有的法律条文进行分门别类的清理,删削了那些不合乎情理的规定,汇集成一本完整的法典。整理好以后,一共誊写了3份,1份存皇宫,1份存大理院议事厅,1份存京都法庭。在法典上盖了内务部的象头印、军务部的狮头印和财政部的莲花印。3份法典具有同等效力,这就是有名的《三印法典》。《三印法典》是泰国自己的第一部法典,虽受印度《摩奴法典》的影响,但在许多地方根据泰国的实际情况进行了增删,从法律学的角度来看,不失为泰国封建社会一本较为完善的法典。

除了整理和复原旧有的法律条文外,拉玛一世还随着加强政治统治的需要,陆续颁布了45个条文和法令。这些法律条文一直保留至今,有的法律条文仍在发挥作用。

三、曼谷王朝初期的对外政策及西方殖民者的卷土重来

曼谷王朝初期,拉玛一世对内极力恢复阿瑜陀耶时代的封建中央集权制和加强原有的社会结构,对外则采取宣威四邻、向周边扩张领土的政策,极力恢复阿瑜陀耶王朝盛世时的势力范围。而要达到这个目的,他首先关注的是搞好与中国的关系,争取获得最大邻国中国的承认和支持。他总结吞武里王郑信因为没有王族血统,很长时间得不到清朝政府外交承认的教训,自称是郑信的儿子郑华,表示要遵循父训,"慎重无改旧制,当以社稷为念,天朝是遵",并频繁派出使团,多次向中国进贡。当他得到清政府的册封后,便把精力转向周边邻国。

拉玛一世深感缅甸是他的主要对手,他推测缅甸军队总有一天会卷土重来。就在拉玛一世即位前一个月,缅甸著名国王雍笈牙的儿子孟云(Bodawpaya,又译为波道帕耶),也登上了缅甸的王位。孟云雄心勃勃,立志要征服所有的邻国。拉玛一世登基后,便把巩固西北边陲、对付缅甸入侵作为首要任务。1785年,缅甸准备雨季过后以10万—14万的大军入侵暹罗。缅军计划兵分五路:第一路1万人陈兵于墨吉;第二路1万人集中于土瓦;第三路约35 000人为主力,由缅王亲自率领,准备沿着传统路线绕过三塔山隘进入暹罗,直奔曼谷;第四路只有5 000人,挺进暹罗中部;第五路约23 000—5万人,以景线为基地,攻击暹罗北部。

当缅军压境之时,拉玛一世立即召集文武官员举行御前会议,议定抗击缅军的战略部署。他吸取暹罗军队以往与缅军作战失败的教训,决定不再分散原来就比缅军薄弱的军力,而以相对集中的优势兵力,在重要地带首先主动阻击缅甸侵略军。因此,这次暹军兵力部署较为集中:以乌巴腊(副王)为首,率领3万大军,作为对付由三塔山隘入侵的缅军主力;以15 000大军,挡住北面入侵的缅军,阻止他们造成直捣曼谷的威胁,挡住可能从南部或土瓦开进的缅

军。而拉玛一世则亲率2万军队坐镇曼谷京城,准备随时奔赴需要支援的地方。暹罗抵抗缅甸入侵,师出正义,战略战术又运用得恰当,加上主将乌巴腊(副王)善于用兵,所以有效地抗击了缅甸军队的这次入侵。当缅军越过三塔山隘时,乌巴腊采取游击战术,组织一支500人的队伍伏击,破坏缅军的军需供应线,最后在缅军粮秣弹药不济的情况下,下令向缅军营地进攻,俘虏缅军和缴获战利品无数。

与此同时,北部的缅军15 000人,从景线出动,直指清迈,妄图南下攻占素可泰等地。这支侵略军首战就碰上硬钉子,它围攻喃邦城,但屡攻不下。相持数月之后,镇守北方的暹罗军队分两路前往营救,但也未能取胜。后拉玛一世亲率曼谷的后备军2万人前往救援,各路军队共同向缅军发起猛攻,经过激烈的战斗,缅军营寨被占领,缅军被逐出景线,获得了北方大捷。拉玛一世班师回曼谷后,论功行赏,在这次战役中立功的人,都得到了加官进爵,连过去受处分的人也得到了大赦。

缅甸在入侵暹罗北部的同时,派出另一支军队进军暹罗南部马来半岛一带。暹罗南部防卫空虚,缅军得以长驱直入,连陷数城,只是在进攻洛坤时,洛坤的昭孟(城主)率守城部队千余人奋起抵抗,后终因寡不敌众,被迫率军民逃入山区,洛坤沦陷。缅军进入洛坤城后,未及逃走的男人均被杀,妇孺则被掳为俘虏。而后缅军继续向宋卡进军。

在与缅军入侵主力的战斗结束后,乌巴腊立即挥军南下。他的军队乘船抵达南方与缅军遭遇时,迅速击败缅军前哨部队。聚集在洛坤的缅军不敢应战,仓皇横越马来半岛逃窜回国。马来半岛战事遂于1785年年底宣告结束。乌巴腊责令南部地方长官今后须切实守卫领土,并对抗击缅军有功者一律给予晋升。随后,乌巴腊率领他的军队从洛坤继续南下,打算把马来半岛北部苏丹重新纳入暹罗管辖之内。

缅军虽经此次挫败,但入侵暹罗之心不死。1786年和1787年又先后两次从西北进攻暹罗。1786年,缅军吸取上次战败的教训,把兵力集中在阿瓦、马都八及土瓦,凭借优势兵力通过三塔山隘,以最短路线直捣曼谷。但这一企图被暹罗乌巴腊率领的大军所粉碎。以后,暹罗军队准备占领土瓦,捣毁缅军侵暹的根据地,以破坏缅军的入侵计划。但缅军抢先一步,于1787年向清迈和喃邦进攻,包围了暹罗北部的几个城市。乌巴腊又挥师北上,将入侵缅军赶走。

在暹罗历史上,自纳黎萱大帝以来的100多年,泰缅战争都在暹罗境内进行，使暹罗国土受到巨大的破坏和蹂躏。因此，1787年抗击缅甸入侵的战争取得多次胜利后，暹罗军队便乘胜进攻缅甸，拒敌于国门之外，报缅军入侵之仇。土瓦地处缅甸南部，是缅军多次入侵暹罗的根据地，占领土瓦，有利于瓦解缅军入侵暹罗的军事行动；加之土瓦的居民中孟族占多半，他们世代的独立要求遭到缅军镇压，若攻入土瓦，当地孟族人民可能会起来支持暹罗军队。为此，暹罗军方选择土瓦作为首攻对象。但暹罗军队的这次进攻并未取得预期的成功。因为缅军紧闭城门，将军队埋伏于城四周，使暹罗军队不敢贸然攻城。另外，城内孟人并没有起来反抗缅军，为避免遭受不测，暹王下令撤军。

1791—1793年，缅甸南部形势不稳，土瓦城缅军守将策划哗变，将缅南各城归属暹罗，接受暹罗保护。因此，暹罗军队曾一度入驻土瓦。后来发现缅军守将的行动有诈，便匆忙撤出。从1791年起，缅军与暹军在缅甸南部墨吉、马都八和土瓦一带交战，两国的水军也参加了战斗。当时暹罗国王的意图是想经由缅甸南部进军缅甸中部，但由于孟人始终没有起来响应，有些孟人甚至还帮助缅军作战，故当缅王通过孟族使者提出两国停战修好的意见时，暹王就与缅王达成了停战协议。然而缅王此举乃缓兵之计，并无和平友好之诚意。至1797年，缅军又攻入暹罗北部边界。直到1802年，暹军攻占了缅军在泰北的最后一个据点——景线，才把缅甸军队完全从泰北驱逐出去。这一次战役的胜利，也是乌巴腊的战功之一。乌巴腊自曼谷王朝建立后，一直帮助其兄长拉玛一世巩固边防，拓张势力，南征北战，屡建战功，1803年11月病逝沙场，时年60岁。

曼谷王朝初期，终于打败了暹罗的世代宿敌缅甸，维护了国家的独立、主权、领土完整和尊严。这一重大胜利的取得，当然是泰国军民团结御敌的结果，但也跟中国方面的支持分不开。那段时期，缅甸也跟中国交恶，多次发兵骚扰云南边境地区，乾隆皇帝曾发兵征缅，牵制了缅甸的军事力量。中缅边境贸易的关闭，也从经济上给予缅甸以沉重打击。所有这一切，客观上都帮助了暹罗的抗缅斗争。由此可见，拉玛一世选择与中国修好，共同抵抗缅甸的外交策略是正确的。

在对待老挝、柬埔寨和马来半岛南部邻国的问题上，曼谷王朝的目标是使这些昔日的属国重新归顺暹罗。

暹罗与老挝的关系经历了一个曲折的过程。拉玛一世时，老族居住地区除现在老挝的本土外，从使用老挝语的居民分布来看，还包括现在泰国东北部呵叻高原一带。早在1778年，吞武里国王郑信就征服了万象。当时万象国王西里本亚桑逃到安南。1787年他又在安南帮助下重返万象称王，但第二年就死了，由他居住在暹罗的长子回万象继位。万象与琅勃拉邦素有纷争，1787年琅勃拉邦发生王位争执，万象王趁乱占领了琅勃拉邦。其间虽经过一些曲折，但从那时起万象和琅勃拉邦都臣属于暹罗。在拉玛一世与缅甸作战过程中，万象多次支持暹罗军队抗击缅军，暹罗也充分支持万象。拉玛一世还趁着老挝南部民众在1791年发生叛乱之际，派人去整治了占巴塞，从此占巴塞也成了暹罗的藩属。这个贫穷的小国，每年都要向暹罗进贡蜜糖、花露水和丝绸等贵重物品。这样，整个老挝地区的小国都成了暹罗的藩属，对暹罗称臣纳贡。

至于柬埔寨这个历史悠久的王国，趁1767年缅军占领阿瑜陀耶城之机，几乎完全获得了独立地位。因此，早在吞武里国王郑信时代，暹罗就曾于1768年、1771年、1781年3次出征柬埔寨。曼谷王朝建立后，拉玛一世继续郑信的政策，力求使暹罗的势力拓展到柬埔寨。1782年由于安南爆发西山起义，由安南扶植的柬埔寨国王安英（Ang Eng）逃到曼谷避难，拉玛一世本有机会将势力拓展到柬埔寨，但由于缅军正进攻暹罗而没有余力顾及。只有到了1794年，在暹罗稳定了同缅甸的关系后，拉玛一世在曼谷为安英加冕，并派披耶卞率领暹罗军队护送安英回柬埔寨首都乌东。披耶卞原是柬埔寨贵族，拉玛一世命他为马德望和暹粒两省的军政长官，这样柬埔寨就成了听命于暹罗的藩属。1796年安英驾崩，王位由刚满4岁的安赞二世（Ang Chan II）继承，但此后其朝政由暹罗指定的柬埔寨大臣波克摄理达10年，柬埔寨的内外政策无不取决于暹罗朝廷，一直到1806年安赞二世长大成人后，才被加冕为柬埔寨国王。安赞二世亲政后，鉴于过去安南和暹罗长期对柬埔寨的争夺，因此奉行两面讨好的政策，每年也向越南的嘉隆王纳贡，表示臣服。

南部马来半岛的小国，出于语言、宗教和种族的不同，长期以来，他们都没有归属暹罗的倾向，暹罗也从来没有以法律为根据控制过马来各邦。只是当暹罗强大时，用武力强迫他们归顺。自从1767年缅甸灭亡暹罗阿瑜陀耶王朝后，马来各邦纷纷脱离暹罗的控制。直到曼谷王朝初期，拉玛一世多次把入侵的缅军打退，西北边陲巩固，暹罗副王乌巴腊又亲率大军南下，把马来半岛的缅军全部赶走，马来苏丹才重新臣服暹罗。暹军进驻宋卡后，派出使臣到北大年及吉打等重镇，企图说服各地苏丹每年向曼谷呈送"金银花"，归顺暹罗，但遭拒绝。最后还是通过战争迫使北大年苏丹接受暹罗的要求，使之成为暹罗南部藩属。

曼谷王朝初期,经过军事斗争和外交努力,终于将缅军逐出暹罗国境,并使周边邻国老挝、柬埔寨和南部马来半岛苏丹重新臣服,暹罗完全恢复了阿瑜陀耶王朝极盛时期的版图,成为中南半岛的大国之一。拉玛一世的功绩,论其创业,当然比不上素可泰王朝时期的兰甘亨大帝,就其成功来说,也远不如阿瑜陀耶王朝的纳黎萱大帝,但他奠基曼谷王朝,恢复封建的中央集权,稳定国内政治秩序,同时宣威四邻,使暹罗重新成为强大国家,其功不泯。

曼谷王朝初期,暹罗在与四邻的交往中占据优势,而在与西方国家的交往中却仍然采取传统的封闭政策。

自1688年暹罗发生驱逐西方殖民者的群众运动后,暹罗王室一直谨慎地执行着歧视西方、严格限制与西方贸易、防止西方商人涌入暹罗的政策。在将近100年的时间里,暹罗都没有出现过西方传教士、商人或冒险家大批涌入的现象。曼谷王朝建立后,特别是在拉玛一世治国的27年中,一方面由于与缅甸的连年战争,暹罗力求保持国内稳定,无意与西方来往;另一方面,整个欧洲陷于拿破仑战争,原用于殖民亚洲的军事力量和经济力量多被削弱,故暹罗与西方交往几乎断绝。这一时期,仅有葡萄牙的一名神父及单桅帆船、商船各一艘,分别于1782年、1786年及1811年抵达曼谷,从果阿或澳门带来葡萄牙的信息。

到拉玛二世时,才重新开始了与西方国家的接触。1820年4月,葡萄牙在果阿的总督送信给拉玛二世,要求在暹罗设立领事。拉玛二世鉴于西方人的欺诈,提出与葡萄牙缔约的先决条件,但遭到葡萄牙人的拒绝。葡萄牙最终还是获得了在曼谷设立领事的允诺,并得到暹罗政府给予的一小块土地建立商馆。但是,葡萄牙与暹罗的贸易额有限。

从1818年到1821年,美国也先后有多艘商船来到暹罗,但同样受到暹罗政府的冷淡。因此只是停留十天八天,把货物处理完便离开了。1820年,荷兰也派出一个经纪人来暹罗,企图恢复过去的贸易关系,同样遭到暹罗朝廷粗暴生硬的对待,未获成功。

真正敲开暹罗大门的是英国。英国自1684年封闭了在暹罗的商馆以后,130多年来,没有同暹罗进行正式的商业往来。直至1819年英国在新加坡建立殖民地以后,才于1821年派商人约翰·摩尔根为使节,携带英国在新加坡驻跸议员的信件前往暹罗,得到拉玛二世的接见。信中通报暹罗,英国已在新加坡建立殖民地,并要求与暹罗通商。虽然通商的要求获得允诺,但由于摩尔根经营的是违反暹罗法律的鸦片买卖,因而实际上并没有实现通商。同年,英驻印度总督正式派遣官员约翰·克劳福特率领一个代表团到暹罗，其任务之一是打开暹罗的门户，推销英国商品。他企图说服暹罗同英国缔结通商条约。此外，克劳福特还极力使暹罗取消国王收购国内商品的垄断权，并在吉打问题上改善英暹关系。总督在致拉玛二世的信中声称，克劳福特此行并非想得到港口、炮台、殖民地和商馆，也不是想使英国商人在暹罗得到一些法律上的豁免，而只是要求取消或修改有碍两国贸易发展的一些禁例。此信的措辞十分强硬。克劳福特于1822年3月29日抵达曼谷，当晚受到暹罗财政大臣的欢迎。4月8日，克劳福特及使团的其他4个成员受到拉玛二世的接见。拉玛二世表示十分高兴地见到印度总督的代表，并说如需要洽谈，可跟财政大臣联系，暹罗主要是想从英国那里得到火炮。此后克劳福特与财政大臣进行了多次会谈，双方都没有达到目的，双方依旧互不信任。不过，英国还是获得了暹罗方面关于今后不再提高英国商品入口税的允诺。

克劳福特此行的失败，说明暹罗虽重新开始与西方接触，但对西方列强仍持怀疑防备的心理。当时，曼谷王朝规定：若未获准，西欧人不能在暹罗旅行、购买土地；不允许西欧人的私人船只在暹罗登记等。同时，还特别制定了对西方商品征税的规定：对西方货物征收商品价格8%的入口税，西方的船只每一哇（暹罗立方单位）收税118铢（合当时71美元），而对中国船只则只征收40铢（合24美元）。另外还征收船只停泊费。

在西方国家看来，暹罗国王对货物的优先购买权和王室对海外贸易的垄断权，是扩大西欧与暹罗贸易的最大障碍。而这一点正好触动了暹罗对外贸易制度的核心。自古以来，暹罗的对外贸易都是由皇家贸易厅垄断，它代表王室与中国、日本、新加坡和印尼等进行海外贸易，获取巨大利润供给王室作为日常财政开支。任何私人机构都无权擅自进行海外贸易。暹罗王室与中国和日本等亚洲国家的年度贸易收入相当可观，相比之下，与西方国家的贸易额十分有限，可有可无，无足轻重。因此，暹罗绝不会为了迎合西方国家而放弃王室对外贸的垄断，而实行所谓的贸易自由化。

这种对欧洲商人的严格限制，直到1824—1826年英缅战争爆发后才有所改变。暹罗一直把缅甸视为仅次于中国的大帝国。英国向缅甸宣战，这对暹罗宫廷心理上产生了很大的影响。因此，1826年亨利·伯尼作为英国使臣来到暹罗希望改善英暹关系时，受到了较好的礼遇，双方进行了谈判。在谈判中，伯尼极其谦虚有礼地同暹罗官员打交道，不提任何非分的要求，甚至连英国想在暹罗建立使馆的要求也未提出。双方很快便订立了条约。条约规定，两国相互和平友好，互不干扰国界和领土；明确治外法权；明确拒绝租借土地或建立商馆，除非得到允许，并明确拒绝贩卖鸦片等。但在商业协定中，暹罗容许英国商人有较多的自由，对征税有明确规定，例如规定英国货船进口只搞一次统一征税。为了取得和平安宁，暹罗在贸易上对英国略为放宽。伯尼条约开始打破了暹罗100多年来闭关自守、不与欧洲国家相互往来的局面。伯尼条约签订后7年，即1832年，美国也与暹罗签订了条约。美国提出在暹罗建立领事馆的要求，但遭到暹罗政府拒绝。暹罗政府声明，条约内容只能与英国的一样，不能超过。暹罗对西方的贸易大门略为开放。然而，1841年鸦片战争后中英签订的《南京条约》引起了暹罗的警惕。1843年，暹罗政府宣布对食糖贸易实行完全垄断制，这实际上是夺回英国在暹罗收购食糖的权益。对其他物产如木材等，也发出禁止私人进行贸易的禁令。这样，西方各国同暹罗的贸易额锐减。在19世纪迅速发展起来的西方资本主义各国，为扩大其商品市场和掠夺工业原料，决心打开暹罗的大门。英国殖民主义者伯尼大尉甚至狂妄地宣称："如果暹罗人头脑发昏到那种程度，竟然要侮辱国势鼎盛的英国民族……只要同马来人一起使点劲，就可以割取下暹罗。"这充分暴露了英国殖民侵略者的狂妄野心。

来到暹罗的西方人不仅有商人和外交官，而且还有传教士。1828年，法国天主教传教士巴勒格瓦来到暹罗，并获准在暹罗全国开设7所基督教堂和4所小礼拜堂，同时还开办几所教会学校。同年，基督教传教士居茨拉夫也到达曼谷，他在居民中积极开展传教活动。根据居茨拉夫的建议，美国浸礼教徒在暹罗设立传教士团。1840年长老会信徒也在暹罗开办了传教士团。1850年建立了第三个传教士团。暹罗国王拉玛三世对基督教传教士的活动感到不安，担心传教士的活动将动摇佛教作为泰国国教的基础，导致西方国家的政治制度和生活方式在泰国传播开来。因为宗教不仅仅是一种信仰，它与国家的政治制度及人们的生活方式密切相关。早在阿瑜陀耶王朝时期，法国人就曾经企图通过劝说那莱王改信天主教来达到控制暹罗朝政的目的。结果那莱王坚持信仰佛教，使法国的阴谋没能得逞。在那莱王临终之际，帕碧罗阁又逮捕了法国殖民者的代理人华尔康及改信天主教的暹罗王子，驱逐了法国殖民军。拉玛三世没有忘记这段历史，所以他断然发布命令，取缔暹罗所有的教堂、小礼拜堂和修道院。但这项命令难以实现，实际上并没有付诸实施。随着西方商业资本的侵入，西方的宗教、文化、思想和生活方式也向暹罗社会渗透，形成一种无法抗拒的历史潮流。这大概是西方殖民主义向东方扩张时，东方国家难以逃脱的宿命。

四、鲍林条约的签订及带来的社会危机

从19世纪70年代起,国际形势发生了很大变化,欧洲资本主义国家已开始从自由资本主义向垄断资本主义过渡。自此,帝国主义之间争夺世界霸权和殖民势力范围的斗争越演越烈,亚洲成了帝国主义角逐的主要场所之一。

在亚洲,英国通过鸦片战争敲开了中国的大门,又以印度为基地,用武力逐步控制阿富汗、兼并缅甸、征服马来半岛大部分领土之后,为了维护和巩固英国垄断资本在东方的既得权益,继续向东南亚中部扩张势力范围,暹罗成为他们选定的下一个侵略目标。当他们通过1826年的英暹条约获得暹罗不干涉英国在马来亚和缅甸的殖民政策的保证承诺以后,并不以此为满足,1851年英国派詹姆斯·博鲁克出使暹罗,意欲修订1826年签订的英暹条约,但不得要领,因为拉玛三世坚持暹罗传统的闭关锁国政策,不愿跟西方有过多的接触。就在那一年,拉玛三世去世,由拉玛四世蒙固继位。蒙固自少年时代便与英美来暹罗的传教士有所接触,以后又跟随暹罗宫廷中的英美医生学习英语和自然科学知识,他学习了地理、物理、化学和数学等自然科学,特别对天文学感兴趣。他大量阅读了西方的报刊书籍,对西方有一定的了解,而且还有一定的好感,学习西方便成为他继承王位后实行的政策。因此,他在考虑对西方的政策时,认为与西方接触所带来的危险,远比中国和缅甸只因拒绝西方通商的要求,而招致战争炮火攻击那样的危险要小得多。出于这种认识,他采取了亲西方的政策,决定打开国门,通过灵活的外交手段,与西方周旋。

拉玛四世登基后,英国女王拟派驻香港总督鲍林爵士(Sir John Bowring,又译宝宁、宝灵)前往暹罗,重启修改英暹通商条约的谈判。对此,拉玛四世在鲍林动身前便去信表示欢迎,并建议鲍林最好在1855年4月或5月抵暹,以便可以看到暹罗新近猎获的瑞兽白象。

鲍林率领英国使团于1855年3月27日抵达

鲍林

暹罗，目的是修改1826年原订条约中英国不满意的条文，主要有以下几项：英国没有取得领事裁判权；暹罗官员有权禁止英国商人在暹罗购买房舍地产；暹王授权各省官员可以阻止英国商人在暹罗各地进行贸易；规定鸦片为违禁品和禁止稻米出口等。双方谈判不到一个月，就于4月18日签订了新的英暹友好通商条约，也称《鲍林条约》（Bowring Treaty）。

《鲍林条约》无疑是暹罗近现代外交史上的第一个不平等条约。在这个条约中，暹罗作了重大的让步，其条款基本以1826年的条约为基础修改制定的，鲍林达到了他此行的全部目的。条约规定：英国在暹罗享有领事裁判权；英国臣民在暹罗所有港口都可以自由贸易，并且可以在曼谷长期定居，可以在曼谷周围购置或租赁房屋地产。所谓曼谷周围是指从城墙之外4英里范围内，即离城不超过24小时的行程（以本地的船只速度为计算标准）；英国臣民只需获得领事同意，即可在暹罗内地自由旅行；在贸易方面，英国商人可以直接与个人做买卖而不必经第三者干预；盐、鱼及稻米等产品无论何时，只要暹罗政府认为是短缺时，可以禁止出口；取消进口船舶根据装载量进行征税的税则，固定新的出入口税则，即所有货物的入口税固定为货值的3%；银锭、金锭及鸦片可免税入口，但必须售给鸦片税的包税人。不论是以往的内地税、过境税或出口税，所有货物的出口，只征收一次过的出口税。此外，在条约中还规定英国享受最惠国待遇条款以及英国军舰可以驶入内河及停泊在北榄的特权。

鲍林爵士之所以取得这样巨大的外交成功，是因为英国维多利亚女王授予他全权，并在文件上亲笔签名。这提高了鲍林的谈判地位和筹码。另外，鲍林也懂得尊重暹罗人，他优雅的谈吐和风度，赢得了拉玛四世的个人友谊。拉玛四世对英国作出了种种让步，企图以此来获取西方国家的好感。但实际上，这个条约大大丧失了暹罗国家的主权，对暹罗以后的社会和经济生活产生了巨大的影响。

首先，英国在暹罗获得了领事裁判权，就意味着暹英两国处于不平等地位；其次，固定货物价值3%的入口税率和规定一次过的出口税，使暹罗政府放弃了对关税的控制；再次，允许英国直接与暹罗商人进行贸易，而第三者不得干预，这使得暹罗长期以来由国家经营商业及垄断对外贸易的局面从此结束。鲍林本人也宣称：这些规定"意味着政府所有财政机构的一个全面的革命"。这必将彻底改变整个税收制度，因为它们不但将影响现存收入来源的大部分，而且必将根除许多由国家中最有权势的贵族和最高官员长期建立起来的特权和垄断。①

《鲍林条约》的签订,开启了暹罗历史上允许外国人在本国土地上自由经商的先例,因而它是彻底打开暹罗闭关锁国大门的一把锁钥。自此以后,欧洲列强均先后以《英暹条约》为蓝本,迫使暹罗与之订立各种不平等条约。在1855—1899年间,暹罗先后与英、法、丹麦、荷兰、德、瑞士、挪威、比利时、意大利、俄国和日本等15个国家签订了各种不平等条约。其中鲍林本人就受托代表暹罗先后与比利时、意大利、挪威和瑞典等国签订条约。暹罗拉玛四世错误地认为,与列强签订条约,表示自己已立于世界强国之林,是外交上的胜利。殊不知,在不平等条约的束缚下,暹罗从此便被纳入资本主义世界经济体系,成为帝国主义列强争夺原料产地、投资场所、商品市场、划分势力范围的角逐对象,从而沦为半殖民地的经济地位。

英法两国加紧对暹罗的争夺是《鲍林条约》签订后带来的直接恶果。

英国与暹罗成功地签订了不平等条约,对法国来说无疑是一个刺激。过去暹罗曾表示要与法国建立外交关系,法国政府一直持冷淡态度。当法国看到英国在暹罗所获得的既得利益,垂涎欲滴,十分羡慕,遂不甘落后,对暹罗采取积极的外交攻势。1855年年底,驻上海的法国领事蒙蒂尼被派往暹罗、柬埔寨和越南,游说这些国家与法国结盟,以便巩固和扩大法国在这些国家的地位。暹罗政府出于争取法国在外交上的支持,以期平衡或抵消英国在暹罗越来越大的影响,于1856年8月15日与法国签订《法暹通商航海条约》。法国在暹罗所取得的权益,除与英暹条约所赋予的相类似外,还特别规定:"法国商人的贸易活动不受任何专卖事业的约束";允许法国臣民在暹罗国自由地传播宗教。条约签订后,法国的胃口更大了,采取蚕食政策步步紧逼暹罗。1863年,法国在保护其属国越南的"历史权利"的幌子下,企图把柬埔寨东部兼并到越南,并宣布法国是柬埔寨的保护国。由于柬埔寨处于暹罗的藩属地位,法国对柬埔寨的土地要求理所当然地受到暹罗政府的反对。暹罗政府一方面派出一个特别代表团到乌东同柬埔寨国王谈判,于是年12月签订了确认柬埔寨是暹罗藩属的秘密条约;另一方面,又对法兰西帝国背着暹罗与柬埔寨签约的行径提出抗议。但是,法国政府对暹罗政府的一再抗议采取漠然视之的态度。最后,暹罗政府派往巴黎谈判的使团被迫作出让步,于1867年7月19日签订了《暹法条约》。在条约中,暹罗国王正式承认法兰西皇帝陛下对柬埔寨

---

① 霍尔:《东南亚史》下册,中山大学东南亚研究所译,商务印书馆1982年版,第762页。

的保护，暹罗与柬埔寨在1863年12月缔结的条约宣布作废；法国则承认暹罗政府对柬埔寨西部省份马德望和吴哥（暹粒）的统治权，并保证不占领柬埔寨王国，不把它并入法属交趾支那。但是，法兰西帝国在柬埔寨问题上所作的保证只不过是一纸空文，在镇压了以诺罗敦国王的兄弟西伏塔领导的反抗法国人控制的1885—1887年的起义之后，法国便于1887年把柬埔寨并入印度支那联邦，在金边设置法国留守官，受西贡的法国总督领导。仅1867—1907年间，暹罗被法国割去的领土达50万平方公里之多。

法国殖民者在印度支那的扩张野心，特别是对暹罗的蚕食政策，使英国政府大为吃惊，担心自己在暹罗的绝对优势及既得经济利益会受到法国的直接威胁。为了抗衡法国对暹罗的争夺，英国在新加坡、香港及科伦坡修建新的防御工事，在新加坡所有控制入港的岛屿上都修筑有威力强大的炮台，大批英国战舰在香港与新加坡之间游弋。过去这一海域未超过两艘以上的炮艇，现在却有6艘英国战舰，其中包括两艘巨型巡洋舰。英国在这一地区保持强大的军事力量，当然包含着威慑法国的意图，但当暹罗政府为削弱或抵消法国在暹罗及印度支那的影响势力，而屡欲借助英国外交上的支持时，英国又往往采取貌似公正的"不介入"政策。

进入19世纪90年代后，德国也把它的扩张触角伸向亚洲，直接威胁到英法在亚洲殖民地的利益，原来就已经紧张的英德间及法德间关系更加趋于尖锐。英法为了共同对付德国，保住各自在这一地区的利益，遂谋求两国间的谅解，几经交涉，讨价还价，终于在1896年双方签订了《英法关于暹罗和湄公河上游的宣言》，保证双方不得对暹罗的湄南河流域进行军事入侵。然而，按照这个协议，暹罗被划分为英法两国的势力范围，从湄南河谷往西是英国的势力范围，往东则是法国的势力范围。由此可见，暹罗王国的安全和主权完整已受到英法殖民主义者的直接威胁。正如俄国驻新加坡领事维沃采夫1893年2月14日就暹罗局势致外交部亚洲司司长卡普尼斯特的报告中所指出的那样："暹罗局势有所转变。而原已相当危急的事态更趋激化了……一方面，暹罗经常为踞于柬埔寨的邻邦法国所困扰，另一方面，在暹属缅甸各省，特别是在暹属老挝与英国庇护下的马来各邦相毗连的一些省份，英国人不断挑起事端。""在暹罗，大家都十分清楚，目前事态乃是亡国的先兆，至少也是在暹罗王国的四分五裂的领土上无条件的独立已濒于危亡之秋"。

1850年以前，暹罗的对外贸易主要是在亚洲的国家进行，甚少与欧美各国做买卖。从1700年到1850年间，暹罗与中国及暹罗周边国家之间的贸易较为活跃。那时对外贸易在暹罗整个国民经济生活中所占的地位并不十分重要。进口的货物多半是供王室贵族和高官享用的奢侈品和一般消费品,而出口除胡椒、食糖和象牙等几种商品外,其他出口货物并不多。当时的大米出口也不畅旺,年产2 000万—2 300万担大米,供出口的仅100万—150万担,约占年产量的5%。其他如鱼类、水果和木材出口所占的比例也很小。《鲍林条约》的签订,为西方打开了暹罗的大门。随着苏伊士运河在1864年的开放,西方进一步加紧对殖民地和半殖民地的经济掠夺,暹罗也随之增加了与欧美国家之间的贸易。由于欧美列强对大米、橡胶、锡和其他原料的需求量急剧增加,在一定程度上刺激了暹罗的经济。暹罗大米出口量急剧增加,从1850年占产量的5%增加到1907年占产量的50%。1850年以后,大米和锡的出口已跃居暹罗出口额的首位。到19世纪末,柚木也成了重要的出口商品。到了1909—1910年,仅大米、锡和柚木三大宗出口便占总出口量的91.9%。发展只有20多年光景的林木业,到20世纪初,从营造林木、开办锯木厂和承接出口等各个生产环节,几乎全被西方人所控制。1895年,暹罗的林木业约有42%由英国人经营,48%为当地人(多半是华人)经营,10%由一家受法国人控制的华人经营。暹罗出口的大米、柚木、牲畜、毛皮和鱼类,大都通过英国的殖民地新加坡和香港转口欧美各地。暹罗出口商品备受资本主义世界经济行情的影响,外国商人投机倒把,压价收购,或把世界市场行情危机的损失转嫁给提供这些原料和商品的暹罗直接生产者。与此相比,暹罗进口商品的内容并没有发生显著变化,依然是消费品占主导地位。1859年消费品占整个进口商品的92.8%,到1880年仍占89.1%。而最初进口的机械、原料等工业设备仅15%。与此同时,西方国家开始了对暹罗的资本输出,这是对暹罗进行经济掠夺最有效的办法,它强化了暹罗国民经济对资本主义世界市场的依赖性。19世纪50年代初,5家欧洲商行在曼谷设立了分行,主要负责收购当地产品,转手销售给西方资本主义国家,又从资本主义国家承揽进口生意。汇丰银行、渣打银行和东方汇理银行等几家世界有名的大银行,都于1888年相继在曼谷开设分行。这些银行最初的业务范围仅限于为外国人提供做生意的资金、办理一般日常汇兑业务,并获准发行本行钞票,但发行数额受到一定的限制。至1902年12月,外国银行在暹罗发行货币共值3 300万铢,所发行的钞票大都限于在曼谷流通。随着商品货币关系的发展,本地和外来的货币扩大了流通领域。外国银行纷纷扩展其业务范围,开始直接贷款给外国商人和当地的商人及高利贷者,以此来扩大其经营活动,为在暹罗兴办工厂、企业提供了雄厚的资金。暹罗第一家蒸汽碾米厂就是由一家美国公司在

1858年创办的。1867年,在曼谷只有5家属于外国资本的碾米厂。到19世纪90年代,几家英国公司如婆罗洲有限公司、暹罗森林公司、利奥诺温斯有限公司,都是拥有雄厚资金在暹罗取得砍伐柚木专利权的垄断公司。

在大米、锡、橡胶和柚木等几种出口产品由于世界需求量的增加而获得畸形发展的同时,外来消费品在暹罗倾销,则冲击了暹罗的民族经济,打击了暹罗传统的农村手工业和城市制造业。19世纪上半期,粗布仍是暹罗的出口商品,由于外国纺织品的大量涌入,到19世纪中叶以后,几乎停止了出口。包括食糖在内的土产食品,过去不但能够自给,而且还有剩余可供出口。到19世纪80年代,暹罗非但停止了食糖出口,而且还向菲律宾和爪哇进口食糖。暹罗榨糖厂纷纷倒闭。外国进口的商品除供给王室贵族和富商大贾受用的高级丝绸、玻璃器皿、茶叶名酒和鸦片外,还有大量的机制棉布、印花洋布、白砂糖和洋雨伞等日用品,从而导致农村和城镇大批手工作坊相继破产,严重地打击了暹罗的手工业。

暹罗的农民和手工业者因为破产而逐步加入城市产业工人大军,为国内劳动力市场的形成创造了条件,但这个过程十分缓慢。恰好此时,从中国涌入大批移民,弥补了暹罗劳动力市场的不足。因此,暹罗政府对华人移民持欢迎态度。1882年访问过暹罗的英国人芬莱森说:"中国人的移入从来没有像现在这样受到鼓励,因为国王和大臣们希望增加国内生产。"据欧洲人的估计,1820—1850年由中国华南地区乘船前往暹罗的华人每年达15 000人,而到19世纪90年代,平均每年有176 000人。他们多半在碾米业、建筑业、运输业、采矿业和修筑铁路等生产部门工作,为暹罗国内劳动力市场提供了大量廉价而熟练的劳动力,为繁荣暹罗经济作出了重要的贡献。

19世纪上半期,曼谷、清迈、呵叻、乌汶、庄他武里和洛坤等地已经发展成为商业活跃的城市,城市的规模也在扩大。据19世纪30年代的统计,曼谷人口达到40万人,琅勃拉邦7万人,清迈6万人,洛坤12 000人,呵叻7 000人。大量廉价劳动力涌入城市,为拥有雄厚资金的外国资本和本国的商业资本提供了发展机会。曼谷开始出现了较大型的工厂,除上面提到的1858年美国公司办的蒸汽碾米厂外,1867年曼谷已有5家大型碾米厂,以后又逐年增多:1889年增至20家,1892年25家,1895年27家,1910年59家。这些大型碾米厂用蒸汽机碾米,日碾米能力达100—200吨,最大的厂家雇工多达400人。

那些背井离乡,初到城镇来谋生的工人,经常受工资低微、无社会保障、工作时间长、劳动强度大和失业等问题的困扰。因此,工人罢工时有发生。1889年,曼谷码头工人罢工,要求提高工资和改善劳动条件。1890年,曼谷3家最大的碾米厂的华人举行罢工,设置街垒,坚守36小时之久,最后被政府镇压,900多名工人被提交法庭受审。暹罗南部最大的锡矿中心——普吉岛也爆发了有2万人参加的罢工斗争。正如一份《英国驻曼谷领事报告》中所指出的:"这类罢工,一年之中时有发生,每次都持续好些天,引起生产的完全停顿。"此外,在一些地方,经常出现奴隶、依附民不堪虐待而逃到丛林或寺庙,以躲避税收、债务以及政府的通缉。

综上所述,19世纪中叶以来,英法殖民主义对暹罗的蚕食及对暹罗邻国所实行的殖民扩张政策,威胁着暹罗的安全和主权。不平等条约的签订,使英法两国不断加强了对暹罗的政治和经济渗透,暹罗被纳入了世界资本主义经济体系。所有这些对暹罗社会早已孕育着的资本主义萌芽无疑会起到加速发展的作用。但是,暹罗沿袭已久的、古老的、自给自足的自然经济结构、封建的人身依附关系和奴隶制度的存在,已远远不适应当时暹罗社会所出现的种种变化。为了巩固国家的独立和维护封建君主专制的统治,加速暹罗社会向现代化发展的进程,自上而下实行社会政治和经济改革,就成为历史发展的必然要求。

五、拉玛四世和拉玛五世的改革

或许拉玛四世已经意识到,在西方帝国主义的强大攻势面前,东方国家不管你愿意或是不愿意,封闭的国门一定是会被敲开的。与其像中国和缅甸一样,被人家用大炮轰开国门,倒不如自己主动将国门打开。与其像中国和缅甸那样,在人家来叩门的时候态度强硬,夜郎自大,而在国门被打开之后,又惊慌失措,卑躬屈节,丧权辱国,倒不如主动与之接触,采取灵活的外交策略,利用帝国主义国家之间的矛盾冲突,在夹缝里讨生活。因此,拉玛四世决定放弃传统的闭关锁国政策,实行改革开放。他把与西方各国签订友好通商条约当作实施改革措施的第一步,尽管这些条约的签订使暹罗被迫作出许多让步。国门打开了,凉风吹进来,难免会感冒,这是必须付出的代价。

拉玛四世真的在一定程度上实行了中国洋务

身穿清朝官服的拉玛四世

安娜·李奥诺文斯

派提出的"师夷之长以制夷"的主张。他开始了自上而下、从皇宫内向皇宫外的一系列改革。

拉玛四世首先邀请一位英国女教师安娜·李奥诺文斯（Anna Leonowens，1831—1915年）来暹罗，在皇宫内为王子、公主及部分贵族子女教授英语和其他近代科学知识，在宫廷中推行西方的教育，并聘她为国王本人的英文秘书，协助处理与西方各国的来往信函。安娜原是一位英国军官的妻子，其丈夫去世后她带着孩子应聘于暹罗皇宫。在当时的历史条件下，这种做法难免受到部分大臣的反对，但拉玛四世执意坚持，反对派也无可奈何。传说拉玛四世与安娜曾发生过一段恋情，这个故事被改编为歌剧曾于20世纪80年代在美国纽约百老汇上演。香港也曾拍过《国王与安娜》的电影，由著名演员周润发主演。作为文学作品，当然可以采取浪漫和夸张的创作手法，也可以在基本忠于事实的基础上，加以适当的想象和虚构。但作为历史，就必须忠于事实。泰国官方对百老汇的歌剧和香港的电影颇不以为然，但对安娜在拉玛四世行政制度改革中所起的作用则是充分肯定的。安娜是第一位将西方教育引进暹罗皇宫的西方人，打破了暹罗传统的寺院式教育，取得了卓著的成效。她培养的学生中，有后来在暹罗大力推行改革运动的拉玛五世朱拉隆功大帝，有诸位辅佐拉玛五世改革的具有现代科学文化知识的亲王和女亲王，在王室领导层形成了一个主张改革的核心梯队。安娜在皇宫里办学，引起了暹罗的教育革命。拉玛五世即位后，也仿其先例于1871年在皇宫里办起一所正规学校，让王室及贵族子女就读。主要课程有泰语、算术和王室礼仪，并聘请外籍教员教授英语。1889年又办玫瑰园侍卫官学校，后改为文官学校，1916年升格为朱拉隆功大学。

拉玛四世虽然贵为君王，却因为接触西方文化，阅读大量的西方的启蒙读物，接受了西方资产阶级宣扬的朴素的民主思想，而且身体力行。他首先废除了经过国王面前必须爬行的旧礼节，一切外国使臣的朝见可免予殿前匍匐及跪拜，借以显示平等相待。而在中国的清廷，曾经为外国使节是否要向中国皇帝跪拜争执了很长时间，并因此类繁文缛节耽误了外交大事。相比之下，拉玛四世比清廷皇帝开明。

第六章 曼谷王朝初期

　　以前暹罗国王很少离开宫廷出游，每年至多只有一次到城内参拜庙宇。出行时，文武百官随行，所到之处，百姓须肃静回避，不能伫立观望。法律规定，暹罗国王所坐的皇家船队经过时，百姓若仍在岸边走路、伫立观望或在窗口瞭望，军曹可以用弓箭射杀。拉玛四世下令废除此项陈规。他还一反历代国王很少出游的惯例，经常乘船外出，到民间了解民情。他甚至乘船从曼谷出发，沿暹罗湾东海岸航行至宋卡，也不要求沿途的百姓回避。有一次他从城里朝拜神庙回来，离开了皇家船队，独自一人驾驶着自己的蒸汽船溯流而上，离开皇宫两三里，使群臣大为惊讶。拉玛四世这种接近民众的民主做法，打破了"国王神圣不可接近"的传统陋习，大大改变了社会风气。

　　早在素可泰王朝兰甘亨时代，国王会在宫门外挂上一口大钟，老百姓可以敲钟求见国王，申诉冤案和解决困难。这种原始部落制留下的民主传统，随着封建中央集权的加强而消除殆尽。拉玛四世则下令恢复这种优良传统，规定每月的第七天和月缺的第十三天，他便坐驾苏哈·斯瓦那耶宫，敲响宫前大钟，让老百姓来诉苦申冤。并规定，申诉人必须使用简洁语言，不得拉三扯四，粗言烂语。任何一个诽谤别人、心存不良的贵族都不能让他申诉。他主张在法律面前人人平等，王子犯法与庶民同罪，坚决反对王室成员犯法可逃避审判的规矩。他告诫朝中大臣，如果认为王室成员不能审判，那是直接损害宫廷的荣誉和尊严。他还规定，如有老百姓或任何官员对国王不满，应该接受他们的申诉，并请所有大臣以至宫廷内的女官进行判断，如证据不足，可给国王来信，然后国王根据实情予以答复。

　　拉玛四世对西方民主选举的制度十分憧憬。在拉玛三世去世他被选为继承人后，拉玛四世曾去信他的笔友威尔斯和槟榔屿的总督，说自己是被选出来的新国王。这自然是可笑的事，但反映出他已具有选举的观念。拉玛四世登基后，有两名法官去世，须委任新人补充职位，他便下令由王室所有亲王及官员投票选举，并声明除国王及副王的随从不能被选外，其他任何人，包括奴隶，只要他有能力和智慧，能根据真理、正义和法律对案件作出明确而满意的判决，都可被选，命令中还详细规定选举的办法和规则。

　　暹罗社会自古以来，深受印度文化的影响，特别是婆罗门教不可逾越的种姓等级制度，在暹罗有广泛的影响和悠久的历史渊源，虽然没有像印度那样形成5个种姓，但社会阶级等级森严，社会地位的尊卑世袭化、固定化。佛教传入后，主张众生平等，也只是流于口头说说，在社会实践中根本无法兑现。自从阿瑜陀耶王朝戴莱洛迦纳王实行萨卡迪纳制以来，便在暹罗确立了封建等级制度,不同的阶级领有数量不同的封田,广大民众作为社会的底层,被紧紧地束缚在土地上,哪里有什么平等、民主和自由?拉玛四世由于接受西方文化的影响,产生了一些朴素的自由平等意识,这是东西方文化碰撞的产物,是东西方文化交流迸发出来的思想火花。令人欣慰的是,这种思想火花竟然发生在一位有权有势的帝王身上,使得他可以付诸实践,尽管只是一些简单的尝试,也给封闭沉闷的暹罗社会带来了一股清新的空气。中国清廷王室则没有这种福气。虽然戊戌变法也倡言改革,但光绪皇帝既不懂英语,也没有接触过西方文化,连他自己都不知民主为何物?这不能不说是中国的悲哀,也是中国的戊戌变法先天不如暹罗的地方。

在宗教方面,拉玛四世打破自1688年以来排斥外来宗教传播的做法,提倡宗教信仰自由。他本人是一个虔诚的佛教徒,在他即位之前,曾以一位普通行脚僧的身份,走遍整个泰国。他在泰北素可泰遗址发现了著名的兰甘亨石碑和素可泰国王讲经诵法时坐的扁平石凳,还阅读了收藏于各地寺庙的佛教经典。广博的知识,丰富的阅历,造就了他广阔的胸怀,对不同的宗教信仰,能够兼容并包,不存门户之见。他知道宗教不仅是一种信仰,也是一种生存方式,不同的人群有权拥有自己选择的生存方式,再有权势的人,都不应该横加干涉。他与罗马天主教徒、英美的基督教传教士以至伊斯兰教徒来往甚密。他容许在曼谷建立天主教、基督教礼拜堂,也容许伊斯兰教建立清真寺。特别是泰国南部宋卡和北大年一带居住着人数众多的伊斯兰教徒,他专门给予特殊关照,以增强暹罗国家的凝聚力。在他登位不久,在一次接见法国神甫帕勒瓜时,他说,如果神甫能在任何地方让人们信奉基督的话,他将派一名基督教徒来当那里的行政官员,绝不让暹罗的其他官员进行干预。有一次,拉玛四世让神甫把3 000名战俘变成基督教徒,并让大批在越南受迫害的天主教徒到暹罗来定居。作为一个信奉佛教的国王,能这样保护各种宗教,让人民自由选择信仰,这是很难得的事。拉玛四世这方面的德行,在他去世以后,还被人们传诵着。美国传教士霍斯曾这样赞美说:"西方各国失去了一位开放祖国门户,发展对外交流的伟大朋友","传教团中的某些人还失去了一位和蔼可亲的私人朋友和像他自称那样的'好心人',失去了一位非常与人为善,思想开朗的君主,对他们向暹罗人民传教的过程,也从未设置过障碍"。①

---

① 乔治·霍斯:《暹罗塞缪尔·雷诺斯免费诊所——传教医生先驱》,纽约,1924年版,第180页。

在经济方面,拉玛四世也进行了初步改革。由于暹罗商品经济的发展,货币需求量增加,拉玛四世在《鲍林条约》签订后不到5年,便在宫廷内建立皇家铸币厂,铸造与法郎一样的硬币。1860年,第一枚银质硬币铸成;1862年,又增加发行价值较小的锡质硬币和铜质硬币;到1863年金币也开始使用,并颁布了金币使用的详细法令。从此,锡币和铜币代替了长期流通的贝壳,银币取代了过去子弹形的铢币。但直到1904年才真正禁止使用这种铢币,那时在市面流通的铢币还有1 400万。

修筑道路,发展交通,也是改革的一项重要措施。1862年,拉玛四世亲自规划修建曼谷市内的大街,在大街两旁建造商店和办公楼,并修建3条现代化的道路,据说原是为了

拉玛四世

专供外国人早上跑马和散步之用。曼谷现在最有名的五马路,就是那时修建的,至今没有扩建,仍能供8辆汽车并行。另外,还挖掘了4条主要的运河,沟通了主要的市镇,并建立造船厂,发展水上交通。时至今日,当曼谷出现塞车时,走水路依然是民众的最佳选择。

拉玛四世开始尝试创立军队的新建制,按欧洲现代化军队的模式,建立了一个连。他们的服饰完全模仿跟随英国使臣来访的印度士兵的服装,由一位自愿放弃原来职务来暹罗服务的英国军官负责训练这个连队。这个连后来发展为团,建有步兵团、炮兵团及海军陆战队。在发展海军方面,拉玛四世亲自指导建造了两艘蒸汽船,参与设计军舰及运输船只,组织起后来成为暹罗海军的核心力量。那时暹罗海军舰队指挥多是英国人,水兵多为亚洲及其他国籍的人,但船上工程人员则全是暹罗人。

拉玛四世对后世影响最大的改革莫过于对萨卡迪纳制度的初步改革,以及对奴隶制所作的一些限制。19世纪中叶,随着暹罗大米出口的增加,耕地面积不断扩大,对劳动力的需求也急剧增加。但在传统的萨卡迪纳制度下,所有的男性平民,每年都必须无偿地为国家或为他所依附的主人服劳役,剩下不多的时间用于自己份地上的生产,大大地束缚了生产力的发展。而光靠人口数

量的自然增长，远不能满足劳动力增长的需求。据统计，1850年暹罗人口总数约为500万—600万人，到1900年才增加到730万人。因此，只有解放生产力，提高劳动效率，才能满足耕地不断扩大的需要，这就必须改变萨卡迪纳制度下的生产关系。对此，拉玛四世作了一些初步的改革。首先，他逐步用雇佣工人承担公共建设工程，来代替无偿的强迫徭役。他在位时修筑的几条运河，主要是付工资请工人来完成的。雇佣工人劳动生产的积极性，大大超过徭役承担者。拉玛四世曾说，木工、泥水工和砖瓦工等项目，将要减少一半的徭役工人，而改用雇佣工人。到1871年，多数暹罗官员，当他们需要找人工作时，都愿意根据市场行情雇请工人。这就使长期以来在暹罗实行的徭役制度逐渐趋于动摇和瓦解。

对于奴隶，拉玛四世也颁布了若干法律，对出卖个人为奴隶的条件加以限制，使封建领主不能任意将自己的依附民出卖为奴。法律规定，当奴隶付出他的赎身钱时，主人必须接受其赎身而不得钻法律的空子。在此法律规定下，若主人虐待奴隶，奴隶便可找另外一个较好的新主人为其付赎身钱，而脱离旧主人，依附新主人。在劳动力缺乏的暹罗，另找新主人是不难的。这样，多少保护了奴隶的权益，减轻了他们的痛苦。

拉玛四世在位时间不长，由于种种原因，他所着手解决的各种社会政治和经济问题，肯定是既不普遍也不彻底的。单凭几项行政改革措施，所能起到的作用毕竟有限。要深入全面地进行社会改革，时机尚未成熟。但是，他的开明思想和改革精神，却为后人作出了榜样，对后来拉玛五世朱拉隆功的改革起到了演习和推动的作用。

1868年8月，拉玛四世在参加法国科学探险队在距曼谷以南140英里的三礼育观测日全蚀的活动后，不幸染上疟疾，于次月驾崩。其子朱拉隆功继位，是为拉玛五世。

拉玛五世承继下来的暹罗仍然是一个落后的东方国家，他所面临的形势是十分严峻的。当时的暹罗诚如史密斯所概括的那样：

朱拉隆功继位为拉玛五世

没有固定的法典；没有完整的教育制度；没有对收入和财政的适当控制；没有邮政、电报事业；债务奴隶制度没有完全取消；鸦片法执行得很糟糕；没有医疗机构去维护城市人民的健康；没有现代化的军队，根本没有海军；没有铁路，也几乎没有公路；历法亦与世界各国不相吻合。如此种种，不胜枚举。①

拉玛五世继承王位时只有16岁，因未成年，国家政务由摄政委员会掌管，至1873年他满20岁后才开始亲政。拉玛五世自幼年在宫中接受西方式的教育，他的英文老师安娜·李奥诺文斯对他有很大的影响，让他接受文明的熏陶，从小就立下按照欧洲流行的观念改造国家的决心。在摄政委员会摄政期间，他有机会出访欧亚的一些国家。1871年3月和同年12月至翌年3月，他两度出访新加坡和印度尼西亚，参观和考察了当地的邮局、监狱、医院、学校、电报局、消防站、灯塔、植物园、博物馆、电影院、商店、孤儿院、铁路和工厂等设施，并参加了这两个国家政府所安排的各种盛大的宴会、欢迎会、招待会及文娱节目表演，给当时年仅19岁的拉玛五世留下了深刻的印象。1897—1907年间，他又

拉玛五世

先后两次出访欧洲，他给英、法、俄等国的国家元首留下了深刻的印象。自幼与拉玛五世一起接受西方教育的王子和亲王，也成了拉玛五世改革的支持者和执行者。1886年，一个由11人组成的其中包括4位亲王的出访欧洲考察团，回国后写了一份长达60页的请愿书，提出为了保持暹罗的独立，必须在暹罗实行改革的建议。拉玛五世在1873年正式加冕为国王后，便在暹罗推行以现行的欧洲观念为指导思想，促使暹罗实现现代化的全面改革。在他亲政的37年中，矢志不渝地致力于以下几个方面的重要改革。

（1）逐步废除奴隶制和各式各样的封建依附关系。如上所述，拉玛四世在废除奴隶制方面只采取了一些初步的变革措施，而拉玛五世则着眼于从根本上废除奴隶制，解放生产力。1874年，拉玛五世颁布法令，规定凡1868年10

---

① 霍尔：《东南亚史》下册，中山大学东南亚历史研究所译，商务印书馆1982年版，第765页。

月 1 日以后出生的奴隶,到 21 岁即可获得自由,并且从此不能自卖或被他人转卖为奴。但这个法令仅在京都和一些省份得到贯彻执行,在北部和边远的柬埔寨人聚居的省份,直至 1903 年以前都还没有采取措施来废除奴隶制。1897 年,拉玛五世又颁布修正 1874 年法令的新规定,规定凡是在 1879 年 12 月 16 日以后出生的暹罗人,不分男女皆不得自卖或被别人卖身为奴,并明令该规定在老挝人或马来人聚居的地区同样生效。1899 年又颁布新赦令,取消农民的人身依附关系。按照过去的法律,暹罗人凡年满 18—60 岁的成年人都得在其腕上文身,并到所在的各级政府部门登记,编属于不同的封建领主门下。1899 年的新规定,意味着废除农民对封建领主的人身依附,废除暹罗传统的萨卡迪纳制,它的执行无疑对于解放生产力,为城镇提供自由劳动力起了促进的作用。1900 年,拉玛五世下令取消曾盛行于泰东北部的农奴制。1905 年又颁布法令,禁止订立任何将儿童卖为债务奴隶的契约。1908 年生效的《暹罗刑法法典》中规定:"强行运出、买进或卖出一个人做奴隶的,处以 1—7 年徒刑或课以 100—1 000 铢的罚款。"至此,从拉玛四世开始的进行了近半个世纪的废奴运动基本完成,它缓和了尖锐的阶级矛盾,在一定程度上解放了暹罗的劳动生产力。

(2)改革中央和地方的行政管理制度。在拉玛五世国王颁布新的中央和地方行政管理法令以前,暹罗的行政机构是按地域设置的,分为南、北两大块,由管北方的部和管南方的部分别统属北方各省和南方各省的军政事务,国王并不直接管理各省。这种制度削弱了中央控制地方的权力,不利于国家的统一,而且由于其机构的一职多权,又造成种种流弊。一方面,一职多权造成部门的权力交叉,部门之间互相扯皮,办事迁延时日,工作效率低下。正如拉玛五世批评的那样:"许多部门间的工作是对立的,既没有制度,也没有合作,当一件事情要处理时,从一个部门推给另一个部门,有时还在一个部门里兜圈子才能完成,白白耽搁了时间。"另一方面,又滋生滥用职权、营私舞弊、贪污腐化的毛病。旧的行政管理制度的"多头收税"、"多头理财"的做法,使地方官员想方设法截留应上缴中央财政的税收,使中央财政收入不断减少。1868—1873 年,国家岁入从每年 480 万铢下降到 160 万铢。丹隆亲王最初出任北方部部长时,于 1892 年 10—12 月期间先后 18 次出巡,考察了地方行政管理中存在的缺点,提出设立高级专员作为中央监督地方的派出代表。这个建议促使拉玛五世对行政管理制度实行大刀阔斧的改革。拉玛五世仿效西方议会制度,1892 年 4 月成立了由 12 名部长(其中 9 名是国王的亲兄弟)组成的内阁。1894

年以国防部取代南方部,至此,南、北两部分管全国行政的建制被撤销。丹隆亲王在当了两年北方部部长之后,成为拉玛五世在位期间的首任内政部部长。1893—1899年,在每5—6个省设一政府专员,先后共派出14个专员。后来,在每一个大区设一特派员。省级行政管理中的行政、司法和财政,则由特派员配备的3个助手施行监督之责。7个马来人聚居的省份仍然按传统的管理制度治理。同时,将封爵授田的萨卡迪纳制改为薪俸制,进一步削弱了地方的分散主义和地方官吏的种种特权。薪俸制的设立还使得中央可以将地方官员随时从一个地方调到另一个地方,防止搞地方割据。1897年5月公布县行政管理法,设置村、区、县三级建制,由中央政府按行政系统对全国实行统治。拉玛五世花了将近10年的时间健全和完善中央和地方的行政管理制度,加强了中央集权,维护了封建统治秩序。

(3) 改革财政税收制度。直到19世纪下半叶,暹罗国家财政税收制度一直都没有发生过重大变化,国家收入的一半以上来自征收赌税、彩票税、酒税和鸦片税。关税则占总收入的10%。以人头税代替徭役是在拉玛五世时期才开始盛行,人头税在总收入中的比重从1892年的2%增加到1900年的7%。在税制未改革前,暹罗只征收间接税而不征收所得税。因此,对皇亲国戚、西洋人和华商所课的税轻,而对暹罗农民和华人移民所征的税重。因袭已久的旧的财政税制已不适应国家经济发展的需要。"多头理财"和"包税制"让地方官吏和包税人中饱私囊。正如1899—1902年曾在暹罗担任顾问的英国人约翰·坎贝尔所指出的:"该国实行改革之前,收税者和包税者每年向百姓所征收的税有五六百万英镑,而其中约300万英镑落入政府官员之手,仅约有120万英镑入国库。"为了削减地方官吏的财源,增加国家的财政收入,拉玛五世先后采取了一系列措施:实行国库与皇库分开;建立财政部集中统管国家财政;建立中央金库统一税收;取消包税制,以及整顿国内货币流通制度等。

暹罗自阿瑜陀耶王朝以来,国库与皇库不分,国家财产都存在皇库里,致使皇亲国戚得以利用皇库财产挥霍无度。从1892年开始,王室预算与国家预算分开,各种税收统一由财政部直接派专员负责征收。19世纪二三十年代,包税制在暹罗颇为流行,19世纪中叶共有38种专门承包业务,包括承包鸦片和食盐贸易,开设游艺场所和赌馆,饮料的生产和销售,收取地税、铺租和船租等。其中尤以承包出口业务和税收最为赚钱。为了杜绝包税人从中渔利,从20世纪初开始,逐步废除过去的"包税制"。

1902年,暹罗政府禁止地方当局自行发行货币和禁止使用外国殖民银行发行的钞票,宣布新的货币(铢、萨弄、萨丹)作为全国统一流通的货币。同年还发行纸币,首先发行5铢、10铢、20铢、100铢和1 000铢面值的铢币。1908年11月,暹罗政府宣布加入英镑区并将暹罗货币改为金本位制。由于采取了上述的改革措施,使暹罗王国的财政收支情况渐趋好转,财政储备有所增加,在没有新增加任何税收的条件下,1892—1902年的10年间,国家的岁入从1 500万铢增至4 000万铢。1910年增至6 300万铢。

(4)改革教育制度。世世代代以来,暹罗实行的是传统的寺院教育。旧式的寺院教育的教学内容局限在简单的巴利文的读写训练和学习宗教教义,对于专门技术、军事、经济和政治等常识以及西方语言知识等方面皆不涉及。随着社会发展和各项改革的深入开展,需要大批熟练的各类专门人才,建立各种专门学校显然是一项十分迫切的任务,改革教育制度便成为当务之急。由于拉玛四世在位期间,对于佛教以外的其他宗教在暹罗的传播采取十分宽容的态度,美国的新教和法国的天主教传教士都纷纷在暹罗传教布道,教会学校不断增多。至20世纪初,暹罗国内就有73所教会学校(多半是法国的),学生达4 500人。在美国长老会教会学校学习的学生约有600名。教会学校在传播西方文化科学知识,使暹罗人认识和了解西方起了一定的作用。暹罗第一所世俗学校创办于1871年春天,是拉玛五世出访外国回国后在宫廷办起来的,它以欧洲学校的教学大纲进行教学,分设泰语和英语两个班,分别由泰人披耶·师·顺通和英国人彼得森负责,包括丹隆亲王在内的许多后来成为暹罗政坛的精英,都曾在这所学校学习过。但是迄至19世纪末正规学校并不普遍,在正规学校受教育的基本上是皇族和高官子弟,平民子弟还是依赖传统的寺院教育。随着1892年4月1日宗教事务和国民教育部成立,开办平民学校才正式提到议事日程。最初办的学较大多设在曼谷,直至1902年教育部派出2名督学到各省兴办教育,平民学校才逐渐在全国各地出现。1913年教育部管辖的学校有247所,在校读书的学生从1886年的2 000人增加到1913年的123 000人。19世纪末至20世纪初,陆续开办了一些专科学校,培养专门技术人才。例如,1885年开办了陆军学校,1893年开办了师范学校,1897年开办了司法学校,1904年开办了陆海军学校。20世纪初,在叻丕府和柯叻府都开办了陆军军官学校。在首都曼谷也创办了有关行政、邮电、商业、警察、医学和土地测量等专门学校,为社会各方面培养了一批专业人才。不过,那时的教育经费在国家预算中所占的比例小得可怜,据统计,1893—1920年间教育经费仅占国家预算的3%。1898年,由拉玛五世亲自选派29名留学生到英国留学,开创

1907年拉玛五世与其王子在英国

了暹罗官派留学生的先河。虽然当时的出国留学生多半是皇族和高官子弟，但毕竟是暹罗学子走出了国门。

（5）军事制度的改革。暹罗过去基本上没有常备军的编制，和平时期只保留为数不多的皇家卫队和维持秩序的军事武装。遇有战事时，则临时从每个村庄预先编好的后备兵员中征调士兵。这些士兵平时依附于大大小小的封建领主，从事农业生产。他们去打仗时还要自带口粮，打完仗后又回家种田。陆军部始创于1887年，翌年才组建起一支初具规模的常备军。20世纪初，军费占全国预算的1/6。从1905年起实行义务兵役制，规定凡年满18—40岁的健康男性公民都有服兵役的义务；年满20岁应征入伍，服役2年，服役期满后转为预备役；预备役每年有15日到2个月的时间被再征入伍。和尚、官吏，后来连大学生都可以免服兵役。享有免服兵役优待的还有华侨家庭中的最小一个儿子，边疆少数民族的子弟，以及国王批准免服兵役的人。为了提高军队素质，拉玛五世聘请外国顾问训练军队，如丹麦人丘·普莱士在暹罗军队服务近20年，于1901年被任命为海军司令并掌管陆军部海军局。1885年，在曼谷创办陆军学校，在它开办的40年间，培养了近千名军官。1904年，开办陆海军学校,在它创办的头20年间培训了100多名军官。这些人在1932年以前便成了陆海军军官骨干。与此同时,拉玛五世还派人到外国接受军事训练,每年有几十人被派往国外,在英国、德国、丹麦、俄国以及奥地利、法国、意大利和日本的军队中实习。领导整编军队工作的就是曾经在丹麦受过训练的契腊亲王和在俄国受过训练的彭世洛亲王。拉玛五世的儿子、后来继承王位的哇栖拉兀(拉玛六世)在英国桑赫斯特皇家军事学院学习过,曾在英国军队中服役,回国后1902年被任命为皇宫卫队队长和暹罗督察总监。拉玛五世还有好几个儿子都曾分别到俄国、德国和英国接受军事训练。暹罗军队的人数及装备在不断增加和更新。到19世纪末,暹罗新建的军队计有3个骑兵团、2个炮兵团和8个步兵团。1897年,暹罗军队人数有15 000人,海军也已初具规模,有两艘各配有8条枪100匹马力的小型护卫舰,好几艘炮艇和海岸快艇,有一艘小型的蒙固号巡洋舰和一艘却克里号巡洋舰,以及一艘为2 400匹马力、配有4挺4.7毫米口径机枪和可发射6磅重炮弹的8门大炮的军舰。经过拉玛五世对军队作了上述一系列的改革,军队的建制、装备、训练及素质都比过去有所改进和提高,对于维护国家安全和领土主权发挥了重要的作用,也为暹罗军队现代化奠定了基础。

(6)立法和司法制度的改革。在整个19世纪期间,暹罗基本上因袭早在1805年就颁行的一些法律条文。这是建立在印度《摩奴法典》基础上的维护封建制度的法律。后来,通过在暹罗的传教士、外交官、外国顾问和商人的介绍,或通过暹罗人到欧洲访问和学习,才对西方资产阶级的法律体系有一些了解。拉玛五世执政后,以西方资产阶级的法律为蓝本,逐渐制定了适合本国情况的各种法律条文。从1892年司法部成立开始,在短短几年间,先后颁布了《暂行司法机关组织法》、《收集及宣判罪证法》、《暂行民事诉讼法》、《刑事诉讼法》、《办理清算破产企业和股份公司的破产诉讼程序法》和《贷款银行营业法》,还聘请外国顾问来参与制定各种法律条文的工作。如比利时人格林·杰奎迈,1892—1902年任外交部顾问,还主管司法系统的整顿和法律制定工作;日本人政尾和法国人帕杜(法国驻曼谷总领事)都是参与制定法律的外国顾问。这段时期还陆续编写出版了一些旧法律的汇编册子和现行法律条文的小册子,以供人们学习法律或执法的参考。拉玛五世以前,没有独立的司法机关,从中央到地方所有的部、局、署等行政机关都可以受理各种案件,且没有什么章程可循。1882年,拉玛五世颁布法令,规定今后凡需受理的案件必须经司法部门或按一定的方式来统一解决。除军政部、海军部和宫务部外,各部门的司法权统一划归司法部及其下属的各级机构经办。只是到了1903年，拉玛五世颁布的这项法令才得以在全国全面推行。1907年，暹罗建立了单一的法庭制度，划定案件审理的级别，各省的法庭属诉讼级初审，只有权审理10年以下监禁的刑事犯罪案和数额为5 000—1万铢的有关继承、赔偿和罚款等的民事案件；大区法庭属诉讼中级审级，受理省院上诉案件及特别重大的即处以10年以上监禁的刑事犯罪案件，以及数额为2万铢以上财产争端的民事案件。1897年，创办司法学校，培训司法和检察方面的人才，并派人到英国学习司法教育。立法和司法改革的结果，逐步消除或克服了过去那种无法可循或法出多门以及随意执法的流弊。

　　拉玛五世除了进行上述重大的社会改革外，在修建铁路和公路，开办邮电等建设方面也取得了令人瞩目的政绩。拉玛五世在位期间修建的铁路、公路以及邮局等公共建设设施，时隔100多年，依然保持完好。曼谷火车站和邮电总局等建筑，俨然是曼谷的历史坐标。

　　综上所述，拉玛四世和拉玛五世所推行的上述这些自上而下的改革，是在20世纪初西方殖民主义加紧对暹罗进行侵略和瓜分的严峻形势下，为了保全国家的主权和独立，不被亡国灭种而被迫实行的一些变法自强措施。虽然说不上是一种制度上的根本改革，只是在君主专制政体上的一种改良。但是，毋庸置疑，这次改革还是取得了巨大的成绩，为暹罗朝现代化方向发展奠定了基

朱拉隆功塑像

础,拉玛五世所取得的政绩,如泰国华侨创办的《暹京日报》评论的那样:"不但全国的人民,感蒙利泽,亦合乎世界的新潮。"唯其如此,拉玛五世被尊为泰国历史上五位杰出的大帝之一,他的英名及其灿烂的业绩才得以彪炳泰国史册。为了纪念朱拉隆功大帝,泰国政府和人民除了用他的名字来命名大学、医院、桥梁和马路外,还在曼谷市中心为他竖立了一尊骑马戎装的塑像,每年的10月23日,都要送上鲜花,以示祭拜。

作者点评:

1782—1910年,是曼谷王朝初期,泰国社会经历了从拉玛一世到拉玛五世的统治。

曼谷王朝初期,继吞武里王朝15年的休养生息后,社会经济有所发展,军事实力得以增强,不但彻底清除了缅甸的入侵势力,而且把原来缅甸占领的马来亚小邦国、老挝、柬埔寨、泰北的清线、清迈等变成自己的属国。曼谷王朝在外交上继续维持与中国的朝贡式贸易,并依靠中国的支持,维护其在东南亚的霸权地位。

但是,在与西方的国际交往中,暹罗则处于不利的地位。1851年的《鲍林条约》是暹罗与英国签订的第一个不平等条约。此后暹罗又与法国、丹麦、荷兰、德国、瑞士、挪威、比利时、意大利、俄国和日本等15个国家签订各种不平等条约。这些不平等条约彻底敲开了暹罗"闭关锁国"的大门,使西方殖民主义者得以不断地对暹罗的政治和经济进行渗透,将其纳入世界资本主义经济体系,使之成为列强的原料产地和商品推销的市场。

面对严峻的亡国灭种的形势,拉玛四世和拉玛五世决心采取自上而下的改革。他们主动学习西方文明和科学知识,逐步废除奴隶制和各式各样的封建依附关系,改革中央和地方的行政管理制度,对财政税收制度、教育制度、军事制度、立法和司法制度进行了全方位的改革。同时,大力修建铁路和公路,开办邮电通讯等公共设施,取得了世人瞩目的成绩。

如何评价暹罗的改革? 19世纪末叶,亚洲有3个国家同时开始了一场学习西方自上而下的改革,日本的明治维新取得了成功,暹罗的改革成功了一半,中国的戊戌变法则完全失败了。究其原因,各国的改革都有其自身的历史条件和各种客观因素,以及改革者所作的主观努力程度的不同,因而有不同的结局。仅就暹罗改革的过程来剖析,作为最高领导人的拉玛四世和拉玛五世,本身就亲自接触和学习西方文化,政府内部没有比他们地位更高的顽固派对他们进行掣肘,因此能够比较顺当地推行各项改革措施。他们聘用西方人当顾问,以西方为师,但老师往往为了自身利益而欺负学生。这就如同与虎谋皮。在老师虎视眈眈地准备侵略和瓜分学生的时候,学生没有被老虎吃掉,没有沦为殖民地,起码在名义上保持主权和独立,就算很不错了,所以说暹罗的改革成功了一半。拉玛四世和拉玛五世的改革并不是国家体制和制度的根本改革,只是对封建君主专制的一种改良,但毕竟奠定了现代泰国的基础,推动了暹罗朝现代化方向发展。

第七章 第一次世界大战前后的泰国

一、第一次世界大战前后暹罗的内政和外交

1910年10月23日,拉玛五世朱拉隆功驾崩,由其子、时年20岁的王储哇栖拉兀继承王位,是为拉玛六世。

拉玛六世青少年时期曾在英国的桑赫斯特军事学院和牛津大学攻读军事和法律,在英国读书的9年期间,也曾在英国陆军服务过一段时期。他在1902年回国以后,曾任拉玛五世的皇宫卫队队长、警察总监等职务。哇栖拉兀是暹罗历史上第一位在外国受过良好教育的国王。他不但能流畅地用英文会话和写作,对暹罗文学的造诣也很深,爱好音乐和戏剧,是一位"爱艺术尤甚于政治"的人。

拉玛六世继承王位后,执政时间仅有短短15年,虽然没有完成什么比他的先王更为重大的社会改革,但他踏着拉玛五世改革的足迹,继续沿着向西方学习的道路走下去,使暹罗的改革不至中断,其历史作用仍不容忽视。

建立"猛虎团"和童子军,是拉玛六世学习西方军事知识后在暹罗首先推出的一项改革措施。他把对成人和小孩的军事训练普及到一般民众中。"猛虎团"是对成人进行军事训练的专门组织,吸收文武官员和一般民众参加,使其成为军事训练的中坚骨干。"猛虎团"有威严的制服、良好的装备,每周定期进行军事训练。训练科目有队列操练、郊外野营、作战演习和伤员抢救等。拉玛六世亲自训练曼谷地区的"猛虎团",并主持专题讲座,向其成员灌输忠君爱国、服务社会的思想。同时,为了从青少年抓

拉玛六世

起,拉玛六世还建立了一支以英国军队为榜样的准军事化的童子军。拉玛六世曾在军界任职多年,故深知提高全体国民军事素质、实现国家军事现代化之重要。

拉玛六世登基还不到两年,军队中的一群年轻军官不满于暹罗的封建专制统治,主张君主立宪,并接受孙中山三民主义思想的影响,成立了一个以推翻封建专制统治为宗旨的青年军官联谊会,秘密吸收会员,在曼谷和各地活动。1912年发动了一次政变,政变的3位领导人是实差突上尉、差伦纳·班猜中尉和春柿·沙旺少尉。他们计划乘曼谷和其他地区的文武官员参加暹罗传统的向国王表示忠诚的"饮表忠水"的仪式时,以武力胁迫拉玛六世接受君主立宪政体。但由于有人告密,他们还来不及动手,就被全部逮捕。为首3人被判死刑,其余的人则被判处20年徒刑,后来因拉玛六世的赦免而免于死刑和分别减刑。

拉玛六世

在镇压了1912年的流产政变之后,拉玛六世为了强化封建君主专制政体,大力培训各类人才,进一步开办各级教育事业。1916年,创办文官学校;同年,又创办朱拉隆功大学。1921年,颁布初级义务教育条例,增加从平民中择优录取出国留学生的名额。这批20世纪20年代被派出国留学的学生中,不少后来成了1932年政变的核心人物。必须指出,拉玛六世在位期间平民教育仍然没有得到足够的重视。1918年,暹罗适龄儿童的入学率仅占10%,远远落后于邻近的缅甸和菲律宾。

此外,拉玛六世还明令禁止花会及番摊赌博,发展合作化事业,完成自来水建设,设立新式医院,办储蓄银行,颁行皇统法,立《姓氏条例》、《征兵条例》和《国民教育条例》,改用三色国旗,整顿陆军和海军,新设空军,等等。

由于拉玛六世马不停蹄地推行一系列的改革,暹罗内政呈现政治清明、经济增长和文化繁荣的局面。

在外交方面,暹罗面临的外交形势十分严峻,如何与西方国家周旋,考验着国家领导人的政治智慧。由于帝国主义瓜分世界的矛盾斗争加剧,19世纪

朱拉隆功大学文学院

90年代末至20世纪初,先后爆发了美西战争、英葡战争和日俄战争,揭开了帝国主义重新瓜分世界的战争序幕。自那以后,帝国主义国家出于各自的殖民利益的考虑,以牺牲别国的领土主权来作为争取同盟、打击对手的办法。帝国主义国家之间经过讨价还价,在调整其殖民利益和矛盾的基础上,最终形成了德、奥、意三国同盟和英、法、俄三国协约的两大帝国主义军事集团,两大军事集团的争霸导致了第一次世界大战。

拉玛六世青年时期曾在英国求学,对英国有着较深的感情,因而在个人感情上是同情协约国的。但是,由于英法两国在19世纪下半叶和20世纪初对暹罗国土的蚕食侵略,使暹罗人民对英法不满,尤其是反法情绪十分强烈。加之,暹罗军队聘请德国顾问,购买德国军火,在军队中形成了一股强大的亲德势力。因此,在第一次世界大战爆发之初,暹罗根据海牙国际代表会议的精神,发表了《中立宣言》。对此,德国感到满意,它将利用暹罗的中立地位,保持它在暹罗的既得利益,使其为战争服务;而英法则竭力动摇暹罗的中立决心,希望暹罗站在协约国一边参加对德作战,以便削弱德国在远东和东南亚的战略地位。但是,暹罗参加协约国一方的决心迟迟未下。

1916年12月12日,德军攻下布加勒斯特之后6天,德国考虑到"和平"分

第七章　第一次世界大战前后的泰国

脏对自己有利,便向协约国提出和平谈判的建议。美国、瑞士等国也先后建议交战双方进行和平谈判。1917年年初,协约国拒绝了德国的和平建议,德国统帅部未等协约国正式答复,便决定进行无限制的潜水艇战争。德国是第一次世界大战中第一个使用潜水艇作战的国家,曾创造了用一艘潜水艇击沉英国3艘万吨级巡洋舰的辉煌战绩。1917年7月,当暹罗抗议德国无限制的潜水艇战争而遭到德国傲慢拒绝时,拉玛六世便于7月22日发表对德宣战声明,指出鉴于德国对"暹罗政府所提出的正式抗议毫不理会,这就只能得出一个可悲的结论:就此达成友善的协议已毫无指望了","在这种情况下唯有如此抉择:值此事关普遍和平之际,保持中立的愿望已可能不复存在,而暹罗作为国际家庭的一员,也应承担维护神圣的国际权利的责任"。

在对德宣战前后,暹罗采取了一系列行动:撤换暹罗行政机构内部的尤其是铁路、银行和公共事业等机构的敌国职工;在战地医院安排一座宽敞的房屋,以便拘留德、奥的男性侨民;在宣战前的数日内,同盟国公使馆附近布置有警察和便衣,以防止发生骚乱。22日拂晓时分,监禁了一批德国人和奥地利人,把他们送往集中营。除扣留"特劳坚费利斯号"德国战船时发生过短暂的对空互射、3艘轮船起火(旋即被扑灭)等情况外,一切行动都很顺利。

1917年9月,暹罗政府与法国达成协议,从曼谷派出一支由机动运输部

1919年7月14日,泰国军队在第一次世界大战胜利游行中通过巴黎凯旋门

队、医护人员和飞行员共850人组成的远征军，于翌年7月底到达法国，经过短期训练即于9月中旬开赴前线作战，其中19人战死沙场。暹罗远征军的良好表现受到法国军事当局的褒奖。

暹罗作为一个亚洲主权国家，选择站在协约国一边，参加对同盟国作战，具有重大的意义。正如俄国驻暹罗公使洛里斯·麦别科夫呈交俄国外交部的秘密报告所指出的那样："无论怎么说，参与世界大战对于暹罗乃是伟大的历史事件，而且无疑是新时代开端的标志，因为这一伟大创举正使暹罗从相互匹敌的两大强国所钳制的半附庸国地位中摆脱出来，并成为旨在为世界各大民族特别是弱小民族，争取独立和权利的自由国家大家庭之中的一个享有同等权利的成员国。"事实确实如此，由于暹罗加入协约国一方，获得了战胜国待遇。德国将价值几百万英镑的物资送给暹罗作为战利品。德国和奥匈帝国放弃原先在暹罗的治外法权和关税方面所享有的特权。德国交出了战前获得的对暹罗铁路系统的控制权。暹罗利用战胜国的有利地位，于1920年1月10日成为国际联盟的创始国之一。战后几年间，暹罗先后与美、日、法、英等国废除旧约，签订新约，废除了外国的治外法权，收回了关税自主等权利。所有这一切，皆得益于拉玛六世在第一次世界大战中灵活自主的外交策略。

1925年1月25日，拉玛六世因心脏病不幸去世，因为他没有子嗣，由其弟巴差铁扑继承王位，史称拉玛七世。

二、拉玛七世的《文官条例》和《僧人条例》

拉玛七世于1928年颁布了暹罗历史上第一部《文官条例》，开创了通过考试择优选拔官员的新时代。对于封建专制统治时代的暹罗来说，《文官条例》的颁布和实施，意义重大。它说明世俗官吏的任命，经历了由国王或上级指派到通过考试择优录取的转变。古代暹罗没有像越南和朝鲜那样实行过中国式的科举制度，自古以来靠的是人身依附的保护制度。萨卡迪纳制的确立，使农村农民连同他们的土地一起依附于大大小小的封建主，城市中的商界、政界和军界也形成了一套保护与被保护的人际关系网，一荣俱荣，一损俱损。晋升机会跟他投靠的保护人有关，谈不上公平竞争和机会均等，也不可能按才录用和选拔人才，只会造成国家统治机构中某些权势拉帮结伙，培植亲信，势力膨胀，尾大不掉。拉玛四世开始向西方学习，拉玛五世推行一系列的行政制度改革，拉玛六世继续在军事和教育等方面深化其改革，到了拉玛七世时才进一步借鉴英国的文官制度，制定了暹罗自己的《文官条例》。

英国的文官制度被世界各国公认为最好的样板和楷模。英国的文官不包括内阁大臣和与内阁共进退的"政务官"，而仅指"事务官"。尽管内阁政权更迭，也不影响文官队伍的稳定性。1854年，英国议员诺斯科特和杜维廉提出一项改革文官制度的方案，包括4项建议：(1)将政府里的工作分为智能工作和机械工作两大类，前者由大学生担任，后者由低级人员充任。(2)初任人员必须在青年时期通过选拔考试。(3)各部人员统一管理，并可在各部之间转调和提升。(4)官员的提升以上级的考核报告为依据。这样，形成了英国文官制度的雏形。英国的文官制度是一个完整的体系，它包括文官的选拔制度、常任文官实行公开竞考和择优录取。考试过程包括笔试、口试和实际操作。一经录用，非经法定事由或辞职，可以终身任职。文官的纪律制度，所有文官必须遵守《荣誉法典》规定的职业道德，不准经商，不准从事与公职有关的盈利行为。泄露国家机密者，将根据《国家保密法》予以严惩。同时，不可以参与政治活动，不得公开政见和对政府进行批评。在文官的监管制度中，司法监督的机制比较突出。政府在各部门设立行政裁判所，受理行政人事纠纷，监督文官制度运作。法院也有权受理行政机关和文官违法渎职、越权侵权等案件。晋升提拔根据现职年资和业务功绩而定。高级人员注重功绩，低级人员注重年资，一般4—6年可提职一级。新招文官有一个试用期。工资待遇比较优厚，高于企业职工。总之，英国的文官制度从考试、任用、考核、奖惩、培训、工资、待遇、晋升、调动到离职和退休等比较完善和合理的规定，经过多年实践证明，不愧是一种行之有效的制度。

拉玛七世作为暹罗历史上最后一位封建专制的君主，敢于将英国的文官制度引入暹罗，是需要一番胆识和勇气的。当然，这也是从拉玛四世以来暹罗自上而下改革不断深化的结果。1928年拉玛七世颁布的《文官条例》无疑具有重大的历史意义。但是，由于当时的国家政体仍然是封建专制体制，不容许有太多的民主成分，不能完全摆脱旧有的保护人的制度和影响，所以第一部《文官条例》至多也只能起到量才用人的作用。

1932年6月24日，暹罗发生了少壮派军人领导的旨在实现君主立宪制的革命，改变了国家政体，实行西方式的三权分立和议会民主。1933年制定了《新文官条例》。1934年4月24日宣布《新文官条例》正式生效。根据这个条例，产生"文官委员会"，以取代原有的机构"维护文官条例委员会"。文官委员会是一个监督和执行用人唯贤制度的机构，是一个制定文官纪律和条例的委员会，同时也是一个执行机构。文官委员会掌握人事大权，是中央考核选拔官员的机关。文官委员会是由总理担任主席，加上由国王任命并得到下议院同意的5—7名德高望重的议员组成的委员会。同时，允许有关的部长作为委员列席文官委员会的审议会议。1933年制定的《新文官条例》以后又根据情况的变化作了多次修改，但基本原则和精神一直用到现在。

如果说，《文官条例》主要是针对对世俗官员进行选拔和管理而制定的条例的话，那么《僧人条例》则是为出家僧人量身定做的僧官选拔和管理条例。

佛教从公元前3世纪传入现今的泰国地区，历时2 000多年而不衰，足见其旺盛的生命力和博大精深的思想内涵。世界上，凡是能够长期存在的事物，都有其能够维持自身存在的合理性和必要性。佛教作为一种宗教，自然也不例外。因为宗教和信仰是人类社会不可缺少的东西，不管是在古代不发达的社会或是当代生产和科学技术都非常发达的社会。当宗教成为一种文化形态时，它是信奉它的那个人类群体的生活方式；当宗教成为一种社会制度时，它必然跟其他社会制度，诸如政治制度、经济制度和教育制度等，发生密切的联系。可以说，佛教在泰国2 000多年的传播和嬗变的过程，实际就是泰国佛教政治化的过程。

13世纪素可泰王朝建立以后，泰国的佛教加速了政治化的进程，佛教与政治的关系变得越来越密切。兰甘亨石碑和石制御座的发现，为我们提供了王权与神权合二为一的确凿可信的实物证据。国王的御座通常代表着至高无上的权力，除国王之外其他人是不得碰一碰的。但素可泰的高僧可以坐在上面说法，说明神权与王权具有同样至高无上的地位。通过国王御座把王权与神权形象生动地连在一起，这就是泰国佛教通往政治化的第一步。从那时起，国家的管理分为两部分：对世俗民众的管理和对僧伽的管理。

对世俗民众的治理，可以按照历史顺序分为3个时期：

（1）从素可泰王朝开始到阿瑜陀耶王朝戴莱罗迦纳王改革时期（1238—1448年）。

基本上实行"泼孟"为中心的统治。所谓"泼孟"，按泰语的意思直译就是"城市之父"或"国家之父"，也就是当时泰人对国王的称呼。这个时期的政治统治的特点是，每个人都从属于泼孟，平时大家分散去自谋衣食，战时集中起来对付国外的敌人。没有明确的军事和政治的分工，全民都置于泼孟家长式的统治之下。整个国家犹如一个大家庭，国王像父亲照看子民；而子民对国王也像对父亲那样忠诚孝顺。这种统治的特点,符合佛教的教义。

（2）从戴莱罗迦纳王改革到拉玛五世改革前（1448—1868年）。

戴莱罗迦王改革的核心就是实行萨卡迪纳制,即按人们社会地位的高低,授予数目不等的土地。泰国古代的官僚制度就是从这个时期形成的。官职分为文武两大类,觐见国王时,武官列于国王的左侧,文官列于国王的右侧。左右两班领头的官员称为"沙木罕",即文官沙木罕和武官沙木罕,政府各部门都分别隶属他们,但不是在他们的绝对指挥之下,而是所有部门都听命于国王一人。文官沙木罕管理民政部,武官沙木罕管理国防部。这个时期的政治统治的特点是,从泼孟式的家长统治,变为"主仆"式的统治。

（3）从拉玛五世改革到当代时期（1868—　）。

拉玛五世改革的核心就是引进西方的行政管理模式,变主仆式的封建专制统治模式为现代公民式的统治。他学习西方设立部和总理大臣,聘用西方顾问,派遣学生到国外留学,创办文官学校培训官员。拉玛七世于1928年颁布了第一部《文官条例》,通过考试择优选拔官员。从这时起,泰国的官制正式以量才录用代替世袭世禄。

泰国对僧伽的治理也与对世俗民众的治理一样,分为如上所说的3个时期：

（1）从素可泰王朝到阿瑜陀耶王朝戴莱罗迦纳王改革时期（1238—1448年）。

几乎每一位国王都无一例外地用两只手的办法来进行政治统治,即用右手管理世俗民众,用左手管理僧伽。管理国家的行政官员分为左右两翼,僧伽集团也分左右两部分。素可泰王朝时期,左僧团是从锡兰传来的小乘佛教派,住在城郊的山林里；右僧团是原有的教派,住在城市里。王权与神权结合十分紧密,以至从素可泰王朝国王利泰（Lithai,1347—1369年在位）开始,国王必须出家一段时间,国王即是僧伽。而作为国家政治、经济和文化中心的首都,主要建筑是皇宫和寺庙,只允许皇族和僧侣居住,商店和街市建在城外,一般民众只能住在城外。素可泰王朝旧都、阿瑜

拉玛七世

陀耶王朝旧都和柬埔寨的吴哥,都是这样。

根据泰国历史之父丹隆亲王的论述:"在素可泰城作为首都的时候,看来有一位以上的僧王在统治着那时的国家。离首都较远的城市多是附属国。即便是离首都较近的大小城市,亦是任命王室成员去统治,跟附属国差不多。每个大城市大约都有一位僧王。"

由于每位僧王都是由国王任命的,所以僧王直接隶属于国王。

素可泰王朝从利泰王时期开始设立僧爵,只有两个爵位:僧王和长老。

这个时期的僧俗统治如下图所示:

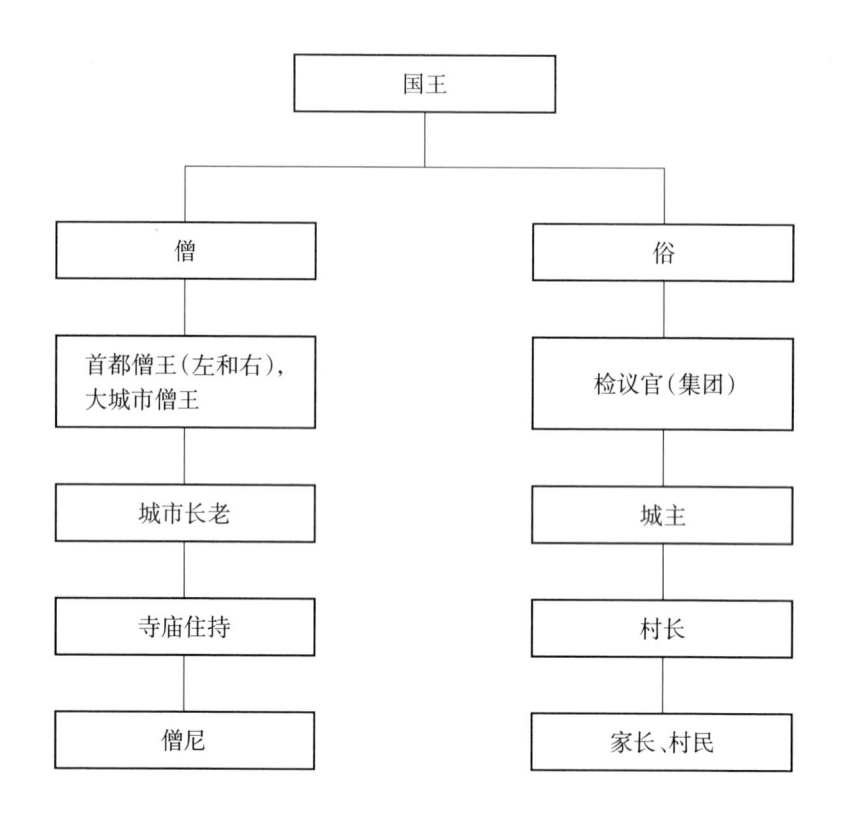

```
                    国王
            ┌────────┴────────┐
            僧                 俗
            │                  │
    首都僧王(左和右),      检议官(集团)
      大城市僧王
            │                  │
        城市长老              城主
            │                  │
        寺庙住持              村长
            │                  │
          僧尼             家长、村民
```

(2) 从戴莱罗迦纳王改革到拉玛五世改革前(1448—1868年)

戴莱罗迦纳王1448年的改革,主要是确立封建等级制度,按爵衔的高低授予世俗官吏不同数量的土地和依附民。世俗官吏的爵衔计分五等:昭披耶、披耶、帕、銮、坤。与世俗等级制度相适应的是,进一步丰富和完善了僧侣的僧爵。本来,泰国的僧爵制度始于素可泰王朝的利泰王时期,但只设了两个

僧爵：僧王和长老。到了戴莱罗迦纳王时期，增加为3个僧爵：僧王（一等）、僧长（二等）和长老（三等）。每一等爵衔，都获得一枚国王颁赐的长柄僧爵扇作为标识。由于那个时期泰国的小乘佛教分为3个门派：卡玛瓦希左派、卡玛瓦希右派和阿兰瓦希派。因此，僧伽的管理如下图所示：

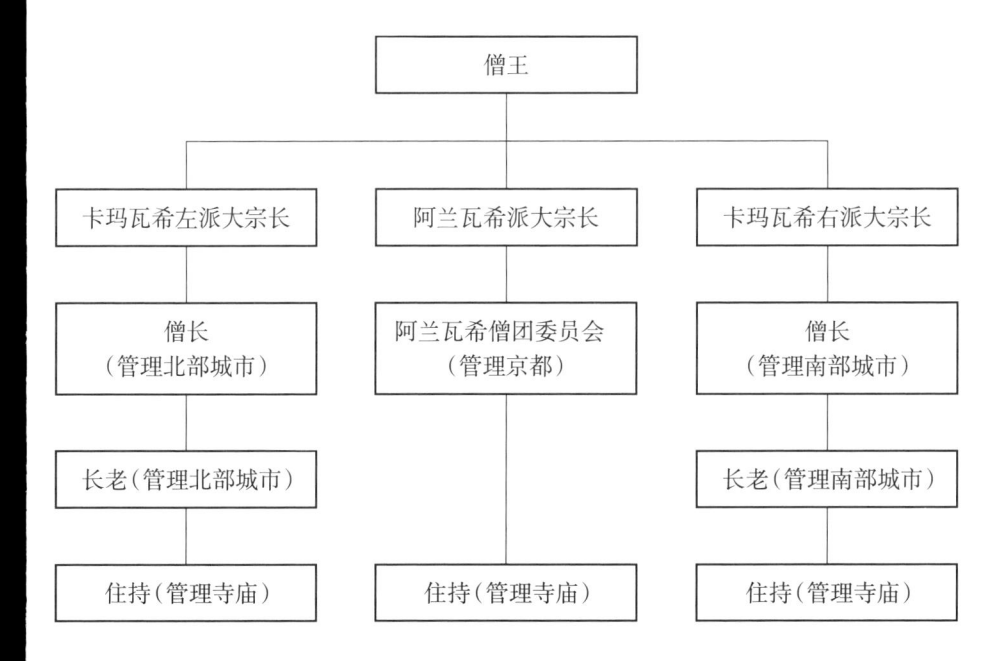

```
                            ┌─────────┐
                            │  僧 王  │
                            └────┬────┘
          ┌──────────────────────┼──────────────────────┐
  ┌───────┴────────┐   ┌─────────┴─────────┐   ┌────────┴───────┐
  │ 卡玛瓦希左派大宗长 │   │   阿兰瓦希派大宗长   │   │ 卡玛瓦希右派大宗长 │
  └───────┬────────┘   └─────────┬─────────┘   └────────┬───────┘
  ┌───────┴────────┐   ┌─────────┴─────────┐   ┌────────┴───────┐
  │      僧长       │   │   阿兰瓦希僧团委员会  │   │      僧长      │
  │  (管理北部城市)   │   │     (管理京都)      │   │   (管理南部城市) │
  └───────┬────────┘   └─────────┬─────────┘   └────────┬───────┘
  ┌───────┴────────┐                              ┌────────┴───────┐
  │长老(管理北部城市) │                              │长老(管理南部城市)│
  └───────┬────────┘                              └────────┬───────┘
  ┌───────┴────────┐   ┌─────────┴─────────┐   ┌────────┴───────┐
  │  住持(管理寺庙)  │   │   住持(管理寺庙)    │   │  住持(管理寺庙) │
  └────────────────┘   └───────────────────┘   └────────────────┘
```

（3）从拉玛五世改革到当代时期（1868—　　）

拉玛五世的改革，打破了泰国传统的封建世袭世禄的制度，开始引进西方的行政管理方法。拉玛七世1928年颁布了第一部《文官条例》，开始通过考试公开择优选拔官员。与世俗的行政管理体系相应，僧伽管理也进入了现代化时期。1902年，颁布第一部《僧人条例》，以法律的形式将僧伽管理纳入法制的轨道。按照1902年《僧人条例》的规定：1）中央僧团的职责是管理全国所有的僧伽个人及团体，由国王及4位大宗长、4位副大宗长负责。正副大宗长计8人共同组成大长老会议，任何议题只要获得5票以上通过，则任何人都不能将其推翻。2）地方僧团的管理，与地方世俗行政管理的体系一样，即按地方行政区来划分僧团的管理范围。省一级的大长老由国王任命。再往下面是管理市、县、区一级的僧官。总之，世俗官吏与僧官配套成对，形成自上至下的管理体系。如图所示：

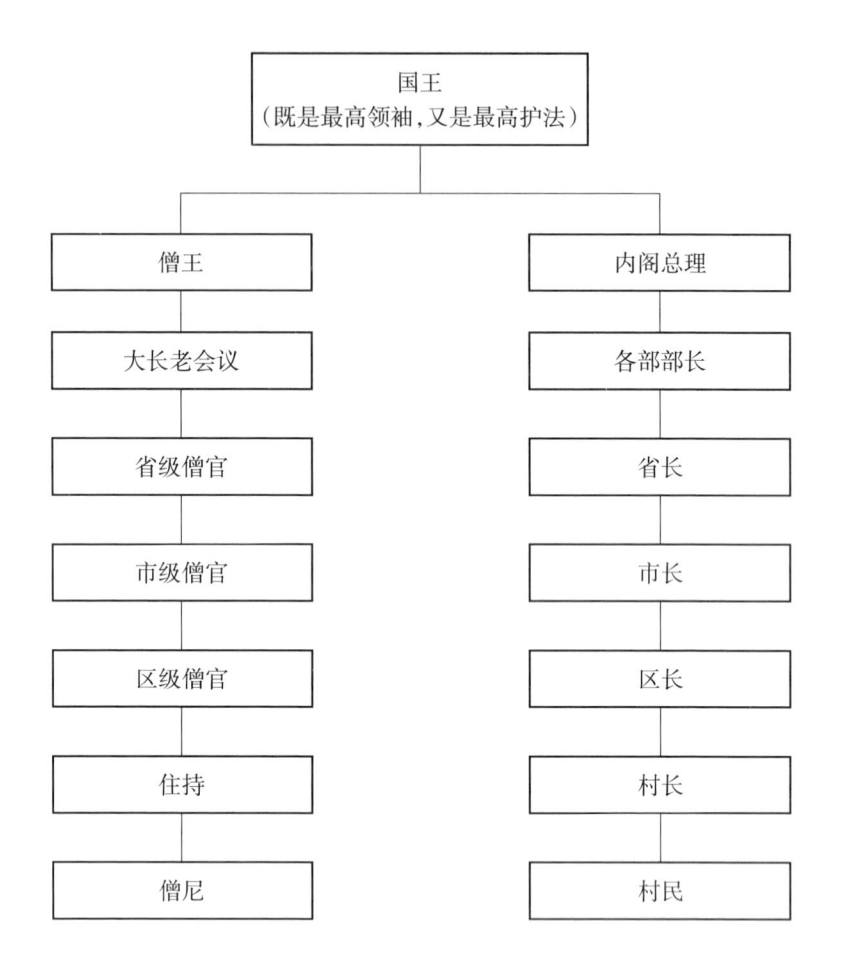

```
                    ┌─────────────────────────┐
                    │          国王            │
                    │（既是最高领袖，又是最高护法）│
                    └─────────────────────────┘
                         │              │
                ┌────────┴───┐   ┌──────┴─────┐
                │    僧王    │   │  内阁总理   │
                └────────────┘   └────────────┘
                      │                │
                ┌─────┴──────┐   ┌─────┴──────┐
                │  大长老会议 │   │  各部部长   │
                └────────────┘   └────────────┘
                      │                │
                ┌─────┴──────┐   ┌─────┴──────┐
                │  省级僧官  │   │    省长    │
                └────────────┘   └────────────┘
                      │                │
                ┌─────┴──────┐   ┌─────┴──────┐
                │  市级僧官  │   │    市长    │
                └────────────┘   └────────────┘
                      │                │
                ┌─────┴──────┐   ┌─────┴──────┐
                │  区级僧官  │   │    区长    │
                └────────────┘   └────────────┘
                      │                │
                ┌─────┴──────┐   ┌─────┴──────┐
                │    住持    │   │    村长    │
                └────────────┘   └────────────┘
                      │                │
                ┌─────┴──────┐   ┌─────┴──────┐
                │    僧尼    │   │    村民    │
                └────────────┘   └────────────┘
```

  1932年6月24日政变以后，泰国的政体改为君主立宪制，实行西方式的议会民主制。政体的改变，导致对僧伽管理制度的改变。为了反映和照顾一部分遭受不平等待遇的僧侣对民主和平等的要求，1941年的《僧人条例》应运而生。这个条例获得国会通过，并正式取代1902年的《僧人条例》，成为僧伽的宪法。这个条例的重要性在于，它在不违背僧伽戒律的情况下，尽可能多地将对僧伽的管理与国家的政治统治融合起来。也就是说，僧伽也像世俗一样实行行政、立法和司法三权分立，像世俗政权一样设立国会、内阁总理和司法三个部门，只不过名称稍有不同罢了。僧伽的议会称为大长老会议，内阁总理成为僧伽内阁，司法称为僧伽总监。僧伽管理被有效地纳入从中央到地方的行政官僚机构统治之中，政府可以毫不费力地指导僧伽行动，并对其进行管理和约束。僧伽的管理，如图所示：

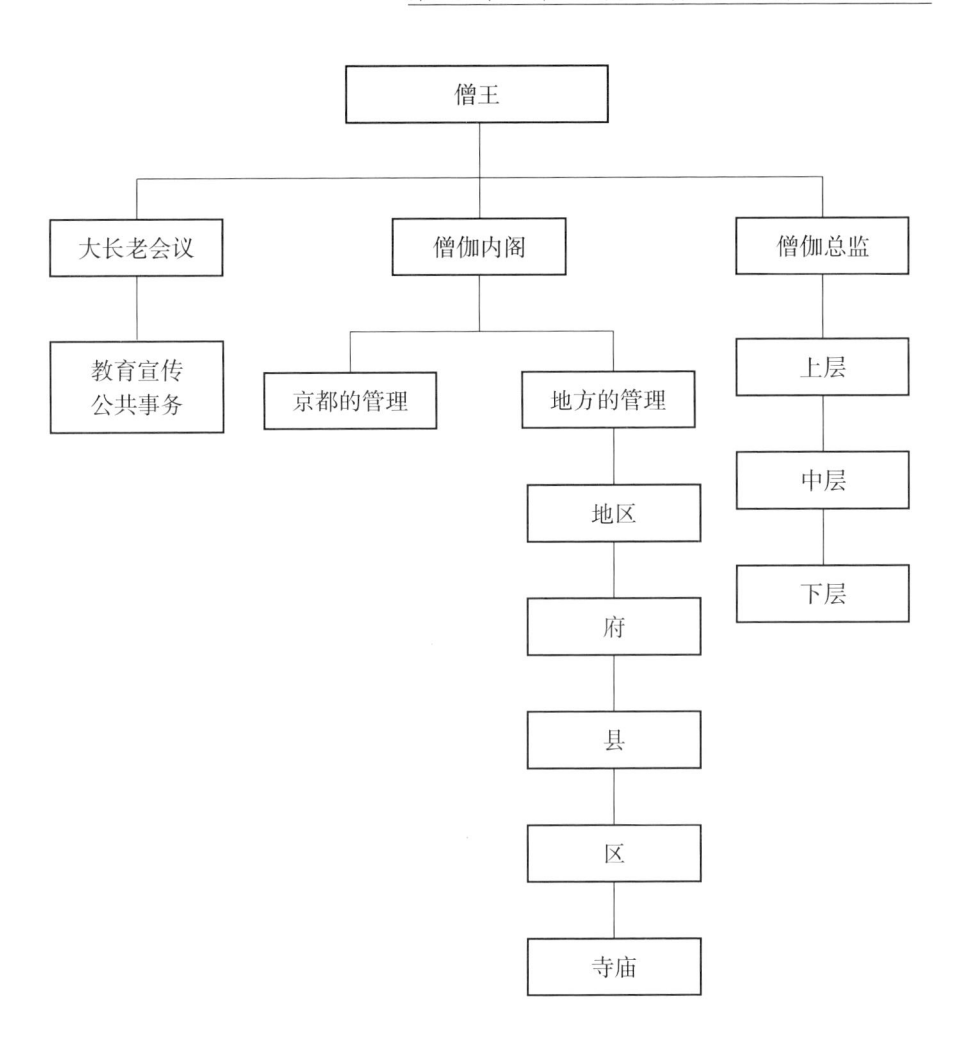

第七章　第一次世界大战前后的泰国

```
                    僧王
         ┌───────────┼───────────┐
     大长老会议    僧伽内阁      僧伽总监
        │         ┌───┴───┐       │
     教育宣传   京都的管理 地方的管理  上层
     公共事务              │        │
                          地区      中层
                           │        │
                           府       下层
                           │
                           县
                           │
                           区
                           │
                          寺庙
```

1941年版的《僧人条例》希望大宗派和法宗派两大佛教派别能在8个月内实现合并统一,结果事与愿违,两派非但没有统一,而且矛盾越演越烈,以至于后来不得不推出1962年版的《僧人条例》。

1962年正是沙立·他那叻(Sarit Thanarat)担任泰国总理时期,他颁布新的《僧人条例》的目的是使僧伽管理符合当时政府所执行的内外政策。因为沙立·他那叻执行的是军人专制的独裁统治,不需要搞什么三权分立,因此取消僧伽内阁和僧伽总监,把行政、立法和司法的权力统统归给僧王和大长老会议掌握,僧王任大长老会议主席,委员由僧长担任,计6名。其领导关系如下图所示:

```
┌──────────────┐
│     僧王     │
└──────┬───────┘
┌──────┴───────┐
│   大长老会议  │
└──────┬───────┘
┌──────┴───────┐
│    大长老    │
└──────┬───────┘
┌──────┴───────┐
│   地区长老   │
└──────┬───────┘
┌──────┴───────┐
│    府长老    │
└──────┬───────┘
┌──────┴───────┐
│    县长老    │
└──────┬───────┘
┌──────┴───────┐
│    区长老    │
└──────┬───────┘
┌──────┴───────┐
│  寺庙住持长老 │
└──────────────┘
```

1962年版的《僧人条例》最突出的特点是，集中了僧伽的权利，并把它置于相应的各级政府机构的控制之下。正像西方学者苏克萨姆兰在《东南亚的政治佛教》一书中所说："僧伽和政府无论是在高层次还是低层次都合为一体，政府可以在高层次的行政事务上控制僧团的方针的行为。"

僧官制度的建立和健全，无疑是使泰国佛教走向政治化的一项重大举措。而僧官的选拔，则又跟教育和考试制度密不可分。因此，在推动佛教走向政治化的过程中，泰国历代政府都十分重视教育和考试等问题。

古代泰国的教育，从一开始就跟寺庙结下不解之缘。泰国没有中国古代那种私塾。寺庙就是一所学校，识字的僧侣就是老师。这是因为泰人普遍信仰佛教，每个村庄起码有一座寺庙，僧侣往往是村里最有文化知识的人。所谓教育，就是师傅带徒弟式的教育。现代意义的学校，是到拉玛五世时期才出现的。1871年，拉玛五世在皇宫里创办了第一所学校，让王室和贵族子女就读。1889年建玫瑰园侍卫学校（后发展为朱拉隆功大学）。次年又建一所地图测绘学校。1885年,民间也办起了正式的学校,玛罕帕兰寺的学校是泰国第一所平民子弟就读的学校。到1887年,全泰国共有35所学校,教师81人,学生1 994人。在世俗教育发展的同时,也办起了僧侣的学校。1889年办玛哈达学院(即后来的朱拉隆功佛学院)。1893年办玛哈蒙固佛学院。泰国采取的是世俗教育与僧伽教育同步发展的政策,以此来适应培养世俗官吏和僧官的需要,为支撑政权和僧权这两根重要支柱提供人才储备。

阅读巴利文贝叶经的僧侣

1932年的政变改变了国家的政体,实行西方式的三权分立和议会民主,是一种普遍受到欢迎的办法,因为它给每个人提供了平等竞争的机会。这种办法也被用于僧官的选拔。僧官的考试制度经过历代的修改,到拉玛九世时期趋于完善。1944年,泰国教育部制定了僧俗学位对比的规定,某等僧爵相当于某等文官。比如说,巴利文和佛学的9段学位,相当于一等文官的第3级;巴利文和佛学的第6、第7、第8段学位,相当于完成高等教育,并有资格被挑选为法师;第5段学位相当于高中学历,可以参加3等文官1—3级的考试。另外,获得3等以上僧爵的僧人,有资格担任小学老师;获得3段以上僧爵的人,有资格担任中学老师。老师也属于文官。因为泰国的僧人随时可以还俗,所以僧人除了可以由僧官的途径晋升外,还可以走世俗文官的途径。

僧伽学子

至此，泰国的佛教顺利地完成了它的政治化的进程。佛教与政府成为国家政治统治不可缺少的僧俗两大支柱。

芸芸众"僧"

作者点评：

    第一次世界大战是帝国主义国家为了重新瓜分世界而进行的一次世界规模的战争。第一次世界大战于1914年爆发，历时4年又3个月。战争的结果是德、奥、意三国同盟战败，德国割地赔款，奥匈帝国瓦解。英法虽然战胜，但元气大伤。只有美国发了财，一跃成为经济强国。

    第一次世界大战前后的暹罗，正值拉玛六世和拉玛七世统治时期。拉玛六世继续深化拉玛五世的行政制度改革，首先建立"猛虎团"和童子军，把对成人和小孩的军事训练普及到一般民众中。为了强化封建君主专制政体，大力培训各类人才，进一步开办各级教育事业。1916年创办了文官学校；同年，又创办了朱拉隆功大学。1921年颁布初级义务教育条例，增加从平民中择优录取出国留学生的名额。此外，还明令禁止花会及番摊赌博，发展合作化事业，完成自来水建设，设立新式医院，办储蓄银行，颁行皇统法，订立《姓氏条例》、《征兵条例》和《国民教育条例》，改用三色国旗，整顿陆军和海军，新设空军，等等。由于拉玛六世推行一系列的深化改革措施，暹罗内政呈现较好的局面。

在外交方面，暹罗面临的外交形势十分严峻，如何与西方国家周旋，考验着国家领导人的政治智慧。拉玛六世青年时期曾在英国求学，对英国有着较深的感情。但由于英法两国对暹罗国土的蚕食侵略，使暹罗人民对英法不满。加之，军中有一股强大的亲德势力。因此，在第一次世界大战爆发之初，暹罗发表了《中立宣言》。对此，德国感到满意。1917年7月，当暹罗抗议德国无限制的潜水艇战争而遭到德国傲慢拒绝时，拉玛六世便于7月22日发表对德宣战声明。由于暹罗加入协约国一方，战后获得了战胜国待遇，不但得到德国价值几百万英镑的物资作为战利品，还使德国和奥匈帝国放弃原先在暹罗享有的特权。暹罗于1920年1月10日成为国际联盟的创始国之一。战后几年间，暹罗作为主权国家先后与美、日、法、英等国废除旧约。所有这一切，皆得益于拉玛六世在第一次世界大战中灵活自主的外交策略。

拉玛七世是暹罗最后一位封建君主专制的国王。他学习和借鉴英国的文官制度，于1928年颁布暹罗历史上第一部《文官条例》，开创了通过考试择优选拔官员的新时代。如果说，《文官条例》主要是针对世俗官员进行选拔和管理而制定的条例的话，那么《僧人条例》则是为出家僧人量身定做的僧官选拔和管理条例。1902年颁布的第一部《僧人条例》，以法律的形式将僧伽管理纳入法制的轨道。1932年6月24日政变以后，泰国改为君主立宪制，实行西方式的议会民主制。政体的改变，导致对僧伽管理制度的改变。1941年的《僧人条例》成为僧伽的宪法。它在不违背僧伽戒律的情况下，尽可能多地将对僧伽的管理与国家的政治统治融合起来。僧伽也像世俗一样实行行政、立法和司法三权分立。1962年颁布新的《僧人条例》，目的是使僧伽管理符合当时沙立·他那叻执行的军人独裁统治，不需要搞什么三权分立，因此取消僧伽内阁和僧伽总监，把行政、立法和司法的权力统统归给僧王和大长老会议掌握。至此，泰国的佛教顺利地完成了它的政治化的进程。佛教与政府成为国家政治统治不可缺少的僧俗两大支柱。

第八章 1932年政变和君主立宪制的确立

一、1929—1933年的世界经济危机对暹罗的冲击

1929—1933年，资本主义世界爆发了一场席卷全球的严重的经济危机，出现了前所未有的大萧条，经济活动远远低于正常水平，社会陷于悲观绝望的境地，供给与需求、生产与销售之间出现了不可调和的矛盾，是导致这次世界经济危机的根本原因。社会财富分配不均，工农群众购买力不足，导致了生产过剩。股票投机，过度的信贷消费，造成了市场供需矛盾。1929年10月24日，美国华尔街股市的崩盘，标志着经济危机的爆发。危机期间，为了保持商品的价格，维持利润，资本家不惜大量销毁商品。这次经济危机的特点是，影响范围广，持续时间长，破坏性极大。整个资本主义世界的工业生产下降1/3以上，贸易额缩减2/3。经济损失达2500亿美元，比第一次世界大战造成的损失还多800亿美元。经济危机带来了政治危机。

世界经济危机对于第一次世界大战后才刚刚被纳入资本主义世界经济体系的暹罗来说，无疑是一个沉重的打击，它给暹罗的社会经济生活不可避免地带来严重的破坏性的影响。暹罗是一个传统的农业生产国，大米是主要的出口产品，是国家财政收入和出口赚取外汇的主要来源。大米收成的好坏和出口量的多寡直接影响着国民经济的收入。在世界经济危机的冲击下，世界市场对大米的需求量骤减，米价也急剧下降。在正常年景时，暹罗大米对外出口的份额比例是：香港占40%，新加坡占27%，欧洲占8.5%，日本占7.5%，荷兰占6.2%。除欧洲和日本外，几乎大部分大米都直接输出到大英帝国的殖民地和半殖民地。而这些地区则是世界经济危机的直接受害区，经济萧条，失业率增加，购买力急剧下降，米价也随之下跌。就暹罗一级大米的价格来说，1930

第八章 1932年政变和君主立宪制的确立

年6月每担可卖至9.48铢,1931年5月跌至5.79铢,同年11月更跌至4铢。再以曼谷输出国外的大米出口量和价格来计算,世界经济危机前1928年输出量为1 669 000吨(价值2.186 39亿铢),每吨售价131铢;1929年输出量为1 148 000吨(价值1.435亿铢),每吨售价125铢;1930年输出量为1 019 000吨(价值66 235 000铢),每吨售价跌至65铢。也就是说,每吨售价与世界经济危机前相比,下跌超过50%。再来看素有"暹罗粮仓"之称的红统府,当时有2万户、10万人口,该府农民1929年出售1车大米(等于200公升,下同)可得60—80铢,同年10月跌至50铢。1930年3月为32—35铢;1931年10月跌至28铢,比1929年10月猛跌了44%。到1932年4月,米价更跌至24—26铢,比正常年景下跌60%—70%。该府是个地少人多的省份,大多数农民每户约占耕地20莱。1931年,如果按公价每莱约6.25铢来计算农业收入的话,那么占地20莱的农户当年农业总收入为125铢;而在世界经济危机前的正常年景,则可挣得400铢。1931年与正常年景相比,平均占地20莱的农户减少收入285铢。如果从该府不同类型农户生活费开支的差别来计算的话,那更能说明问题。就1932年年初来说,手头宽裕的农户(仅占该府农户总数的8%)开销是250铢,正常年景是400铢,平均下降幅度为37%;中等水平的农户开销为130铢,正常年景是250铢,下降幅度48%;收入低的农户开销是60铢,正常年景为20铢,下降幅度50%。素有"暹罗粮仓"之称的中部平原,在世界经济危机期间,农民生活水平尚且大幅度下降,那么自然条件比较恶劣、交通不便和生产落后的东北部地区的农民,其生活状况则更是难以想象。

除大米价格下跌外,其他几种传统出口产品,诸如柚木、大锡和橡胶的出口价格也一路下滑。1929—1930年度与1930—1931年度相比,柚木出口量从74 367吨(价值11 218 773铢)减至66 087吨(价值9 738 248铢);锡的出口量从256 873担(价值22 638 282铢)下降到191 219担(合16 852 208铢);橡胶的出口量从5 027 159担(价值2 956 485铢)减至3 948 489担(价值1 235 647铢)。

勃拉差亲王在其1932年4月25日的《大萧条时期对泰国农民社会经济影响》报告中,在列举了红统府米价下跌给农民生活造成严重后果的同时,还对好几种影响农民生计的经济作物,诸如甘蔗、棕榈糖、豆类、芝麻、玉米、黄瓜和西瓜等作物的当年时价与正常年景作了比较,其下跌幅度最小为33%,最高则达85%。由此可见,在世界经济危机的冲击下,暹罗农业经济濒临崩溃。

暹罗广大农民除了要承受"米贱伤农"的沉重打击外,还要承受政府加给他们各种苛捐杂税的负担。暹罗政府为了弥补因世界经济危机而出现的巨额财政赤字,在旧税之外又不断增加新税。这段时期土地税提高了9%,房产税提高了7%,又增收薪俸税、火柴税和印花税等。在红统府,种甘蔗比种稻米所课的税率还高,收割甘蔗时征税10%,榨成糖时又再征税10%,共征税20%。而对进口糖却只征3%的税。暹罗蔗农的负担何其重也。除大米外的多数农产品都是按10%税率征收,沉重的赋税直接影响了暹罗经济作物的扩大再生产。

米价下跌和沉重赋税使暹罗农民生活陷于绝境。即使最富庶的红统府,不少农民也不得不背井离乡,外出到城镇当裁缝,或经营手工编织业,借以养家糊口。这种"弃田不耕"的现象,在1932年民党发动政变的《宣言》中也曾提及。

广大农民为了维持生计,不得不以年息30%—36%,甚至高达60%—120%的利率向高利贷者借贷。根据金麦曼1930—1931年的调查,暹罗中部平均每一农户的负债额为190铢,北部为30铢,南部为10铢,东北部为14铢。在商业比较发达而又土地肥沃的中部平原,负债额最高,100家农户中就有49家负债。红统府40%—45%的农户靠借债度日。不少农民被迫将其仅有的份地抵押给高利贷者和地主。据不完全的资料统计,1928—1929年度,农民抵押的份地为338莱,抵押款为14 789铢;1929—1930年度,农民抵押的份地增至1 274莱,抵押款39 463铢;1930—1931年度,农民抵押的份地增至43 290莱,抵押款1 485 314铢。因为在萨卡迪纳制度下,农民分的份地是不可以出售的,只能进行抵押。否则,农民的份地都会被卖光。

在农业不景气的同时,工业生产特别是民族资本的工业生产几乎陷于停滞状态。自1855年英暹签订《鲍林条约》以后,暹罗经济被纳入世界资本主义经济体系,成为西方资本主义国家特别是英法两国的原料供应地、商品推销市场和资本投资场所,使本国民族工业的发展受到诸多限制。一方面,民族资本由于资金短缺,对那些与外国银行有直接联系的高利贷资本、外国银行和外国的垄断企业,在财政上处于严重依赖状态。这样,外国资本便可通过资金借贷等途径,迫使暹罗的民营企业,诸如采矿公司、锯木厂和碾米厂等,屈从于外国资本。另一方面,在暹罗现存的封建君主专制政体下,封建剥削关系严重妨碍了国内劳动力市场和商品市场的扩大,在一定程度上限制了暹罗民族工业的发展。与此同时,暹罗民族资本家与封建土地所有者往往有着千丝万缕、难于割舍的联系,形成先天的依赖性和软弱性。只有那些能为商业性出口服务、能为外国垄断资本捞取巨额利润提供服务的企业,才有可能得到畸形的发展。随着大米商品性生产的发展,为大米加工服务的碾米业如雨后春笋般出

第八章 1932年政变和君主立宪制的确立

现。1927年暹罗共有200家碾米厂,到1930年已增加到500家,其中在曼谷就有71家大型碾米厂。这些碾米厂多数是民族资本投资经营,尤以华侨资本为主。因为暹罗历届政府都没有将华侨当作外国人,而是视华人与当地人无异。

又据詹姆斯·英格拉姆统计,大米、锡、柚木和橡胶四大传统出口商品在对外贸易总额中占80%。1925—1926年度,大米出口占68.9%,锡占9%,柚木占3.7%,橡胶占2.3%。1930—1942年间,大米出口占65.4%,锡13.8%,柚木3.9,橡胶2%。同时,暹罗又是世界资本主义国家倾销商品的市场。他们将其生产过剩的轻工业品和食品大量输入暹罗,纺织品达到暹罗进口商品的60%—80%。从英国所属殖民地和半殖民地国家输入的糖、炼乳和面粉等食品占进口商品的19%。这些进口商品严重冲击了暹罗本国的民族工业。必须指出的是,上述的各种进出口商品,因受世界资本主义市场供求关系和价格政策的制约,暹罗经济难免被打上半殖民地的烙印。

英国垄断资本通过设在暹罗的各大银行的分行、各企业公司,以及它们在新加坡和香港的代理商,用不等价交换的剥削手段在暹罗大肆敛财。以大米出口为例,新加坡和香港代理商用船直接从曼谷或暹罗其他港口装船外运。按照合同,大米一旦装上船后便按出口货单向银行折算泰币,新加坡或香港的商行可在18天内向银行分行以美元结汇,而银行则给予其一个月内清算的优惠条件。这样,代理商便可以用多出的12天时间,静观市场行情,按市价涨落重新进行决策。同时,他们还得到卖方同意的预付款低于米价20%—25%的便利。这样,代理商处处占便宜,暹罗米行做一单生意就要损失3万—4万铢。

柚木、大锡和橡胶的生产和销售同样被英国垄断资本所控制。1928年,有60家英国及与英国有密切联系的澳大利亚公司在暹罗开采锡矿,其中有25家加入"暹罗矿业公司",拥有实际资本5 000万铢(折合450万英镑)。1929—1930年度,英国垄断资本采掘了132 700担锡矿砂,而当地资本的采掘则是124 000担。在20世纪二三十年代,暹罗北部柚木采伐业,几乎全被外国资本所控制,他们在那里有33处租让地。1924年,6家外国公司(其中英国4家、法国1家、丹麦1家)在伐木业中共投资300万英镑。外国资本通过定期30年的长期租让形式,控制了暹罗柚木采伐业的85%,当地民族资本仅占14%,而暹罗官方林业局只控制1%,森林采伐权几乎丧失殆尽。正当英法垄断资本在暹罗经济生活中占据优势地位的时候,美国和日本垄断资本也想来利益均沾。一些与美国垄断企业有联系的外国技术专家,纷纷前往暹罗勘探锡矿。美国洛克菲勒财团也拨出巨款,在"援助"的幌子下,渗透到暹罗的航空、公共卫生和高等教育事业。日本为了打入暹罗市场，在1927年建立了"日暹协会"。日俄战争结束时，日暹贸易额每年不过23万日元，而到20世纪30年代增加到1 684万日元。

　　暹罗广大工人也逃脱不了世界经济危机冲击的厄运。暹罗工人与世界其他殖民地和半殖民地劳工一样，同处于没有法律保障、劳动强度大、劳动时间长、工资收入低，经常为失业所困扰的恶劣生活环境之中。在世界经济危机的影响下，失业现象更为普遍，据暹罗内政部对华侨搬运工的一次抽样调查表明，仅在曼谷一地，就有4 267名搬运工失业。正如民党在政变宣言中所指出的那样："多数人产生失业的恐慌，连毕业后的学生也不免要忍饥受寒。"

　　居住在城镇的中下层文武职员，其生活境况也好不了多少，他们深受简政、裁员、减薪和增税的威胁。工农业生产不景气直接造成了暹罗政府财政上的困难。1931年3月，暹罗财政大臣声明，政府预算赤字高达1 100万铢。暹罗国王拉玛七世采取各种办法紧缩政府开支，削减各个部门经费，国王本人也自愿将王室的开支从600万铢减少到1931年的500万铢和1932年的300万铢。同时，暹罗政府继续向西方国家借外债，至20世纪30年代前，暹罗政府所欠外债已达1 363万英镑。暹罗政府还靠简政、裁员、减薪和增税的办法，以救燃眉之急。在中央，把原有的12个部裁并为9个部。在地方，裁并了4个省和9个府的行政设置。从1930—1931年度至1932—1933年度，裁员5 963人。1932年6月24日政变以前，仅曼谷一地便有被裁的军官500人、文官1 000多人。政府还对政府官员和私人企业雇员的收入课以6%—20%的所得税，而王室贵族和高级官吏则依然过着骄奢淫逸的生活。在暹罗政府和军队供职的中下级职员早就对王室贵族和高级官吏的特权十分不满，加之政府又采取这些损害他们切身利益的措施，从而把他们推向参与政变的行列。

　　上述种种情况说明，在世界经济危机冲击下，暹罗国民经济受到了严重的打击，工农业生产陷于停滞不前的状态。广大工农群众生活每况愈下，中下层官吏的不满情绪正在滋长，社会矛盾不断激化，封建专制政体已处于深刻的政治危机之中，催生了1932年6月24日的政变。

二、1932年6月24日政变

　　经济危机必然演变为政治危机。1929—1933年的世界经济危机直接导致了暹罗1932年6月24日的政变。

第八章 1932年政变和君主立宪制的确立

早在拉玛五世时代，暹罗王室曾派出一个由11人组成的考察团，其中包括4位亲王，出访考察欧洲。考察团回国后曾于1886年向国王拉玛五世提出效法西方实行立宪议会制的建议，由于当时条件尚未成熟，这个建议没有实行。随着后来出国留学生名额的增多，平民子弟出国留学的机会也有所增加。1930年，暹罗在国外的留学生人数已有数百人，其中在英国200多人，在美国50人，在菲律宾25人，在法国40人，此外还有学生在德国、比利时、瑞士、丹麦和法属印度支那留学。这些人接受了西方的民主思想，对旧的君主专制统治深感不满。留学法国的暹罗学生经常利用暑假联络留学欧洲国家的同学到巴黎聚会，商讨时局，表达推翻君主专制政体、实现君主立宪制的强烈愿望。这些出身于中产阶级和下级官吏家庭的留学生，学成返国后大都在曼谷的军政界任职，并且于1927年组成民党。

民党是泰国历史上第一个资产阶级政党。民党从建立伊始就存在着党内两个派别的斗争：一个是以青年法学家比里·帕侬荣（Pridi Banomyong）为首的左翼，称为"革新派"；另一派以出身于高级军官家庭的陆军上校披耶帕凤（Phraya Phahonphon Phayuhasena）为首的右翼，即所谓的"军事派"。

民党革新派领导人比里·帕侬荣（爵名銮巴立·玛奴探），1900年5月11日出身于泰国故都大城府一个小商人家庭，父亲名叫乃祥，母亲囊洛赞。比里·帕侬荣幼时在乡村教师乃盛家中学泰文，后又转入銮巴尼家继续学习，学前教育基本上达到能读会写的水平后，正式进入县办越洛小学读书。小学毕业升入瓦丙乍玛波匹中学，后又转入格隆浩模范中学，中学6年毕业后，又到当时泰国最好的曼谷玫瑰园中学进修6个月。此后便回乡务农。1917年他考入司法部辖下的法律学校，后并入法律学研究生院攻读法文，以司法部法籍顾问E.拉狄格尔为师。1919年通过法律学士学位答辩，但因当时年纪未满20周岁，被拒绝领取文凭，直到翌年才正式取得学士资格。1917—1918年，他任春蓬府首席法官，并在陆军军法所助理所长的律师楼当二等文书。1919—1920年，进入刑法处

比里·帕侬荣

当一等文书,获准出任某些案件的特许律师。

1920年8月,比里·帕侬荣被司法部选派为官费留学生前往法国攻读法律。他抵达法国后,先在冈市中学补习法文,继而在国际师范学院秘书长雷本诺教授处补习,而后进入冈市大学法律系学习,取得法律学学士学位。接着进入巴黎大学深造,1927年取得法国国家级法律学博士学位,同时取得法国经济学高等文凭。他在法国学习了6年半时间,学业成绩十分出色。

1924—1925年间,比里·帕侬荣与暹罗公使馆临时管辖下的留法、留瑞士的泰国学生,共同组织了一个团体"暹罗知识分子团结互助会",他被选为第一任秘书长。1925—1926年被选为主席,蝉联两年。

1928年7—8月间,暹罗知识分子团结互助会在察得烈镇举行年会。会上,理事会安排了一系列"炮轰"泰驻法公使的演说,因为泰国公使干了许多不合情理的事情。比里·帕侬荣建议年会讨论有关发放留学生"零用钱"和生活费用的问题,因为当时法郎贬值,留学生没能拿到应有的数额。比里·帕侬荣作为即将取得博士学位的老资格留学生,领到的钱也比其他同学多,由他出面提议讨论留学生经费发放的问题比较合适。比里·帕侬荣提议上书泰国公使,请公使馆按照曼谷拨给的预算,用英镑发放留学生经费。公使接到留学生的上书后,不但不予解决,反而电告外交部,建议上奏国王,紧急谕令将比里·帕侬荣召回泰国。理由是比里·帕侬荣的行为实为煽动留学生要求增加助学金,无异于工会领袖之作为。比里·帕侬荣和留学生们不服,也上书国王,提出对公使的反驳。泰国外交大臣随后复电驻法公使,称国王认为,暹罗知识分子团结互助会煽动留学生无视纪律,不信任公使,比里·帕侬荣对此应负主要责任,应调回国。但紧接着,外交大臣又发去另一封电报,称比里·帕侬荣的父亲为了此事也上奏国王,请求让比里·帕侬荣推迟回国日期,待取得博士学位后再召回国。国王谕令照准,唯要求比里·帕侬荣向公使赔礼道歉,并保证以后要服从公使的领导。

1927年2月,比里·帕侬荣与6位好友巴允·帕猛蒂中尉、波·奇达讪卡中尉(即銮披汶·颂堪)、达沙耐·密博里少尉、大·拉帕努功、銮是里叻察迈蒂和涅·帕亨裕在巴黎召开第一次会议,筹备组织民党,试图将暹罗的君主专制政体改变为君主立宪制,即以国王为国家元首的民主制度,同时确定了民党的六大纲领:捍卫民族独立,维护国家安全,发展经济以改善民生,争取人民的平等权利,开放人民的自由,让人民受到充分的教育。会议结束后,比里·帕侬荣启程回国,其时他已拿到博士学位。

第八章 1932年政变和君主立宪制的确立

1927年比里·帕侬荣就任司法部法官。在此期间,他曾接受涉外法庭检察官训练6个月,接着又为大理院草拟终审结案判词6个月,然后就任司法厅助理秘书。与此同时,他还在司法部法律学校教授法律课,他十分注重提高学生的民主意识,在学生中深孚众望。此时,他获得了"銮巴立·玛努探"的封爵。

比里·帕侬荣是民党中少壮革新派的思想领袖。后来民党的政变宣言、施政纲领就是由他主持草拟。这一派代表了小资产阶级知识分子、中小官吏和农民利益,民党的口号和纲领主要反映了这一派的主张。

另一派以出身于高级军官家庭的陆军上校披耶帕凤为首,是民党的右翼,即所谓的"军事派"。这一派是1932年政变的铁腕人物。他们熟悉军政事务,职位较高。他们把世界经济危机冲击下暹罗社会出现的政治经济危机,归咎于君主专制政府中那些身居高位的亲王们的颟顸无能。他们本身与封建旧官僚体制有着千丝万缕的联系,只是由于王室贵族和高级官吏大权独揽阻碍了他们的晋升之路,希望通过对君主专制政体的改革,分享部分权力。这些人平素牢骚满腹,一旦真正推翻封建专制政体时,他们又犹豫不定,有的甚至持反对态度。这就是为什么政变成功后又出现反政变的原因所

比里·帕侬荣

在。他们所具有的民主思想往往被忠君勤王的思想所局限。这些都说明了民党从一开始就不是一个团结一致的政党。但面对世界经济危机造成的严重形势,主客观的需要把他们暂时联合在一起,两者互相利用:左翼依靠右翼的军事力量及其在军队中的影响;右翼则借用左翼的斗争口号及斗争热情,这样就把政变提到了议事日程上。

以披耶帕凤、披耶嵩为首的8名陆军军官,以銮披汶·颂堪、銮达沙耐为首的23名陆军军官,以銮信颂堪察为首的18名海军军官,以比里·帕侬荣为首的65名文官,共计114名政变领导成员,多次召开秘密会议,共商政变计划。曼谷已处于政变前的临战状态。就在拉玛七世于1932年4月6日参加曼谷一世王大桥庆典的时候,已有人传出将会发生政变的信息,但内政部长洛坤素旺

215

亲王和曼谷警察总监披耶阿铁军却半信半疑,迟迟没有下令镇压。

1932年6月23日晚,杜拉拍奴功指挥参与政变的人员严密监视政府各要员的官邸,并将通往官邸的电话线切断。海军方面,则假借海军司令披耶碧猜·春禄滴海军少将名义,发布命令,要求全体海军官兵原地待命,准备镇压曼谷的华人骚乱(纯属子虚乌有的谎言),以麻痹那些忠于王室的海军军官。而参加政变的海军官兵则以此为掩护,暗中迅速组织约500名水兵,于6月4日前赶到预定集合地点。政变人员还秘密取走了军火库的武器,控制了洛坤素旺亲王下榻的巡逻艇,不动声色地在曼谷市内湄南河游弋。而洛坤素旺亲王毫无觉察,他的一切行动都被严密监视着。海军中尉銮尼滴坤拉吉联合与在邮电局任职的巴允及另一官员宽·阿派旺率领一小队水兵占领了邮电局,控制了首都的邮电通信。

6月24日凌晨5时,一支由政变军官组成的武装队伍向曼谷第一近卫骑兵团驻地进发,不到半小时,便兵不血刃地解决了被视为政变最大阻力的这个近卫骑兵团。随后,在銮达沙耐陆军少尉的率领下,乘装甲车火速奔赴大皇宫,以配合其他政变部队完成政变计划:占领曼谷铁路局、中央车站、无线电台和其他重要据点。

与此同时,一批陆海军官率领政变部队逮捕了当时政府中最有权势的洛坤素旺亲王和陆军总参谋长披耶实哈乍·滴春差陆军中将,同时被捕的还有正在宫里试图对抗的警察总监披耶阿铁军。至清晨,所有在京的政府官员和王室成员,包括丹隆亲王殿下和皇叔腊尼萨亲王殿下,都被作为皇宫人质被政变部队押走。

这样,正如《曼谷每日邮报》1932年6月24日当天出版的报纸所说的那样:"还在黎明前的一个小时,一觉醒来曼谷便发生了一场兵不血刃而又事先未为人们觉察的、150年来最大的政治事件。"当披耶帕凤乘坐坦克出现在聚集于皇宫前的参与政变的陆海军队伍前时,人们齐声欢呼政变胜利。披耶帕凤当众宣布:民党夺取了政权。从此,民党成为暹罗正式合法的组织,并将组织民主政府以取代君主专制政府。

政变后的最初几天,政变人员成立了由民党领导人披耶帕凤中校、披耶嵩中校和披耶立中校为首的临时军政府。为了维持社会秩序和安宁,一方面,由披耶帕凤签署有关命令,宣布对过去凡是在旧政权任职官员的安全及其职位,新政府无意侵害。所有陆海军军人和雇员要维护法制和安全,以避免不必要的流血。一切政府部门继续行使其职权,玩忽职守者将严惩不贷。另一方面,

第八章 1932年政变和君主立宪制的确立

民党领导人在曼谷各阶层群众中展开广泛的宣传活动,解释他们的政变宗旨,并发表了比里·帕侬荣起草的长篇《政变宣言》。这篇宣言是民党的政纲,历数封建专制政权的种种弊端:

当今皇上刚接过其父王王位时,起初,人们期待着他会好生对待他的臣民。他们大失所望了。国王像以往那样凌驾法律之上,他没倾听民众呼声,而任命他的皇族和不称职的宠臣窃居高位,他让奸佞的政府官员滥用职权,在政府建设和买卖交易中收受贿赂,中饱私囊,挥霍无度。他许以皇族阶级高官厚禄和给他们以为所欲为地压榨老百姓的种种特权,他不按任何法度治理国家。结果,因经济不景气和人民陷于水深火热之中而致国家尊严蒙受耻辱,这已是尽人皆知的事。专制制度已到了无法救治这些弊端的时刻了。

宣言阐述了民党发动政变的目的:

此刻,人民和文武百官都认识到,既然原政府弊端百出,由业已夺得政权的民党组织政府是理所当然的事。民党主张,解决弊端的办法与其由一人说了算,莫如由一个集思广益的国会来治理更好。至于一国之君,民党则敦请当今皇上在行使宪法下继续秉政,因为民党此举并不在谋取王位。国王现在未经国会同意不能行事……

宣言还提出了民党的六大施政纲要:
(1)维护国家政治、司法及经济上之独立自主。
(2)维护国家安全,减轻刑法。
(3)制定保障民主之国民经济计划,务使每个国民有工做,不受饥饿。
(4)人民一律平等,贵族不得再享有比平民更多之特权。
(5)在不与上述四项相抵触的前提下,谋人民之自由幸福。
(6)人民有充分受教育之机会。

同时,民党采取软硬兼施的方法,力求国王妥协,以期取得国王对于政变合法化的承认。民党发出一封由临时军政府3位领导人签发的、敦请仍在华欣夏官避暑的巴差铁扑国王(拉玛七世)返京的信函,该函指出:

由陆海军军官组成之民党业已执掌了国家行政机构,洛坤素旺亲王殿下等王室成员亦皆为人质,若民党成员遭害,则身陷囹圄的众亲王亦会食恶果。民党丝毫无意以任何手段夺取王位,其主要宗旨在于实行宪政,因此我等欢迎陛下返京,在民党创立之君主立宪下继续作为国王进行统治。倘陛下在信到一小时内不接受我等之请求或不予答复,则民党将让另一亲王充当国王并宣布为之组成君主立宪政府。

6月26日,民党便收到了国王的电报,国王表示接受结束他的专制政权,实行君主立宪的建议,国王并于当天乘专车返回曼谷。旋即,国王接见了包括比里·帕侬荣、披耶巴塞和巴允在内的民党代表。国王对代表们表示了一番敬意,并谦恭地说什么"朕对民党之敬意在加深",推行宪政"实符朕意",只是他的政府中有人从中作梗罢了,还表示了对民党夺取政权的"非法行为"有宽恕之意。最后,国王在6月27日颁布的《临时宪法》上签了字。

由比里·帕侬荣主持制定的《暹罗临时宪法》共5章39条。《临时宪法》对国家政权的性质和组成、国王和国民议会的权限及职权都分别作了明确的规定。如宪法第1条就规定"国家之主权属于国民"。根据宪法规定,国王仍然掌握国家的最高统治权,但受到国会的一定限制。如国王关于国务的措施,须经国民议会委员的同意,并经其中之一人签字方能生效。国民议会有权创制一切法律,如国王不同意时,经国会审议后仍有权坚持该法律的效力。国民议会甚至拥有"审理皇帝违反法律之权限"。关于国民议会的议员,宪法规定:先由民党指定70人为临时议员,6个月内则按各府民党党员人数限额分配,加选与临时议员数目相等的议员。至迟在10年内,议员全部由选举产生。尽管宪法开宗明义第1条规定"国家主权属于国民",但对人民的基本权利,在全部39条中却只字未提。可见,《临时宪法》实际上是一部旨在确立君主立宪政体的宪法。

《临时宪法》公布后,民党指派70人出任临时议员,其中军官20名、司法官13名、行政官10名、律师5名、教育家5名、新闻记者4名、农业家5名、工商业者3名、其他5名。按照宪法所规定的程序,由临时议员选出15名委员组成国民委员会——内阁,以接替临时军政府。在内阁15个席位中,民党占13席。15名内阁成员是:披耶巴里差海军少将、披耶·玛奴巴功、披耶是威汕、披耶帕凤、披耶嵩、披耶立、拍巴塞、披耶巴蒙、銮披汶·颂堪少校、銮信颂堪差海军少校、銮巴立(比里·帕侬荣)、銮绿沙哈功、乃杜·帕拉努功博士、乃巴允中尉、乃纳·帕凤裕廷。在内阁会议上,国际法学专家、曾任上诉法院法官的披耶·玛奴巴功被选为过渡时期的内阁总理。从临时议员和内阁成员的组成来看，王室贵族成员在国会中已失去了席位，而非贵族出身的中产阶级代表的势力迅速增长，但与王室贵族有密切关系的元老政客，在内阁中仍占很大比例，国王宠臣、有复辟狂的披耶·玛奴巴功也被推上总理宝座。这就为后来的保皇派复辟留下了隐患。

三、保皇派的复辟及其失败

随着《临时宪法》的颁布，以披耶·玛奴巴功为总理的内阁取代了临时军政府，所有行政机关的官吏照旧任职，这是君主立宪派对保皇派所作的公开妥协和让步。

1932年6月28日的内阁会议，根据比里·帕侬荣的建议，成立了有比里·帕侬荣参加的9人制宪委员会，着手编制永久宪法。3个月后，《暹罗国宪法》经过3次修改最终定稿。12月10日，拉玛七世主持了宪法的颁赐盛典。这部宪法与《临时宪法》相比较，被明显地打上了保守势力的烙印。永久宪法对国王的权限作了新的规定，《临时宪法》对国王权限的约束几乎全部被取消，国王又可以凌驾于法律之上了。

《暹罗国宪法》规定：在符合宪法规定下，"国王行使国家主权"，"国王神圣不可侵犯"；国王兼任海陆空三军大元帅；有权解散国会；有权任命1/2议员；有宣布戒严、特赦、对外宣战、对外缔约的权力。宪法第52条还规定："若遇紧急事件，不能即时召开会议时，君主得颁行紧急法令，以应付时局，其效力亦等于法律……"《临时宪法》还标榜"国家权力属于国民"，而永久宪法却承认国王"朕的意志就是法律"，国王集立法、行政和司法三权于一身，而所谓国民议会，成了国王可以任意摆布的"民主"的点缀品。永久宪法给予了人民某些自由和民主的权利，但宪法墨迹未干，保皇派便在一片"防共"、"恐共"、"铲共"的叫嚣声中，大肆镇压民主运动，限制人民的言论和出版自由，严厉查禁书刊，禁止组织政党活动。所有这些都清楚说明，永久宪法所给予的民主和自由，从一开始便只是一纸空文。

永久宪法颁布后，对实行宪政本来就不满的保皇派，便迫不及待地向民党的立宪派进行反扑。内阁总理披耶·玛奴巴功公开投靠保皇势力，打击内阁中的民党成员。1933年3月，披耶·玛奴巴功下令禁止政府中所有文武官员参加民党，凡已参加者均应退出。民党的骨干在政变前后皆在军政界任职，这一命令对民党无疑是致命的一击。

内阁会议决定,委托比里·帕侬荣根据民党1932年6月24日政变宣言起草一份经济计划,并随即成立一个审核小组。1933年2月底,比里·帕侬荣完成了他的经济计划稿。在比里·帕侬荣看来,暹罗当时的社会经济制度是造成暹罗贫穷落后的根源。国家光有政治上的变化还不够,还得有经济和社会的变化,而要实现这种变化就得制定一个让每个公民都有生活保障的经济计划。比里·帕侬荣在他的经济计划中指出,现存的国家经济制度不能向民众提供一种免受饥馑的社会保障,也没有充分利用自然资源,从而使土地和劳力白白浪费,因此它是不能令人满意和没有什么效益的经济制度。比里·帕侬荣认为,政府应控制所有生产资料——土地、劳动力和资本,才能解决商品的产、供、销问题。政府可以通过按计划设立的合作社来进行各种经济活动,全体国民根据他们的经济活动特点成为各种合作社社员,而合作社社员则作为政府一名雇员向政府领取薪水。在他看来,只要在起调节机构作用的国家和起分配机构作用的合作社之间架起一条"天梯",只要所有暹罗人都加入了合作社,这样,无论穷人和富人就会进入他所描绘的经济蓝图中的"天堂"。至于实现计划的资金,他认为国家通过直接税和间接税、国内外贷款甚至发行国家彩券的办法,就不难筹措到大笔可观的资金。比里·帕侬荣的整个计划贯穿着这样一个思想,就是要使富人与穷人合作。他反对用强制性的措施消灭经济上的不平等现象,企图通过哲理教育,使富人和穷人从私有和公有财产的矛盾中得到和谐的统一。他教导人们:"从哲学的角度来说,利己主义思想教人只爱自己、自己的土地和财产。这与利他主义的思想是完全对立的。利他主义教人爱国家,爱他人。"在谈到"社会寄生虫"的问题时,比里·帕侬荣并没有把有产阶级视为社会寄生虫,而只是把那些不想通过艰苦劳动来改善自己的处境,而是靠别人施舍和怜悯而过活的懒惰的穷人视为"社会寄生虫"。他说:"在暹罗,有许多靠着别人而活的社会寄生虫……有许多靠富人怜悯而活的人……如果他们继续过这样的生活,他们将会变成懒汉……国家的生产就会衰退……因此,我们必须寻求一个办法,使这些社会寄生虫参加为国家造福的工作。"所以,在他的经济计划中的《社会保障法》规定:除了那些其资财足以养活其本人及家庭的富人外,凡年满18—55岁者,均应参加政府所给予的力所能及的工作。显然,社会上要消灭贫富悬殊差异,消灭社会寄生虫的现象,决不仅仅是靠找到或参加"一份力所能及的工作"就能解决的。他的经济思想无疑与空想社会主义思想如出一辙。比里·帕侬荣在谈到对外贸易政策

第八章 1932年政变和君主立宪制的确立

时,认为国家不能盲目地实行自由贸易政策,主张实行在不影响其他商品消费的前提下,决定进口清单,以保证进出口平衡的"经济民族主义"政策。尽管比里·帕侬荣所提出的这一整套经济发展计划是温和的,充满着空想社会主义的色彩,但仍遭到代表王室贵族利益的保皇派的激烈反对。保皇派认为比里·帕侬荣的经济计划触动了他们王室成员和贵族的利益,因此,围绕着这个经济计划书的斗争,使得保皇派与比里·帕侬荣其支持者之间的斗争达到白热化的程度。

比里·帕侬荣的经济计划虽然得到了审核小组多数成员的赞同,但送交内阁会议后,却遭到多数国务委员的反对。内阁总理披耶·玛奴巴功和其他保皇派,如外长披耶是威讪、国防部长披耶叻差旺讪中将等,都把这个经济计划污蔑为"共产党的计划"。他们还成功地把以披耶嵩为首的元老派的多数争取过去。在1933年3月初一次政变同仁讨论比里·帕侬荣经济计划的会议上,披耶嵩将这个计划定性为"共产主义",并怂恿与会者支持他的意见。比里·帕侬荣昔日的同僚披耶帕凤、銮披汶·颂堪和与会的其他一些少壮派军官,没有一个出面斥责披耶嵩,而是持中立态度。拉玛七世指派经济专家沙哥·瓦纳干·窝拉旺亲王组成14人的专门委员会,就比里·帕侬荣经济计划中的"共产主义"进行分析研究,但最后还是找不到足以定罪的根据。在由这位亲王主持的最后一次工作会议上,多数人认为比里·帕侬荣的计划还是可行的。但是,以披耶嵩和披耶·玛奴巴功为首的保皇派,坚持不肯接受比里·帕侬荣的经济计划。为了争取更多的人支持他们的意见,他们于1933年3月31日召开了国民议会。会议期间,披耶嵩以保护会议安全为由,派出一排士兵到会议厅,对每个与会者搜身,企图以武力进行威吓。一些议员对披耶嵩这种做法十分反感,起而抵制,使保皇派拟在会议上以多压少的企图宣告失败。

1933年4月1日,国务院总理披耶·玛奴巴功(Phraya Manopakorn Nititada)和部分国务委员联名奏请拉玛七世谕令解散"人民代表议会",删除宪法部分条文,让掌管行政的内阁拥有立法权。同时以内阁的名义颁布实施《1933年共产党条例》,指责比里·帕侬荣为共产党。拉玛七世颁布诏令,宣称"现有的国民议会本身已不能行使其社会职能,并构成对国家安全和人民福利的威胁",宣布封闭国会,裁撤国民委员会,另行委任民党在海军的一位领袖人物銮成差拉柿少校等18名委员组成新内阁。原先国会的民党文官议员比里·帕侬荣、銮绿沙哈功、乃杜·拍拉奴功博士和纳·帕凤裕廷等人被逐出国会。披耶·玛奴巴功继续任总理。4月2日,民党在拉玛七世的劝告下宣告解散。比里·帕侬荣于4月12日离开暹罗前往法国。4月19日,披耶·玛奴巴功新政府清洗了陆军中支持比里·帕侬荣计划的82名民党少壮派军人。4月20日,政府颁布《禁止共产条例》,规定:"共产主义理论系指任何鼓吹土地国有化,或工业国有化,或资本国有化,或劳动力国有化的理论。""凡以言论、文字、印刷品或任何其他手段鼓吹共产主义或共产主义理论者,将处以10年以下之徒刑或课以5 000铢以下之罚金"。4月21日,民党正式宣布改名为"民党俱乐部",其宗旨是"帮助公益事业,鼓励国家教育,联络团体"。事态的发展清楚说明,国家的政权已经重新落入以国王为首的王室贵族手中。保皇派的复辟阴谋至此完全实现,君主专制政体再度复辟。

在保皇派复辟活动甚嚣尘上的时候,以披耶帕凤为首的民党右翼,对保皇派采取了投降主义的立场。他们有的人与保皇派一起反对比里·帕侬荣的经济计划,有的人对保皇派的进攻持消极的中立态度,有的人则对新政府存在幻想。但保皇派咄咄逼人的复辟活动使他们的幻想很快就破灭了,复辟政府根本就不打算举行选举。于是,他们开始在军队里重新组织力量,密谋发动"护宪"政变。为了麻痹新政府领导人,1933年6月10日,披耶帕凤上校、披耶嵩上校、披耶立上校和拍巴塞中校等4名军官向复辟政府称病辞职。其实,他们正伺机密谋再次政变,6月20日黎明5时,大队配有坦克和重机枪的士兵和海军陆战队占领了曼谷所有战略要地。一支部队冲进大皇宫和政府领导成员的官邸,擒获了内阁总理披耶·玛奴巴功、国防部长披耶叻差旺汕和外交部部长披耶是威汕,政变宣告成功。6月22日,国会正式复会,会上决定取消国王4月1日的复辟诏令。6月25日,组成了披耶帕凤为总理的新的立宪政府。

保皇派不甘心失败,眼看在曼谷待不下去了,就跑到京畿外的阿瑜陀耶、沙拉武里、呵叻、乌汶、巴真、那空沙旺、华富里、彭世洛、碧差汶和暖武里等府,煽动这些地方的驻军,试图卷土重来。曾担任过国防部长的母旺绿亲王是保皇派武装的总头目。1933年10月初,母旺绿亲王潜逃到呵叻府,将该府驻军置于他的控制之下,呵叻成为保皇派的大本营。接着其他府驻军的指挥权也相继落入保皇派手中。披耶是实颂堪掌握了阿瑜陀耶的驻军,披耶社那颂堪率领北部几府的人马。10月11日,母旺绿亲王指挥保皇军从呵叻向曼谷推进,他们在披耶是实颂堪的配合下,次日早晨占领了战略要地廊曼机场,造成兵临曼谷之势。披耶是实颂堪签发了一份最后通牒,敦促新政府投降。10月13日下午,母旺绿亲王又发出第二份最后通牒,提出要严格遵守宪法、政府官员要依法行事和尊国王为国家终身元首等主张。新政府置之不理,并宣布凡

第八章 1932年政变和君主立宪制的确立

抓获母旺绿亲王者赏银1万铢；抓获披耶是实颂堪、披耶社那颂堪和披耶贴颂堪者分别赏银5 000铢。新政府于10月13日颁布戒严令，要求所有曾在部队服役2年的士兵重新归队。披耶帕凤通过电台发表演讲，重申国王仍是合法的政府首脑，敦请在华欣行宫的拉玛七世表明他本人对叛乱行动的看法。披耶帕凤的讲话得到了人民群众广泛的支持。

10月13日下午，由銮披汶·颂堪中校指挥的部队向曼谷北面的敌军进攻，经过近4天激战，大部分保皇军向呵叻方向溃逃，原来持中立的海军也正式表态支持新政府，原先支持叛军的部分头目也纷纷反正。10月23日，在一次交战中披耶是实颂堪被打死。母旺绿亲王见大势已去，于10月25日从呵叻逃到西贡。保皇派的军事叛乱遂告失败。

拉玛七世在复辟和叛乱事件中扮演了幕后支持者的角色，于1934年1月12日以医治眼疾为由，悄然离开暹罗，最后于1935年3月2日在英国发表了逊位声明。根据王位继承法，拉玛七世无后，由他的还在瑞士念书的侄儿阿南塔·玛希敦继任国王，是为拉玛八世。在这位幼君于1938年11月返国前，由拍翁昭阿特亲王、昭被耶戎吗叻亲王和昭披耶匹差然组成3人摄政委员会，代表国王行使职权。

披耶帕凤自1933年6月就任内阁总理以后，过了不久他便奏请国王委任比里·帕侬荣为国务委员，以协助处理国家事务。比里·帕侬荣遂应召携眷回国。1934年3月21日，比里·帕侬荣就任内务部部长，直至1937年8月9日。在任期间，比里·帕侬荣向国会提出《地方自治条例草案》，并获得通过，正式颁布为国家法律。他成立公共设施建筑所，在内地一些府建立医院和水坝，还建立"自新农场"，让刑满出狱的人有谋生场所。他向内阁提出建立法政大学的建议，并荣膺该校"创始人"（校长）长达18年之久。他还以内务部部长的身份出访法、意、德、美、

1934年拉玛七世在英国

法政大学比里·帕侬荣塑像

日等国,商讨废除这些国家与泰国签订的不平等条约。作为内阁总理的披耶帕凤,表面上虽然支持比里·帕侬荣的工作,但实际上他所代表的民党右翼的立场未变。他重申坚决反对共产主义,宣布"复辟政府"颁布的《禁止共产条例》继续有效。他还颁布新的《出版条例》,禁止报刊登载任何不利于公共秩序、社会道德以及反对与暹罗有邦交关系国家的言论。1934年6月的新版《增修出版条例》,更是强调对书刊报纸的审查,甚至连比里·帕侬荣的《暹罗统制经济计划之意义》一文也不许刊载。孙中山的《三民主义》一书被禁止出版。1934年9月内阁改组,銮披汶·颂堪担任国防部部长后,公开宣称暹罗必须摆脱对英国的依赖,主张效法日、德法西斯国家的军人专政。从1935年开始,暹罗派军官到日本培训形成常态化。日本军事顾问也渗透到暹罗的各个军事部门。政变后暹罗共有外国军事顾问23名,其中日本人就占了18名。1934—1935年间,日本军舰玖磨号和2艘练习舰先后访暹。1936年后的两年间,日本派出经济代表团和艺术代表团访问暹罗,暹罗也派出国会议员、外交部长、军务部长等高级官员出访日本。1936年3月,日本与暹罗签订了《日暹新约》。按此条约规定,允许日本人在暹罗长期居住,日本人在暹罗可进行宗教、教育和社会救济等活动,并享有购置和租赁房屋、工厂、仓库和店铺及租用

第八章 1932年政变和君主立宪制的确立

土地的特权。銮披汶·颂堪担任内阁总理期间，加紧与日本勾结，推行亲日媚日的外交政策，最终导致第二次世界大战时期銮披汶·颂堪政府被捆绑在日本的侵略战车上。

1938年12月—1941年12月，比里·帕侬荣出任銮披汶·颂堪政府的财政部部长，在任期内办了一些对国家和人民有益的事。比如，取消人头税、田地税，调整商品税率，对奢侈品增收间接税，建立《税务汇编》作为收税的依据，还将英美烟草公司收归国有。此事若办晚一步，日本将在第二次世界大战中强占该公司。比里·帕侬荣身为财政部部长，很有远见，他将暹罗国库中作为储备金的英镑拿去购买了100万盎司的黄金，作为国家货币储备金，避免了英镑贬值带来的巨额损失。比里·帕侬荣还创建泰国国家银行，获得通过，即刻执行。

民党内部以比里·帕侬荣为代表的左派和以披耶帕凤、銮披汶·颂堪为代表的右派，在共同联合完成了1932年革命以后，改变了暹罗的国家政体，实现了君主立宪制。但由于右派的软弱投降主义的错误，导致保皇派一度复辟。虽然在少壮派军人的参与下，通过军事手段粉碎了保皇派的复辟，但新政府内部的左、右派势力斗争一直没有停歇，随着某派力量的消长，暹罗面临不同的命运和前途。右派逐渐形成军人专制统治，并与日本勾结，第二次世界大战结束后与日本一样成为战败国；左派组织自由泰运动，与盟军协作，抵抗驻泰日军，最终拯救了泰国，抹去了与日本结盟的耻辱。第二次世界大战后泰国仍以一个独立主权国家的身份屹立于世界。

作者点评：

1929—1933年的世界经济危机的产生，是由于资本主义国家社会财富分配不均，工农群众购买力不足，导致了生产过剩。股票投机，过度的信贷消费，造成了市场供需矛盾。1929年10月24日美国华尔街股市的崩盘，标志着这场世界经济危机的爆发。照理说，经济危机是资本主义世界的事，怎么会影响到像暹罗这样经济欠发达国家？这是因为自1851年暹罗与英国签订《鲍林条约》以后，西方列强敲开了暹罗"闭关锁国"的大门，将其纳入世界资本主义经济体系，使之成为他们的原料产地和商品推销的市场。暹罗经济与西方经济已密切到这样的程度，西方感冒，暹罗就要打喷嚏。世界经济危机对暹罗的冲击很大，它给暹罗的社会经济生活带来严重的破坏，大米、柚木、橡胶和锡等传统出口产品严重受挫，工农业生产停滞，社会矛盾加剧。

经济危机必然带来政治危机。1932年6月24日发生的政变,就是暹罗经济危机和政治危机合力的结果。

1927年2月,留学欧洲的比里·帕侬荣与6位好友在巴黎组织民党,即暹罗历史上第一个资产阶级政党,目的是将暹罗的君主专制政体变为君主立宪制,同时确定民党的六大纲领:捍卫民族独立,维护国家安全,发展经济以改善民生,争取人民的平等权利,开放人民的自由,让人民受到充分的教育。暹罗王室送这些留学生出国的目的,原本是希望他们学习西方先进的科学技术以达到富国强兵的目的,没想到他们不但学了科学技术,也学了西方的政治理念和民主思想。所以,从某种意义上说,民党的出现,也是拉玛四世和拉玛五世改革继续深化的结果。

1932年政变推翻了暹罗传统的君主专制统治,实现了以国王为国家元首的议会民主制,颁布宪法,以法治国,消灭"一人说了算"的独裁统治,无疑是暹罗政治生活的一大进步。虽然一度发生了以内阁总理披耶·玛奴巴功为代表的保皇派的叛乱和复辟,但民党的少壮派军人还是通过武力控制了局面,捍卫了历史发展的潮流。

民党内部的左、右派之争,决定着暹罗的发展方向。以比里·帕侬荣为代表的左派提出一个让每个公民都有生活保障的经济计划,即政府通过按计划设立的合作社来进行各种经济活动,全体国民则根据他们的经济活动特点成为各种合作社社员,合作社社员作为政府一名雇员向政府领取薪水。尽管这是一个十分温和的带有空想社会主义色彩的计划,却被视为"共产主义"而遭到否定。以披耶帕凤和銮披汶·颂堪为代表的右派,则通过反共媚日而走上军事独裁的道路,在第二次世界大战中与日本法西斯沆瀣一气,几乎断送了暹罗。幸好比里·帕侬荣与暹罗驻美大使馆的一群工作人员发表声明,拒绝对美宣战,组织自由泰运动抵抗日本,才使暹罗在第二次世界大战后不至沦为战败国。

第九章 第二次世界大战期间的泰国

一、日本法西斯与第二次世界大战

第二次世界大战是继第一次世界大战以后人类历史上发生的最大规模的战争。以德、意、日法西斯组成的轴心国和保加利亚、匈牙利、罗马尼亚等仆从国为一方，以美、英、苏、中反法西斯同盟为另一方，进行了第二次全球规模的战争，先后有61个国家或地区、20亿以上的人口被卷入战争，战争中人员伤亡7 000余万人，财产损失4万亿美元。关于第二次世界大战爆发的时间，过去一般以1939年9月1日德国和苏联入侵波兰开始，导致英法向德国宣战。其实，第二次世界大战的爆发时间，应该上推到1937年7月7日日本发动卢沟桥事变，开始全面侵华战争，作为第二次世界大战爆发的开始。因为日本法西斯是第二次世界大战的主犯和元凶，是日本法西斯首先发动了对中国的侵略战争。中国人民的抗日战争是世界人民反法西斯战争的一个重要组成部分，中国战场与欧洲战场一样具有同等重要的地位，它拖住并消耗了日本法西斯的大量兵力。

日本法西斯在第二次世界大战中犯下的罪行罄竹难书。

日本在1937年制造了七七卢沟桥事变后，便兵分三路大举进攻中国华北。11月，日军占领上海。12月13日，攻下南京，进行了惨绝人寰的南京大屠杀，杀死30万手无寸铁的中国人民，南京城1/3的房屋被焚烧。在长达8年的抗日战争中，中国除了西藏、青海、西康、宁夏、四川、甘肃、陕西和新疆等8省外，其他省份皆遭受日本铁蹄的蹂躏，伤亡人数3 500多万，直接或间接的财产损失620亿美元。

日本提出建立"大东亚共荣圈"的主张，企图以联邦制的战略构想作为政治口号，建立所谓"日本与东亚与东南亚共荣共存的新秩序"。其范围包括中国、朝鲜、日本、法属中南半岛、荷属印尼、新几内亚等大洋洲,及澳洲、新西兰、印度及西伯利亚东部等地。在大东亚共荣圈中,日本本国与中国为一经济共同体,东南亚作为资源供给地区,南太平洋为国防圈。为了便于推行和实现大东亚共荣圈的美梦,日本内阁设大东亚省专司其职。1943年11月5日,日本首相东条英机与伪满洲国首相张景惠、伪南京国民政府行政院长汪精卫、泰国王子汪歪搭雅昆·瓦拉汪、菲律宾总统劳威尔、缅甸总理巴莫、自由印度临时政府首席代表钱德拉·鲍斯等共同召开大东亚会议,发表《大东亚宣言》。

日本推行大东亚共荣圈,打着"解放殖民地,相互尊重,彼此独立"的幌子,具有一定的迷惑性,但最终还是掩盖不了它侵略亚洲的罪恶目的。大东亚共荣圈里的独立国家,如汪伪政权和朝鲜等,实际是由日本军队掌控或部分掌控,是日本的傀儡政权而已,那里来的"尊重"和"独立"?

日本对东南亚重要的地理位置和丰富的自然资源早已垂涎三尺,希望通过南进计划占领南洋作为支持其侵略战争的基地。泰国是东南亚没有成为西方殖民地并在名义上保持独立的国家,拥有大米、橡胶、柚木和大锡等重要战略物资。泰国政府与英法等国素有矛盾,存在经济利益的冲突,这就使得泰国成为日本在东南亚的首要争取对象,把泰国变成日本的仆从国家,是日本实行大东亚共荣圈计划的关键。另一方面,1938年泰国右翼军人銮披汶·颂堪组成内阁,实行亲日媚日的外交政策。正所谓"瞌睡遇上枕头",两者一拍即合。第二次世界大战中日本法西斯与泰国銮披汶·颂堪政府开始搅和在一起,上演了一段很不光彩的历史。

二、战时銮披汶·颂堪政府及"大泰民族主义"

1938年11月12日,暹罗全国举行立宪革命后的第3次大选,这次大选共分9个选区,取得选民资格的人数为6 310 172人,但是实际参加投票的人数只有2 100 332人,占选民人数的35%。这次大选共选出议员91人,12月15日召开国会,推荐陆军上校銮披汶·颂堪出任总理。次日,拉玛八世阿南塔·玛希敦根据议长的呈请,下令委任銮披汶·颂堪(Plaek Phibunsongkhram)组阁,新政府于12月20日组成。銮披汶·颂堪是1927年2月在法国巴黎与比里·帕侬荣等留欧学生共同组建民党的6位发起人之一,当时他的军衔是陆军中尉。1932年6月24日政变,銮披汶·颂堪也是由陆海军军官和文员组成的114名政变领导人之一。在后来的反复辟斗争以及反复辟胜利后由民党组成的新政

第九章　第二次世界大战期间的泰国

府中,銮披汶·颂堪都发挥了重要的作用。此时,由銮披汶·颂堪上校出面组阁,意味着少壮派军人取代元老派军人执掌了政权。

銮披汶·颂堪一上台,就身兼总理、国防部部长和内务部部长等职,集军政大权于一身。在他的32名内阁成员中,参与发动1932年政变的领导成员占了30名,其中陆海军军官又占了12名,算得上是一个不折不扣的军人政权。当然,1932年政变时有影响的代表人物,也被纳入新政府的内阁中,比里·帕侬荣任财政部部长,銮探隆·那瓦沙瓦任司法部部长,宽·阿派旺任教育部长助理。

銮披汶·颂堪政府首先推出了一项令人瞩目的国家主义政策,又称"大泰民族主义"。为了宣扬和执行国家主义政策,从1939年6月至1942年1月,先后颁布了12个政府通告。这些政府通告,又叫《国民条例》,是国家对每个国民提出的要求,也是每个国民必须遵守的思想和行为准则,企图通过创建一些新的政治和文化观念来改造泰国社会。

第一个通告于1939年6月24日正式颁布。通告称:确定国家的名称应与种族的确切名称和泰族人民的喜爱相一致,因此,(1)泰语,国家、民族和国籍的名称应为"泰"。(2)英语,国家的名称应为"Thailand",民族和国籍的名称应为"Thai"。从此,正式将国名由暹罗(Siam)改为泰国(Thailand)。[①]通告规定:泰国是泰族的国家,尽管这个国家还存在着许多少数民族;泰国人统称为泰人,无论是大泰、小泰、旱泰、水泰、白泰和黑泰,甚至包括非泰族;泰语是泰国使用的官方语言。銮披汶·颂堪政府为了推行这项既定政策,成立了"唯国主义"委员会,由国务委员兼艺术厅厅长銮威集·瓦他干任主席。

銮威集·瓦他干原是一位华裔,祖上是广东海南人,华名云金良。他家庭出身贫苦,青少年时期在曼谷玛哈达寺当和尚,在寺庙里学习文化知识,并自修外语。1918年还俗后报考外交部职员,后升任驻外使馆秘书、外交部处长和司长。1934年任泰国艺术厅厅长,爵衔是銮。艺术厅是泰国一个重要的文化领导机构,它不仅管艺术,还管宗教、教育、文化、哲学和文学等上层建筑各领域,相当于文化部的职责。銮威集·瓦他干是銮披汶·颂堪政府意识形态的大总管,是推行"大泰唯国主义"的骨干和先锋。他多次发表文章和演说,鼓吹大泰民族主义。他把泰国周边国家中与泰族有着共同族源的民族,例如中

[①] 关于泰国的国名,新沙文主义者1939年6月正式把暹罗的国名改为泰国,1945年又改回暹罗,1948年泰国的名称又再度成为官方的称呼。

华人妇女

国的壮族、傣族、水族和瑶族等，老挝的老族，缅甸的掸族和印度阿萨姆邦的泰族等，统统都纳入泛泰族的范围，推行泛泰民族主义。以泰族为大，又称大泰民族主义。銮威集·瓦他干本身是一位华裔，他为什么选择这个时候大肆吹捧泰族呢？因为这个时期德国法西斯在欧洲推行种族主义，宣扬日耳曼民族是世界上最优秀的民族，为迫害和消灭犹太民族制造理论依据。种族主义是法西斯的理论基础，銮威集·瓦他干的大泰民族主义与希特勒灭绝人性的种族主义理论遥相呼应，目的是推行法西斯统治。大泰民族主义的直接受害者是居住在泰国的华侨和华人。在政治上，他们制造泰华之间的民族隔阂和民族对立；在经济上，对华人资本进行限制打击，对华工实行就业歧视；在文化上，极力摧残华人的文化传统，扼杀华文教育和华文报纸，从民族语言上掐断华人文化的根。

在銮披汶·颂堪政府先后颁布的12个政府通告中，有很多内容直指华侨和华人。

銮披汶·颂堪政府以"振兴国营企业"为口号，来实现国家主义的经济理念，在重要的经济部门创办一批由政府官员直接掌控的国营企业，如泰国轮船公司、泰国米业公司、泰国物产公司等，通过投入大量资金和政策倾斜，实现政府对运输、大米及重要资源的垄断。此外还在南邦府等地开办榨糖厂，在北碧府开办造纸厂、橡胶厂和皮革厂等。銮披汶·颂堪政府妄图通过推行经济管制政策，把大批华侨华人经营的中小企业合并到官办的国营企业之中，从而实现对华侨华人经济的鲸吞和掠夺。1939年建立的泰国米业公司，是一家由政府控制的国营公司。依仗政府的扶持，泰国米业公司业务迅速发展。据1939年11月的统计，泰国米业公司掌控了曼谷的11家碾米厂，从内地用船只运到曼谷的大米总额中，有30%被该公司收购加工。政府还强行规定，凡国家机关属下单位，如军事机构和监狱等，必须在该公司购买大米。政府还准许该公司有使用铁路运输大米的特权，并享有最优惠的税率。尽管这样，銮披汶·颂堪

第九章　第二次世界大战期间的泰国

政府制定的统制大米的政策也因资金短缺和管理无能而无法长期维持。实践证明，统制米业的政策是行不通的。华侨华人经营泰国米业的历史悠久，从清康熙年间正式开启中暹大米贸易算起，已有200多年。从资金到经验的积累，从经营方式到专业知识，从人脉到地缘关系，华侨华人企业都具有别人无法取代的优势和坚实的基础。尽管政府一再打压，截至1941年，曼谷规模较大的华人碾米厂还有56家，资金约2 000万铢，每日可碾米500吨；其他各府小规模的碾米厂有数百家，也多由华侨华人经营。如果说，泰国米业在泰国国民经济中占有十分重要的地位的话，那么华侨华人在泰国米业中的地位也是举足轻重和不可替代的。他们对泰国米业的发展，对大米的加工和出口，对繁荣泰国经济，都有难以估量的功绩。

限制华工就业是以颁布《保留泰人职业条例》开始的。1939年9月30日颁布的《泰国渔区权条例》规定，外国人无权在泰国渔区捕鱼，泰人船主如雇佣外籍工人也不准在泰国渔区内捕鱼。接着，政府又于1941年颁布第一个《扶助泰人职业条例》，规定一些带有专业技术性的职业，如理发和裁缝等，只允许泰人经营，外侨不许从事这些职业。1942年颁布第二个《扶助泰人职业条例》，规定一切工厂和某些行业，应吸收一定比例的泰族职工，以保障泰族员工的就业比例。同时，将规定只允许泰人从事的职业增加到21种，进一步限制外侨的职业范围。

1941年5月，政府公布了《划区禁止外侨居住法令》，将华富里、巴真、万佛岁的梭桃邑县等地列为禁止外侨居住地区。1941年年底，禁区又增加了北部的清迈、南奔、喃邦、清莱、帕、程逸等6府。法令公布之后，引起了社会舆论的谴责，许多人民代表纷纷向国会提出质询。据报纸报道，华富里府人口15万，其中华侨华人约占1/4，他们经营的商号遍布全府，对社会经济和国计民生影响极大，法令一旦实行，必将造成严重后果。巴真府人民代表也指出，该府各种商业和运输业均为华侨华人操作，执行这一法令将使当地人民受到严重痛苦。在全国上下一片反对声中，《划区禁止外侨居住法令》形成虎头蛇尾之势，难以贯彻执行。

被迫关门的华人商铺

为了实行民族同化政策，銮披汶·颂堪政府颁发《民校条例》，强迫取消泰国的华文教育。1938年，全泰国共有民办华校294所，实施《民校条例》的结果，242所民办华校被查封，余下不多的几所华校也只许教授泰文，不许教授华语。这造成了华文教育断代，此后几代华侨华人的子女皆不懂中文。作为华文传播媒介的中文报纸也遭查禁，1938年共有华文报馆10家，到1940年只留下1家。

銮披汶·颂堪政府在大肆执行反华排华政策的同时，也颁布了一些旨在提高泰族民族自尊、民族自信和民族文化意识的法令，例如《关于国家遭受危害的法令》、《关于泰族名称的法令》、《关于尊敬国旗、国歌和国王陛下的法令》、《关于尽量使用国产品的法令》、《关于国歌词曲的法令》、《关于泰文字母和泰国人民衣着的规定》、《关于帮助和保护老幼及体弱者的法令》等。銮披汶·颂堪政府力图通过更改国家名称、修改国歌歌词、提倡某些价值观念、规定新的风尚和社会秩序，改变人们的传统观念，灌输泰民族意识，以建立新的社会风貌。这些措施包含有促进国家的繁荣和发展、激励人民的爱国热情、针砭时弊和除旧布新的合理意义，但由于片面强调泰民族利益，漠视甚至损害

商标广告

国内其他少数民族的利益,促使了狭隘民族主义情绪的增长。因而从整体上来说,大泰民族主义不是什么好东西,必须给予否定。

关于泰族起源的问题,原本是一个学术问题。自从有人类历史以来,民族迁徙、民族融合就从来没有停止过。世界上没有任何一个国家,其国家分界线与民族分界线完全吻合一致。銮威集·瓦他干作为銮披汶·颂堪政府主管意识形态的高官,又兼有历史学家的头衔,本应明白这些道理。但是,他却故意把学术问题引导到政治问题。他鼓吹泰族起源于中国南部,远古时代甚至居住在阿尔泰山,后受汉族的压迫而南迁。他又说,南诏是泰族建立的国家,甚至把被诸葛亮七擒七纵的孟获,也说成是泰族。"打回老家去,恢复泰族故土"成为他们蛊惑人心的政治口号。这跟日本法西斯侵略中国,建立"大东亚共荣圈"的理论,如出一辙。

三、从废除不平等条约到执行亲日的外交路线

1937年8月—1938年12月,比里·帕侬荣担任泰国外交部部长。在这段任期内,比里·帕侬荣成功地完成了一件大事,即废除过去与西方各国签订的一切不平等条约,并代之以新的条约,使泰国在政治、司法和经济等领域的独立主权得到国际社会的承认。这一重大的举措,是民党在创建时提出的六大政治纲领的具体体现。比里·帕侬荣还与英国进行谈判,从英国殖民主义手中成功地收回泰南拉廊府和泰北清莱府的土地主权。

1938年12月—1941年12月,比里·帕侬荣改任銮披汶·颂堪内阁财政部部长。1939年3月,内阁通过了比里·帕侬荣提出的一项新税则,这一税则的主要目的是减轻农民的负担并使他们摆脱对债务人的依赖。政府的外交路线在銮披汶·颂堪的主导之下逐渐发生转变。第二次世界大战爆发后,英法忙于对付德国对其本土的威胁,无暇顾及他们在东方的殖民地。銮披汶·颂堪政府企图借助战争期间国际秩序的变动,通过与日本结盟,谋求摆脱英法势力的控制。而英法为了对抗日本在东南亚的扩张,力图使泰国保持中立,向泰国提出签订互不侵犯条约的建议。1940年6月,《泰英互不侵犯条约》签订并换文。但泰国与法国的条约虽已签字,却迟迟没有换文。銮披汶·颂堪政府向法国驻泰公使提出调整与法属殖民地东部边界的3项备忘录:第一,根据国际法原则,以湄公河深水道作为国界线。第二,尊重天然界线,但法国必须把琅勃拉邦对岸和巴色的湄公河右岸的土地划归泰国。第三,如越南脱离法国

统治，老挝和柬埔寨应划归泰国。以上第一、第二两项是重申原议，第三项是新提出的要求。泰国政府示意法国如不能作出圆满答复，泰国政府即宣布搁置《泰法互不侵犯条约》的换文。1940年11月，銮披汶·颂堪政府又发表声明，称呼印支境内与泰族同族源的人民为"同胞"，号召他们"加入我们的宪制，这样将可得到泰国国王的保护"。对此，法国也不示弱，双方发生了边境武装冲突，以后逐步升级，至1941年1月双方陆海空三军都投入了战斗。日本企图从中捞取利益。日本外相松冈表示，日本愿意充当调解人。在松冈外相的亲自主持下，泰法双方代表在停泊在西贡海面的日本巡洋舰名取号上进行谈判，首先达成停止军事行动的休战协定。随后双方又派代表团赴东京，在日本"斡旋"下进行和平条约的谈判，1941年5月9日双方达成协议并签字。按条约规定，泰国恢复1940年《法暹条约》前的东部边界，但必须支付法国赔款，在6年内分期付清。条约还附有一个议定书，规定彼此不得与某一第三国签署旨在实行经济或军事合作以及反对日本或泰国的协定。日本以调解人的身份成功地扮演了泰国的朋友角色。銮披汶·颂堪政府逐渐改变了第二次世界大战初期的中立政策，转而倒向日本一边。

日本方面和銮披汶·颂堪认定比里·帕侬荣是政府中亲英美派的代表人物，便设计将他排挤出内阁。1941年12月16日，人民代表议会任命比里·帕侬荣为摄政委员会委员，8月又升任摄政委员会主席。比里·帕侬荣之所以接受这一职务，是因为反对初露端倪的泰国军人专制统治。比里·帕侬荣利用他担任的职务和社会影响力，充分发挥他的政治智慧，与銮披汶·颂堪的军人专制和亲日路线作斗争，其中包括否决了1942年国王下达的"授权最高统帅向各部厅局发号施令"的谕令，部分限制了銮披汶·颂堪的权势，这也是导致1944年銮披汶·颂堪辞职的原因之一。

1941年12月7日，日本偷袭美国珍珠港，太平洋战争爆发。日本驻泰国大使坪上贞二和浅田总领事向泰国政府递交了最后通牒，要求泰国给予日军借道通过的方便。其时，日本已强行把日军开进泰国境内，海军在泰南宋卡、北大年以及沿海的一些港口登陆，陆军则越过印度支那边界向泰国中部推进。外交谈判徒具形式，日本飞机在曼谷上空盘旋。任何推迟或阻挡日军入境的办法都无补于事。銮披汶·颂堪决定同意日军借道泰国，指派外交部长乃里禄·猜耶南与坪上贞二签署协定，其要点是：第一，为急速处理东亚局势，泰国允许日军借道泰国，并尽一切可能给日军提供借道通过的便利。第二，为执行上述条款，由双方军事当局另议详细附则。第三，日本保证给予泰国应有的尊重。

第九章　第二次世界大战期间的泰国

协定签订不到一两天时间,日军便轻易地进驻了泰国首都和全国许多城镇,控制了军事要塞、铁路和其他交通枢纽。銮披汶·颂堪在电台向人民解释说,政府采取不抵抗政策是为了避免战祸。他乐观地声称,泰日一旦互相谅解,日军便会撤退,这是保证泰国"独立"的最好出路。入侵的日本占领军到处张贴泰文布告,散发泰文传单,威胁泰国人说,如果破坏交通,不与日军合作,或者企图逃到国外,都将处以重刑。另一方面,又高唱日泰友好的陈词滥调,在大街上张贴日泰士兵亲密拥抱的宣传画。他们使用软硬兼施的手段,目的是使泰国成为日本的战争伙伴,南下包抄战略要地新加坡,北上攻打英属缅甸,切断滇缅公路这条中国与外界联系的唯一一条战略通道。

1941年12月21日,日本诱迫銮披汶·颂堪政府在曼谷玉佛寺与日本特命全权大使坪上贞二签订了《日泰攻守同盟条约》。条约规定:第一,日本及泰国在尊重相互独立和主权的基础上结成同盟;第二,缔约国任何一方与其他一个或两个以上国家发生武力纷争时,则另一方立即给予政治、经济和军事等一切方面支持和援助;第三,在两国联合进行战争的情况下,合作双方如未获得完全谅解,不能单独与对手休战或讲和;第四,条约签订后立即生效,有效期为10年。这样一来,日本便把泰国绑在其战车上。

銮披汶·颂堪过去玩弄的是拉拢日本打击西方势力的把戏,现在则把自己也出卖给日本。1942年1月25日,銮披汶·颂堪政府正式向英美宣战。

《日泰攻守同盟条约》签订后,日本对泰国的控制日益加强。它利用泰日经济合作的名义,对泰国大肆进行经济掠夺,使泰国成为日本发动侵略战争的战略物资供应地。作为泰国经济命脉的大米贸易业务,被日本三菱公司一个分公司所垄断。1942年9月,日本制定了《对泰国经济措施纲要》。这个纲要规定,泰国经济必须完全按照日本战争需要去改造,确保日本的工业公司、贸易商行和银行在泰国的经济利益。纲要有关条文写道:"为使泰国恪守《日泰攻守同盟》的精神,其经济部门也应同心协力于大东亚战争之实施,同时分别缓急逐步完成其为大东亚经济有机体一员的经济体制"。纲要还规定,为使"泰国在经济上为完成大东亚战争所必须承担的事项及建立有关大东亚经济基础的事项",泰国实行的各项经济政策必须由日本"予以指导和掌握"。具体措施是设置"日泰经济联合委员会"进行指导和统制。日本全面控制泰国经济的结果,破坏了泰国的经济秩序。为迎合日本对棉花、蓖麻子和黄麻等经济作物的需要,泰国大米种植面积受到削减。泰国进出口贸易由顺差转为逆差,国库收入减少,经济停滞紊乱。

萧条的市场

《对泰国经济措施纲要》还规定，泰国财政金融"应作为东亚金融圈的一环"，为此要"大力实施物价统制、汇兑管理等项"。按1942年日泰双方签订的经济协定规定，泰铢与日元汇兑比率为1:1，这使泰铢贬值36%。1942—1945年，銮披汶·颂堪政府共向日军提供了15亿铢的军费，为了支付日本驻军的庞大开支，銮披汶·颂堪政府不得不大量印发钞票，从而导致通货膨胀和物价飞涨，人民生活费用直线上升。如果以1938年生活指数为100的话，1941年则为132；1942年为176.99；1943年为291.56；1944年3月为409.07。

1942年6月—1943年10月，日本为了修筑泰国通往缅甸的铁路，动用盟军战俘62 000人、18万缅甸人、8万马来亚人和45 000印尼人进行施工。铁路全

死亡铁路桂河桥

第九章　第二次世界大战期间的泰国

死于修建死亡铁路的盟军战俘公墓

长415公里,从泰国和缅甸两边同时开工。泰国工程起点为北碧府,缅甸工程起点为丹彪扎亚,经由三塔山口连接两国。这条铁路线原是20世纪初英国人勘探的,因建设难度太大而放弃。日本为了实现占领缅甸、切断滇缅公路的战略目的,不惜一切代价地强行修建这条铁路。当时,北碧府西部是一片荒无人烟的地区,气候炎热,瘴气笼罩,粮食和饮水匮缺,条件十分恶劣。加之日本士兵以刺刀、皮鞭威逼,大批战俘和劳工死于工地。据统计,每铺设一根枕木,就有一人丧生,因此这条铁路被称为"死亡铁路"。第二次世界大战以后,这条铁路几乎完全报废。泰国方面修复了一段,作为旅游观光之用。同时,在桂河桥一带修建了纪念馆和盟军战俘公墓,作为对日本侵略罪行的永久控诉。

四、泰国人民反对日本侵略者的斗争

与銮披汶·颂堪政府执行亲日媚日外交政策完全不同的是,以比里·帕依荣为代表的爱国人士,主张与日本侵略者进行毫不妥协的斗争。比里·帕依荣辞去政府职位,担任拉玛八世的摄政。拉玛八世年幼,正在瑞士求学。比里·帕依荣名誉上位高,实际无权。他准备组织一个流亡政府,与銮披汶·颂堪政府针锋相对。就在此时，1941年12月16日，泰国驻美大使社尼·巴莫在华盛顿发起建立一个爱国组织"自由泰运动"，留美泰国学生和泰国大使馆官员成为该组织的成员。后来，社尼·巴莫又以泰国驻美国大使的身份，宣布与銮披汶·颂堪政府决裂，利用美国电台举办泰国广播节目，揭露日本的罪行，并号召泰国人民起来反抗日本侵略者。接着，泰国驻英国使馆官员和留学生也组织了自由泰运动，推举跟随拉玛七世流亡英国的素巴斯瓦德亲王为领袖。

与国外的自由泰抵抗运动相呼应，泰国国内反抗日本侵略者的斗争也风起云涌。从日本铁蹄踏上泰国领土的第一天起，泰国人民就成立了抗日义勇队，明确提出了如下的战斗任务：(1)协助盟军进攻驻泰日军，把日军赶出泰国，恢复泰国的独立自由。(2)铲除泰奸汉奸，镇压土匪地痞，保卫人民生命财产。(3)护卫反日组织，帮助反日团体展开抗日工作。抗日义勇队尽管由于种种原因未能形成一支武装队伍，但在组织和唤醒人民抗日意识方面做了大量的工作。曼谷和泰南各地发生的多次反日罢工、怠工斗争，每次都有抗日义勇队队员在那里起着骨干领导作用。

泰国的华侨华人也积极参加当地的抗日活动。

早在1908年11月20日，孙中山先生就亲临曼谷耀华力路发表演讲，这是泰国华侨华人的聚居区，此后这里就出现了一条"演讲街"，同时成立了"同盟会"支部，由萧佛成（1864—1939年）担任领导。萧佛成祖籍中国福建，他是在泰国出生的第5代华人，家里经营碾米业和进出口生意。他父亲专门从中国请教师来家里教他中文，所以他的中文极佳。到了1920年，萧佛成成为中国国民党泰国支部的负责人。1924年，萧佛成到中国参加了国民党的第一次全国代表大会。1926年在中国国民党第二次全国代表大会上当选为中央委员。1927年任国民党海外联络部部长。1929年在南京召开的中国国民党第三次全国代表大会上，他被选为中央监察委员。1935年国民党第五次全国代表大会连任中央监委。他是国民党元老，担任过许多重要职务。他与胡汉民私交甚笃，1931年3月胡汉民被蒋介石扣押后，赴广州参加反蒋的"非常会议"。是年秋宁粤合作后，出任南京国民政府委员。抗日战争爆发后，回泰国领导国民党泰国支部的抗日

萧佛成

第九章　第二次世界大战期间的泰国

救亡运动。

泰国的华人共产党早在国共合作时期就参加了萧佛成领导的国民党泰国支部的活动。1926年国共分裂，国民党实行"清党"，萧佛成负责"海外清党委员会"的工作，华人共产党员转入地下活动。西安事变后，国共再度合作，建立抗日民族统一战线，遂使泰国华侨华人的抗日运动出现一个前所未有的新局面。

在侨领和华商中涌现出一批抗日救国的核心领导人物，蚁光炎、廖公圃、陈景川、郑子彬和余子亮等组织"泰国潮州会馆"，创办《中国报》，大力宣传抗日，募捐支持中国国内的抗日战争。以陈守明为首的另一派华侨爱国组织，掌控着《华侨日报》，作为抗日救亡的喉舌，每日发行1万份，影响甚巨。2000余名华侨青年回国参加抗战，有的直接参军杀敌，有的报考黄埔军校，有的到滇缅公路开汽车，运送抗战物资。1937年，在共产党的领导下成立了"暹罗华侨各界抗日救国联合会"，简称"抗联"。一些爱国青年，如欧阳惠等，则直接奔赴延安，投身革命。当时共产党泰国支部的负责人刘漱石派李华和黄耀寰两人到香港向廖承志请示工作。抗联在全泰国设有40多个支部，除了筹款直接送到香港廖承志办事处外，还输送华侨学生参加新四军。

1939年，蚁光炎先生被日本特务暗杀，更加激起了广大泰国侨胞的义愤。抵制日货，不卖也不买日货，不向日本出口泰国大米，成为每一位泰国华侨的自觉行动。1941年12月8日，即日本偷袭珍珠港后的第二天，日本以"借道"为口实将军队开进曼谷。最初日本方面承诺，路经曼谷的军队不在市区停驻，后背信弃义，将军队驻扎在十八涌跑马场和隆披尼公园。他们到处搜捕英国、美国和荷兰的侨民，对华侨领袖和商家则随便安一个"共党抗日分子"的罪名，或公开逮捕，或秘密处决。在日军进驻曼谷的当天晚上，郑子彬、陈景川、廖公圃、廖欣圃和洪鉴澄等侨领连夜乘船逃离曼谷。他们不肯与日本合作或充当汉奸，表现出中华民族的凛然正气。

泰国政府内部以比里·帕侬荣为代表的抗日派，原准备到国外组织抗日流亡政府，在这个计划遭到挫折后，也决心留在国内与各阶层人民团结战斗，组成全泰国的地下抗日运动。这时候，国外自由泰运动也有了发展，他们加强了与国内地下反抗运动的联系，

蚁光炎

逐渐把工作重点从国外转移到国内。1943年在美国的自由泰成员接受美国的军事训练后,组成远征军取道印度经中国进入泰国;在英国的自由泰成员则由康提的186部队护送进入泰国。而进入泰国的自由泰成员和英美谍报人员,又得到地下反抗运动的配合和保护,国内外两股抗日力量汇集一起,与盟军里应外合夹击日本侵略军。

日本为扭转逆境,于1943年5月29制定了《大东亚战略指导大纲》,以便加紧制造骗局,笼络人心。大纲有关泰国的条文规定:要特别迅速地实现马来亚和缅甸部分领土划归泰国事项。7月,东条英机亲自走访泰国,答应把1909年划入英国的马来亚的4个州——吉打、玻璃市、吉兰丹和丁加奴以及缅甸的掸邦(景栋和孟播)划归泰国。8月20日正式签署了上述土地让给泰国的协议。尽管日本大施权术,以土地为诱饵,胁迫泰国与之同舟共济,但銮披汶·颂堪政府看到日本这条破船即将沉没,拒绝出席1943年11月在东京召开的大东亚会议,只派了总理顾问到会。

五、日本投降与战后自由泰政府

1944年太平洋战区的局势对日本十分不利。盟军节节胜利,日本的占领地日益缩小。2月美军占领了太平洋中部的马绍尔群岛;夏天,日军又被迫撤出马利亚纳群岛;10月美军发动夺取菲律宾战役,主要岛屿相继被收复。美军控制了广大的水域,切断了由印度尼西亚到日本的海上运输线,日本在太平洋战区的大势已去。

1944年6月,日本东条英机内阁垮台,泰国銮披汶·颂堪失去了靠山,不得不提出辞职。銮披汶·颂堪政府的垮台显示了泰国抗日力量的成长壮大和亲日派势力已被人民彻底唾弃。

1944年8月1日,宽·阿派旺政府宣布成立,这是一个文官政府。地下抗日运动的重要人物他威·汶耶吉被任命为教育部长。宽政府宣布取消执行多年的《戒严法令》和《军禁区法令》,修改《统制货物条例》,暗中保护地下抗日运动的人员及其活动。宽政府对銮披汶·颂堪政府某些政策的修正,获得了社会舆论的好评。

1945年8月6日,美国在广岛投下第一枚原子弹。两天后又在长崎投下第二枚原子弹。原子弹巨大的杀伤力加速了日本军国主义的灭亡。8月14日,日本宣布无条件投降。紧接着8月16日,泰国国王的摄政比里·帕侬荣以国

第九章 第二次世界大战期间的泰国

王的名义发布了《和平宣言》,宣言声明:銮披汶·颂堪政府在1942年1月25日对英美宣战的行动是违反泰国的宪法和人民愿望的,因而是无效的。泰国准备把战时得到的4个马来亚州和掸邦交还英国,赔偿英美公民在战时所受的损失。美国在收到宣言的第二天即答复说,美国从来不把泰国看作交战国,美国深信銮披汶·颂堪政府对英美宣战不能代表泰国人民的意志。8月20日,美国国务卿贝尔纳斯发表声明,表示美国承认泰国的《和平宣言》。而英国外交大臣贝文则在8月19日的众议院上声称,对泰国应采取什么态度和措施,当在今后考虑作出决定。作为临时措施,同盟国于9月2日派遣部队进驻泰国。这一天,在停泊于东京湾的美国密苏里号战舰上,举行了日本无条件投降书签字仪式,正式宣告第二次世界大战结束。

泰国发布《和平宣言》后的第二天,宽政府辞职,由地下抗日运动的主要领导成员他威·汶耶革(Tawee Boonyaket)组织临时内阁。9月17日,社尼·巴莫(Seni Pramoj)由美国返回曼谷,立即接替总理职务。这就是战后的自由泰政府。社尼是战前泰国驻美大使,是战时在美国的自由泰运动的领导人。他被认为是与同盟国达成和解的最佳人选。社尼·巴莫最重要的任务之一是与英国谈判签订和平条约,谈判过程是曲折复杂的。1945年9月,英国向泰国提出了最后通牒,其条款包括泰国的对外贸易、交通运输和采矿工业都应受英国资本控制等21条要求,当即遭到泰国的拒绝。战前美国在泰国的利益极为有限,它的目标是着眼于未来,但无论如何美国不愿让英国在泰国的利益失而复得。因此,美国支持泰国政府的态度,竭力劝说英国应从长计议。1945年年底,英泰谈判在华盛顿举行,美国也参加进来,但是这一次谈判没有达成协议。后来,英美对泰国问题经过长时间的讨论,英国放弃了很多方面的要求,才使谈判继续进行下去。1946年1月1日,双方代表在新加坡正式签署《和平条约》。该条约的要点是:(1)泰国应保护、维持和恢复英国人的财产、权利和一切权益。战前英国人在泰国的一切财产应得到恢复和继续营业,所有损失,泰国应予偿还。(2)泰国应偿还在战争时期管理马来亚北部给英国造成的损失。(3)泰国不得开掘贯通太平洋与印度洋的克拉地峡运河。(4)泰国应迅速修改泰英、泰印(度)通商航海条约。(5)泰国向英国及其殖民地免费提供150万吨大米。5个月后,英泰双方又达成另一个协议:泰国承认必须在未来12个月内至少提供120万吨大米,不足之数稍迟即须补足。但是,泰国最终未能如期交出原定数额的大米,实际上只提供了60万吨大米,并没有因此而受到惩罚。

社尼·巴莫政府所做的另一件大事是颁布《惩办战犯条例》。按照这个条例规定，前总理銮披汶·颂堪、前艺术厅厅长銮威集·他瓦干追随日本，把泰国拖入侵略战争的泥潭，是不折不扣的战犯，应予逮捕，追究罪责。但后来没有认真执行，因为又有了"对往事不得追究"的补充规定。銮披汶·颂堪等被捕不久便获释放，以至于后来他又有机会重组战后銮披汶·颂堪政府。

1945年12月5日，泰国国王拉玛八世阿南塔·玛希敦由瑞士返国，在君主立宪的政体下亲自执政。同一天，比里·帕侬荣辞去摄政主席的职务。12月8日，拉玛八世颁布谕令，赐予比里·帕侬荣"国家元勋"的尊称，并继续担任"资政"的职务，授给他两枚大勋章。

自由泰的社尼·巴莫政府执行亲美的路线和政策，与宽·阿派旺（Khuang Aphaiwong）所代表的民主党温和派相联合，在1946年1月举行的大选中，民主党获胜，宽再度组阁。新内阁执政不足3个月，宽内阁全体辞职，总理位置被比里·帕侬荣取代。因为此时泰国面临与盟国进行谈判的艰巨任务，如何使泰国逃脱战败国的尴尬地位，与盟国签订和约，结束战争状态，而又不使泰国蒙受过多的损失，全泰国堪当此任者，唯比里·帕侬荣莫属。因此，绝大多数议员皆力挺比里·帕侬荣出任总理。1946年3月24日，比里·帕侬荣正式出任内阁总理。

拉玛八世

在比里·帕侬荣任职期间，拉玛八世正式签署了1946年5月19日制定的新宪法。新宪法对旧的国民议会制度作了修改，成立了两院制国会，由长老院（上议院）和人民代表会议（下议院）联合组成国会；废除了立法机构的半数人员要由行政首脑提名的旧条例，改为所有议员都由选举产生。新宪法还扩大了公民的权利，允许成立政党。国王同以前一样，仍然是国家的元首和宗教的保护人，也是立法、司法和行政权力的最高代表。在根据新宪法组成的国会正式开幕后，遵循民主选举的精神，比里·帕侬荣奏请辞职。国王谕令比里·帕侬荣再度出任国务院总理。但比里·帕侬荣还没来得及组成新内阁，就发生了预想不到的事情，拉玛八世阿南塔·玛希敦于1946年6月9日突然驾崩。比里·帕侬荣当即以国务院总理的名义，报请国会决议，请拉玛八世之弟普密蓬·阿杜德继承王位。国会一致通过比里·帕侬荣的提案。会议一结束，比里·帕侬荣根据

第九章　第二次世界大战期间的泰国

新宪法规定,奏请辞去总理职务。6月10日,国会根据多数议员的意见,报请临时摄政委员会委任比里·帕侬荣为总理。但是,关于比里·帕侬荣涉嫌杀害拉玛八世的传闻在民间大肆流传,给比里·帕侬荣造成极大的压力,威胁他正常执行总理职务。直到1946年8月20日,比里·帕侬荣以健康情况欠佳为由,再度辞去总理一职。总计比里·帕侬荣前后就任总理3次,为时仅仅4个月又20天。政局的动荡,由此可见一斑。

拉玛八世的突然去世,是泰国历史上迄今没有完全破解的一桩疑案。1946年6月9日,阿南达·玛希敦因枪伤死于皇宫的卧室中。有人判定是自杀,有人认为是谋杀。公众议论认为比里·帕侬荣必须对此重大事件负责。但现场情况及以后长达7年的调查,没有任何证据说明比里·帕侬荣是这个事件的制造者。比里·帕侬荣的政敌——那些被战后自由泰政府视为战犯而又没有法律依据可以定罪的人,利用此事进行夸张宣传,蛊惑人心,使比里·帕侬荣被迫下台。何人接替总理位置？关系到战后自由泰政府的命运和前途。在种种压力下,自由泰的文官政府,不顾陆军的反对,推荐了一名退休的海军上将銮探隆·那瓦沙瓦出任总理,既避免了军人执政,又防止了銮披汶·颂堪势力的复辟。

战后的自由泰政府所取得的最大的成功,在于它利用灵活的外交手腕解决了与同盟国的关系,为泰国争取到较好的国际地位。1945年9月8日,泰国政府派出代表团到康堤与同盟国签订合约,结束了相互间的战争状况。1946年1月,美英等许多国家承认了泰国政府并与之建立了外交关系。在泰国申请加入联合国的问题上,英国表示,如果泰国履行英泰和平条约的条文,英国将支持泰国加入联合国。法国提出,假如泰国不归还战时划入泰国的印度支那边境的法属殖民地的国土,法国将否决泰国加入联合国。1946年10月,法国政府宣布,法国政府与泰国政府各派代表在美国首都举行非正式会谈,法国提出如下建议：

(1)泰国必须承认1941年5月9日与法国签订的条约无效,把该条约规定划归泰国的那些有争议的领土归还给法国,由法国移交给有关国家老挝和柬埔寨。

(2)结束战争状态,恢复正常外交关系。

(3)成立一个由法泰两国当事国各派1名代表和3名中立国代表组成的调解委员会,审定双方有争议的以种族、地理和经济等方面为根据的修改边界的要求。另外,关于赔偿法国损失的金钱数额若有争议,也交调解委员会裁决。

泰国国会对法国的要求进行了两天的讨论,最终以91票同意,29票反对而获得通过。11月17日，法泰双方代表在华盛顿正式签署协议。根据协议规定，泰国武装部队在协议签订后的第20天开始从原来占领的边境地区撤离，并在7天内完成撤离行动。法国武装力量则在泰军开始撤离的第二天进驻这些地区。法国在满足了它提出的所有要求后，便支持泰国加入联合国。

苏联表示除非泰国宣布废除反共法令和同它恢复外交关系，否则苏联也要阻扰泰国加入联合国。在这种情况下泰国政府再次展示了它的灵活外交的策略，接受了苏联的条件。

1946年12月16日，泰国正式成为联合国会员国。

战后自由泰政府与苏联的关系也有所改善。第二次世界大战以前，两国已开始谈判建交问题，曾于1941年3月12日达成建立外交、贸易和文化交流的协议，后因太平洋战争爆发而未能实现。1947年1月6日，两国恢复了外交关系。苏联大使于1948年5月来到曼谷递交国书，正式履任。

至于泰国与日本的关系，既微妙又复杂。战时泰国既是日本的盟国，又是日本的占领国。一方面泰国是日本侵略集团的一员；另一方面泰国又与其他被日本占领的国家一样，遭受日本的侵略和掠夺，承担日本所交给的一切义务。1945年8月16日，比里·帕依荣以泰国国王的名誉发表的《和平宣言》解除了战时日本与泰国的同盟关系，并得到美英等国的首肯。9月1日，泰国政府命令日本驻泰大使馆、总领事馆停止一切活动，同时宣布废止战时与日本签订的一切条约和协定。这等于跟日本断绝了外交往来。直到1947年日泰之间才重新恢复贸易关系。

自由泰政府执政期间，泰国社会的政治民主气氛有了较大的改善。新宪法的颁布，给人民带来了一些民主和自由的权利。开放党禁，允许成立新政党。人民团体和政党的活动受到法律的保护。战后出现的第一个新政党是1945年10月由社尼·巴莫建立的进步党。该党于1946年4月改组为民主党。此外，比里·帕依荣组织了职联党，探隆组织了宪法阵线党。上述3个政党在1948年8月的全国大选中囊括了总计189个席位中的164席，其中民主党占62席，宪法阵线党占53席，职联党占49席。后来民主党内部发生分裂，其中一部分人于1947年组成了人民党。由于战后泰国政府宣布废除1933年颁布的《反共条例》，泰国共产党取得合法地位，从地下转入公开活动，向全国人民公布它的《十条纲领》，其要点是：泰国共产党愿意与各民主党派和民主人士继续合作，建议自下而上进行选举，建立人民政府，保护少数民族自治权；政府应给予人民集会、结社、言论、出版、宗教信仰、罢工和组织政党的自由；增加工人工资

第九章 第二次世界大战期间的泰国

和实行8小时工作制,实行社会保险和救济失业;改善人民生活,取消人民负担过重的赋税;保护民族工业,减租减息;救济受灾农民,给农民提供农具和种子,以改善农民的状况,鼓励各地农村建立生产和供销合作社;改善教师生活,普及小学教育,改革学校教学内容;审判战犯,巩固与友好国家的关系等。

由此可见,战后泰国的政治形势发生了一个重要的转变,日本占领时期的军人专制独裁统治遭到人民的唾弃和否定,自由民主的政治气氛得到了一定程度的发展,出现了许多政党和人民团体;废除了1933年制定的《反共条例》,共产党变为合法政党;成立了全国工会联合总会。工人运动兴起,民主运动蓬勃发展,使泰国进入了政党政治的新时代。

作者点评:

1937—1945年是第二次世界大战时期,也是中国和亚洲各国人民的抗日战争时期。日本与德意法西斯一样是发动侵略战争的元凶,1937年的"七七卢沟桥事变"应该算作是第二次世界大战的开始,1945年8月15日日本宣布无条件投降标志着第二次世界大战的结束。

日本在第二次世界大战中犯下的罪行罄竹难书!

1941年12月7日,日本偷袭美国珍珠港,太平洋战争爆发。就在偷袭珍珠港后的第二天,日本以"借道"为名,派兵占领泰国,从此泰国堕入黑暗的深渊。泰国亲日的銮披汶·颂堪政府与日本侵略者沆瀣一气,不仅以"日泰经济合作"为由,放任日本控制泰国经济,使泰国成为日本发动侵略战争的战略物资供应地,而且还把泰国捆绑在日本的战车上。1942年1月25日,銮披汶·颂堪政府正式向英美宣战。

与銮披汶·颂堪政府的态度截然不同的是,广大的泰国人民群众和以比里·帕侬荣、社尼·巴莫为代表的上层爱国人士,对日本进行了毫不妥协的斗争,在国内外组织了"自由泰抵抗运动"和抗日义勇队,给予日本侵略军以沉重打击。特别应该提到的是,泰国的华侨华人在中国国民党和共产党抗日民族统一战线的领导下,抵制日货,宁死也不肯与日本合作,表现出崇高的民族气节,并且通过艰苦奋斗,终于迎来了抗日战争的胜利。

战后自由泰政府应用灵活的外交手段,宣布銮披汶·颂堪政府对英美宣战是非法和无效的,取得了同盟国的承认和理解,摆脱了战败国的尴尬困境,恢复了正常的国际地位,成功地加入了联合国,可以说是在外交领域的一个重大胜利。

战后的泰国走出了军人专制统治的阴影,开创了政党政治的新局面。

第十章 拉玛九世领导下的当代泰国

一、拉玛九世生平

1946年普密蓬·阿杜德（Bhumipol Atulyadei）继其兄阿南塔·玛希敦之后，成为泰国曼谷王朝第九世王（1946—），是为拉玛九世。迄至2014年，拉玛九世在位已达68年，是泰国有史以来在位时间最久的一位国王。

拉玛九世普密蓬·阿杜德是拉玛五世朱拉隆功的孙子，拉玛七世巴差铁扑的侄子，拉玛八世阿南塔·玛希敦的胞弟。1927年12月5日，他出生于美国马萨诸塞州坎布里奇市，青少年时代在瑞士接受教育。他被取名为普密蓬·阿杜德，泰文的意思是"无与伦比的能力"。日后的事实说明，他做到了"名副其实"。

泰国发生1932年革命的时候，普密蓬·阿杜德年仅5岁，正随母亲诗纳卡琳在美国过着平静惬意的正常生活。他有一个哥哥和一个姐姐，谁也没有料到，这个家中最小的男孩，最终会成为拉玛九世国王，影响泰国长达60余年。

1932年革命使泰国政体由君主专制变为君主立宪。1935年拉玛七世宣

拉玛九世的加冕典礼

第十章 拉玛九世领导下的当代泰国

布退位,因为他没有子嗣,便传位给其侄子阿南塔·玛希敦,是为拉玛八世。1946年6月9日,拉玛八世在宫中饮弹身亡,事出突然,普密蓬·阿杜德便成为拉玛九世。

普密蓬·阿杜德应历史的召唤,受命登基为国王时,年仅19岁,他没有立即勤政,而是到瑞士继续学习。他放弃了原先所学的工程专业,选修社会学、政治学和法律,以便将来治理国家。经过良好的欧式教育,他能讲流利的法语和德语,德、智、体全面发展。他有较高的音乐造诣,喜欢爵士乐,能演奏乐器,善作词作曲,取得奥地利音乐学院音乐博士学位。他擅长体育运动,是快艇和风帆一把好手,曾代表泰国参加国际快艇赛获得奖牌,还自驾风帆横渡暹罗湾。1950年,他与具有王室血统的泰国外交官的女儿诗丽吉(Sirikit)在欧洲结婚,生有一子三女。王子玛哈哇集拉隆功(Vajiralongkodn)于1972年被封为王储。大公主年轻时自动放弃王室身份,与一位美国青年结婚,在美国过着隐姓埋名的普通人的生活。二公主诗琳通(Sicindhocn)于1977年被封为"玛哈却克里暹罗大公主",她通晓中文,曾多次访问中国。小公主是朱拉蓬·瓦

皇太后的中国式葬礼

莱腊（Chulaphorn Walairatha）。王姐干拉雅妮·瓦塔娜（Galyani Vadhana），也多次应邀访问中国。皇太后诗纳卡琳祖籍中国海南，1900年出身于泰国华人的家庭，其父从事金箔的制作，家境富裕。她17岁时被送往国外留学，学习护士，因而有缘结识玛希隆王子，并于1920年与王子结成连理。她被封为女亲王。她为人坚强、善良，具有非凡的人生阅历，是泰国两位国王的生母，深受人民群众的敬爱。她活了90多岁，去世的时候全国哀悼，在曼谷皇家田搭棚治丧，历时百日。下葬的时候，泰国的华侨华人还专门按照中国的传统仪式替她下葬。诗琳通公主手捧皇太后骨灰走过望乡桥。

1951年普密蓬·阿杜德从欧洲留学回来，正式即位亲政。拉玛九世在即位诏书中宣誓："为了暹罗民众的幸福，我将以公正的原则来治理国家。"半个多世纪以来，拉玛九世领导下的泰国，基本上做到了社会安定，人民幸福，民族团结，经济发展，并朝着政治上实行民主和法制的方向不断进步。

根据泰国宪法的规定，国王是泰王国的国家元首、武装力量的最高统帅和宗教的最高护卫者。因此，国王是至高无上和备受尊敬的人，任何人不得侵犯或在任何方面指控国王。国王在泰国具有崇高的地位。国王作为国家元首，通过国会、内阁和最高法院行使国家权力。具体做法是国会讨论通过的一切法律、法规和提案都必须报请国王签署批准。国王通过内阁行使政权时，宪法赋予国王处理一些国家重大事件的权力，如宣布国家执行或取消戒严令，宣布战争或缔结和约等。国家通过法院行使司法权时，国王可以根据被告的申诉，建议最高法院重新考虑已作出的最终判决。国王还有权决定大赦。此外，国王对内阁成员、特级文官和与此职位相当的军警人员、各级法官有任免权，同时有权取消官员的爵衔和收回官员的勋章。

拉玛九世和王室成员，十分重视泰国各族人民之间的民族团结，尊重各种不同的宗教信仰，特别是对华人给予同泰人一样平等的待遇和关怀。为了肃清日本占领泰国时期所推行的反华排华政策的流毒和影响，1946年6月3日，拉玛八世和拉玛九世曾联舆嘉幸唐人街和华侨报德善堂，对华人百姓表示慰问。1982年曼谷建都200周年纪念日，王储和诗琳通公主都先后莅临唐人街访问，对泰国华人作出的贡献给予了高度评价。1994年拉玛九世为华人集资创办的大学赐名为"华侨崇圣大学"，并亲自参加该校的揭幕庆典。

拉玛九世非常关心民众的疾苦，自筹基金推行各种发展经济的计划。他在皇宫里创办农业试验田，挖掘鱼池，饲养奶牛，集中一批科技人员进行试验

第十章 拉玛九世领导下的当代泰国

拉玛九世参加华侨崇圣大学揭幕式

和研究,取得经验后向全国推广。他经常巡视全国,根据各地的情况提出一些切实可行的发展经济的计划,如修水利、建电站、办合作社、兴建学校、赈贫救灾,等等。他还帮助北部山区的少数民族改变落后的生活方式和抛弃种植鸦片的恶习。因此,拉玛九世在泰国人民中享有崇高的威望,并受到国际社会的好评。

1977年泰国爆发金融危机,国民经济严重受挫。拉玛九世颁布谕示说:"泰国成为亚洲五小龙并不重要,重要的是要发展使老百姓够吃够用型的经济。"在这种思想指导下,泰国经济正向着务实和稳步复苏的方向发展。

在拉玛九世担任泰国国家最高领导的68年的时间里,泰国政局经历了许多风云突变、跌宕起伏,有若干次的军人专制,也有很多届的文官政府,政变频仍,危机四伏,经过了金融风暴的肆虐,又迎来了街头暴力的考验。每当出现政治危机,各派政治力量争持不下的时候,拉玛九世都能按照君主立宪政治制度的原则,充当好"仲裁者"的角色,使泰国的政治之船安然驶过险滩。

68年的历史经验似乎说明,泰国不能没有拉玛九世。

二、拉玛九世时代的泰国政治和历届内阁

从1946年拉玛九世即位至今,是泰国历史上的拉玛九世时代。在这长达68年的历史时期内,泰国政治在君主立宪的政体下,不断地探索和完善民主宪政制度。在追求和逐步实现政治民主的过程中,经历了许多政治风暴和跌宕起伏,多次出现军人专制的统治,又多次出现民选的文官政府;民主政治的发展进程屡被军事政变和军人执政所打断,使泰国成为当今世界上政变最为频仍、政府更迭最为频繁的国家之一;民众对民主政治的诉求,也经历了政党政治到街头抗争的不断转换。当代泰国政治如何才能跳出这个"怪圈",不仅是泰国朝野最关心的问题,也是全世界有关学者都在研究的问题。古人有言:"以史为镜可以知兴替。"因此,我们这里梳理了从1946年至现在的泰国政治及历届内阁更替的历史。

1. 战后銮披汶·颂堪政府(1948年4月—1957年8月)

1947年11月8日,国务院副总理屏·春哈旺中将发动政变,推翻自由泰政府,重组内阁。参加政变的主要成员是现役军官乃沙立·他那叻、乃炮和銮角等人,其幕后支持者则是銮披汶·颂堪。"政变团"派兵冲入比里·帕侬荣的官邸,企图逮捕比里·帕侬荣,但比里·帕侬荣闻风逃避,先逃到新加坡,后流亡中国。虽然他后来曾一度秘密返回泰国,领导了1949年2月26日的"二二六民主运动",但这次夺权斗争失败后,他不得不再次流亡,经新加坡、香港,到中国广东要求政治避难。他在广州沙面居住了21年,在中国度过了他人生的最后一段岁月,1983年5月2日在法国巴黎去世,享年83岁。比里·帕侬荣作为泰国杰出的民主主义革命家,当代泰国民主思想之父,他在泰国历史上作出的卓越贡献,是泰国人民永远无法忘记的。

屏·春哈旺内阁维持了不到半年,1948年4月8日改由銮披汶·颂堪(Plaek Phibunsongkhram)出任总理,这就是战后出现的銮披汶·颂堪政府。

銮披汶·颂堪再度出山,依靠军队的力量,耐心

銮披汶·颂堪

第十章　拉玛九世领导下的当代泰国

谨慎地重建他的权力。他审时度势，一改过去外交上的亲日路线，努力向美国靠拢，积极执行美国在亚洲事务中的方针政策，唯美国马首是瞻。在国内事务方面，则把工作重心放在发展经济和军事力量上，加强军人专制统治。1950年9月，泰美两国签署了《经济技术援助与合作协定》，10月又签署了《军事援助协定》。根据协定规定，泰国必须接纳美国派来的技术与经济事务特别顾问团和军事顾问团；技术设计的拨款和美国专家的薪金应在美国和泰国的外汇储备中支付，为此必须建立一个对等基金，泰国必须把获得的资金都放到对等基金之中；泰国必须给予美国派来的有关人员考察泰国资源的自由，并让他们享受外交官的特权；泰国应扩充军队，接受美国军官的训练，扩建军事基地，为美国提供所需战略物资。允许美国军事顾问自由考察泰国军事机构，允许美军使用泰国军事基地等。这两个协定的执行，使美国顾问团成为决定泰国政治和经济发展方向的决策机构，由他们拟定的计划，可以不征求泰国政府的意见而直接送交华盛顿批准。

1950年朝鲜战争爆发，美国利用泰国是联合国会员国的身份，诱使泰国派兵参加联合国军，卷入朝鲜战争。同时，又利用泰国在中南半岛的重要战略地位，使泰国成为东南亚反共的桥头堡。1952年11月，泰国国会通过了新的《防共条例》，规定凡是参加共产党者应监禁5—10年，凡有共产主义行为者应判监禁10年以上的长期徒刑，等等。1954年，泰国又被美国拉入东南亚条约组织，并把该组织的总部设在曼谷。

战后銮披汶·颂堪政府对内继续推行大泰民族主义政策，挑动民族纠纷，挑拨民族感情，迫害华侨华人，把排斥当地华侨华人与反对中华人民共和国结合起来，多次掀起反华排华的高潮。从1951年夏天起，在美国的干预下用联合国的名义通过了对社会主义国家实行禁运的政策，从此泰国的大米、橡胶和锡等物资都不能运到中国大陆。在经济上对中国进行封锁，政治上进行污蔑。有一段时间，美国的"麦卡锡主义"在泰国十分盛行。銮披汶·颂堪政府追随美国的麦卡锡主义，在泰国的文化教育界掀起反共排外运动，许多华侨华人被怀疑是"共产党的间谍"或"共产党的同情者"，遭到监禁或驱逐出境。中文被视为"共产党的语言"，凡是中文书皆被查禁，教授中文的民办华校多数都被查封。据美国学者斯金纳在其博士论文《泰国的华人社会》中统计："1950年4月有14所华校因参与政治活动的借口被封闭。1950年5月中旬，3所较大的华校受到搜查，查到宣传共产主义的材料和与中国共产党联系的信件。1951年教育部规定，所有民办学校都必须聘泰人担任校长。1951年8月1日，教育部民办学校负责人召集曼谷和吞武里所有民办学校的泰人校长开会,宣布22本中文书被列为禁书,并培训这些校长如何对该校的教师和学生进行政治监视。"①

1952年銮披汶·颂堪政府颁布一项法律,将外侨每年的人头税从1939年的4铢提高到400铢,即增加了100倍。禁止华侨社团的一切活动。1953年又颁布了新的国籍法,规定在泰国出生但其父母都是华侨者,可以不作泰籍国民看待;除此而外,凡在泰国出生者一律应视为泰籍人。这种以出生地决定国籍的政策,有利于銮披汶·颂堪政府实行民族同化。

銮披汶·颂堪政府的内外政策并未能给泰国带来繁荣昌盛。相反,自泰国参加东南亚条约组织后,军队迅速膨胀,从1954年年初到1956年3月,泰国军队从7万人增加到18万人,军费开支成为国家的沉重负担。参与美国的冷战战略部署和对社会主义国家实行禁运,严重影响了泰国的对外贸易,使泰国经济作茧自缚。美国利用泰美的经济合作协议,肆意压低泰国原料出口美国的价格。第二次世界大战以前,泰国90%以上的橡胶卖到欧洲,1950年与美国签订《橡胶协定》之后,泰国橡胶全部被美国压价收购。1952年泰美有关公司签订供应钨矿协定时,泰国钨矿价格又被压低到每吨65美元,而此时国际市场的价格则达75美元左右。另一方面,美国又利用提供经济援助的手段推销其国内的剩余农产品。泰国从美国进口烟叶,1955年花费1.26亿铢,1957年增长到1.8亿多铢。泰国大米是传统出口赚汇的物资,由于对中国的禁运,使泰国大米出口大幅度下降,直接影响了国民经济的总收入。因此泰国政府不得不于1956年9月宣布,大米和木材不是战略物资,解除禁运。接着锡的禁运也被解除。泰国与中国恢复部分商品贸易的当年,就使得它的年利润收入增加了25%。

銮披汶·颂堪政府对华贸易政策的转变,源于万隆会议精神的启示。1955年4月在万隆召开的亚非会议上,中国总理周恩来提出了《和平共处五项原则》,作为不同社会制度国家相处的共同准则,受到与会国家的一致赞同。1956年1月,受中国人民外交学会的邀请,泰国议员贴·触滴努等7人组团访问中国,增进了两国人民之间的相互了解。只可惜代表团成员返回泰国后,却遭到当局的迫害。同年,由僧侣组成的泰国佛教代表团也来到中国访问。1957年4月,泰国工会联合会派代表到中国参加五一国际劳动节的庆祝活动。

---

① G.Wlianm Skinner, *Chinese Society in Thailand*, 泰文译本, 2005年第2版, 第369页。

第十章　拉玛九世领导下的当代泰国

泰国与中国虽然没有外交关系,却开辟了一条民间往来的通道,尽管这条通道还不十分畅通。

1957年9月,銮披汶·颂堪总理的一名助手——国防部长沙立·他那叻发动政变,推翻銮披汶·颂堪政府,銮披汶·颂堪逃至国外,辗转到达美国,不久移居日本,直到病逝。

2. 沙立·他那叻政府(1959年2月—1963年2月)

1959年2月,沙立·他那叻(Sarit Thanarat)正式出任泰国总理,并兼任海陆空三军总司令和警察总监。沙立·他那叻政变的原因,据说是因为跟乃炮争夺权力。他们两人原是挚友,乃炮掌控军警,对沙立·他那叻构成威胁。沙立·他那叻发动政变前曾向銮披汶·颂堪诉说乃炮的种种劣迹,并说乃炮要造反,銮披汶·颂堪不信,故沙立·他那叻自己发动政变。政变成功后,沙立·他那叻欲推銮披汶·颂堪为空头总理,受自己控制,但銮披汶·颂堪出走国外。乃炮则在沙立·他那叻亲信的监督之下,移居瑞士,最后因心脏病死于瑞士。

沙立·他那叻本人因酒色过度,健康不佳,准备到美国和英国就医,遂推荐东南亚条约组织秘书长乃朴·沙拉信(Pote Sarasin)主持看守内阁。1957年12月15日大选,结果没有一个党获得压倒多数的选票,因此成立了一个多党联合的国家社会党,从各党派和无党派人士中提名123名成员组成,由他侬·吉滴卡宗(Thanom Kittikachorn)担任政府总理。乃朴·沙拉信仍回东南亚条约组织担任原职。

1958年10月19日,又发生了一次不流血的军事政变。在美国和英国就医数月的沙立·他那叻秘密回到国内,他以"革命党"军政府首脑的名誉夺取了政权。其他所有的政党统统被解散,一大批人被冠以违反《反共法令》的罪名而遭到逮捕。当时在场的西方记者和外交人士都说,并没共产党威胁的迹象。这次政变的真正原因是泰国外汇储备缩减,1958年度美援数额被削减了2 400万美元,使政府面临破产的危险。造成经济困境的一个重大原因,是由于政府对华人的迫害和歧视,华人对政府失去信任,而泰国社会的经济活动在很大程度上都要依赖华商去经营。打击华商,就等于打击泰国的经济。在这样的情况下,沙立·他那叻于

沙立·他那叻

1959年2月9日亲自接替了总理的职位。

沙立·他那叻政府领导了泰国20世纪60年代的工业化运动,首次在泰国推行经济和社会发展计划,从此泰国掀起了经济建设的高潮。沙立·他那叻废除了国有企业的行业垄断,鼓励私营企业在各个行业投资,参与竞争,谋求发展。他严惩贪污腐败,对贪腐官员处于5年以上的监禁,甚至判处死刑。他制定吸引外资的条例,对外资免征所得税,准许他们将获得的利润寄回本国。沙立·他那叻给泰国经济带来前所未有的变化。

1963年12月8日,沙立·他那叻病故的消息震惊朝野。拉玛九世为他亲撰挽词曰:"总理以他的全部精力履行了他的职责,从不考虑自己,他对国家付出了超常的努力。因此,他的逝世对国家和我们个人都是无法估量的损失。"可是,接下来的消息却让全国人民更为吃惊。沙立·他那叻的家属为争夺遗产打官司,这才暴露出沙立·他那叻的家产多达28.74亿铢,按当时的汇率折为1.5亿美元。沙立·他那叻在农村拥有土地2万多莱(8 000英亩),除3个妻妾外,还有50多个情妇,私生子女难以数计。这位政治强人原来是个最大的贪腐分子,尽管他也曾雷厉风行地严惩官员贪腐。

3. 他侬·吉滴卡宗政府(1963年12月—1973年10月)

1963年12月,沙立·他那叻总理病故,他侬·吉滴卡宗(Thanom Kittikachorn)接任总理到1968年,是泰国自1932年实行君主立宪政体以来的第31届政府。这一届政府任期满了以后,他侬继续担任下一届政府总理。在第32届政府的任期内,他侬效法銮披汶·颂堪政府,自己革自己的命,于1972年9月18日发动政变,意在废除1968年他自己制定的宪法,取消上议院和下议院,重新执行军人专制统治。这种蔑视民主与法制,企图开历史倒车的做法,激起了广大泰国人民的愤怒。1973年10月14日,以学生为主体的数万群众在民主纪念碑前集会游行,提出保护宪法,反对独裁的口号。但是,政府却派出军队和警察,出动坦克和直升机,对手无寸铁的学生进行屠杀,造成数十人死亡和失踪,伤者上百人的血案。尽管这样,护法运动依然前仆后继,众志成城。拉玛九世和皇后,亲临医院慰问受伤学生和群众。陆军总司令吉是哇拉上将反对他侬·吉滴

他侬·吉滴卡宗

第十章　拉玛九世领导下的当代泰国

卡宗政府继续镇压学生，使他侬·吉滴卡宗的指挥棒失灵。他侬·吉滴卡宗见大势已去，同意携带亲信和家眷出国，他侬·吉滴卡宗政府遂因"10·14事件"而垮台。

4. 讪耶·探玛塞政府（1973年10月—1975年2月）

讪耶·探玛塞（Sanya Dharmasakti）先生原是一名大学教授，是法律学界的权威人士，时任枢密院委员，他侬总理被迫出国以后，受拉玛九世的谕令，出任第34届临时政府的总理。

讪耶·探玛塞临时政府执政伊始，就做了两件大事：一是没收前总理他侬·吉滴卡宗及其追随者巴博的全部财产，使他们利用职权敛聚的非法所得，如数充公。二是筹备国民大会的召开，于1973年12月10日正式召开了国民大会，选举了全国各界人士2 346名为国民大会议员。这些议员较之过去任何一届的议员都具有更为广泛的代表性，他们来自公务员、审判官、律师、区长、保长、教师、军人、警察、艺人和报人等，受到人民群众的好评。同时还成立制宪工作小组。待制宪工作结束后，讪耶·探玛塞于1974年5月22日辞去临时政府总理职位。

拉玛九世再次谕令讪耶·探玛塞担任总理，任期从1974年5月27日至1975年2月15日，临时宪法颁布后，根据宪法规定再进行大选。

5. 社尼·巴莫及克立·巴莫政府（1975年8月—1976年10月）

临时宪法颁布后如期举行大选，可是参加选举的党派中没有任何一个党达到规定的组阁席位，最后只好推举深孚众望的社尼·巴莫（Seni Pramoj）出来组阁。巴莫家族出身皇族，其父卡罗亲王是拉玛二世的嫡孙，他的祖母有华人血统。他的父亲是首任泰国警察总监。社尼·巴莫内阁维持了仅仅一个月便倒台，由其弟克立·巴莫（Kukrit Pramoj）出面组阁。克立·巴莫不仅是泰国当代政治家，也是著名的文学家。他曾创建社会行动党，在军人专制时代，

社尼·巴莫

鼓吹民主，宣传宪政，撰文揭露独裁政府的丑行。他的长篇小说《四朝代》描述了泰国封建制度的衰亡和资本主义的兴起，在泰国文坛有很大影响。克立·巴莫在担任总理的一年任期内，毅然决然地做了一件大事，就是率团访问中国，于1975年7月1日与中国总理周恩来签署了中泰两国关于建立外交关系的联合公报。公报指出，两国"反对任何国家或国家集团在世界上任何地区建立霸权和势力范围的图谋"。事实证明，克立·巴莫政府的这一重大举措，对泰国和中国乃至全世界都产生了积极的影响。1976年4月4日，克立·巴莫总理在国会解散前引退。由其兄社尼·巴莫再度出任总理。社尼·巴莫内阁只维持到同年10月，因发生10月6日学潮，接着10月8日海军上将沙岳发动军事政变，推举他宁·盖威迁组阁。

周恩来会见克立·巴莫

6. 他宁·盖威迁政府（1976年10月—1977年10月）

他宁·盖威迁（Thanin Kraivichien）是一位郭姓华裔，出身律师，属于文官组阁，执政仅一年。在这一年的任期内，经历了许多重大事变，堪称多事之秋。1977年3月26日发生差呥上将的流产政变，结果被首都卫戍司令森纳那空上将率领卫戍部队制服。差呥上将因杀害第一军军长亚崙少将而被判处死刑。其部属被关押，直到下届江萨·差玛南政府才被赦罪出狱。另一件大事是，1977年9月22日，拉玛九世偕皇后、公主在陶公府为童子军颁发旗帜，突然在离国王50米的地方发生土制炸弹爆炸，紧接着又在110米之遥爆发了第二颗炸弹。这是泰南民族分裂分子所为，幸好没有造成人员伤亡。他宁·盖威迁政府被这些突发事件弄得应接不暇。

他宁·盖威迁表面上鼓吹民主，标榜尊重人权，许诺4年内进行大选。同时他又强调，实现民主的前提必须是国民具有较高的素质，言外之意，现在国民素质尚未达到能够实行民主的程度，因此专制是不可避免的。他擅长反共演说，对共产党采取严厉镇压的政策。对于非共产党的政敌，他则利用《军事管制法》来进行打压。他禁止民众从事政治活动，实行疏密不漏的新闻检查，清除不同政见者，甚至一度想拆掉曼谷的民主纪念碑。他宁·盖威迁还干预

第十章 拉玛九世领导下的当代泰国

军方高层人士安排，阻挠武装部队副司令江萨·差玛南晋升正职，使军方对他的揽权极度不满，在高级将领的支持下，少壮派军官于1977年10月20日再次发动政变，推翻他宁·盖威迁政府。

7. 江萨·差玛南政府（1977年10月—1980年3月）

江萨·差玛南（Kriangsak Chamanan）虽然名义上是泰国武装部队司令，却是一个没有实权的虚职。握有实权的人是陆军司令瑟木·纳那空，但他没有政治野心，是一个纯正的军人。竞争总理位置的强势人物是一年前随差叻上将发动军事政变的沙鄂将军，可惜他曾经投靠过他宁政府，不符合少壮派军官的要求。最后参与政变的少壮派军官还是挑选江萨出面，组成一个温和的军人政府。

江萨·差玛南上台后采取了一些带有民主色彩的措施，如放宽新闻的自由度，大赦政治犯，对上山参加武装革命的共产党员采取怀柔政策，只要放下武器，既往不咎。本来，参加泰共的主要成员都是一些教师、青年学生和其他知识分子，他们同情过着贫困生活的工农大众，反对阶级压迫和阶级剥削，从而放下笔杆拿起枪杆。他们遵循马克思主义和毛泽东的教导，在泰北和泰南偏僻山区建立革命根据地。由于国际形势的变化，泰共分为亲苏派和亲毛派。1975年中泰建交后，中国方面明确表示不搞革命输出，停止支持泰共，在这种情况下，加上江萨政府采取既往不咎的政策，泰共成员便纷纷下山，回归社会，政府与泰共之间的矛盾成功得到化解。

1978年12月，江萨·差玛南政府又颁布永久宪法，规定议员和非议员均可出任阁员，但军官不得兼任众议院议员。国会为两院制，众议院议员由选举产生，参议院议员由总理任命，国会可以制衡政府。虽然这样，江萨·差玛南政府的军人色彩并没有褪去，因为军人可以通过军人出身的总理来任命参议员，作为军方的代理人，由此控制国会，用国会制衡政府，以保障军方的利益。这样我们就不难理解何以江萨·差玛南会那么积极地推动大选。然而，在1979年4月的大选中，没有一个参选的政党获得半数以上的席位，因此由江萨继续担任总理。当江萨重新组阁时，他任命了一批文官和技术官僚担任阁员，同时又任命200名军警界人士担任参议员，通过这种手段在文官与军人之间谋求平衡。

江萨·差玛南政权运作不到一年便遇到麻烦，原因是他无法面对来自社会和经济方面的压力，无法解决城乡人民生活水平不断下降的问题。在第二次世界石油危机的冲击下，汽油、煤气价格飞涨，引起群众大规模游行示威。

国民经济捉襟见肘,作为总理兼财政部长的江萨·差玛南,提出一项免税进口宝石原料的议案,又遭到国会否决,说明江萨失去了代表军人利益的参议院的支持,不得不于1980年3月提出辞呈,由炳·廷素拉暖接替总理职务。

8. 炳·廷素拉暖政府(1980年3月—1988年7月)

炳·廷素拉暖(Prem Tinsulanonda)组阁前的职务是掌握实权的陆军司令,他为人正直,平易近人,不隶属于任何党派,没有参加选举,也没有担任议员。他是作为深孚众望的军人领袖而被推举为政府总理的。

炳·廷素拉暖内阁以开明的作风和高超的领导艺术来稳定政局。炳·廷素拉暖极力推崇拉玛九世国王,把国王抬升到至高无上的地位。虽然宪法规定国王不干涉政务,但他还是经常向国王汇报和请示,支持国王的社会发展计划和各种利民措施。与此同时,他也通过国王对他的支持来巩固自己的政治地位,并且借助国王的力量成功挫败了1981年和1985年的两次军事政变。除了保持与军方的密切联系外,他还争取各政党的支持,邀请社会行动党、泰国党、民主党参加内阁。他能够很好地协调不同集团的利益,既同各党派合作,又与他们保持一定的距离。他曾3次解散国会,逼迫政治对立方与他合作。1980年他颁布第66/2523号法令,对泰共武装人员实行特赦,欢迎他们回归社会,恢复他们的学籍和工作。他采取措施,减少军人干政的机会。1981年国会通过《政党条例》,规定政党必须拥有5 000名以上的成员,党员必须来自全国各地。政党不得分裂国内不同的民族和宗教,不得危害国家安全和君主立宪制。同时对政党的组织建设作出规范,避免出现小党林立的局面,保证大党在国会中占据多数席位。在炳·廷素拉暖总理的任期内,曾于1983年、1986年、1988年举行过3次大选,都顺利进行,并通过大选逐步提高文官入阁的比例。炳·廷素拉暖注重国民经济的发展,照顾中产阶级的利益,为泰国的民主制度的发展创造了条件。进入20世纪80年代以来,中泰两国的友好关系进一步加强。炳·廷素拉暖总理曾两次访问中国,中国人大代表团也于1982年11月前往曼谷参加庆祝曼谷王朝建都200周年的纪念活动。1988年7月24日大选后,炳·廷素拉暖主动辞去总理职务,不恋权势,平安着陆,这在历届政府中是非常罕见的。

9. 差猜·春哈旺政府(1988年7月—1991年2月)

1988年7月24日大选,泰国党赢得多数席位,其党魁差猜·春哈旺(Chatichai Choonhavan)出任总理职位。他是泰国自1976年以来首位民选总理。差猜·春哈旺政府最突出的成绩是使泰国的经济起飞。1988—1990年,

第十章 拉玛九世领导下的当代泰国

泰国经济的年平均增长率高达10.8%,连续3年维持两位数的增长,成就斐然。遗憾的是,差猜·春哈旺在取得经济成就的同时,是民选政府,自恃得到人民群众的支持,渐渐不把王室放在眼里,甚至去触动与王室关系密切的暹罗水泥集团的利益,招致拉玛九世的不满。他还设法削弱由军人掌控的参议院的权力,没有让军人在国民经济的发展过程中获得丰厚的经济利益。加之,他任命前武装部队总司令、副总理阿铁任国防部副部长,企图通过阿铁来掌控军队,加剧了政府与军方的矛盾,导致1991年2月23日政变,前陆军司令差瓦立·永猜裕和现任陆军司令素金达·甲巴允联手,趁差猜·春哈旺偕阿铁去清迈谒见国王时发动不流血政变,在机场逮捕差猜·春哈旺等人,推翻民选政府,让军方或者军方选派的代表人物重新掌权。

10. 阿南·班雅拉春政府(1991年2月—1992年3月)

素金达·甲巴允等人的军事政变受到国内民主人士和欧美国家的批评,使得他们不敢明目张胆地推出一个军人来担任总理,而是推荐非军人出身的阿南·班雅拉春(Anand Panyarachun)组阁。阿南·班雅拉春原本是一个外交官,后成为曼谷商界的领袖,作风正派,廉洁奉公,得到王室、商界和军方等各方面的认可。阿南·班雅拉春执政仅一年,却做出了卓越的成绩,在金融和税务方面进行改革,兴利除弊;推动环境保护的立法,注意保护生态环境,造福民众;解除政府对印刷品的审查,允许个人发表批评意见;任用有能力的技术官员和纪律严明的军人作为政府工作人员,提高政府机构的工作效率,使民众看到文官执政的优点和实现民主政治的希望。然而,由军方操控的国家安全委员会却极为腐败,他们组建资产调查委员会,打着对涉嫌非法敛财的政治人物进行调查的幌子,实际目的在于胁迫政党和政客,使他们屈从于军方势力。在农村,国家安全委员会将许多农民驱离故土,从而把土地集中到与军方关系密切的权贵手中。1991年12月9日,泰国颁布新宪法。这部新宪法规定国家安全委员会有权提名新总理,旨在保证军方控制未来的新政府。1992年3月22日举行大选,1 900万选民参加投票,占选民人数的59.24%,但没有一个党获得众议院的多数席位。军方召集各政党负责人在空军司令部开会,推出名声不佳、巨额财产来路不明的团结正义党党魁纳隆出任总理。美国政府立即表态,纳隆涉嫌贩毒,美国政府拒绝发给他签证。于是纳隆的总理资格被否决。最后,只有由素金达·甲巴允亲自出任总理。

11. 素金达·甲巴允政府(1992年4月—1992年5月)

素金达·甲巴允(Suchinda Kraprayoon)为建立军人政府与多个政党妥

协,结成联盟,取得众议院360席中的195席,于1992年4月7日出任总理。第二天就有人绝食抗争,反对这位非民选总理。接着,学生联合会组织群众在国会前示威,绝食者超过40人,5万名群众参加示威。反对党呼吁修改宪法,减少军人干政,要求素金达·甲巴允下台,形成泰国历史上规模最大的示威运动。5月4日领导这次示威运动的精神领袖、正义力量党党魁占隆·西芒散发"临终遗言",声称将开始绝食斗争,如果素金达·甲巴允不下台,他宁愿绝食身亡。这就把示威运动推向高潮,示威群众人数增至20万人。素金达·甲巴允方面不肯妥协,派军警镇压,暴力冲突持续4天,至少造成52人死亡,981人受伤,2 000—3 000示威群众被捕,其中包括示威运动领导人占隆。这就是被称为"黑色五月"的流血事件。5月20日,拉玛九世召集素金达·甲巴允和占隆到皇宫调停,指出对抗没有赢家,乱局可能导致国家"完全崩溃",要求两人以协商方式解决问题。在国王的调解下,素金达·甲巴允承诺辞职,释放被捕群众。占隆同意停止示威,恢复正常秩序。5月24日素金达·甲巴允流亡国外,维持仅一个多月的短命政府宣告结束。

素金达·甲巴允下台后,军方仍企图谋求由自己的代言人出任新总理,但在用鲜血谱写的民主浪潮的冲击下,军人专制已成过街老鼠。5月25日—6月10日,国会召开修宪会议,对宪法进行修改,规定总理必须是民选的众议员,众议院院长理所当然是国会主席,参议院的权利受到一定的限制。这些修改对发扬民主,防范军人势力膨胀,无疑起到了有益的作用。在国会的推荐下,阿南·班雅拉春再度出任临时总理。临时政府执政3个月,9月13日举行大选。

12. 川·立派政府(1992年9月—1995年5月)

1992年9月13日的大选是军人专制派和民主派两大势力的大搏斗。亲军方的政党有团结正义党、泰国党、社会行动党,支持民主的政党有正义力量党、新希望党、民主党。为保证大选体现民主精神,选前许多志愿者进行了广泛的反贿选宣传,6万名志愿者参与监督投票和计票。但选举过程中仍避免不了舞弊和暴力。10多人在选举活动中

川·立派

第十章 拉玛九世领导下的当代泰国

被杀害,3 000多起贿选舞弊案遭到投诉。选举结果公布后,民主派占压倒的多数。民主党获得79席,为第一大党。以民主党为首,联合正义力量党、新希望党、团结党、社会行动党,五党联盟,在众议院360个席位中占207席,联合组阁,民主党党魁川·立派(Chuan Leekpai)出任总理。

川·立派是一位华裔,出身平民,读书时是学生运动的领袖,职业是律师,担任过议员、教育部部长和商务部部长,正派清廉,口碑极好。川·立派是总理的最佳人选,深得泰国民众的拥护,美国政府也表示支持,宣布恢复对泰国的防务援助。

川·立派上台后以身作则,努力建设民主廉洁的政府。他改革行政体制,争取做到政府决策和施政的公开透明。他大力发展教育事业,重点加强职业技术培训,提高全民的文化水平和文明程度。新建劳工部和社会福利部,以保障民众的合法权益。川·立派政府还推动修宪,缩小参议员的规模和权限,扩大民选的众议院在参政、议政中的作用。抵制军人干政,关闭一些腐败的军方机构。但由于泰国政府积习太深,改革不可能一蹴而就,川·立派本人虽然清廉,但政府官员中不乏贪污之人。反对党揭发出在普吉岛实行土改过程中,政府官员搞贪污。在反对党的猛烈攻击下,加之新希望党差瓦立·永猜裕退出五党执政联盟,内阁议席不足众议院半数。多种危机爆发,使川·立派总理被迫提前解散国会,重新大选。川·立派政府共执政2年7个月又27天,虽未满4年规定的任期,却创造了文官政府执政最长的历史纪录。

13. 班汉·西巴阿差政府(1995年7月—1996年11月)

1995年7月2日的大选被认为是泰国历史上"最肮脏的选举之一"。因为这次选举不仅是各政党之间在政治上的生死搏斗,而且是经济实力的较量,贿选之风盛行,充满铜臭。为了拉选票,候选人在村子里摆长街宴,请全村人喝酒吃饭。有的人公然标出明码实价,每投一票发钱100—300铢。有的政党,不惜花重金"抢购"有人气的候选人,开出1 000万—2 000万铢的高价,因为每拉来一位当选议员进入本党,就为该党增加一个席位。候选人也不惜血本参加竞选,在东北部竞选激烈的选区,一个当选议员的开支在2 000万铢以上,而官方规定的竞选金额不得超过100万铢。据传,泰国党党魁班汉·西巴阿差(Banharn Silpa-archa)发给他的竞选梯队每人一张银行卡,随意取钱,不设上限。大选结果,泰国党获92席,成为第一大党,取得优先组阁权。

班汉·西巴阿差登上总理宝座后,面临的第一大问题就是为联合组阁的7个政党分配部长职位,因分配不公,争吵不断。各方人士竞选时花钱过度,恨不得利用职权,尽快将本钱找回来,因此贪污丑闻,不绝于耳。1996年以民主党为首的反对党两次弹劾班汉·西巴阿差政府,揭露他贪污腐败,学历造假,甚至没有改变出生时的中国籍,是中国人,不能担任泰国总理。与班汉·西巴阿差联合组阁的其他政党的领导人,也想乘机把班汉·西巴阿差赶下台,自己取而代之。在这种情况下,班汉·西巴阿差内外交困,应接不暇,9月27日,宣布解散国会,提前大选。班汉·西巴阿差政府维持了1年2个月。

14. 差瓦立·永猜裕政府(1996年11月—1997年11月)

1996年11月17日举行的大选是自1932年实行君主立宪制以来的第19次大选,共有13个政党、2310名候选人参加角逐。这次大选采取互联网的形式来公布计票结果。大选的开销超过以往各届。每张选票的价值从上届的100—300铢,增加到500铢。每个候选人的平均花费也提高到870万铢。贿选舞弊更加严重,黑社会的毒贩和赌场老板都来参选议员。选举的结果显示,差瓦立·永猜裕(Chavalit Yongchaiyudh)领导的新希望党获125席,仅比民主党多2席而险胜。新希望党联合国家发展党等6个政党组成联合政府,差瓦立·永猜裕出任总理。

差瓦立·永猜裕虽然系军人出身,但他表示要推动民主改革,支持民主人士和制宪会议尽快制定出新宪法。但是,1997年的金融风暴毫不吝惜地摧垮了差瓦立·永猜裕政府。金融风暴之前,经济危机已现端倪,泰铢面对贬值的压力,政府没有采取恰当的对策。1997年2月泰铢开始贬值,政府抛出大量外汇以稳定泰铢汇率,但国际投资机构大量抛出泰铢,泰国政府外汇告罄,现金短缺,民众挤兑,证券公司和银行倒闭,酿成了严重的经济危机。9月7日,反对党在国会提出对差瓦立·永猜裕政府的不信任案,指责政府的无能和政策措施失当。众议院表决的结果否定了这次弹劾,政府暂时过关。到了10月12日,政府阁员纷纷辞职,4000民众游行示威,要求差瓦立·永猜裕下台。国家发展党也于此时退出执政联盟,差瓦立·永猜裕政府执政仅11个月便寿终正寝,结束使命。

1997年11月9日,在拉玛九世的支持下,川·立派临危受命,再度组阁。为了应对金融风暴,川·立派聘请经济专家入阁,改革金融机构,缩减政府开销,向国际货币基金组织借贷172亿美元来稳定泰国的金融市场。泰铢贬值趋稳,股票开始上扬。然而,川·立派政府的种种努力,并不足以化解金融风暴带来的经济危机,执政3个月,又被揭露出副总理兼内政部部长沙南·卡宗巴沙瞒报100万美元的个人资产,触犯法律,舆论大哗,以清廉著称的川·立派威信下降。民主党在2001年的大选中失败,川·立派于2001年2月9日下台。

15. 他信·西那瓦政府(2001年2月—2006年9月)

他信·西那瓦(Thaksin Shinawatra)出身于清迈的一个姓邱的华商家庭,其父从事绸缎生意,属于中产的平民阶级家庭。他的祖上在拉玛五世时代从中国广东梅州迁徙来泰国,最先在尖竹汶府充当包税商,后举家搬到清迈,改行做用马帮从云南贩卖丝绸的生意。1949年7月26日,他信·西那瓦作为这个家庭的长子出世,他长大成人后步入警界服务,获警察中校职衔。26岁那年,他与警察中将的女儿朴乍曼结婚,后被公派前往美国留学,获博士学位。1987年辞去公职下海经商,创西瓦那电脑公司,从事电信业务,创办泰国的卫星通信,10年间资产快速增至10亿美元,是2000年入选《财富》杂志世界前500名首富的唯一一名泰国人。20世纪90年代,他信开始向政界发展,加入正义力量党,并成为党魁。他曾在第一届川·立派内阁中任外交部部长,并以外交部部长的身份乘专机到中国迎接陕西法门寺佛指舍利到泰国展出。他在班汉·西巴阿差内阁中出任副总理。1998年7月14日,他自创泰爱泰党。在2001年大选中泰爱泰党一党独大,获多数席位,他信出任泰国总理。

他信

他信内阁组建之始,面临泰国经济危机深化的严峻形势,如何应对?他信提出了一系列的"创新型政治"主张:发展金融和资本市场,重组国家经济和债务,将国企私有化;发展教育,解决失业问题;使农民富裕,为每个村提供100万铢的发展基金,实现一村一个产品,推行30铢便可以治病的计划等。他信采用经营公司的理念来治理国家,使泰国的经济迅速出现复苏的势头。

2005年2月8日的大选,泰爱泰党获得众议院500个议席中的377席,首次出现大选中一党获得半数以上席位的局面。他信成为泰国历史上首位任满4年并获连任的总理。他带领泰国迅速走出1997年金融危机的阴影,于2003年提前2年还清国际货币基金组织172亿美元的债务,2002—2005年泰国的经济增长率恢复到5%—6%,实现金融危机后的国家首次收支预算平衡。他信取得的成绩无疑是有目共睹的。

当然,他信执政期间也遇到不少麻烦。2000年年底,国家反腐败委员会向宪法法院起诉他信1997年担任副总理时涉嫌隐瞒申报40亿铢的资产。若罪名成立,他信将被褫夺总理职务。支持他信的群众向法官求情和施压,他信在庭审现场声泪俱下地承认隐瞒资产是"善意的错误",最后法院判决他信无罪。他信侥幸逃过这一劫。

他信在总理任期内取得了很大成绩,但也犯了一些错误,给反对派留下把柄和口实。他是商人出身,过度追求其家族的商业利益,是他在执政过程中所犯的一个致命的错误。在他执政的5年间,西那瓦集团的资产翻了3番。他的亲信也存在着贪腐问题。他过分强调下层农民的利益,忽视中产阶级的利益,向泰国传统的、根深蒂固的等级观念挑战,得罪了包括王室在内的社会精英和上层人士,激化了各种矛盾。特别是他利用手中职权,推动国会于2006年1月20日修改《泰国电信法》,放宽外国资本在泰国电信公司的控股比例。此后3天,他信便以个人的名义将西那瓦集团持有的49.6%的股份,以18.8亿美元的价格出售给新加坡淡马锡公司。此举涉嫌利用公权和法律漏洞为自己谋利。而且有些泰国人认为,出售电信控股权给外国公司将会危及国家安全,等同于卖国。2月9日,反对党及27个组织成立"人民民主联盟"(简称民盟),身穿黄衫(黄色是王室的代表颜色),即所谓黄衫军,举行大规模游行示威,要求他信下台。他信组织反击,从北部和东北部调来农民,身穿红衫,即红衫军。红黄对垒,曼谷局势失控。2月24日他信宣布解散国会,定于4月2日举行大选。他信胸有成竹,凭借农民压倒多数的选票,大选他一定能够获胜,从而渡过危机。选举的结果果然没有出乎他信的预料,泰爱泰党获得了国会66%的席位。但由于反对党抵制大选,国家出现宪政危机。宪法法院裁决4月2日大选无效。黄衫军与红衫军的对抗日趋严重,曼谷的社会秩序更加混乱,几乎到了不可收拾的地步。9月19日,趁他信到联合国开会之际,军方在颂堤的领导下发动政变,宣称政变的目的是保护王室,不容许蔑视王室的人执政。尽管政变违反1997年宪法,但得到了拉玛九世和反对派政党的支持。他信被迫流亡国外。

16. 素拉育·朱拉暖的过渡政府(2006年10月—2008年1月)

政变后不久,成立了以枢密院大臣、退役将军素拉育·朱拉暖(Surayud Chulanont)为总理的过渡政府。过渡政府执政的时间从2006年10月到2008年1月。素拉育·朱拉暖政府具有明显的亲王室和军方的倾向。过渡政府主持了2007年宪法的制定。2007年8月19日,举行新宪法全民公决,遭到占全

第十章　拉玛九世领导下的当代泰国

国人口多数的农民的反对,约41.43%的选民投了反对票。尽管这样,泰国历史上的第18部宪法草案仍勉强通过。素拉育·朱拉暖政府还成立了专门的机构,调查他信的资产,冻结他信家族900亿铢的资产,从经济上切断他信进行政治活动的经费。

支持他信的人士开展了反政变、反过渡政府的活动。素拉育·朱拉暖政府的支持率从上台时的60%,到2007年6月下降至13.6%。连支持政变的部分民盟领导人也向颂堤建议撤换素拉育·朱拉暖总理。2007年12月23日,泰国举行政变后的第一次大选,素拉育·朱拉暖结束过渡政府的使命。

17. 沙马·顺达卫和颂猜·旺沙瓦政府(2008年1—12月)

他信的泰爱泰党被解散后,大部分成员加入了沙马·顺达卫(Samak Sundaravej)领导的人民力量党。人民力量党从一个小党很快变成被他信势力控制的大党,并在2007年12月23日举行的大选中获胜组阁。根据2007年修改的宪法规定,众议院的议员由两部分选举产生,其中44名议员由选区直接选举,80名议员由参选政党按比例分得的代表名额选举产生。这样规定旨在防止亲他信的政党在选举中一党独大。沙马·顺达卫总理上台后,决意修改2007年宪法中不利于他信的条款,以便为他信再度回国参政铺平道路。要不要修宪成为亲他信派和反他信派斗争的焦点。2008年2月28日,他信回国,修宪派受到很大鼓舞,使修宪活动进入法律程序。尽管他们争取到131名议员的联署,超过了法定的名额125名议员。但第二天8名议员宣布退出联署,使议员人数降至123名,达不到法定人数而流产。沙马·顺达卫下一步准备将修宪问题提交全民公投。

沙马·顺达卫与美国总统小布什

2008年5月25日,反他信的黄衫军又发动街头示威,抗议修宪。沙马·顺达卫准备武力镇压,遭到弹劾。街头示威持续了数月,两派示威群众发生激烈冲突,造成1死43伤。沙马·顺达卫宣布曼谷进入紧急状态。危机持续之际,宪法法院9月9日判决沙马·顺达卫总理主持烹饪电视节目时收取报酬违宪,将他解职。总理职位由副总理颂猜·旺沙瓦(Somchai Wongsawat)继任。

颂猜·旺沙瓦是他信的妹夫，他担任总理后宣布解除曼谷的紧急状态，但民盟领导的黄衫军依旧不依不饶，继续示威。政府逮捕民盟领导人占隆，激起更大冲突，导致1死350伤。危机持续了半年。2008年12月2日，宪法法院以2007年大选中人民力量党、泰国党和中庸民主党存在舞弊为由，宣布解散3个党派，颂猜·旺沙瓦被迫下台。

18. 阿披实·威差奇瓦政府（2008年12月—2011年8月）

在人民力量党等3个党派被正式解散前，颂猜·旺沙瓦总理的夫人、他信的妹妹瑶瓦帕·翁沙瓦于2008年9月21日注册了为泰党，以便作为人民力量党的替身而继续战斗。但是，原先与人民力量党联合执政的一些小党，不肯与为泰党继续联合，转而支持民主党。12月9日，民主党与泰国发展党、泰国同心发展党、泰国自豪党联合宣布，组建以民主党为首的新政府，民主党党魁阿披实·威差奇瓦（Abhisit Vejjajiva）担任总理。阿披实·威差奇瓦是在军方支持下，经政党协商和国会选举产生的总理，没有经过全民大选。因此，红衫军对阿披实·威差奇瓦总理的合法性提出质疑，在街头游行，以示抗议。

阿披实·威差奇瓦领导的民主党被视为社会上层精英势力的代表，在当前泰国社会贫富分化严重、城乡矛盾加剧的情况下，民主党与代表广大农民利益的为泰党之间的争斗，显得更加微妙和复杂。他们除了在国会中较量外，黄衫军与红衫军在街头的较量也此消彼长。长时间的街头游行集会，不但妨碍交通，影响公共秩序，干扰市民的正常生活，也给旅游业和泰国经济发展带来负面影响。多次发生流血冲突，造成无辜群众的死伤。阿披实·威差奇瓦上台后，声称要缓和社会矛盾，推动政治改革，实施"和解路线图"，结果是雷声大雨点小，非但社会矛盾没有得到解决，反而加剧了黄衫军与红衫军的冲突。2009年3月底至4月中旬的街头暴乱，造成曼谷和帕堤亚的瘫痪。红衫军冲击东亚峰会会场，致使这次重要的国际会议被迫改期。2010年3—5月，红衫军举行了长达60多天的示威，花费400万美元，

阿披实·威差奇瓦与美国总统奥巴马

群众与军警发生冲突,造成91人死亡、1 800人受伤的惨剧。2010年民意调查结合显示,民众对政府的满意度仅为3.79分,满分是10分,不到4成的支持率。阿披实·威差奇瓦内外交困,不得不提前半年解散政府,宣布2011年5月大选。

19. 英拉·西那瓦政府(2011年8月—2014年5月)

你方唱罢我登场,在泰国政府走马灯似的轮换过程中,民主党的阿披实·威差奇瓦刚谢幕,又轮到为泰党的英拉·西那瓦(Yingluck Shinawatra)登场。

英拉·西那瓦是他信·西那瓦最小的一位妹妹,1967年6月21日出生于清迈。1988年获得清迈大学政治学与公共管理学学士学位后,随其兄他信赴美留学,获肯塔基州立大学公共管理学硕士,后归国参与西那瓦家族的企业管理。英拉原无意从政,他信总理因2006年9月政变被迫流亡海外后,他信家族的许多成员被冠以"贪腐"的罪名而被取消从政资格,唯有英拉还能保持名声清白,因此英拉不可避免地作为他信的替身而参加总理竞选。

2011年5月,英拉被提名为泰党的第一候选人。她在竞选纲领中承诺:"2013年将公司所得税由30%调到20%,将工人最低日工资调到300铢,大学毕业生的起步月工资调到1.5万铢。在惠农政策方面,将每吨稻米保护价提高到1.5万铢,向农民提供相当于预期收入70%的贷款。在社会服务方面,将建立免费的wifi网络,为每个学生提供简易电脑。为减轻民众负担,将取消燃油消费基金,使每升燃油下降5—7铢。"这些承诺,无疑深得选民的拥护。加之,她利用其兄他信的威望,以压倒多数的选票登上总理宝座。连反对党领袖阿披实·威差奇瓦都承认她的当选,并向她表示祝贺。

2011年8月5日,英拉·西那瓦成为泰国第28任总理,也是泰国历史上第一位女总理。她说:"我将充分利用我的女性特质为我们的国家工作。"她以女性特有的柔美和微笑来化解尖锐的政治对立,取得了国内选民的信任和支持;她以潇洒的风度活跃于国际舞台,在东盟峰会上大出风头。她成功地访问中国,就深化中泰两国在各领域的合作与中国领导人达成共识。她在泰国接待了美国

英拉

总统奥巴马,泰国成为奥巴马连任后出访亚洲的第一站。她还于2012年7月对德国进行国事访问。作为泰国的第一位女总理,英拉在国际交往中获得了交口称赞。

在国务管理方面,2011年曼谷遇到的特大水灾,对于刚上台的英拉总理来说,不啻是一个重大的考验。好在她依靠内阁同僚的共同努力和曼谷民众的同舟共济,终于渡过了这次洪水危机。

2013年英拉政府又面临"大米危机",2011—2012年度政府的大米收购出现了1 360亿铢(44亿美元)的亏损。造成亏损的根源在于英拉政府实施的"大米典押"政策,即在大米收获之前,就由政府出钱预购稻米。为了保护农民的利益,从2011年10月起,政府以每吨1.5万铢的价格收购粳稻,以2万铢的价格收购茉莉香稻,收购价远远高于市场价。这当然是广大农民求之不得的好事。但在执行过程中由于经办官员的贪腐,米商的投机取巧,通过低价从越南和缅甸等周边邻国买进稻米、高价卖给政府等手段,给国家造成亏损,而种稻的农民实际获利不多。大米典押政策受到国内人士的批评,并对泰国政府信用评级带来负面影响。

英拉执政期间,基本上保持了泰国政局的稳定,在容易引起政治冲突的敏感问题上,她采取了缓和、退让和拖延的政策。经济上2012年的增长速度达到6.4%,高于预期的5.5%。在与邻国柬埔寨的关系上,缓和了被阿披实·威差奇瓦政府搞僵了的泰柬关系,实现了边境和解。民意调查显示,48%的受访民众对英拉政绩满意,53%的受访民众对英拉的工作表现给予肯定,70.4%的受访民众希望英拉继续执政。

据《英拉传》的作者透露,别看英拉在人前满脸堆笑,在人后也有伤心落泪的时候。英拉作为政府总理的辛酸,只有她自己知道。截至2013年6月底,英拉曾4次改组内阁,革除庸吏,平衡各党派之间的利益。面对反对派的弹劾,以及莫须有的申报个人财产账目做假的指责,只能使她越来越坚强和成熟。

2012年5月,国会审议2006年政变领导人颂堤将军和部分为泰党议员提出的和解法案,拟对2005年9月15日—2011年5月10日期间有关政治的违法犯罪进行赦免,引起反他信势力的反弹。他们认为这是为他信回国执政铺路,因而爆发黄衫军的大规模街头示威,逼英拉下台。2014年1月,英拉宣布解散国会,自己留任看守内阁总理,直至举行新的大选。2014年5月7日,泰国宪法法院裁决,看守内阁总理英拉2011年将国家安全委员会秘书处他汶调离的行

第十章 拉玛九世领导下的当代泰国

为,属滥用职权,即日解除其看守内阁总理职务,指定副总理兼商务部部长尼瓦探隆为看守内阁总理。5月22日凌晨,泰国军方宣布戒严,接管国家政府,这是第20次军人政变。

三、当代泰国的经济

从1946年拉玛九世即位到现在,是当代泰国时期。当代泰国的经济发展大体可以分为以下几个时期。

1. 战后经济恢复时期(1946—1961年)

第二次世界大战以后的泰国,虽然没有像日本一样沦为战败国,但由于战争的破坏及战时日本对泰国经济的掠夺,战后泰国经济已是千疮百孔,一片凋敝。由于要履行《英泰和平条约》的规定,泰国必须向英国提供120万吨大米,但此时,素以粮仓著称的泰国,对国民也要实行大米配给制。另外,还要赔偿英、澳两国战时在泰国锡矿生产所受到的损失,总计要赔偿16 000吨大锡,还要加上每吨锡的经营利润。而战后泰国的大锡生产恢复十分缓慢。泰国另一宗最重要的出口物资是柚木,战时柚木的生产基本停顿,战后要恢复也非一朝一夕之事。所谓十年树木,等新的柚木成材,需耗时几十年。只有橡胶的生产恢复较快,这时年产胶片5万吨,接近战前的水平。总的来说,战后泰国经济面临生产停滞、外贸萎缩、商品奇缺、通货膨胀的严重局面。

战后銮披汶·颂堪政府把振兴工业作为发展经济的一项重要工作。銮披汶·颂堪政府以振兴小型规模的工业为主,以发展国产原料加工的轻工业为重点,以引进外国资本作为主要的资金来源,以《工业奖励法》为依据提供种种便利。《工业奖励法》是以保护国内产业、促进外国投资为目的的一项立法措施,它规定,对在泰国经营工业的泰人和外国人,一律给予如下优待:(1)任何私营企业都不国有化,政府不设同类企业与之竞争。(2)对于新建工厂或扩建设备的机械及零件进口,豁免关税。(3)对新建企业豁免2—5年的所得税。(4)外国资本的资金及利润可以自由汇出国外。(5)进口泰国国内不能生产的原料,减免关税。(6)必要时免除制成品的出口税。(7)对新建企业实施保护措施。1955年10月《工业奖励法》正式实施,3年之后便立马见效。许多新兴产业逐渐发展起来。原来泰国工业只有钢铁、锡砂、钨矿、水泥和明矾等不多几种,3年后新建了砂糖、麻袋、纤维、耐火砖瓦、胶合板、制革、造纸、虫胶颜料、罐头、玻璃器皿、电池、制粉和苏打等产业。其中规模较大的砂糖厂日产砂糖800

吨,纤维业包括纺纱和织布,1958年纱厂的规模已达32 000锭。

除振兴工业外,政府还十分重视传统产业大米、橡胶、柚木、锡砂和盐的生产,同时发展与这些产业相配套的运输、通讯、灌溉和电力等基础设施的建设。每年在基础设施方面的投资达8亿—9亿铢,占投资支出预算的50%—60%。

2. 实行经济和社会发展五年计划时期(1961—1997年)

泰国政府从1961年起实行经济和社会发展五年计划,1961—1966年为第一个五年计划,1966—1971年为第二个五年计划,1971—1976年为第三个五年计划,1976—1981年为第四个五年计划,1981—1986年为第五个五年计划,1986—1991年为第六个五年计划,1991—1996年为第七个五年计划。1997年爆发了金融危机。

在执行第一个五年计划到第七个五年计划之间,政府实行自由经济政策,鼓励私人投资和竞争,特别是从第五个五年计划以后,经济快速发展,逐步实现由农业国向新兴工业国转化。1995年国民人均收入超过2 500美元,被世界银行列入中等收入国家。以后连续几年的经济增长率都保持在两位数,直到1997年爆发金融危机,经济增长才受到重挫。

从农业经济结构的发展来看,30多年来取得的最大成功在于增加了农民的收入,其增长速度令人满意。在农业仍是国民经济主要产业的情况下,从农业中分出了许多新兴产业。农业收入在国内生产总值(GDP)中所占的比例越来越小。比如说,1970—1972年农业收入占GDP的31.54%,到1986年农业收入只占GDP的22.29%。这说明经济结构发生了改变,工业发展了,工业总产值在国民经济中的比例增加了。另外,农业经济结构的改变,还表现在农业中从事种植、畜牧、渔业和林业的收入分配比例发生了变化。根据1960—1986年的统计显示,1960年种植业的收入占27.87%,畜牧业的收入占5.07%,渔业的收入占1.41%,林业的收入占3.17%。到1986年,种植业的收入降到16.82%,畜牧业的收入降到2.97%,渔业的收入增至1.8%,林业的收入降到0.69%。经济结构的变化并不等于农业没有发展。1961年农业生产总值为210.66亿铢,1987年增加为1 950.59亿铢。泰国农业之所以取得这么大的发展,是因为泰国的农业跟世界的农业商品经济挂上了钩,泰国的农业生产不再像过去那样仅仅是它本国自己的事,而是被纳入了世界资本主义经济体系的范畴。

泰国工业的发展是从引进外资开始的。1962年泰国政府制定了《促进投资条例》,这对泰国工业的发展起到了至关重要的作用。当时美国和世界银行

第十章 拉玛九世领导下的当代泰国

都提出让泰国发展私人经济的建议,从泰国国内政治的变化来看,促进私人经济的发展,也是一种势所必然的选择。因为沙立·他那叻政府上台后,比较其上一届的銮披汶·颂堪政府来说,他对国营企业的控制较少。因此,他采取通过引进外资,让私有经济充分发展的办法,来加强政府在经济方面的主导权。政府成立了促进投资委员会作为专门的职能机构,并于1965年和1968年两次对《促进投资条例》进行修改,使其更加完善。

1960—1972年,政府发展工业的主导思想是重点发展那些能够取代进口产品的生产。同时,通过提高进口关税,来保护国内同类产品的生产,免受外国产品的竞争。实践证明,这种政策已初见成效。在1965—1972年间,泰国工业的平均年增长率是12.5%,远远高于1960—1964年的9.4%。那段时期的工业产品主要是日常生活用品。1959—1969年的10年间,共引进316项投资,其中129项投资于日常生活用品的生产,占总投资的40.8%,投资额为45.262亿铢。至于外国资本来泰国的投资数额的增长,也令人刮目相看。1959年外国投资总额为7 200万铢,到1971年增加为8.09亿铢。

发展取代进口产品生产的政策促进了泰国工业的发展,同时也不可避免地带来了一些弊端,它造成了商业贸易的不平衡和货币收支的不平衡,也不能给泰国工业带来长久的繁荣。从1972年起,泰国政府改变了工业发展的方针,即重点发展出口商品的生产,帮助外向型企业。泰国的出口产品大致可以分为4种类型:(1)基础产品,主要是食品。过去以内销为主,价格低廉。后发展为基础的出口产品,如蔬菜和水果罐头以及海鲜罐头等。(2)取代进口的产品,如纺织品,以棉布为主。过去靠进口,待国内生产能力提高后,也开始出口。(3)在劳动生产力方面占优势的产品,这些产品技术含量较高,劳动力价格便宜,外国公司喜欢在这些领域投资,比如电子元件、滚珠轴承等。(4)轻工和劳动密集型产品。这些产品技术含量低,投资较小,例如成衣、皮革制品等。由于大力发展出口产品,促成了泰国由农业国向工业国的转化。它直接带来的后果是,工业规模迅速成长壮大,增进了出口和与外国的联系。

3. 1997年的金融风暴

1997年以前,泰国经济之所以保持高速增长,主要是因为靠出口的推动,靠发展外向型企业来实现的。1991—1995年,泰国出口的平均年增长率为18.17%,但要害的问题是出口产品结构单一,主要是靠劳动密集型的电子产品和服装。随着劳动力成本的上升,最低工资增长了23%,劳动力成本比邻国高出2—3倍,使泰国出口产品的竞争力下降。加之面向欧美的国际市场的需求减弱,1996年泰国出口年增长率下降为0.1%,进口则有所扩大,导致贸易赤字累计达到162亿美元,占GDP的8.3%。在资金短缺的情况下,泰国政府只有靠借外债来弥补缺口。泰国外债从1992年年底的396亿美元增加到1996年年底的930亿美元,平均每个泰国人负债1 560美元,这需要出口年增长率必须保持在15%以上,否则就会引发债务危机。而事实证明,保持这么高的出口年增长率是不可能的,因而债务危机的爆发也是不可避免的。

房地产泡沫的破灭是导致金融风暴的直接原因。20世纪90年代以来,泰国经济高速增长,房地产价格直线上升,带动了股票市场的繁荣。房地产和股票成为人们赚取高额利润的投资场所。金融机构大规模向房地产和股市放贷,造成房地产业虚假繁荣和房地产供给严重过剩,当房地产泡沫破灭时,房地产商无力偿还贷款,金融机构坏账和呆账激增,股市也由繁荣走入萧条。接着而来的是对金融机构的信任危机,引发了挤兑风潮。

1997年2月初,国际投资机构掀起抛售泰铢风潮,引起泰铢汇率大幅度波动。泰国央行为了捍卫泰铢的地位,动用了20亿美元的外汇才初步平息。3月4日,泰国央行要求流动资金出现问题的9家财务公司和1家住房贷款公司增加资本82.5亿铢,合3.17亿美元。此举本意在于增强人们对金融市场的信心,结果适得其反,引起大规模的挤兑风潮,仅5—6日两天,出现问题的10家财务公司就被提取150亿铢,折合5.77亿美元。投资者大量抛售银行和财务公司的股票,造成股市连续下跌。外国金融投机机构大量抛出泰铢,使泰铢对美元的汇率跌至26.94铢兑1美元,泰国央行动用50亿美元的外汇储备进行干预。6月中旬泰国财长辞职。7月2日,泰国央行宣布放弃坚持14年的泰铢钉住美元的汇率政策,泰铢当日闻声下跌17%。泰铢贬值引发的金融危机像风暴一样席卷而来,使泰国经济濒于崩溃。截至1997年年底,泰国失业人口达115万人,占劳动力的3.5%。金融危机不仅波及城市中低收入阶层,更大范围的社会群体也都在劫难逃,包括实业家、银行家、金融家、白领、高管及一般职员。

4. 经济复苏时期(2001—)

1997年的金融风暴给泰国经济造成的损失是巨大的,泰国经济如大厦将倾。金融危机摧垮了差瓦立·永猜裕政府,川·立派临危受命,再度组阁。拉玛九世颁布谕示说:"泰国成为亚洲五小龙并不重要,重要的是要发展使老百姓够吃够用型的经济。"在这种思想指导下,泰国经济正向着务实和稳步复苏的方向发展。为了应对金融风暴,川·立派聘请经济专家入阁,改革金融机

第十章 拉玛九世领导下的当代泰国

构,缩减政府开销,向国际货币基金组织借贷172亿美元来稳定泰国的金融市场。泰铢贬值趋稳,股票开始上扬。然而,川·立派政府的种种努力,并不足以化解金融风暴带来的经济危机,执政仅3个月,川·立派内阁便宣布倒台。他信·西那瓦取而代之。他信出身商人,在短短10多年的时间里,他经营的电脑公司就垄断了泰国的电信业务和卫星通信,创造了亿万资产,成为泰国首富。泰国选民相信他有能力、有办法带领泰国走出金融危机的阴影。他信担任总理后,不孚众望,推出了一系列的"创新型政治"主张:发展金融和资本市场,重组国家经济和债务,将国企私有化;发展教育,解决失业问题;致力于农民富裕,为每个村提供100万铢的发展基金,实现一村一个产品,推行30铢便可以治病的计划等。他信采用经营公司的理念来治理国家,使泰国的经济迅速出现复苏的势头。2003年提前2年还清国际货币基金组织172亿美元的债务,2002—2005年泰国的经济增长率恢复到5%—6%,实现金融危机后的国家首次收支预算平衡。他信取得的成绩无疑是有目共睹的。遗憾的是,因为党派政治斗争的缘故,1996年6月军方发动政变,将他信驱赶到海外。此后历经多次政府更迭,又多次爆发街头政治运动,无疑都对泰国的经济发展带来负面影响。特别是泰国的旅游业,原是国民经济的一个支柱产业,因政治动乱,收入锐减。泰国经济要想恢复到1997年金融风暴以前高速发展的水平,仍是任重而道远,保持政治局势稳定是关键。

四、当代泰国的宗教

相对经济基础来说,宗教属于上层建筑的范畴。宗教和信仰是人类社会不可缺少的东西,不管是在古代不发达的社会或是当代生产和科学技术都非常发达的社会。当宗教成为一种文化意识形态时,它是信奉它的那个人类群体的生活方式;当宗教成为一种社会制度时,它必然跟其他社会制度,诸如政治制度、经济制度和教育制度等,发生密切的联系。世界上的宗教五花八门:佛教、基督教、伊斯兰教、印度教、犹太教……无论其教义或信奉的神祇各不相同,但都有一个共同的特点——所有宗教都是关于死亡的学问。如果没有死亡,就不会产生宗教。因为宗教的产生都源于一个人类永远无法回避的问题:人从哪里来?死后到哪里去?怎样才能永生?对这些问题有不同的解释和不同的理论,因而产生了不同的宗教,当然也包括不信宗教的无神论。

宗教并不等同于迷信。所谓迷信,是指对某种东西信到了痴迷的程度才叫迷信。产生迷信的根源不在宗教本身,而在信奉者自己。如果信奉者失去理性,失去是非之心和判断能力,陷入痴迷和盲从,那就是迷信。对神的盲从是迷信,对政治领袖的盲从也是迷信,对某种主义的盲从也同样是迷信。因此,迷信并不是宗教的专利。不能因为有些人有宗教迷信的现象而否认宗教的价值和存在的必要性。

宗教是一种信仰,是一种精神依托。有信仰、有依托总比没有信仰、没有依托要强。所谓"真正的唯物主义者是无所畏惧的",这句话的本身有正负两个层面的意思。从正面来看,唯物主义者不怕天,不信邪,敢于革命,敢于创新。从负面来看,一个人到了什么都不怕的地步,就会无所顾忌,无法无天,什么坏事都干得出来。当下的中国,之所以出现造假酒、卖假药、毒奶粉、地沟油,就是因为有些人没有信仰,才会丧失道德,不怕报应。现代科技证明,月球上并没有神,天上也没有上帝,为什么包括科学发达的西方国家在内的人类大多数都要信仰宗教呢？这说明信仰对于人类之重要,"即使没有上帝,也要创造出一个上帝来"。宗教起着教化人的作用。宗教信条是人为制定的对人类自己的约束,是凌驾于法律和道德之上的自我约束,它有着法律和道德不可替代的自律作用。

目前,世界上绝大多数国家都标榜宗教信仰自由。能不能真正做到,则是检验这个政权是否真的自由和平等的一个尺度。当代泰国执行宗教信仰自由的政策,虽然95%以上的泰国人信仰佛教,但伊斯兰教、基督教和印度教也有自己的信众,有自己的生存空间。下面我们将逐一介绍。

1. 佛教

当代泰国是东南亚重要的佛教国家,全国人口的95%以上信仰佛教,全国共有佛寺32 000多座,僧侣30万人。每个成年男子一生必须出家一次,少则3个月,多则数年,以报答父母的养育之恩。其剃度就像服兵役一样,上自国王贵族,下至平民百姓,无人能够蠲免。而且,泰国宪法规定:"泰国国王,必须是佛教徒及佛教的护持者,才可以登基为王。"任何公民都有批评政府和总理的自由,唯独不能反对国王和佛教。在泰国人的观念里,国家、佛教和国王是他们精神力量的3根主要支柱,缺一不可。

泰国国王拉玛九世年轻时也像普通的男青年一样,剃度出家一段时间。拉玛九世于1956年举行剃度礼,他是泰国第4位在位期间出家的国王。1956年10月18日,拉玛九世向全国人民发表告示说:"佛教是我们的国教,受到举国上下的欢迎。按照我个人的理解,佛教的教诲是很有道理的。如果条件允

第十章 拉玛九世领导下的当代泰国

许,我将潜心于佛学研究一段时间,这是一条提高个人修养以造福国家的有效途径。"10月22日14时,拉玛九世在拉辣萨达蓝寺举行剃度仪式,由僧王担任戒师,于17时45分剃度,法号为"蒲密罗"。1956年11月5日11时15分还俗,历时15天。拉玛九世的剃度等于向世人诏示:国王本人是佛教徒,也是最高护法。

  泰国佛教的最高领袖是僧王,僧王之下设副僧王。政府设宗教事务厅管理全国的宗教事务。1962年,经拉玛九世签署颁布的《僧人条例》是僧侣必须遵守的法律规定。僧侣按行政区划分归四大区域管辖,大上座为区域首长,区域下设18个部域,管辖3—4个府。全国共有佛寺32 000多座,每村至少有一座寺庙。全国有30万僧侣,还不包括短期剃度的人数在内。20岁以下出家的僧人称为沙弥,需受十戒。20岁以上的僧人称为比丘,比丘的戒律多达250条。女性出家者称为"买期"(音译),因泰国极少正式受具比丘尼戒的女性。拉玛七世时期出现一件引起全国注意的事,一位名叫乃那玲的僧侣剃度他的女儿为尼姑,遭到僧王的反对。僧王发表布告说:"按正确的途径女人想要剃度为比丘尼,必须由出家满12年的比丘尼来剃度,不准由男性的比丘来担任剃度法师。而比丘尼已经多年不见了。因此,不能由比丘来剃度比丘尼。谁要这样做,就是违反教规。从现在起(1928年)禁止比丘剃度女人为比丘尼或女沙弥。"由于这个布告的颁布,泰国几乎没有经过正式剃度的比丘尼。买期指未受戒的女性出家人,她们大多集中在佛丕府的庵里。泰国僧侣禁止戴帽、穿鞋(拖鞋例外)和饮酒,但可以吃荤,只要不是自己宰杀的就行。一天吃早午两餐,过午不食,但可以喝水。在公共汽车上和其他公共场所,不许女人跟僧侣坐在一起。女人不许把东西直接交到僧侣手里,僧侣接东西必须用一块黄布手巾。寺庙是泰国人公认的神圣地方,进入寺庙必须衣着整齐,不能穿短裙和迷你裙,不可以袒胸露臂或其他不适宜的打扮。在佛寺院子范围内可以穿鞋,但进入佛殿必须穿拖鞋或赤足。佛殿周围有被称为赛玛(Saima)的莲花状的石碑作为标识,提醒人们已经进入圣地的范围。

  泰国的王室、政府、机构或私人,每逢重大庆典都要举行宗教仪式,请僧侣来诵吉祥经。丧礼也在寺庙举行。

  泰国政府规定放假的佛教节日有:

  (1)万佛节,阴历3月15日(公历2月)是佛祖释迦牟尼首次在摩揭陀国公开向前去集会的1 250名阿罗汉宣讲佛教的日子,泰国从1913年起将这一天定为法定的假日。

(2) 礼佛节，一般在阴历5月5日，纪念佛祖诞生、悟道和涅槃。

(3) 守夏节，每年夏天雨季来临时，僧侣不外出化缘，坐在寺中诵经一个月。因此，进入雨季这一天为佛教守夏节。全国放假，斋僧浴佛。

拉玛九世时期对佛教所作出的主要建树是，颁布了1962年版的《僧人条例》，它与以往颁布的《僧人条例》相比，最突出的特点是，集中了僧伽的权利，并把它置于相应的各级政府机构的控制之下。也就是说，政权加强了对僧权的控制，从而使宗教更加政治化。

1951年，拉玛九世颁布了《宗教教育机构办学条例》，把现代化的世俗教育方式引入宗教教育。在佛教学校中，开设英语、泰语、自然地理、社会学和生理卫生等普通学科，与世俗学校一样设立学士、硕士和博士学位。佛教学校的学历受教育部承认。1950年教育部规定，佛学学员的2、3级，相当于中学3年级。佛学学员1级相当于中学6年级。5段以上的学位，相当于大学水平。1951年教育部规定，佛学5级可以考教师的资格。1952年规定，5级以上的佛学学员相当于6年级的水平。同年内政部发布文告，规定有学位的僧侣可以在各省办的公立学校任教，并规定了相应的工资标准。1970年，全国的宗教教育机构共有5 361所，支出金额120万铢。朱拉隆功佛学院公开接受外国留学僧到该校来学习。1973年该校共有113名外国留学僧，其中来自老挝的81名，马来西亚14名，柬埔寨10名，缅甸8名，中国3名，孟加拉5名。在这些留学僧中，有的是获得朱拉隆功佛学院的奖学金。但由于后来政治局势发生变化，外国留学僧人数有所增减，但一直没有断过。从1954年起，朱拉隆功佛学院开始派留学僧去国外留学，主要是去缅甸、印度、斯里兰卡和日本等佛教国家。1975年以后，去日本的留学僧人数增多。还有一些朱拉隆功佛学院毕业的僧人，被任命为僧侣使节，出访英、美、德、印度和印度尼西亚等国。

泰国僧侣普遍信奉小乘佛教，唯有越僧和华僧信奉大乘佛教。越僧是在吞武里王朝时期来到泰国的。当时越南发生西山农民起义，王室裔孙逃亡暹罗避难时，越僧尾随而来，获国王郑信允许划地而居。越僧盖了两座佛寺：一为甘露寺，在现在曼谷万望交通警察局后面，泰名叫蒂哇里威限寺；另一座原名蚬康佛寺，位于三皇府邬拿干路。曼谷王朝拉玛五世时期进行城市修整时，此寺正好在马路线内，拉玛五世遂赐地耀华力路附近予以重建，即现今敕赐会庆寺。

最早来暹罗弘法的华僧是禅宗的续行大师。续行大师出生于中国，生年

第十章 拉玛九世领导下的当代泰国

龙莲寺

不详。少年时出家受戒为僧,精研佛法,普度众生。因仰慕暹罗是著名的佛邦,于清朝同治元年(1862年)只身南渡,将中国的大乘禅宗传给以小乘教派为主的暹罗。续行大师初抵暹罗的时候,驻锡于曼谷耀华力路谷斗巷观音宫(现改为永福寺),讲经诵法,皈依众者,因此受到拉玛五世的礼敬。翌年,续行大师发下宏愿,决心募化修建一座规模可观的中式禅院。拉玛五世御赐石龙军路旁的4莱土地作为建寺用地,并谕令朝官披耶初侣色提(华名刘建兴)辅佐建寺工程。建寺工程历时8年,大功告成。拉玛五世赐寺名芒哥嘎拉玛瓦寺,即龙莲寺,并封续行大师为华宗大僧长,相当于华僧的僧王。现在龙莲寺的住持传至第九代仁晃大师,他是在泰国出生的新一代华僧,当今拉玛九世封他为华宗副大僧长。

现在的华宗大僧长是仁得大师,他是普门报恩寺的住持。仁得大师祖籍中国广东揭阳,俗称陈,生于北碧府农家。21岁时皈投北碧府普仁寺礼依上任华宗大尊长普净大和尚为传戒阿阇黎,受比丘具足戒。1985年普净大和尚圆寂后,仁得大师承袭其衣钵。1988年晋升为华宗大僧长。

泰国的中式寺庙数以百计。这些寺庙既是华人举行宗教活动的场所,又是他们联络感情的社交地点和济贫救灾的慈善机构。华人信仰的大乘佛教与

277

泰人信仰的小乘佛教虽说有些微区别,但在根本的教义上是一致的。因此,大乘和小乘佛教在泰国皆受到同样的尊重。

2. 伊斯兰教

10世纪初,伊斯兰教由阿拉伯、波斯和印度穆斯林商人传入马来半岛。最先接受伊斯兰教的是马来人。他们很早以前就创建了自己的城邦国家。泰国阿瑜陀耶王朝建立以后,随着王朝统治势力的南进,马来半岛北大年、沙敦、惹拉和陶公等4府逐步被纳入泰国版图,但这些地区还保持着地方自治政府。直到曼谷王朝才把泰南4府纳入中央王朝的直接统治,这些地区居住的马来人也才变成泰国的一个少数民族。泰国的伊斯兰教主要在马来族中间传播,只有少数的泰人因为与穆斯林通婚才改信伊斯兰教。

伊斯兰教是泰国的第二大宗教,全泰国计有2 300多座清真寺,约200万穆斯林。原先穆斯林大部分居住在泰南各府,后来有一部分人移居曼谷,经过近千年的发展,穆斯林逐渐由泰南沿海深入到内陆城镇。泰国现共有40多个府有穆斯林定居。泰国穆斯林大多属于逊尼派,极少数为什叶派。全国最大的清真寺为北大年的中心清真寺和曼谷的清真大寺。曼谷计有大大小小的清真寺148座。较大的清真寺还设有经学院、阿拉伯语学校和讲习所等。全国共有穆斯林的各级学校200余所,最高学府是曼谷的泰国穆斯林学

穆斯林居住区

院。穆斯林学校对青少年进行宗教基础知识和道德传统的教育，教习阿拉伯语、《古兰经》和《圣训》等课程，并从中选拔培养专业宗教人员。泰国的伊斯兰教组织共有24个，1954年成立的"泰国穆斯林全国委员会"为全国最高组织，下设各府委员会，指导全国的伊斯兰教工作。还有"改革维新协会"、"圣道辅士会"、"善功之家清真寺联会"和"曼谷伊斯兰教中心"等。这些组织十分重视伊斯兰教宣传和教育工作，应他们的要求，伊斯兰世界联盟、沙特阿拉伯宗教部及科研教法宣教指导总部派选教员，赴泰国各地进行宣传和教育工作，并教授阿拉伯语。泰国穆斯林少年儿童的宗教教育工作，在穆斯林比较聚居的府县，学生上午学习阿拉伯语和各种宗教课程，下午学习泰国教育部规定的课程。散居地区的学生，每天放学后在清真寺附设的学校学习宗教课程2小时，星期六和星期天上午各学习2小时。暑假期间，各大清真寺开办各种类型的食宿免费学习班。穆斯林的宗教生活和宗教教育受到泰国宪法的保护。

泰国政府采取宗教信仰自由的政策。拉玛九世曾赞助将伊斯兰教的《古兰经》翻译成泰文出版。每逢伊斯兰教举行盛大的宗教活动，都要邀请国王或国王的代表参加。在政府机构工作的穆斯林受到特殊的优待，每周五下午有半天做礼拜的假日，逢古尔邦节和开斋节可以带薪休假。如到麦加朝觐，还有4个月的假期。

但不管怎么说，泰国南部的穆斯林分裂主义一直是困扰泰国政府的一个难题。早在1909年这一地区正式纳入泰国版图之前，以北大年为中心的地方割据诸侯就经常发生叛乱，但最终被中央政府镇压。1909年的《英暹条约》正式把泰南4府划归泰国后，大大小小的反叛活动一直不断。过激的分裂主义组织受伊斯兰原教旨主义的影响，在各大城市建立小规模的组织，制造恐怖活动，旨在将泰南分裂出去。这个问题的产生既有文化方面的原因，也有泰国政府实行民族同化政策的失误。特别是銮披汶·颂堪政府推行大泰民族主义，对国内少数民族执行强迫同化，不考虑少数民族的民族文化传统，强迫他们全盘接受泰语和泰装等泰国的主流文化，引起了他们的反抗，对泰国的感情日疏。20世纪60年代，泰国开始了现代化的运动，国家经济有所发展，但忽视了少数民族的经济利益。经济上的贫困，政治上受歧视，是泰南民族分裂主义滋生的土壤。加上国际泛伊斯兰主义的蛊惑和煽动，致使宗教和民族矛盾日益尖锐。泰国政府对以往的政策也进行了反思，其实泰国的佛教与伊斯兰教并未发生直接的对立，不平等和贫困才是产生问题的关键。从20世纪80年代开始,泰国政府对南部穆斯林采取了比较合适的政策,首先尊重他们的宗教和文化,优先解决他们的政治和经济问题,加强交流,鼓励他们对泰国的认同。通过一系列办法,使对抗趋于缓和。

3. 基督教

早在1529—1533年间,葡萄牙人就试图将基督教传入暹罗,但没有获得成功。最早将基督教传入暹罗的是法国人。1662年法国的拉莫·郎伯特主教和两名天主教传教士是最早来到暹罗的法国人,他们原打算经缅甸到中国,但由于中缅正发生战争,遂改道从暹罗经越南到中国。后因越南与柬埔寨的战争,途经越南的路也不通,只得留在暹罗传教。1664年,巴卢主教率领的另一批法国传教士又来到暹罗。他们的传教活动得到暹罗那莱王的认可,他们获准在阿瑜陀耶城建立教堂和开办学校。为此,法国国王路易十四于1673年写信给暹罗那莱王,对他支持法国传教士的传教活动表示赞赏和感谢。法国的意图是想劝那莱王改信天主教,国王的忏悔牧师便可以成为该国的太上皇,法国希望通过这个途径来改造和控制暹罗。暹罗方面,那莱王鉴于荷兰在暹罗的势力日益扩张,企图借助法国对荷兰进行一些制约。但那莱王本人始终没有改信天主教,王子亚派耶脱则是天主教徒。当时,暹罗宫廷内部分为两派,以象队统帅帕碧罗阁为首的一派,坚决反对法国殖民者。另一派是以那莱王的儿子亚派耶脱为代表的亲法派。1688年春季那莱王病重,帕碧罗阁突然带领人马冲进王宫,逮捕了亚派耶脱王子及其同党,驱逐了法国传教士和殖民主义势力。

基督教再次进入泰国是在曼谷王朝拉玛五世时期,因为此时开始了旨在大规模地向西方学习的行政制度的改革,包括基督教在内的西方文化趁机涌入暹罗。1875年,泰国的基督教(包括天主教)信徒多达25 000人,其中有泰人、华人、越南人、老挝人、印度人和西方人。在全国38府中有79座教堂。传教士经常通过办学校和开办慈善事业等方式来吸引信众,使基督教得以发展。

现在全泰国共有30万基督教徒,其中60%以上为天主教徒。天主教堂400多座,神职人员4 000人,其中神甫300多人。教会学校130多所,学员15万人,天主教团30多个。全国分为两大主教区:(1)曼谷大主教区,管叻丕府、尖竹汶府和清迈府3个教区。(2)沙功那空大主教区,管乌汶府、乌隆府和柯叻府3个教区。泰国天主教联合会是全国性的组织。天主教教堂以曼谷达叻仔教堂的历史最久。教皇保罗二世曾于1984年访问泰国。

第十章 拉玛九世领导下的当代泰国

美国长老会传教士

新教在泰国共有教堂100多座,牧师近百人,主办30多所教会学校,出版《季度新闻》月刊。泰国基督教协会是全国性组织,在全国设有12个教区。

4. 婆罗门教或印度教

婆罗门教产生于印度,是人类最早创造出来的宗教之一,后发展成印度教。婆罗门教与印度教没有本质不同,实际是同一宗教。

泰国的婆罗门教或印度教有着悠久的历史,比佛教传入泰国的时间还早。当代泰国信仰的婆罗门教主要有4个宗派:(1)湿婆教派,以湿婆为最高神祇;(2)毗湿奴教派,以毗湿奴(帕那莱)为最高神祇;(3)刹嘎滴教派,以阿提刹嘎滴女神为最高神祇;(4)时髦教派,以湿婆等五尊神同时为最高神祇。这4个宗派有一个共同点,即以梵天为最大,凌驾于诸神之上。因为梵天没有形体,没有界限,无所不包,无所不容。

泰国现存最重要的婆罗门教神庙位于曼谷拌叮唆路268号,建于1784年。同时,还建有一个秋千架,这是根据婆罗门教的习俗,作为恭迎天王到人间时举行仪式用的。

印度协会是泰籍印度人的组织,成员主要是中上层的商人。他们先辈在拉玛五世时期从印度来到泰国做生意,以后便世世代代在泰国居住下来。他们保持了印度的生活习惯,每逢礼拜天和重大的宗教节日,都要到神庙里念经和举行宗教仪式。印度协会得到泰国宗教厅的批准,于1969年正式注册为宗教组织。

泰国的婆罗门教或印度教徒,主要是印度人的后裔,其中相当一部分已跟泰人通婚,大多居住在曼谷和泰南的洛坤府。他们与其他宗教的信仰者一样,热心赞助公益事业,创办了不下10所学校。根据婆罗门教的教义,释迦牟尼是帕那莱神的第九世转生,所以在婆罗门教神庙中也供释迦牟尼佛像。所以,泰国的婆罗门教徒很容易跟当地的泰人佛教徒友好相处。

泰国规定,每年4月13—15日是宋干节,俗称泼水节,全国放假3天。宋干节源于婆罗门教徒都要在规定的日子里到河边沐浴,以洗去身上的罪恶。可以说,宋干节是婆罗门教徒的节日。

信奉印度教的女孩

五、当代泰国的文化和教育

1. 文学

泰国的文学在缅甸入侵和阿瑜陀耶王朝灭亡时,遭到了极大的破坏,很多文学著作焚于大火。曼谷王朝初期经过抢救、收集和补遗,得到了逐步的恢复,在整理和修改的过程中进行再创作,重建传统的民族文学。这段时期出现了一批重要的文学家,如拉玛一世,他组织宫廷写作班子整理了《拉玛坚》、《乌纳鲁》、《伊瑙》、《达朗》等4部剧本,并根据自己的戎马生涯创作了《战缅甸塔叮当纪行诗》。披耶康(洪)将中国古典小说《三国演义》译成泰文。拉玛二世和拉玛三世都参加了诗剧《昆昌昆平》的编写。著名诗人顺吞蒲被誉为"泰国的诗圣",创作了《帕阿派玛尼》等脍炙人口的诗篇。拉玛四世时期散文的成就令人瞩目,最著名的是出使英国的使节蒙拉措泰写的游记《泰国使节出使英国记事》,此书的版权于1862年被西方传教士柏拉雷用400英镑买去,这是泰国历史上的第一次版权交易,也是泰国作家第一次获得稿酬。拉玛五世时期泰国文坛开始翻译西方的文学作品,这是泰国文学史上的一个重要转折,由古典文学转变为近代文学。拉玛五世本人也是一位作家,

第十章 拉玛九世领导下的当代泰国

他旅游欧洲时写的43封信记录了旅途见闻和感想，被辑为《远离家门》一书。他的诗集《梦醒诗》取材于《一千零一夜》。丹隆·腊贾努巴亲王的《泰缅战争的历史故事》叙述了泰缅之间的24次战争，既是史学巨著，也有很高的文学价值。拉玛六世也是一位多才多艺的作家、诗人和翻译家。他的作品数量惊人，有1 000多篇，大部分是译作。这时期最重要的作家是披耶阿奴曼拉查东，中文名李光荣，出身平民，自学成才，任泰国艺术厅厅长，主管文化艺术，受爵披耶，代表作有《泰国的传统文化与民俗》。1988年李光荣百年冥诞时，联合国教科文组织宣布他为世界文化名人。为了配合这一活动，在日本丰田基金会的赞助下，段立生从泰文翻译了《泰国当代文化名人披耶阿奴曼拉查东的生平及著作》，马宁从英文翻译了《泰国的传统文化与民俗》，由中山大学出版社出版。

泰国当代文学的奠基人是西巫拉帕，原名古腊·柿巴立（Kulap Saipradit，1905—1974年），出身于铁路小职员的家庭。他读中学的时候就显露了文学才能，1929年成立文学团体君子社，出版《君子》杂志，标榜以正人君子的态度从事文学创作，主张"文艺为人生，文艺为人民"，一生创作了20多部小说。其中长篇小说《男子汉》、《降服》、《人魔》和中篇小说《向往》等，表现了作者反对

西巫拉帕

封建等级观念、追求个性解放、主张婚姻自由的民主思想和抨击社会丑恶的勇气。不幸的是他屡遭迫害，两次被捕入狱，晚年流亡中国，至死未能回国。他的最后一篇长篇小说《向前看》被译成中文出版。

社尼·绍瓦蓬（1918—）是泰国当代受读者欢迎的一位业余作家。出生于北榄府的农民家庭。大学毕业后任外交官，被派往苏联和法国等国家工作，他的作品常以异域风情为背景。代表作《魔鬼》被译成中文出版。

克立·巴莫（1911—1995年）是一位亲王，祖母有华人血统，1975—1976年任泰国总理时与中国建立了外交关系。他用业余时间进行文艺创作，写了许多长篇小说、短篇小说、戏剧、散文和政论等，对泰国文坛有很大影响。代表作《四朝代》，以长篇小说的形式，展示了拉玛五世到拉玛八世这段时期的历史。

萧素乐（Sulak Sivaraksa, 1933— ），父母双方的祖先都有中国血统，父亲是英美烟草公司的会计主任，属于中产阶级家庭。完成中学教育后，被母亲送到英国念大学，曾在英国广播公司工作。回国后于1963年办期刊《社会科学评论》，推动泰国的民主运动和文化复兴。他写了许多针砭时弊的政论，被誉为"泰国的鲁迅"。他与泰国民主主义革命家比里·帕侬荣总理有很深的交往，他于2002年出版了中文版的《我认识的比里先生》，增进了中国读者对这位泰国民主主义革命先驱的了解。

萧素乐与作者

诗歌方面以瑙瓦拉·蓬拍本（1940— ）为代表，他在盘谷银行艺术中心工作，获朱拉隆功大学荣誉博士学位，出版诗集24部，其中《从星期天到星期一》、《策马观城》、《永不停息》和《田野笙箫曲》等诗集都曾获奖。《祖国颂》以饱满的激情，歌颂泰国的名山大川。

除了泰文文学外，我们还应该提及泰国当代的华文文学。自从有华人移民泰国，大概就有了华文文学，现在可以找到的根据是中式寺庙里保存的匾额、对联和碑铭。我们可以把这些东西视为广义的文学，因为对联往往是诗的浓缩，碑铭也是散文的结晶。当然，真正意义上的华文文学始于20世纪30年代。当时活跃于华文文坛的作家有许征鸿、黄病佛、翁永德、陈棠花和林蝶衣等。他们成立了许多文学社团，举办纪念鲁迅的文学征文。他们创办了许多文艺刊物和华文报纸副刊上的文学专栏，如谢犹荣主编的《译报》、方思若主编的《华凤》、林清等人创办的《半岛文艺》、黎毅等人创办的《七洲洋》和张综灵主编的《玫瑰》等，都产生过较大的影响。

1983年泰华写作人协会成立，标志着泰国华文文学进入一个新起点。它把华文文学的作者、编者和读者团结在一起，利用华文日报副刊发表小说、诗歌和散文。只要作品达到一定的质量标准，不愁没有地方发表，从而培养了一批新的华文作家队伍。一些老编辑本身也是作家，如肖汉昌、白翎、洪林、倪长游和子帆等。1990年，泰华写作人协会更名为泰国华人作家协会，协会历届领导人方思若、司马攻和梦莉等出钱出力，把泰国华人作家协会的工作搞得有声有色,近10年出版的书籍达130多种。中国中山大学、暨南大学、汕头大学、厦门大学的中文系,已开设了介绍泰国华文文学的课程。厦门鹭江出版社出版了东南亚华文文学大系的泰国卷,包括《司马攻文集》、《梦莉文集》、《陈博文文集》和《曾心文集》等10种。

2. 戏剧

泰国民间流行的传统戏剧多种多样,主要有:

(1)皮影戏

皮影戏是泰国民间广泛流行的一种娱乐形式。它用牛皮雕刻制成剧中的角色和布景,利用灯光投影在银幕上演出。皮影戏有两种:囊艾(大皮影戏)和囊塔侬(小皮影戏)。这两种皮影戏除了大小区别外,其他地方也有一些区别。大皮影戏的角色有1—2米高,有的一张牛皮只够雕刻一个角色,有的一张牛皮可雕刻2—3个角色,剩下的部分雕刻布景或花纹。小皮影戏的角色较小,一般不超过1米,只刻一个角色,没有布景、花纹和边框。小皮影戏是泰南流行的皮影戏,是从爪哇直接传入泰国,或者从爪哇经过柬埔寨传入泰国的。

皮影戏表演时必须用一块白布作为银幕,由扯皮影的演员负责动作表演和配音,还有乐队伴奏。

大皮影戏开场时的拜师傅,通常是将湿婆、帕那莱神和修行者的皮影抬出来表演一番,接着演序幕,之后才开始正式演出。序幕有若干幕,最常见的是"夜晚捉猴",内容是白猴战胜黑猴的故事,表现正义战胜邪恶。正式演出的故事有《拉玛坚》和《伊瑙》等。表演时有说有唱,再配以音乐。

小皮影戏的演出要搭一个2米高的台,台上置一块2.5—3.5米的白色布幕,缀以红边。古时用蜡烛投影,现在用电灯。配乐是泰南的民间音乐。乐器包括大鼓1对、小鼓1对、高低音锣1对、镲1对、响板1对和箫。演出时开场照例是拜师傅,先上祭品,然后抬着湿婆等神的皮影演唱,由修行者来拜师(神)。接着演序幕,即《拉玛坚》中猴王与十首魔王大战一场。有时还有戏团主人介绍一下戏团,然后才开始正式演出。由于小皮影戏对角色、音乐和表演方面一直进行改进,所以至今在泰南农村仍广受欢迎。

皮影戏

1900年孔剧演员

（2）孔剧

孔剧与皮影戏一样，是阿瑜陀耶王朝时期出现的一种文艺形式，而且孔剧深受皮影戏的影响，表演时有说、有唱、有舞，常在重大庆典时演出。追溯孔剧的起源，有证据显示源于古代的耍龙（纳加，Naga），是国王登基庆典上的一种表演。耍龙最早出现在印度，经吉蔑（柬埔寨）传入泰国，也有可能经爪哇、马来半岛再传入泰国。有的学者说，孔剧的"孔"（Kon），在吉蔑语中是指表演《拉玛坚》的男演员，跟泰语的"孔"意思一样，发音相近，由此证明孔剧是经吉蔑传入泰国的。

由于孔剧主要是表演《拉玛坚》，所以孔剧的角色分为4类：1）帕（Pra）：男人和男性的神仙；2）喃（Nang）：女人和女性的神仙；3）夜叉；4）猴子。此外，还有一些配角，如修行者、金鹿、祭祀马、三首象和小鸟。早期的孔剧演员皆是男性，后来吸收了女演员。演员的挑选十分严格，兼顾嗓音、相貌和身材。除了"帕"和"喃"这两类角色外，演员皆戴面具，每个角色都有自己固定的脸谱。

孔剧与一般戏剧的最大区别在于它的舞蹈动作。孔剧具有强烈的节奏感，并且每个角色都有自己固定的舞姿程式。演员自幼经过严格的训练，表演时边说边唱，演唱字正腔圆，声音洪亮。孔剧类似中国京剧，是泰国艺苑中的一朵奇葩。

（3）木偶戏

泰国的木偶戏源于真人表演的戏剧，也就是木偶模仿真人的戏剧表演。根据文献记载，阿瑜陀耶王朝波隆摩阁王（Borommakot，1732—1758年在位）时期便开始有木偶戏的表演，以后一直流行到吞武里王朝和曼谷王朝初期。泰国的木偶戏有4类：1）大木偶戏；2）小木偶戏；3）竹木偶戏；4）小戏。演出的剧目大多来自《拉玛坚》和《帕阿派玛尼》等古典文学作品，但分别具有不同的特点。

大木偶戏的木偶用木头制作,高约1米,身体各部分及面孔模仿真人,用一根木棍制成身体,头和手脚可以活动。角色的打扮和服饰一如孔剧和其他戏剧。木偶戴的面具跟孔剧一样可以脱下来。

小木偶戏是曼谷王朝拉玛五世时期才出现的,主要是用来演中国的古装戏。木偶高约0.33米,其装扮如同中国古典戏剧人物。后来也有人用于演泰国的宫内戏和宫外戏。木偶的操作跟大木偶相似。小木偶戏从拉玛五世时期到现在,没有什么变化和发展。

竹木偶戏是由名叫桃的亲王发明的。他从素可泰府的中国木偶戏得到启发,所以也叫桃木偶戏。这种木偶的身体使用竹筒制成,头和手用木头雕刻,体型较小,手脚用竹筷控制操作,竹筷藏在衣袖里。

小戏是继竹木偶戏不久由该·沙塔瓦尼先生发明的,木偶大小跟小木偶戏相似,手脚绑在一根木棍上,供演出者操作。

看木偶戏表演主要是观赏每个木偶角色的精致制作和表演者的操作技术,欣赏唱腔和音乐,以及从故事情节中获得乐趣。

(4)礼该戏

曼谷王朝初期,中央政权多次派兵征伐南方,把抓获的许多穆斯林带回曼谷。这些穆斯林聚居在朗希和巴吞他尼一带,保存了自己原来的文化风俗,如做祈祷、唱圣歌、诵可兰经等。这在马来语中称为礼拜,泰语发音偏为"礼该"。因此,泰国的礼该戏明显受到马来文化的影响,并非是泰国的土生文化。当然,礼该戏在发展中也逐渐适应了泰人的欣赏口味和喜好。

所谓礼该戏,就是把对真主的赞颂变成一种文化娱乐活动。最初,它在泰国民众中并不普及。到拉玛五世时期,开始用泰语演唱,表演者围成一圈,敲打着单面扁鼓,然后轮流站起来唱马来歌曲,朗诵泰文诗。打鼓的人一个人打一对鼓。

礼该戏的开场打一通鼓,唱一阵子,然后表演一小段。演唱经常变化着使用客家话、缅语、孟语和老语等,多以客家话开头。用一种语言唱完,演员到幕后更换服装,然后再出台用另一种语言演唱。

随着礼该戏的发展,泰式乐器也加入伴奏,并且有了剧情。最初的演员全是男子,后来有女演员加入,现在由"人妖"(两性人)演出。剧本来源于宫内剧和宫外剧的传统剧和历史故事,如《昆昌昆平》和《三国》等。也有的根据现代文学作品改编。舞蹈动作跟泰国舞剧大体一样,大多是一些基本动作。唱腔则跟其他戏剧不同,一韵到底。值得注意的是,礼该戏的角色打扮跟孔剧不同,而与拉玛五世时期的流行服饰一样。目前礼该戏正随着时代的发展而不断改造，以适应观众的喜好。

(5) 泰国潮州剧

泰国潮州剧是伴随着大批潮州人移民泰国而出现的，是潮州人移民扩张文化活动空间的一个表征。潮剧传入泰国以后，最初是以酬神潮剧的面目出现的。酬神潮剧跟潮州本土的潮剧一样，是用潮州话为表演语言，其音乐、唱腔、服饰和道具等皆与国内如出一辙，是国内潮剧的依样照搬。为什么会这样？这是因为早期移民泰国的潮州人，他们的心理和身份认同还跟在国内时一样，他们认为自己还是中国人，是华侨，其生活方式和文艺鉴赏的情趣跟在国内无异。潮商在经济上的强势，华校的开办，可以使潮州方言在泰国社会流通，因而使用潮语唱腔的表演具有一定的观众群体和市场。

语言是民族文化的载体，也是民族文化的根。中文的长期广泛使用，使广大华侨保持了自己政治身份和文化身份的认同。抗日战争时期，日本对中国的入侵，不但激起国内民众的民族义愤，也激起了海外华侨的爱国热情。所以这一时期的泰国潮剧也成了抗战文艺的组成部分，出现了一些优秀剧目，参加到抗日募款义演的行列。

泰国政府对华语教育的限制始于1934年9月，改组后的亲日内阁銮披汶·颂堪政府推行大泰民族主义和反华排华的政策，以颁布《民校条例》为口实，将242所华校封闭，从语言教育上切断华人华侨中华民族文化的根，实行强制性的民族同化。几十年后，年轻一代的华人根本不懂华文，不会讲汉语。在这种情况下，以潮语为唱腔的潮剧必然向以泰语为唱腔的潮剧转化。鉴于华族子弟不太愿意投身潮剧戏班学艺，只好转向比较贫困的泰东北地区招收老族学员。泰语潮剧虽然演的依旧是中国的历史故事，但楔子、对白和唱词用的是泰语，演员也是泰人，由此完成了潮剧作为一种中国地方戏剧变为泰国戏剧的文化移植。

酬神潮剧是华侨时代的产物，而泰语潮剧则是进入华人、华族时代的产物。

文化的本质就是交流，没有交流，文化也就失去了自身存在的价值；文化的交流，促成了文化的融合，催生了一种新的民族文化。泰国的泰语潮剧已经不是中国潮州的地方戏，而是外来文化与当地文化融合而催生出来的新文化。

曼谷黎明寺(郑王庙)摆放着一些石雕人像，便是潮剧中的生、旦、净、丑、末，栩栩如生，不知镌刻于何时？看样子已有些年头了。这些潮剧角色，由舞台形象变成石雕艺术像，象征着潮剧已在泰国生根，潮剧已成为泰国文化的一个组成部分，是一件值得庆幸的事。

第十章　拉玛九世领导下的当代泰国

丑 　　　　　　　　　旦 　　　　　　　　　净

末 　　　　　　　　　生

3. 影视传媒

(1) 电影

泰国的电影起源于何时？根据1897年6月10日曼谷发行的一份报纸刊登的一个电影广告，说明那时电影已经传入泰国。那时的泰国人仅仅充当电影观众的角色，直到1927年泰国才拍出了名为《双重运气》的第一部自己的

电影。

第二次世界大战时期,泰国所使用的电影机械装置基本上来自美国好莱坞。第二次世界大战以后开始使用16毫米的电影胶片,直到1972年才结束。

自从1973年10月14日的政治事件以后,结束了军人的独裁统治,出现了比较宽松自由的政治环境,电影创作也达到了前所未有的繁荣,拍摄了一些具有一定深度的反映社会现实的优秀国产片。1982年,泰国拍摄的各类影片多达256部,创年产国产片的最高纪录。1984年,国家电影档案馆建成。1986年,泰国影片《蝴蝶与鲜花》获得在夏威夷举行的"东西方电影节"的最佳影片奖。

但是1988年以后,由于西方和港台影片的大量涌入,以及电视和录像等其他传播媒体的冲击,泰国的电影事业逐渐衰落,出现了严重的票房危机,国产片不卖座。唯一的例外是1997年拍摄的以佛历2499年(1956年)的社会问题为背景的现实主义作品《2499,城市流氓》,创下了7 500万铢的票房纪录。

1987—1990年间,泰国共生产了130多部国产电影,在东南亚仅次于菲律宾,排名第二。到了1997年却下降到年产17部的最低水平。美国好莱坞的电影占领了泰国的电影市场。根据泰国政府统计的数字显示,1995年美国电影占据泰国市场的60%,1996年增加到70%,1997年再度增加到80%。而泰国国产片在泰国电影市场占据的比例是,1995年占20%,1996年减为18%,1997年再度减为17%。

2000年以后,泰国电影业有了起色。GTH影业公司2003年拍摄的电影《小情人》获得观众的赞誉。此后每年都有一部电影打入国际市场。电影的创作题材也越来越广泛,计有青春浪漫类、励志感人类、武打动作类和鬼怪恐怖类等。特别是鬼怪恐怖类,除了恐怖刺激外,还带有许多人生哲理和宗教教诲,跟泰国的宗教信仰一脉相承。

2007年拍摄的《大狗民》展示了泰国文化的原汁原味。2008年拍摄的3D动画片《小战象》创造了2亿铢的票房价值。

泰国政府对电影产业采取了各种扶持措施,包括降低审查尺度,减免电影器材进口税等。从2002年起每年定期举办曼谷国际电影节,开展东盟电影竞赛,确立泰国在东盟电影界的领导地位。

(2)电视

泰国目前有14家电视台,其中6家在曼谷,其余8家在外府。曼谷的6家电视台是:

1)电视九台:建于1955年,由泰国政府创办,是泰国的第一家电视台。

2）电视五台：建于1958年，是泰国陆军部主办的电视台。

3）电视七台：1967年11月25日正式开播，是泰国第一家彩色电视台。建于巴博·乍鲁沙天将军担任泰国陆军总司令时期，现归泰国陆军部主办。

4）电视三台：建于1970年，系私人商业电视台。

5）电视十一台：泰国政府办的教育台。

6）ITV电视台：建于1995年，系私人商业电视台。

7）泰国中文电视台，在中泰两国政府支持下于2005年建立，2008年1月6日正式开播，是东南亚唯一的中泰双语电视台。

此外还有两家有线电视台（Cable TV），即UBC电视台和Thai Sky电视台，24小时播送，大多播送西方节目。

（3）电台

泰国历史上第一家电台始于1900年，是由德国人办的，设在曼谷金山上，带有试验性质。1906年在德国柏林召开了世界第一次国际无线电会议，泰国委派驻柏林大使馆的顾问H.Keuchenius作为泰国的代表参加会议。1970年，泰国海军和陆军拥有了第一家自己的电台。1928年，泰国邮电局开始与外国进行通讯业务。接着不久，建立了第一家播放节目的电台，发射功率只有1千瓦，波长320米，听众用矿石机收听。第二次世界大战以后，无线电事业发展很快，泰国电台的发射功率增至40千瓦。全国共有电台26家。泰国的电视台和电台由泰国政府公共关系局（Government Public Relation Department）管理。

1998年统计，泰国电台总数达523家，其中规模比较大的有泰国政府公共关系局下属的电台145家，军方下属128家，大众通讯组织下属62家。在523家电台中，调幅制电台（AM）有211家（曼谷38家，外府173家），其节目主要面向一般的听众，特别是居住在农村的听众。调频制电台（FM）共312家，其节目则偏重播放音乐、英语新闻和电影录音等。泰国电台平均每天提供4.15小时的英语节目。报告交通情况的电台是一个小电台，附属于泰国广播电台。每天上午7时和下午5时播送交通信息，其余时间停播。据1998年统计，泰国共有收音机10 300 000台，平均每100人拥有收音机185台。

2013年1月21日，泰国广电委颁发90家电台试运营资格证，其中57家为商业广播电台，13家为公共广播电台，20家为地方电台。

（4）报刊

泰国第一份泰文报纸发行于1844年7月4日，名为《曼谷纪事》（*Bangkok Recorder*），每半月出版一期，由西方人创办。因读者太少，发行仅一年就停办了。拉玛四世看到报纸既能发表国内外新闻又能启迪民智,便下令创办一份《政府公报》(Government Gazette),1858年3月15日创刊。这是泰国政府办的第一份报纸。但由于各种条件的限制,这份报纸只能不定期出版,到拉玛五世时期才改为周报。拉玛七世时期,泰国的报纸发展到121种,其中《京都日报》(Sri Krong)一直维持到现在。

据1999年统计,泰国共有报刊3 000多份,其中报纸500多份,比较有名的是《民言报》(Matichon)和《沙炎叻报》(Siam Rath),最高发行量达10万份。

英文报纸有两种:《曼谷邮报》(Banbkok Post)和《民族报》(Nation)。泰国的中文报纸已有近百年的历史。最早的一份报纸大概是《汉境日报》,据曼谷广肇会医局创立碑记载,《汉境日报》系捐款单位之一,时间是光绪二十九年(1903年)。可惜的是至今没发现任何一张《汉境日报》留存下来。之后较有影响的报纸是革命党人萧佛成等人创办的《华暹日报》,大约创办于1906—1907年间,以拥护孙中山"驱逐鞑虏,恢复中华,建立民国"的革命目标为宗旨。此后泰国的华文报纸一直没有间断过,最多时达数十份,最萧条的时候也有一两份。中文报纸作为旅泰华侨的新闻阵地,在不同的时期发挥了不同的作用。辛亥革命时期,《华暹日报》、《同侨报》等鼓吹革命,宣传爱国。抗日战争时期,《民国日报》、《华侨日报》、《曼谷日报》、《晨钟日报》、《暹京日报》和《中国报》等,积极宣传抗日,不屈不挠。有的报纸因发表抗日言论被封闭,但马上又更名注册,继续出版,坚持斗争,直至日本投降。第二次世界大战以后,泰国的华文报纸蓬勃发展,总数多达30多家。其后在军人专制时期,许多华文报纸又遭封闭的厄运。直到1975年中泰建交以后,泰国的华文报纸才进入相对稳定的发展时期。

现在,泰国共有6家华文报,皆集中在曼谷。

1)《星暹日报》,1950年元旦创刊,原为星系报业成员之一。1971年李益森出任董事长,逐渐脱离星系报业,独立经营。是现存历史最久的华文日报。

2)《世界日报》,1955年8月1日创刊,初期老板为曼谷银行董事长陈弼臣。20世纪90年代为台湾联合报接办,成为联合报系成员之一。

3)《中华日报》,1958年创刊,是在《新报》基础上发展起来的。

4)《京华中原日报》,最初名叫《京华报》,1959年1月29日创刊,创办人为林志昂。20世纪80年代更为现名。

5)《新中原报》,原名《中原报》,由蚁光炎等人联合创办于1938年,后因日军南进被迫于1942年12月9日停刊。抗日胜利后,1945年11月1日复刊。

第十章　拉玛九世领导下的当代泰国

1958年10月28日因"红色嫌疑"被封。时隔15年之后，1974年6月18日改名为《新中原报》重新出版。

6)《亚洲日报》创刊于1994年，由李光隆担任董事长。

泰国的华人日报每日总发行量为6万—7万份，以每份读者5人计算，读者大约为30万人，相当于泰国人口的0.56%。老一辈的华侨即使能看懂泰文报，也还要看华文报。因为只有华文报能提供大量中国内地和港、澳、台地区的信息，华人的婚丧嫁娶广告也喜欢在华文日报上登载。近年来涌入泰国的新移民总数约有40万人，他们也是华文日报的新读者。因此，华文报纸发展前途乐观，短时期不会消亡。

4. 教育

曼谷王朝拉玛五世以前，泰国没有正规学校，家里和佛寺是教育小孩的主要场所，父母及亲属便是孩子的启蒙老师。假若是男孩，稍大一点，便送进佛寺当小沙弥，由长老教给泰文写作和一般常识。若是女孩子，便一直待在家中，直到成年出嫁。贵族的孩子，有被送进皇宫学习的机会。教育的主要目的是学习宗教知识。

在阿瑜陀耶王朝那莱王统治时期，法国人到泰国传播基督教，顺带教儿童读书识字。那莱王曾派王族成员去法国留学，然而仅限于王族成员，可以说是凤毛麟角。那莱王去世以后，法国与泰国的交往也随之终止。那莱王时期使用的教科书《摩尼珠》是王室星象家奉那莱王之命编纂的，这是最早也是最权威的泰文教科书，从那莱王时期一直使用到曼谷王朝初期，历时200年。

泰国第一所正规学校的建立是在曼谷王朝拉玛五世时期。1871年，拉玛五世在皇宫里办起了第一所学校，让王室及贵族子女就读，主要课程有泰文、算术和王室礼仪。此外，还聘请外籍教员教王子和公主学习英语。1889年创办玫瑰园侍卫官学校。次年又创办一所地图测绘学校。拉玛五世为了解决泰文教材问题，命披耶希苏托威汉编纂了6册泰文教科书。1885年，民间也办起了正式的学校。玛罕帕兰寺的学校是泰国第一所平民子弟就读的学校。据1887年的统计，全泰国共有35所学校，教师81人，学生1 994人。

拉玛六世时期，为了培养政府机构所需的文职人员，将侍卫官学校改为文官学校。1916年又将文官学校升格为朱拉隆功大学。这是泰国的第一所大学，最初设有医学院、政法学院、理工学院和文学院4个学院。

1921年，政府颁布小学教育法令，规定8—14岁的儿童必须接受小学教育，违者家长要受处罚。地方小学由区长和民众筹资自办，每个公民每年要交

1—3铢的教育税作为办学经费。儿童上学免费。这个法令实际难以贯彻执行,因此到了拉玛七世时期便被宣布取消。

  1932年6月24日,泰国发生了民党领导的政变,泰国社会进入君主立宪的阶段。1936年,泰国政府制定教育计划,提出"政府的目标是使每个公民都有权接受教育,以充分实现每个公民的民主权利",规定小学阶段学习4年,初中3年,高中3年。1951年,泰国加入联合国教科文组织。泰国的教育现在已与国际社会接轨,并得到国际社会的支持。

  当代泰国的教育分为初等教育、中等教育和高等教育。教育部负责初等教育、中等教育和职业教育。大学部负责高等教育。

  泰国政府把教育和培养人才作为实现国家现代化的根本大计,从1966年起开始实行5个教育发展的5年计划。每个5年计划都有明确的目标。第一个5年计划的重点是发展中等职业教育。第二个5年计划的重点是建立开放大学(类似中国的成人教育和函授大学),解决大学不够的问题。2000年已进入第五个5年计划的最后一年,重点是完善公立和私立大学的教学体系,与国外大学挂钩。

  泰国政府用于教育方面的财政预算,大都保持在国民经济总收入的20%以上,有几年达到30%。目前,泰国学制分为小学6年,初中3年,高中3年,大学4年,硕士研究生2—3年,博士研究生2—3年。一般的学校一年两学期,也有的一年三学期。

  泰国实行小学义务教育,规定7岁以上的儿童都必须接受小学教育。在城镇中,小学教育的普及基本没有问题,但也有少数儿童因家贫不能入学,常用上课时间去做街头小贩,挣钱补贴家用。慈善机构和有关部门常给这些儿童提供经济资助。在边远山区和少数民族聚居的地方,学校设施不足,经常是由当地政府和驻军设法解决。一些职业军人还临时充当小学教师。在广大的乡村,传统的寺院和僧侣式的教育仍在发挥作用,很多小学干脆就办在寺庙里。

  中等教育分为初中3年,高中3年。普通中学的教育是为接受高等教育打下各种知识的基础,而职业学校则为将来从事某种职业做好准备。比较多的职业学校是培养会计、电脑、导游、厨师和酒店管理等专业人才,有的是大专水平。

  高等教育在第二个5年计划时期有很大的发展。1972年开办了兰甘亨大学,这是泰国的第一所开放大学,在学学生多达100万人。学生不论年纪大小,也不论是否在职员工,都可以报名读书,修满学分即可毕业。从早上7时

第十章 拉玛九世领导下的当代泰国

直到晚上10时都一直不断地有人上课,每个人都可以根据自己的情况选择上课时间。学费比一般高等学校便宜。学生毕业后享受与其他高等院校同等的待遇。1978年又开办了第二所开放大学——素可泰大学,在校学生达20万人。这就大大缓解了高校入学困难的问题。

除开放大学外,泰国一般的大学入学要经过全国统考,成绩优异者进入朱拉隆功大学、法政大学等全国重点大学,其余按分数高低进入一般大学。除了政府办的公立大学外,还鼓励私人办大学。无论公立还是私立大学,都受大学部领导。一些欧美国家也来泰国办私立大学,像爱博大学(ABAC)、圣约翰大学等,这些学校用英语教学,学分转到欧美一些大学有效。学生在这些学校里读了一段时间后,可转到欧美留学。

目前,泰国各大学竞争激烈,学生来源有供不应求的趋势,所以把吸引中国学生到泰国留学作为一项长远的政策。

附:华文教育

语言是民族文化的根源。海外华侨华人要保存和发展中华文化,就必须首先抓住华文教育,这已是旅泰华侨先贤的共识。所以早在1908年,在曼谷的石龙军路就开办了第一所华文学校。此后泰国的华文学校蓬勃发展,到1938年全国共有华文学校294所。但由于銮披汶·颂堪政府推行大泰民族主义和实行反华排华的政策,以颁布《民校条例》为口实,关闭了242所华文学校,剩下的几所华文学校,风雨飘摇,苟延残喘。第二次世界大战结束后,形势发生变化,中国成为战胜国,华侨华人也感到扬眉吐气,华文学校如雨后春笋般涌现,正式注册的华文学校达600多家。然而好景不长,许多华文学校又先后遭到了被迫停办的命运,到1985年只剩下100余所学校,在艰难之中苦苦支撑。

泰国的华文教育经历了长达半个世纪的厄运,终于迎来了风光明媚的春天。1975年中泰建交以后,两国之间的政治、经济和文化交流迅速发展,迫切需要大量通晓中泰文的双语人才。在这种形势下,泰国政府放松了对华文教育的限制。一些公立大学,如朱拉隆功大学、法政大学、农业大学和诗纳卡琳大学等,先后办起了中文系。私立大学如爱博大学、博仁大学和朗希大学等也从中国聘请教师来校教授中文。1994年,在郑午楼博士的倡导下,泰华社会集资创办了华侨崇圣大学,这是有史以来泰国华侨华人所创办的第一所高等学府,在其他国家亦属罕见。泰王陛下亲自为这所学校命名并出席揭幕典礼。华侨崇圣大学的中文系现有100多名学生。泰华著名慈善家谢慧如先生生前

华侨崇圣大学

所创办的东方文化书院,在陈贞煜院长的精心擘画下,以夜校的方式教授中文,取得了很大的成绩,学员人数已发展至数千人。此外,还兴办了一些专门教授华文的学校,如中华语文学校、中华国际学校、洲际语言学院和曼谷语言学院等。

  截至1990年年底的统计,泰国民办教育委员会辖下的华文学校共有130所,其中全日制学校120所,夜校10所。就地点分布来说,主要集中在曼谷和中部地区。伴随着家长的要求和学生来源的增加,华文学校的数量一直在扩增,但边远地区还需创办新的华文学校。华文教育师资的不足也是目前有待解决的问题,现有中小学华文教师550人,其中曼谷地区91人,远远不能适应华文教育发展形势的需要。针对这种情况,华侨报善堂又办起了一所华文师范学院,专门培训在职中小学中文教师,毕业后可获得学士学位和泰国教育部认可的教师资格。

  进入21世纪以后,泰国的华文教育飞速发展。在中国国家汉语国际推广领导小组办公室(简称国家汉办或汉办)与泰国教育部的密切合作下,孔子学院如雨后春笋般在泰国出现,极大地促进了泰国的中文教学。根据第一手的统计资料,目前泰国孔子学院的分布情况见下表:

泰国孔子学院统计表（截至2013年7月）

名　　称	所处地区	相　关　情　况
朱拉隆功大学孔子学院	曼谷	朱拉隆功大学孔子学院由泰国朱拉隆功大学与中国北京大学合作共建。学院坐落在朱拉隆功大学最具民族传统风格的玛哈朱拉隆功大楼内，环境优美，学术气氛浓厚。 　　2006年4月4日，泰国玛哈扎克里·诗琳通公主殿下和北京大学校长许智宏、国家汉办副主任赵国成见证了朱拉隆功大学与北京大学"合作建立孔子学院备忘录"的签字仪式。同年12月，北京大学校长许智宏与朱拉隆功大学校长坤仁素茶达签署了合作协议。 　　2007年3月26日，诗琳通公主殿下亲自为孔子学院揭牌，并挥毫题词"任重道远"，勉励泰国孔子学院担当起推动中泰文化交流发展的重任。朱拉隆功大学孔子学院实行理事会领导下的院长负责制，大政方针由理事会讨论决定，日常工作则由中泰双方院长负责组织实施。 　　学院坚持"因地制宜、突出特色、重点办学"的理念，积极开展汉语教学工作，除承担朱拉隆功大学汉语专业课程外，还开办了皇宫官员汉语培训班、高校教师汉语培训班和泰国国家移民局官员汉语培训班等课程。 　　为了推动中泰学术科研交流，学院先后邀请王蒙、余秋雨等中国知名学者来泰国开办文化讲座，并于2009年10月23日成功举办了"新中国六十年：改革与发展"学术研讨会。诗琳通公主殿下应邀参加研讨会并发表主旨演讲，还现场题词"中泰同庆"，在泰国社会引起了强烈反响。 　　展望未来，朱拉隆功大学孔子学院将继续依托北京大学和朱拉隆功大学作为中泰两国最高学府的资源优势，重点办学，突出科研，为促进中泰友好关系的发展作出积极贡献。
孔敬大学孔子学院	孔敬	孔敬大学孔子学院由泰国孔敬大学与中国西南大学合作共建，于2006年8月3日揭牌成立。学院拥有设施齐全的教室、办公室、会议室、图书馆和多功能厅，目前有5个教学点，16名汉语教师和志愿者。 　　孔敬大学孔子学院是泰国第一所正式揭牌的孔子学院。学院在汉语教学中力求"创新促发展"，目前学院各类汉语课程已纳入当地高校正式教育体系，为在校大学生开设汉语类学分通选课。与孔敬大学人文学院和教育学院合作，开办"1+2+1"商贸汉语和师范汉语两个本科项目，实现了孔子学院汉语教学的学历化和正规化；汉语硕士专业的

(续表)

名　称	所处地区	相 关 情 况
孔敬大学孔子学院	孔敬	设置和建设也在进行中。学院在文化推广活动中秉承"不平庸，有意义"的原则，开展了"中国知多少"知识大赛、古琴音乐会等颇具创意的活动，还每周在泰国国家广播电台播出《中国文化和语言》节目，定期在孔敬大学电台和电视台播出专题节目《缤纷中国》，并积极筹划组织网络汉语教学。 3年多来，孔敬大学孔子学院共培养了400多名汉语本科专业学生；大学汉语选修课学生750多人次；汉语教师培训400多人次；社会汉语培训250多人；HSK（汉语水平考试）类汉语考试200多人；多次举办各种中国文化活动，每年参加人数累计1万多人次。2007年，学院荣获中国国家汉办"先进孔子学院"称号。2008年，学院中方院长黄小明教授荣获中国国家汉办"先进个人"称号。 今后，孔敬大学孔子学院汉语教学将向更高层次、更广范围发展；文化推广将更注重目标群体定位；中泰交流将更着力于学术交流、科技交流和经贸交流，力求在实践中，为泰国乃至全球孔子学院的建设和发展提供可供参考的范例。
皇太后大学孔子学院	清莱	皇太后大学孔子学院由泰国皇太后大学与中国厦门大学合作共建，于2006年11月4日揭牌成立。学院建于皇太后大学诗琳通中国语言文化中心的基础之上，设施齐全，环境优美。目前，共有6间教室，6间办公室，1间阅览室，1间展览室。学院藏有6 000余册图书，共有20名汉语教师和志愿者。 皇太后大学孔子学院成立后，面向社会各界人士开展汉语教学，开设汉语教师培训班31期；培训汉语教师1457人；开展汉语水平考试和汉语教师资格认证业务；提供中国教育、文化、经济及社会等信息咨询；开展当代中国研究；与皇太后大学文学院和厦门大学海外教育学院合作，选派3批共110余名学生到厦门大学进行为期3—7个月的学习，并开设汉语言文学专业师范类本科和硕士课程。此外，泰国孔子学院第一、第二、第三次工作会议先后在皇太后大学孔子学院召开，孔子学院总部总干事、中国国家汉办主任许琳、国家汉办副主任马箭飞等先后到皇太后大学孔子学院视察并指导工作。 未来3年内，皇太后大学孔子学院的汉语教学规模将达到每年2 000人次，汉语师资培训规模将扩大到每年3 000人次，力争成为泰国北部汉语教学和中国文化推广的核心机构。

(续表)

名 称	所处地区	相 关 情 况
清迈大学孔子学院	清迈	清迈大学孔子学院于2006年12月18日正式挂牌成立。双方合作院校分别是中国云南师范大学和泰国清迈大学。 清迈大学孔子学院的宗旨是：立足清迈大学，服务泰北民众；传播中国文化，促进中泰友谊。 清迈大学孔子学院采用点面结合方式服务泰北地区主流社会。扶持清迈大学中文系汉语教学是清迈大学孔子学院的首要任务。服务当地各类学校和社会机构以及与政府部门合作开展中国文化活动是重点。 清迈大学孔子学院以"汉语教学结合中华文化交流活动"为办学特色。目前，学院已逐步发展成为"以汉语教学为基础、汉语考试为重点、文化活动为特色"的泰北地区汉语言文化传播中心。 清迈大学孔子学院现有专用办公室、图书室和中国文化体验中心等办公场所约450平方米，共用教室等教学设施面积1 500平方米，可满足学院的教学和日常工作所需。 自成立至2012年年底，清迈大学孔子学院共开设汉语课程370多班次，参加培训的总人数为10 519人次，其中注册学员4 931人次。 清迈大学孔子学院自2008年起成为国家汉办的海外汉语水平考试考点之一，参加清迈大学孔子学院考点考试的考生人数逐年增加。自开设考点以来至2012年年底为止，考生总人数达到6 913人。其中参加HSK（HSKK，汉语水平口语考试）考试的有4 290人，参加YCT（中小学生汉语水平考试）考试的有2 623人。 自成立至2012年年底共开展各种文化节、各类比赛、演出、展览、讲座、研讨会和汉语文化营等中国文化活动228场次，参加活动的总人数超过91 000人次。另外每年还开展推荐奖学金生、组织赴华夏令营和校长访华团等活动。
曼松德·昭帕亚皇家师范大学孔子学院	曼谷	泰国曼松德·昭帕亚皇家师范大学孔子学院于2006年12月19日揭牌成立，中方合作院校是天津师范大学。学院拥有办公场所1 100平方米，设有办公室、多媒体教室、会议室、接待室、中华文化特色展室和汉语图书阅览室等，现有6名汉语教师和志愿者。 曼松德·昭帕亚皇家师范大学孔子学院以师资培养为突出特色，除承担皇家师范大学3个学院35个教学班4 373名学生的25门汉语课程外，还举办了3届曼谷市政府教育局汉语教师培训班、3届泰国教育部民教委中小学汉语

(续表)

名　称	所处地区	相　关　情　况
曼松德·昭帕亚皇家师范大学孔子学院	曼谷	教师培训班、3期社会基础汉语培训班以及驻泰中国汉语教师志愿者再培训班等。此外，学院还组织HSK考前辅导，提供中国高校留学信息，举办各类中国文化讲座，组织中国节日文化宣讲和庆祝活动、奥运专题讲座，举办图片展览以及其他各种文化活动，参加活动人数达数千人。中央电视台、新华社、泰国《世界日报》、《中华日报》等新闻媒体多次报道学院的活动。 展望未来，曼松德·昭帕亚皇家师范大学孔子学院将继续发挥合作双方院校师范教育的优势，为泰国汉语教师培养的本土化作出贡献，把学院办成曼谷地区各级各类学校汉语教师培训的基地。
宋卡王子大学普吉孔子学院	普吉	宋卡王子大学普吉孔子学院由泰国宋卡王子大学普吉分校与中国上海大学合作共建，于2006年12月24日揭牌成立。 宋卡王子大学普吉孔子学院位于世界旅游胜地普吉岛，依靠地理位置优势，形成了独具特色的办学风格。学院提供初、中、高各个等级水平的汉语课程，同时提供导游汉语和少儿汉语等社会培训，已开设汉语课程45门，为超过4 500人次开展汉语培训3 500多课时。多次举行HSK汉语水平考试和YCT中小学生汉语水平考试，并逐渐成为泰国南部汉语水平考试的最大考点。 宋卡王子大学普吉孔子学院与上海大学建立了多种合作交流形式，通过推荐泰国学生留学中国，派遣汉语志愿者教师、访问学者以及文化艺术交流等项目，不断推动普吉府和周边地区汉语教学的发展。 展望未来，宋卡王子大学普吉孔子学院将建设泰南地区最大的HSK汉语水平考试中心，进一步推广商务汉语考试（BCT）和中小学生汉语水平考试（YCT）；建设汉语图书流通中心，解决目前泰南地区大中小学购买汉语教材、书籍和学习用品的困难；建设服务于当地政府、企业和学校的信息咨询中心，成为促进中泰交流、发展中泰友谊的窗口。
泰国玛哈沙拉坎大学孔子学院	玛哈沙拉坎府	泰国玛哈沙拉坎大学孔子学院于2006年12月25日正式揭牌成立，中方合作院校是广西民族大学。孔子学院现拥有建筑面积750平方米的独立教学办公楼，内设办公室、会议室、图书馆、多媒体教室和文化体验中心等，16名汉语教师由公派教学专家、汉语教师志愿者和聘用教师三部分组成，充分保证了教学需要。

(续表)

名　　称	所处地区	相　关　情　况
泰国玛哈沙拉坎大学孔子学院	玛哈沙拉坎府	玛哈沙拉坎大学孔子学院承担了玛哈沙拉坎大学汉语专业、中泰语言文学硕士专业，以及黎逸皇家师范大学、黎逸艺术学院、黎逸帕兰猜职业技术学院的汉语选修课教学工作，每年培养高等教育人才800多名；选派教师到玛哈沙拉府、黎逸府、加拉信府和乌隆府4个府6所中学开展汉语教学工作，惠及2 000多名中小学生；承接泰国东北部地区本土化汉语教师的培训，参与培训学员年均200多人次；每年组织约80名泰国学生到中国参加汉语夏令营和秋令营；组织东北部地区汉语知识竞赛、汉语培训营、中国语言文化讲座等综合文化活动。 玛哈沙拉坎大学孔子学院以培育两个市场、搭建三个平台为发展目标，着重发展中小学基础汉语培训市场和大学高级汉语人才培养市场，大力推进中学汉语教学平台、大学汉语教学平台和研究生教学平台的建设。利用地处泰国东北部教育中心——玛哈沙拉坎府的地理优势，争取把汉语培训点布设到周边5个府的15所中学、8所大学，形成汉语国际推广的良好局面。
川登喜皇家大学素攀孔子学院	素攀府	川登喜皇家大学素攀孔子学院由泰国川登喜皇家大学与中国广西大学合作共建，于2006年12月27日揭牌成立，成为川登喜皇家大学下属的独立二级学院。学院拥有独立的教学楼，设有办公室2间，多功能大厅1个，教室2间，多媒体电脑教室1间，阅览室1间，教学办公面积1 166平方米。现有汉语教师和志愿者19人。 川登喜皇家大学素攀孔子学院汉语教学以基础汉语为主，承担川登喜皇家大学校内汉语选修课的教学工作，开设各类零起点社会汉语培训班，与素攀府多所中小学合作开设汉语课，参与泰方基层公务员培训项目中的汉语教学培训等，共开设汉语课程19门，授课8 608小时，参加学习者达7 155人次；中小学汉语教师培训以短期强化、提高教师自身汉语水平为主，兼顾提高其汉语教学能力。学院还组织赴华汉语夏令营、举办中国语言文化讲座及其他综合文化推广活动。 今后，川登喜皇家大学素攀孔子学院将继续丰富汉语教学种类；完善汉语培训课程体系，继续培训中小学汉语教师；为素攀及周边府各级各类学校汉语教学提供教学和技术支持；适时举办汉语水平考试；开展文化推广活动，努力成为泰国中西部汉语教学、教师培训、技术支持及汉语水平考试中心。

(续表)

名　　称	所处地区	相　关　情　况
勿洞市孔子学院	勿洞市	勿洞市孔子学院于2006年12月28日揭牌成立，由泰国勿洞市市政局与中国重庆大学合作共建。学院现有汉语教师和志愿者7名，拥有建筑面积1 672平方米、设施齐全的独立教学办公大楼，内设汉语图书资料室、电脑室、多媒体教室、办公室和多功能活动大厅等。 　　勿洞市孔子学院是泰国唯一一所由大学与市政府合作建立的孔子学院。学院理事长由热心华文教育的勿洞市华裔市长、拿督陈进森博士亲自担任。 　　勿洞市孔子学院面向社会开展汉语教学，举办了8期汉语培训班，学员1 461人；为也拉师范大学中文系开设30门汉语课程，选送也拉皇家师范大学中文系36名毕业生赴重庆大学交流学习，选送46名孔子学院优秀学员赴重庆大学短期培训，选送26名当地学生赴华攻读硕士、学士或进修；举办大、中、小学汉语教师培训；组织汉语水平考试；举办文化讲座、武术培训、图片展、才艺大赛和知识竞赛等，还成立"勿洞市孔子学院中华才艺表演团"到泰南各地巡回演出。由于毗邻马来西亚的独特地理优势，勿洞市孔子学院受到泰马边境周边地区的关注，目前已有泰国、马来西亚数十家代表团前来参观访问并洽谈合作，据不完全统计，来访者多达3 000余人。 　　今后，勿洞市孔子学院将以建成泰国最具特色的国际化汉语教学和中国文化推广基地为目标，立足泰南，辐射泰马，走向世界。
宋卡王子大学孔子学院	宋卡	宋卡王子大学孔子学院于2006年12月29日揭牌成立，中方合作院校是广西师范大学。学院现有教职员工17名，办公室4间，教室5间，占地面积400平方米，另配有图书室和电脑室。 　　宋卡王子大学孔子学院面向社会提供汉语培训，每天开设汉语角，每年开办各层次非学历汉语培训班40多期，培训学员约1 800人；扶持宋卡王子大学汉语专业和公共汉语的学历教学，每学期承担7门课程的教学；受泰国教育部委托，每年举办汉语教师培训3期，提高本土化汉语教师的教学能力，定期召开中小学汉语教师研讨会和大专院校汉语教师研讨会，参加人数累计约600多人；举行HSK、YCT等各种汉语考试和考前培训；组织丰富多彩的语言文化活动，每年定期组织和举办各类语言文化比赛和活动40多场次，参加人数累计约3万多人，培训和选送的大学生和中学生选手多次在泰国以及国际汉语比赛中获得

(续表)

名　　称	所处地区	相 关 情 况
宋卡王子大学孔子学院	宋卡	好成绩；积极促进中泰两国之间教育和文化交流，建立"3+1"和短期学习等教育项目。学院已逐渐成长为泰南公认的汉语教育和文化推广的领衔机构。 今后，宋卡王子大学孔子学院将重点把语言文化推广项目做大做好；促进汉语教学及教材的系统化和标准化；选派学生到中国学习和培训，争取在5年内实现汉语教师本土化。
农业大学孔子学院	曼谷	农业大学孔子学院由泰国农业大学与中国华侨大学合作共建，学院于2006年10月启动运行，2008年7月7日正式揭牌。学院立足曼谷市及周边各府开展多层次的汉语教学和中国文化推广工作。学院拥有教学、办公和活动3个功能区，面积约600平方米，现有汉语图书、期刊和多媒体资料4 500余册，汉语教师和志愿者5名。 农业大学孔子学院不仅为农业大学在校学生开设汉语学分课程，同时也面向社会开展各类汉语培训。截至目前，学院共开办12期汉语培训班，累计培训1 647人，完成培训任务4 800小时。此外，农业大学孔子学院还组织开展泰国本土中小学汉语教师培训、中国语言文化系列讲座、汉语夏令营、汉语水平考试以及各类展览、参观和比赛活动。 展望未来，农业大学孔子学院将进一步发挥孔子学院品牌和资源优势，为当地民众提供全方位的优质汉语服务，同时紧密围绕语言教学，开展丰富多彩的文化活动，使汉语教学与中国文化传播相得益彰。学院还将进一步开拓市场，寻求与当地机构的交流与合作，更好地发挥学院在汉语推广、教学和培训、考试和研究等三个方面的重要作用。
东方大学孔子学院	春武里	东方大学孔子学院由泰国东方大学与中国温州医学院和温州大学合作共建。学院于2006年4月经中国国家汉办批准建设，在开展汉语教学和文化交流的基础上，积极促进中医学文化推广，是泰国首家在推广汉语言文化基础上引入中华医学文化为主要载体的孔子学院。2009年9月15日，泰国玛哈扎克里·诗琳通公主殿下亲自为学院揭牌。 东方大学孔子学院大楼是由泰国春武里府政府投资5 000万泰铢建设的庭院式建筑群。400多平方米的孔子学院大楼分为两层，一层为图书室和教室，二层为办公室和会议室，同时还可以利用东方大学中国研究中心的场地资源，形成了拥有接待厅、多功能教室、展览室和汉语角的实用教学场所。

(续表)

名　称	所处地区	相　关　情　况
东方大学孔子学院	春武里	东方大学孔子学院开展汉语教学和培训，开设汉语日常会话班、商贸汉语会话班、经贸考察游学班；组织HSK汉语水平考试；促进中华文化传播和交流，累计有近1 000多名学员参加孔子学院各类汉语培训和文化传播活动。学院以汉语教学和中医文化为特色，多次以中医保健咨询、中医养生讲座等形式开展旨在推广汉语教学和中华文化的健康保健咨询活动，受到了当地社区居民的一致好评，新闻媒体也对学院给予了特别关注。新加坡《联合早报》、美国《侨报》、上海《东方日报》等新闻媒体对学院进行了专题报道。 今后，温州医学院和温州大学将充分利用两校的整合资源，积极在泰国东方大学孔子学院开展汉语教学工作，从弘扬中华文化角度将中国优秀的医学文化引入孔子学院，并致力于推进温州与春武里府的经济和文化交流。

5. 泰国的世界文化遗产和自然遗产

联合国教科文组织（UNESCO）1972年提出保护人类文化遗产和自然遗产的决议，1982年成立了专门委员会，由来自世界各国的21名委员组成，其任务是：（1）制定入选标准；（2）正式登记入册；（3）利用世界文化遗产保护基金对成员国进行资助。

凡是入选世界文化遗产的单位，必须具备如下条件：

（1）必须是历史古迹、古建筑、古代绘画或雕刻、古代文学作品及插图、碑铭、岩洞、住所，以及一切具有历史、文化、艺术和科学价值的东西。

（2）具有历史、文化、艺术和科学价值的建筑群，相连或者分开存在的遗址。

（3）重要的地点，人类创造的成果，或人类与自然共同创造的成果，考古遗址等。

世界文化遗产必须是原始的、真实的、建筑结构上独具特色的、与人类思想和信仰有关的、可以表现古人生活方式和风俗习惯并代表人类文化特征的东西。

入选世界自然遗产的标准是：

（1）独具特色并反映世界发展某个阶段的自然遗址。生物发展某个阶段

第十章 拉玛九世领导下的当代泰国

的典型代表。濒临灭亡物种的栖息地。野生动物保护区。

（2）在地质学、地理学上具有显著特点或各种动植物的繁衍地。

（3）有突出价值的自然风景区，天然形成的景观。

根据上述标准，联合国教科文组织通过了泰国3个世界文化遗产和2个世界自然遗产。

3个世界文化遗产是：素可泰—是塞察那莱—甘烹碧历史文化公园；阿瑜陀耶历史文化公园；班清考古遗址。2个世界自然遗产是：纳黎萱—惠卡康野生动物保护区；考艾国家森林公园。

（1）素可泰—是塞察那莱—甘烹碧历史文化公园

素可泰城是13世纪泰族建立的第一个王朝的首都，迄今已有700多年历史。素可泰王朝的统治范围主要包括素可泰城（Sukhothai）、是塞察那莱城（又名嵯良城）和甘烹碧城。素可泰老城是素可泰王朝的中心，面积70平方公里，13—15世纪，是它最辉煌发达的时期。城中的主要建筑是王宫和众多的佛寺。在中国史籍中被称为暹国，与中国元朝保持良好关系，并多次有使节互访。1349年，地处华富里的罗斛国举兵灭暹，从此改称暹罗斛或简称暹罗。现今素可泰城还保留着王宫和许多著名佛寺的遗址，供人参观凭吊。

素可泰历史文化公园

是塞察那莱(Si Satchanalai)是素可泰王朝利泰王(Lithai, 1347—1369年在位)的国都。素可泰王朝时期的许多块碑铭都提到是塞察那莱城在佛历1780年(1337年)以前就存在了,最初规模很小,由披耶希瑙纳陀统治。在中国古籍中称为"上水",交通方便,"可通云南后门"。现在是塞察那莱城还保留3处重要的遗址:

1)永河流域古代居民遗址。还可以看到城墙的土埂,铁矾土的痕迹。

2)四周用铁矾土筑的城墙围起来的旧城遗址。

3)永河流域工匠聚居的遗址。

这一地区使用的建筑材料最早是铁矾土,后来用砖瓦,屋顶是木梁上覆瓦。柱子、墙壁和门框用泥灰装饰。当地居民主要是高棉族,信仰婆罗门教和大乘佛教,素可泰王朝建立后才改信小乘佛教。现存佛塔有两种样式:一种是缅塔,状若覆钵;另一种称为"巴朗",外观像玉米,源于印度和高棉。这里的人十分擅长泥灰雕塑,用泥灰雕塑佛像、神像、夜叉和各种动物。最享盛名的是宋加洛陶瓷,据说是来自中国景德镇的工匠传授的技术。当时宋加洛陶瓷曾远销东南亚各国,现在成了价格不菲的古董。

甘烹碧(Kamphaeng Phet)为泰北重镇,属素可泰王朝的统治范围。甘烹碧在泰语中是"金刚石城墙"的意思,至今仍保存约300米的城墙遗址。据说该城是1347年由素可泰王朝第四世王乐泰(Loethai, 1298—1323年在位)所建。现存重要文物遗址有婆罗门教的大自在天神庙,曾经供奉过国宝玉佛的玉佛寺等。

1991年联合国教科文组织把这3个地方作为相连的遗址,宣布为世界文化遗产。

(2)阿瑜陀耶历史文化公园

阿瑜陀耶(Ayutthaya)作为泰国的首都长达417年。虽然阿瑜陀耶城1767年遭到缅军的焚毁,但现存遗址足以证明阿瑜陀耶的辉煌及艺术成就不亚于

是塞察那莱城遗址

第十章 拉玛九世领导下的当代泰国

甘烹碧城遗址

阿瑜陀耶历史文化公园

柴瓦塔那兰寺遗址

同一时代世界其他大都市。1991年,联合国教科文组织将其定为世界文化遗产。

阿瑜陀耶最负盛名的是王宫和佛寺的遗址。清人所著《皇清通考》四裔门说:"王居在城西隅,别建宫城,约周三里有奇。殿用金装彩绘,覆以铜瓦。室用锡瓦,堵砌用锡裹砖,栏杆用铜裹木。"现在我们能看到的王宫遗址有3处:故宫、前宫和后宫。故宫的范围很大,包括现今的希讪派寺和7座不同时期建筑的寝宫。前宫是纳黎萱大帝于1577年修建的。他作为储君和登基后一段时间都住在这里。后宫也称皇家花园,是厄迦陀沙律(Ekathotsarot,1605—1610年在位)的寝宫。至于佛寺,最盛时期城中佛寺达400余座,金碧辉煌,穷极奢靡。现存佛寺遗址、佛塔和佛像,彰显出独具特色的阿瑜陀耶佛教艺术。

城外的帕南车寺,建于1324年,比阿瑜陀耶城的历史还早26年。明永乐七年(1409)郑和下西洋时曾来到这里。后来当地居民将此寺改称为三宝公庙,以纪念郑和。明人张燮《东西洋考》暹罗条说:"三宝庙,在第二关,祀太监郑和。"

从帕南车寺以南,是日本人村、荷兰人村和阿拉伯人村。与帕南车寺隔河相望的是葡萄牙人村。这些外国人居住的地区,曾是阿瑜陀耶王朝与外国人进行贸易的重要场所。1984年,泰国艺术厅考古队对葡萄牙人村遗址进行考古发掘,挖出许多葡萄牙人的骨骸、陶瓷制作的烟具,以及碗、碟、银元、贝币、铜钱。适逢笔者到此参观,工作人员拿出土铜钱让笔者鉴别,其中除了少数几枚越南铜钱外,绝大多数为中国铜钱,最早的是宋熙宁通宝,最晚的是清康熙通宝。这里被建成一个小型博物馆。

(3)班清史前遗址

班清(Ban Chiang)位于泰国乌隆府依旺县,"班"是村子的意思,班清就是清村。1966年,一位名叫史蒂芬·杨的美国青年(当时美国驻泰国大使的儿子)到泰东北旅游,在清村无意拾到几块陶片,上面奇特的赭红色纹饰使他爱不释手。由于他的特殊身份,陶片被送到美国宾夕法尼亚大学用碳14方法测定,其年代为公元前3600—前1000年,引起了世界轰动,各国学者纷纷前来发掘。这就是班清文化遗址的由来。

陶器是班清出土文物的代表,以红纹陶最著名。发掘出来的陶器分为3个时期:

1)早期,大约公元前3600—前1000年。有盛儿童尸骨的瓮,为绳纹,肩部有刻纹。此外还有一种长颈的陶器,颈上饰以刻纹或绳纹,外观呈筒状。至于外形近于圆球形的陶器,其肩部常有刻文或彩绘。

班清博物馆

2)中期,大约公元前300—前200年。为白陶绘红纹或红色的泥水陶釉。

3)晚期,大约公元前200—公元200年。

不同时期的各种陶器大部分用于盛尸骨,相当一部分陶器保存良好,即使是破损的碎片,也可根据纹饰和外形将其复原。

专家对班清陶器的纹饰进行了收集、整理和研究,归纳为下述几类:

1)单螺纹。2)双螺纹。3)中国式的工字纹。4)钩形纹。5)蛋形纹。6)蛋形重叠为锁环纹。7)波浪纹。此外,还有鱼、牛等动物图形。

班清陶器纹饰的制作有固定的程序,通常采用刮、划、刻、刺、压、滚等方法。刻、划是用刀具在泥胎上制纹,刺、压则用来装饰花纹的细部。用绳子滚压常用于花纹不固定的情况。有时在陶胎上加泥成为凸起的纹饰,然后用笔蘸颜料彩绘。

班清出土的陶器最小的高15厘米,大的高达62厘米。陶器最常见的用途是盛死人的骨骸,也有造型不同的生活用具。

班清出土的青铜器和铁器有矛头、斧、箭簇、手镯、脚镯和鱼钩等。其中制作年代最早的是铜矛,大约有4 000年的历史,化学分析的结果是锡占3%,含量较一般青铜器低。除了铜矛外,班清出土的其他青铜器皆保持铜占85%—90%,锡占10%—15%的正常比例。

班清还发现了公元前7000—前500年的铁器,是一件矛,尖部是铁,尾部

是铜,说明那时铁很稀奇,后来铁器才逐渐变得平凡。经测试证明,班清出土的铁器是用直接冶炼法从矿石冶炼的,跟中国的间接冶炼法不同,不必像中国先炼出生铁,再加工成熟铁。

虽然班清出土的青铜器和铁器数量不多,但代表了泰国冶金发展史上的一个重要阶段。

班清是东南亚地区著名的史前文化遗址,说明当地居民至迟于5 000年前就懂得烧制陶器,并在上面绘制精彩的纹饰。这种用泥巴烧制的陶器传递着史前文化的符号。从红陶、白陶和黑陶的胎质、形状和纹饰,可以看出它们的制作工艺和用途。多数陶器用于盛死人骨骸,由此可见当时盛行瓮葬习俗。班清文化遗址也可用来与中国仰韶文化遗址、越南东山文化遗址等进行比较研究。1992年,班清文化遗址被联合国教科文组织列为世界文化遗产。

1992年,班清文化遗址被联合国教科文组织列为世界文化遗产

(4)纳黎萱—惠卡康野生动物保护区

1991年,纳黎萱—惠卡康野生动物保护区被列为世界自然遗产保护名录。

纳黎萱—惠卡康野生动物保护区位于泰国乌泰他尼府、北碧府和来兴府交界处,占地5 775平方公里,是多条河流的发源地,茂密的原始森林,繁衍着各种植物和动物,其中有28种濒临灭绝的重点保护动物,如野生水牛、羚羊和金钱豹等。

(5)考艾国家森林公园

2005年,考艾国家森林公园(Khao Yai National Park)被列入世界自然遗产保护名录。

考艾国家森林公园是泰国第一个国家级森林公园,位于帕侬冬拉山脉,面积2 168.64平方公里,覆盖北标、柯叻、巴真和那空那育等4府的11个县。它是那空那育河和蒙河的发源地,森林面积广阔,品种多样,有混交林、原始旱林和原始雨林等。绿草碧茵,水源充沛。栖息着500多种动物,250种鸟类,5 000种昆虫,216种蝴蝶。多处瀑布和湖泊构成美丽的自然景观。

第十章 拉玛九世领导下的当代泰国

六、当代泰国与中国的关系

1782年曼谷王朝建立伊始,拉玛一世就给中国清朝政府送来一份国书,原件现存北京故宫清史档案馆,上面说到其父郑昭因病身亡,其子郑华(即拉玛一世)继位,当遵循郑昭遗愿,"慎重无改旧制,当以社稷为念,天朝是尊"。暹罗作为一个属国,愿与中国继续维持朝贡式外交关系。

拉玛一世为什么自认是郑昭(郑信)之子郑华?可能是因为他曾娶郑昭之女为妃,从名分上说可以称郑昭为父。但究其更深层的意思,他作为郑昭的部下和亲信,当然知道吞武里政权建立后相当长的一段时间里,清朝政府因为郑昭不是阿瑜陀耶王族后裔,从封建正统观念出发,一直不肯承认郑昭的合法性。为了避免这种情况的再次发生,拉玛一世便自称是郑昭的儿子,子承父业,能够顺利地得到清廷的外交承认。

曼谷王朝建立伊始,为什么急于恢复与中国的朝贡关系?这是因为这种所谓的"政治上的藩属",只是在名义上让清政府产生一些自高自大的满足感,实际上则是一种朝贡贸易。暹罗通过进贡一些方物土产,从中国获得"赏赐"。由于中国自视为天朝,无所不有,采取"怀柔远人,厚往薄来"的方针,进贡成了不等价的商品交换,送来少许方物,却获得了大量赏赐。本来规定三年一贡,结果变成每年一贡:第一年派探贡船来,第二年贡使率船队来,第三年来船接贡使。"虽云修贡,实则慕利。"

与中国建立朝贡关系,不仅可以从经济上获利,在政治方面也可得到好处。缅甸是暹罗的世敌,泰缅之间曾发生旷日持久的战争。此时,中国也与缅甸进行着"乾隆征缅"的战争。依靠强大的中国,可以制衡缅甸,这是曼谷王朝基于政治方面的考量。

1784年,曼谷王朝拉玛一世的贡使正式抵达北京,受到清廷的接待。乾隆五十一年(1786年)"封郑华为暹罗国王",给他颁发了"暹罗国王之印"和朝服。此后的拉玛二世、拉玛三世和拉玛四世都各自有一个中文名。拉玛二世叫郑佛,嘉庆十五年(1810年)"封郑佛为暹罗王"。拉玛三世叫郑福,道光五年(1825年)"封世子郑福为暹罗国王"。拉玛四世叫郑明,如今曼谷王朝还保存着一张拉玛四世身穿中国朝服的照片。

如果说朝贡贸易是中暹两国政府垄断的官营贸易的话,那么康熙年间开始的中暹大米贸易则开启了民间私人贸易的先河。民间私人贸易以从暹罗贩运大米为契机，扩展到两国商品互通有无。中国从暹罗进口大米、香料、锡矿砂和方物土产，暹罗从中国买回瓷器、丝绸、茶叶和铁器。在朝贡式的官营贸易向民间私营贸易的转换过程中，广东十三行揭开了历史辉煌的一页。十三行作为清朝政府官方的代表，垄断了与外国商人的贸易，除了十三行外，外商不得与其他中国商人直接贸易。外国商船来到广东后，必须从十三行中申请一家牙行作保，由其代理船货税银的申报。如果有什么请求和陈述，皆由这家牙行向清政府转述。十三行因此获利甚巨，"银钱堆满十三行"。

由十三行充当清政府与外国船商之间的掮客或代办的通商制度，是中国独创的一种特殊制度，与当时西方人提出的自由通商的原则相悖，这也是引起1840年中英鸦片战争的原因之一。自此一战，中国一蹶不振。1853年，暹罗贡使经香港回国时，港英总督鲍林挑拨离间说，暹罗已跻身英、美、法等大国之列，不应再向中国朝贡。1855年，暹罗与英国签订了《鲍林条约》，接着西方列强蜂拥而至，相继与暹罗签订通商条约，沦为半封建半殖民地的中国，已不再是暹罗进出口贸易的主要对象。加之，暹罗经过拉玛五世的改革，思想观念发生了变化，不想继续维持昔日与中国的朝贡关系，遂以咸丰三年（1853年）暹罗贡使行抵河南商丘县遭强盗抢劫为口实，停止与中国的朝贡关系。

从暹罗停止进贡到1911年清朝覆灭，中泰之间都没有建立起近代的外交关系。暹罗作为一个名义上的独立国家，始终没有派外交官到中国来；而中国也没有到暹罗设立领事馆，尽管国内知识界和旅泰华侨呼声甚高，最终还是以民办的中华总商会和各种社团肩负起护侨的责任。

1911年辛亥革命爆发，中华民国成立，但由于南北对立，军阀混战，贻误了中泰建交的最佳时期。后来，中方虽然作出种种努力，但泰方没有表现出多大兴趣。第二次世界大战中，泰国銮披汶·颂堪政府投靠日本，成为日本的帮凶，以中国为敌。日本战败以后，中国成为联合国创始成员和安理会常任理事国，与美、英、法等盟国一道，并没有把泰国视为战败国，并于1946年1月与泰国订约，建立外交关系。李铁铮担任民国政府首任驻泰大使。

1949年中华人民共和国成立后，宣布新中国的外交方针是："凡与国民党反动派断绝关系，并对中华人民共和国采取友好态度的外国政府，中华人民共和国中央人民政府可在平等互利及互相尊重领土主权的基础上，与之谈判，建立外交关系。"但由于新中国和泰国分属两国敌对的阵营，导致无法建立正常的外交关系。这种情况一直维持到1972年，此时中泰之间开始了"乒乓外交"。

第十章 拉玛九世领导下的当代泰国

1972年9月，亚洲乒乓球锦标赛在北京举行，中国政府向亚洲乒乓球协会建议，邀请泰国乒乓球队到北京参赛。这是改善两国关系的良好契机。泰国方面派巴实·干乍那越（许敦茂）先生担任乒乓球队的顾问，来到中国。巴实先生通过与中国高层领导的会晤，阐述了泰国的立场和观点。泰国具有寻求改善与中国关系的诚意，最担心的问题是中国对泰国共产党的援助。中国领导人表示，各国人民的革命斗争是该国的内政，革命不是可以随意进口或输出的商品。中国与各国建交的原则和唯一条件是，该国必须承认中华人民共和国政府是中国的唯一合法政府，且需与台湾断绝外交关系，并承认台湾是中国领土不可分割的一部分。关于华侨政策，中国政府不赞成华侨持有双重国籍，海外华人应保持居留国的国籍，遵守居留国的法律。中国方面体谅到泰国对立即建交一事所面临的困难，同意先从经济、贸易、体育和文化等方面建立一些联系。

1972年10月，巴实先生又以泰国商业部部长的身份，率泰国商业贸易代表团参加中国广州秋季出口商品交易会，并带来他侬总理的口信："泰国人民并不敌视中国，希望借此增进了解。"

1973年6月，中国乒乓球队应邀到泰国进行友好访问。这是新中国成立后派往泰国的第一个代表团，受到泰国政府的高度重视和友好接待。泰国副总理巴博、总参谋长他威、外交部副部长差猜、警察总监助理春蓬等先后接见和宴请中国乒乓球队。巴博副总理说：中国乒乓球队访泰"架起了泰中两国人民了解的桥梁"。

作者采访巴实先生

紧接着泰国国内政局发生变动，1973年10月，他侬—巴博统治集团下台，结束了长达14年的军人统治，由法政大学校长讪耶·探玛塞出任临时政府总理。在这段时间里，中泰两国的体育代表团实现了多次互访。在世界油价飙升的情况下，中国主动提出向泰国出口石油和购买泰国烟叶的建议。1973年12月，外交部副部长差猜率政府代表团首次访华，达成中国以"友谊"价格向泰国出售5万吨柴油的协议。泰国政府宣布，从1974年1月起，准许中国所有的货物直接销往泰国。

1975年1月，泰国举行大选，社尼·巴莫被选为新的政府总理。3个月后，又被其胞弟克立·巴莫所取代。克立·巴莫总理宣布，他的政府奉行不结盟政策，同所有对泰国友好的国家建立友好关系。1975年6月30日，克立·巴莫应邀访问中国。7月1日，签署《联合公报》，宣布中泰两国从1975年7月1日起互相承认并建立外交关系。

自从中泰两国建立正式外交关系以来，39年里双边关系发展势头良好，在各个领域的合作取得了丰硕的成果。2012年，中泰两国建立了全面战略合作伙伴关系。2013年10月11—13日，中国总理李克强应泰国总理英拉邀请访问泰国，在曼谷发表了《中泰关系发展远景规划》，双方决定声明如下：

双方对当前两国关系和各个领域合作取得的进展表示满意。双方决定进一步发展中泰关系。政治方面，继续遵循《联合国宪章》的原则和宗旨，秉承和平共处五项原则，在涉及双方共同利益的重大问题上相互支持。以2012年4月19日发表的《关于建立全面战略合作伙伴关系的联合声明》为指导，采取具体措施，落实好《中泰战略性合作共同行动计划（2012—2016）》和《关于可持续发展合作备忘录》，推进各个领域务实合作。在经贸、投资和金融方面，通过中泰贸易、投资与经济合作联委会等机制，推动双边贸易便利化，促进双边贸易和投资的增长，希望2015年实现双边贸易额1 000亿美元的目标。加强投资信息交流，改善双边投资环境。密切在橡胶产业、生物塑料业和绿色产业方面的投资合作。在相关机制框架内加强合作社发展、农产品加工与贸易、农业企业投资和粮农政策协调方面的合作，提升两国农业水平。深化金融和银行合作，共同探讨提供更便利的人民币清算服务。在防务和安全方面，加强两军交流互访，深入开展两国国防部年度防务安全磋商，加强应对非传统安全威胁的联合军事演习和训练，扩大双方在人道主义援助、救灾和国防科技工业领域合作。深化安全和执法合作，加强预防和打击恐怖主义、贩毒、贩卖人口、非法移民、电信诈骗、洗钱、网络犯罪和双方关注的其他犯罪活动，深入推进湄公河流域执法安全合作机制建设。在交通互联互通方面，连接经过老挝和缅甸的铁路网络以及连通公路、港口和机场等基础设施，便利本地区货物和人员往来。中方有意参加廊开至帕栖高速铁路系统项目建设，泰国以农产品抵偿部分项目费用。在文教和旅游方面，落实两国文化部之间的文化合作执行计划，落实教育合作协议和相互承认高等教育学历和学位，鼓励更多游客赴对方国家旅游观光。在科技与创新方面，加强科技创新领域的合作，加强人才交流和人才培养，促进中泰技术转移，加强高科技领域的交流和合作。在能源方面，

第十章 拉玛九世领导下的当代泰国

背包客的聚集地——曼谷考山路

加强对化石燃料、电力、可再生能源和能源效率等方面的合作。在海洋领域，加强海洋和极地科学考察的合作，支持在普吉设立中泰气候与海洋生态联合实验室，欢迎泰方派员参与中方进行的南极科学考察和研究。在国际和地区合作方面，加强相互配合和支持，深化东盟与中、日、韩（10+3）、东盟峰会等东盟引领的地区框架下的合作。双方一致认为，南海问题应由直接有关的主权国家在国际法的基础上，通过直接友好协商和谈判和平解决。

总之，《中泰关系发展远景规划》为两国关系的发展制定了美好的蓝图。

作者点评：

自1946年拉玛九世登基至今，是拉玛九世领导下的当代泰国时期。

在这长达68年的历史时期内，泰国政治经历了许多政治风暴和跌宕起伏，多次出现军人专制的统治，又多次出现民选的文官政府；民主政治的发展进程屡被军事政变和军人执政所打断，使泰国成为当今世界上政变最频仍、政府更迭最频繁的国家之一。民选政府除了他信政府完成第一届4年的任期外，几乎没有哪届政府能够完满地渡过任期，有的甚至仅仅执政短短几个月。民众对民主政治的诉求，也经历了政党政治到街头抗争的不断转换。当代泰国政治如何才能跳出这个

"怪圈",不仅是泰国朝野最关心的问题,也是全世界的有关学者都在研究的问题。

泰国从1932年起实行君主立宪制,这是世界上许多国家从封建君主专制到民主政治过渡时所采取的一种制度。政府由选举产生,国王代表国家,但不问政事。如英国女王和日本天皇。泰国与之不同的是,《宪法》明文规定:国王是泰国的国家元首,武装力量的最高统帅,宗教的最高护卫者。因此,国王是至高无上和备受尊敬的人,任何人不得侵犯或在任何方面指控国王。国王在泰国具有崇高的地位。国王作为国家元首,通过国会、内阁和最高法院行使国家权力。

因此,泰国的君主立宪制从一开始就具备泰国式的特点:君主凌驾于政府和宪法之上。然而,君主与民主先天就存在一种对抗性,将两者妥善协调存在一定的困难。加之,由于泰国古代深受印度文化和婆罗门教的影响,森严的社会等级制度迄今仍余毒残存。他信总理执政时期,采取了一些惠及农村弱势群体的政策,等于打开了"潘多拉"的盒子,广大农民开始自觉地参与民主选举,一人一票,无论举行多少次大选,为泰党肯定是赢家。反对派不服,提出修改《宪法》,又难触动一人一票的民主底线。如何解决社会精英、特权阶层与社会下层民众的利益冲突,不可避免地成为泰国必须面临的社会矛盾。

当街头政治演变为激烈冲突和对抗时,民主显得苍白无力,只好由军人出来收拾残局。泰国的历届民选政府,虽然设有国防部和警察总监,但不能实际掌握军队和警察,这就给军人政变提供了机会和方便。当政治和社会矛盾难以解决时,便套用军人政变的老模式,并通过军人政权告诫泰国人民:暂时别再奢谈民主了,过一段时期社会安定了,再搞民主吧。

泰国不是不需要民主,但也不是任何时候都要搞民主,这就是拉玛九世领导下泰国民主之路的艰难和曲折。

在经济方面,当代泰国经历了战后经济恢复时期(1946—1961年)、实行经济和社会发展五年计划时期(1961—1997年)、1997年的金融风暴时期、经济复苏时期(2001—)。目前,因受政治动乱的影响,经济复苏步伐稍许减缓。

在宗教和文化教育方面,当代泰国实行宗教信仰自由的政策,从20世纪80年代开始对南部穆斯林采取比较合适的政策,鼓励他们对泰国的认同,使对抗趋于缓和。泰国政府把教育和培养人才作为实现国家现代化的根本,重点完善公立和私立大学的教学体系,与国外大学挂钩,并在华文教育方面取得了较好的成绩。

外交方面最大的亮点是通过乒乓球外交,1975年与中国建立外交关系。2012年,中泰两国建立了全面战略合作伙伴关系。2013年,在曼谷发表了《中泰关系发展远景规划》,为两国关系的发展制定了美好的蓝图。

附录一 泰国历代王朝年表

一、前素可泰王朝时期（公元1—13世纪）

1. 谌离国和夫甘都卢国（公元1世纪）
2. 金邻国（1—6世纪）
3. 盘盘国（5—8世纪）
4. 堕罗钵底国（5—11世纪）
5. 赤土国（6—10世纪）
6. 狼牙修国（2—13世纪）
7. 单马令国（10—17世纪）
8. 女王国（13世纪）
9. 八百媳妇国（13—18世纪）

二、素可泰王朝时期（1238—1419年）

1. 室利·膺它沙罗铁（Sri Indraditya），1238年即位。
2. 班孟（Ban Muang），即位年不详，前者之子。
3. 兰甘亨（Ram Khamhaeng），1279年即位，前者之弟。
4. 乐泰（Loethai），1298年即位，前者之子。
5. 沃南塔（Nguanamthom），1323年即位。
6. 利泰（Lithai），号称昙摩罗阇一世（Thammaracha I），1347年即位，乐泰之子。
7. 昙摩罗阇二世（Thammaracha II），1370年（？）即位，前者之子。
8. 昙摩罗阇三世（Thammaracha III），1406年即位，前者之子。

9. 昙摩罗阇四世（Thammaracha IV），1419年即位，前者之弟。

昙摩罗阇四世以后的统治者，仅仅是阿瑜陀耶王朝治下的世袭地方官。

三、阿瑜陀耶王朝时期（1350—1767年）

1. 拉玛铁菩提一世（Ramathibodi I），1350年即位。

2. 拉梅萱（Ramesuan），1369年即位，前者之子。

3. 波隆摩罗阇一世（Borommaracha I），1370年即位，前者叔父。

4. 东兰（Thong Lan），1388年即位，前者之子。

5. 拉梅萱（Ramesuan），1388年第2次即位。

6. 罗摩罗阇（Ramaracha），1395年即位，前者之子。

7. 膺陀罗阇（Intha Racha），1409年即位，波隆摩罗阇一世之侄。

8. 波隆摩罗阇二世（Borommaracha II），1424年即位，前者之子。

9. 波隆摩·戴莱洛迦纳（Boromma Trailokkanat），1448年即位，前者之子。

10. 波隆摩罗阇三世（Borommaracha III），1488年即位，前者之子。

11. 拉玛铁菩提二世（Ramathibodi II），1491年即位，前者之弟。

12. 波隆摩罗阇四世（Borommaracha IV），1529年即位，前者之子。

13. 叻德沙达（Ratsadathirat），1533年即位，前者之子。

14. 帕拉猜（Chairacha），1534年即位，波隆摩罗阇四世异母兄弟。

15. 盖法（Kaeofa, or Yotfa, 即育法），1546年即位，前者之子。

16. 坤哇拉旺沙（Khun Worawongsathirat），1548年即位，篡位者。

17. 摩诃·查克腊帕特（Maha Chakkraphat），1548年即位，帕拉猜之弟。

18. 马欣（Main），1568年即位，前者之子。

19. 摩诃·昙摩罗阇（Maha Thammaracha），1569年即位，素可泰王朝首相。

20. 纳黎萱（Naresuen），1590年即位，前者之子。

21. 厄迦陀沙律（Ekathotsarot），1605年即位，前者之弟。

22. 膺陀罗阇二世（Intha Racha II），即颂昙（Songtham），1611年即位，前者之子。

23. 策陀（Chettha），1628年即位，前者之子。

24. 阿滴耶旺（Athittayawong），1630年即位，前者之弟。

25. 帕拉塞·东（Prasat Thong），1630年即位，篡位者。

26. 昭法猜（Chao Fa Chai），1656年即位，前者之子。

27. 室利·素昙玛罗阁(Si Suthammaracha)，1656年即位，前者之叔。

28. 那莱(Narai)，1656年即位，昭法猜之弟。

29. 帕碧罗阁(Phetracha)，1688年即位，篡位者。

30. 帕昭·素(Phra Chao Suea)，1703年即位，前者之子。

31. 泰沙(Thai Sa)，1709年即位，前者之子。

32. 波隆摩阁(Borommakot)，即摩诃·昙摩罗阁二世(Maha Thammaracha II)，1732年即位，前者之弟。

33. 武通贲(Uthumphon)，1758年即位，前者之子。

34. 厄伽陀(Ekkathat)，即波隆摩罗阁五世(Borommaracha V)，1758年即位，前者之兄。

四、吞武里王朝时期（1767—1782年）

达信(Taksin)，即郑信，1767年即位。

五、曼谷王朝时期（1782年—）

1. 拉玛一世(Rama I)，中文名郑华，1782年即位。

2. 拉玛二世(Rama II)，中文名郑佛，1809年即位，前者之子。

3. 拉玛三世(Rama III)，中文名郑福，1824年即位，前者之子。

4. 拉玛四世(Rama IV)，中文名郑明，1851年即位，前者之弟。

5. 拉玛五世(Rama V)，朱拉隆功，1868年即位，前者之子。

6. 拉玛六世(Rama VI)，哇栖拉兀，1910年即位，前者之子。

7. 拉玛七世(Rama VII)，巴差铁扑，1925年即位，前者之弟。

8. 拉玛八世(Rama VIII)，阿南塔·玛希敦，1935年即位，前者之侄。

9. 拉玛九世(Rama IX)，普密蓬·阿杜德，1946年即位，前者之弟。

附录二 泰国历届政府总理任职日期表

历届政府总理		任职日期
1. 披耶·玛奴巴功（Phraya Manopakorn Nititada）	第一届	1932年6月28日
	第二届	1932年12月10日
	第三届	1933年4月3日
2. 披耶帕凤（Phraya Phahonphon Phayuhasena）	第一届	1933年6月25日
	第二届	1933年12月16日
	第三届	1934年9月22日
	第四届	1937年8月9日
	第五届	1937年12月21日
3. 銮披汶·颂堪（Plaek Phibunsongkhram）	第一届	1938年12月16日
	第二届	1942年3月7日
4. 宽·阿派旺（Khuang Aphaiwong）	第一届	1944年8月1日
5. 他威·汶耶革（Tawee Boonyaket）		1945年8月31日
6. 社尼·巴莫（Seni Pramoj）		1945年9月17日
7. 宽·阿派旺（Khuang Aphaiwong）	第二届	1946年1月13日
8. 比里·帕侬荣（Pridi Banomyong）	第一届	1946年3月24日
	第二届	1946年6月8日
	第三届	1946年6月11日
9. 銮探隆·那瓦沙瓦（Thawan Thamrongnawasawat）	第一届	1946年8月23日
	第二届	1947年5月30日
10. 宽·阿派旺（Khuang Aphaiwong）	第三届	1947年11月10日
	第四届	1948年1月21日
11. 銮披汶·颂堪（Plaek Phibunsongkhram）	第三届	1948年4月8日

附录二 泰国历届政府总理任职日期表

	第四届	1948年6月24日
	第五届	1951年11月9日
	第六届	1951年12月6日
	第七届	1952年3月24日
	第八届	1957年3月21日
12. 乃朴·沙拉信（Pote Sarasin）		1957年9月21日
13. 他侬·吉滴卡宗（Thanom Kittikachorn）	第一届	1958年1月1日
14. 沙立·他那叻（Sarit Thanarat）		1959年2月9日
15. 他侬·吉滴卡宗（Thanom Kittikachorn）	第二届	1963年12月
16. 讪耶·探玛塞（Sanya Dharmasakti）		1973年10月
17. 社尼·巴莫及克立·巴莫（Kukrit Pramoj）		1975年8月
18. 他宁·盖威迁（Thanin Kraivichien）		1976年10月
19. 江萨·差玛南（Kriangsak Chamanan）		1977年10月
20. 炳·廷素拉暖（Prem Tinsulanonda）		1980年2月
21. 差猜·春哈旺（Chatichai Choonhavan）		1988年7月
22. 阿南·班雅拉春（Anand Panyarachun）		1991年2月
23. 素金达·甲巴允（Suchinda Kraprayoon）		1992年4月
24. 川·立派（Chuan Leekpai）	第一届	1992年9月
25. 班汉·西巴阿差（Banharn Silpa-archa）		1995年7月
26. 差瓦立·永猜裕（Chavalit Yongchaiyudh）		1996年11月
27. 川·立派（Chuan Leekpai）	第二届	1997年11月9日
28. 他信·西那瓦（Thaksin Shinawatra）		2001年2月
29. 素拉育·朱拉暖（Surayud Chulanont）		2006年10月
30. 沙马·顺达卫（Samak Sundaravej）和 颂猜·旺沙瓦（Somchai Wongsawat）		2008年1月
31. 阿披实·威差奇瓦（Abhisit Vejjajiva）		2008年12月
32. 英拉·西那瓦（Yingluck Shinawatra）		2011年5月

2014年5月22日，军人发动政变，组成维护和平委员会，接管泰国政权。

附录三 参考书目

一、中文书籍

1. 《二十五史》
2. 李昉:《太平御览》
3. 杜佑:《通典》
4. 徐坚:《初学记》
5. 马端临:《文献通考》
6. 欧阳询:《艺文类聚》
7. 樊绰:《蛮书》
8. 玄奘:《大唐西域记》
9. 慧立、彦棕:《大慈恩寺三藏法师传》
10. 义净:《大唐西域求法高僧传》
11. 义净:《南海寄归内法传》
12. 周达观:《真腊风土记》
13. 汪大渊:《岛夷志略》
14. 赵汝适:《诸蕃志》
15. 黄省曾:《西洋朝贡典录》
16. 周去非:《岭外代答》
17. 王之春:《清朝柔远记》
18. 马欢:《瀛涯胜览》
19. 巩珍:《西洋番国志》
20. 费信:《星槎胜览》
21. 向达整理:《郑和航海图》

22. 向达校注:《两种海道针经》
23. 冯承钧:《西域南海史地考证译丛》第一、第二卷,商务印书馆1995年版。
24. 陈序经:《东南亚古史研究合集》上、下卷,海天出版社1992年版。
25. 霍尔:《东南亚史》上、下册,中山大学东南亚研究所译,商务印书馆1982年版。
26. 中山大学东南亚研究所:《泰国史》,广东人民出版社1987年版。
27. 姚楠、许钰编译:《古代南洋史地丛考》,商务印书馆1958年版。
28. 江应樑:《百夷传校注》,云南人民出版社1980年版。
29. 黄病佛:《锦绣泰国》,曼谷泰华文化出版社1974年版。
30. 余定邦、陈树森:《中泰关系史》,中华书局2009年版。
31. 中国东南亚研究会:《东南亚历史论文集》,河南人民出版社1987年版。
32. 梁志明等:《古代东南亚历史与文化研究》,昆仑出版社2006年版。
33. 黄惠焜:《从越人到泰人》,云南民族出版社1992年版。
34. 陈吕范主编:《泰族起源与南诏国研究文集》上、中、下集,中国书籍出版社2004年版。
35. 邹启宇:《南洋问珠录》,云南人民出版社1986年版。
36. 栾文华:《泰国文学史》,社会科学文献出版社1998年版。
37. 张锡镇、宋清润:《泰国民主政治论》,中国书籍出版社2013年版。
38. 段立生:《泰国文化艺术史》,商务印书馆2005年版。
39. 段立生:《泰国的中式寺庙》,曼谷大同出版社1996年版。
40. 段立生:《泰国史散论》,广西人民出版社1993年版。
41. 段立生:《泰国吞武里皇郑信中文史料汇编》,泰国华侨崇圣大学出版社1999年版。
42. 段立生:《中国与东南亚交流论集》,泰国大通出版社2001年版
43. 段立生、黄云静等:《东南亚宗教论集》,泰国大通出版社2002年版。
44. 段立生、范若兰等:《东南亚宗教嬗变对各国政治的影响》,泰国大通出版社2007年版。

二、英 文 书 籍

1. D.G.E. Hall, *A History of South-East Asia*, Macmillan Press Ltd, 1981.
2. G. William Skinner, *Chinese Society in Thailand: An Analyeical History*,

Cornell Uniwersity Press, 1957.

3. Engelbert Kaempter, *A Description of The Kingdom of Siam 1690*, Puplished by White Orchid Prss, 1987.

4. *Siam Society Culture and Environment in Thailand*, D.K.Printing House, 1989.

三、泰文书籍

1.ประวัติศาสตร์เอเชียตะวันออกเฉียงใต้

ผู้แต่ง ดี.จี.อี.ฮอลล์ แปล คุนวรุณยุพาสนิทวงศ์ ณ อยุธยา เป็นต้น

บริษัทสำนักพิมพ์ไทยวัฒนาพานิชจำกัด พ.ศ. 2526

2. สังคมจีนในไทย

ผู้แต่ง จี.วิลเลียมสกินเนอร์

แปล พรรณี ฉัตรพลรักษ์ เป็นต้น

มูลนิธิโตโยต้า พ.ศ. 2548

3. การเมืองจีนสยาม

เขียนและแปล เออิจิ มูราชิมา

บริษัทกู๊ดวิลเพรส (ประเทศไทย) จำกัด พ.ศ. 2539

4. อนุสาวรีย์วิรชนไทย

เรียบเรียง นายตรี อมาตยกุล

พิมพ์ที่ โรงพิมพ์ครุสภาลาดพร้าว

5. สังคโลกศรีสัชนาลัย

ผู้เขียน นายประโชติ สังขนุกิจ เป็นต้น

บริษัท อมรินทร์พริ้นติ้งกรุงเทพจำกัด พ.ศ. 2530

6. ศิลปะในประเทศไทย

ณ. หม่อมเจ้าสุภัทร ดิศดิศกุล

โรงพิมพ์ มหาวิทยาลัยธรรมศาสตร์ พ.ศ. 2539

7. ประวัติศาสตร์การปกครองและการเมืองไทย

ผ.ศ. ณรงค์ พ่วงพิศ

ภาควิชาประวัติศาสตร์ มศว. ประสานมิตร พ.ศ. 2527

8. ความสัมพันธ์ในระบบบรรณการระหว่างจีนกับไทย

สืบแสง พรหมบุณ แต่ง

กาณจนี ละอองศรี แปล

บริษัทโรงพิมพ์ ไทยวัฒนานิชจำกัด พ.ศ. 2525

9. ประวัติศาสตร์ศิลปะไทย

ศ.ดร.สันติเล็กสุขุม

ต่านสุทธาการพิมพ์

10. มรดกโลกในประเทศไทย

ณัฐวุฒิ เรียบเรียง

บริษัท เอส.ที.พี.เวิลด์มีเดียจำกัด พ.ศ. 2541

11. ปัญหาประวัติศาสตร์และโบราณคดีไทย

ศ. ขจรสุภพานิช

มหาวิทยาลัยศรีนครินทรวิโรฒ ประสานมิตร พ.ศ. 2525

12. **พระราชประวัติศาสตร์ ๙ กษัตริย์ไทย**

ดวงพร ทีปะปาล

โรงพิมพ์ อำนวยสาส์นการพิมพ์ พ.ศ. 2535

13. **สังคมไทยลุ่มแม่น้ำเจ้าพระยาก่อนสมัยศรีอยุธยา**

จิตรภูมิศักดิ์

สำนักพิมพ์ ดอกหญ้า พ.ศ. 2527

14. **พลิกประวัติศาสตร์แคว้นสุโขทัย**

สุจิตต์ วงศ์เทศ บรรณาธิการ

บริษัทมติชนจำกัด พ.ศ. 2540

15. **ศิลปะประจำชาติ ศป. 231**

จีธพัน สมประสงค์

สำนักพิมพ์ โอเดียนสโตร์ พ.ศ. 2524

16. **ประวัติศาสตร์ในประเทศไทยฉบับคู่มือนักศึกษา**

ผศ.ดร.พิริยะ ไกรฤกษ์

พิมพ์ที่ อมรินทร์การพิมพ์ พ.ศ. 2528

17. **เจดีย์**

ศ.ดร.สันติเล็กสุขุม

สำนักพิมพ์ มติชน พ.ศ. 2535

18. **ประชาธิปไตยกับชนชั้นกลาง**

ดร.ปรีดี เกษมทรัพย์

สำนักพิมพ์ วิญญูชน พ.ศ. 2535

19. **ทักษิณชินวัตร**

ไพโรจน์อยู่มณเฑียรรุจน์ มัณฑิรา เรียบเรียง

บริษัทสำนักพิมพ์น้ำฝนจำกัด พ.ศ. 2544

20. **ยิ่งลักษณ์จะไปหรือประเทศไทยจะเปลี่ยน**

จิตรกรบุษบา

สำนักพิมพ์ บานชื่น พ.ศ. 2555

图书在版编目(CIP)数据

泰国通史 / 段立生著. — 上海：上海社会科学院出版社，2014
（世界历史文化丛书）
ISBN 978-7-5520-0727-5

Ⅰ.①泰… Ⅱ.①段… Ⅲ.①泰国—历史 Ⅳ.①K336.0

中国版本图书馆CIP数据核字（2014）第253713号

泰国通史

作　　者：	段立生
丛书策划：	张广勇
插　　图：	段立生、张　敏、蔡幼声等
责任编辑：	张广勇
封面设计：	闵　敏
出版发行：	上海社会科学院出版社
	上海顺昌路622号　邮编200025
	电话总机 021-63315947　销售热线 021-53063735
	https://cbs.sass.org.cn　E-mail:sassp@sassp.cn
排　　版：	南京展望文化发展有限公司
印　　刷：	上海颛辉印刷厂有限公司
开　　本：	710毫米×1010毫米　1/16
印　　张：	21
插　　页：	2
字　　数：	366千
版　　次：	2014年12月第1版　2025年9月第10次印刷

ISBN 978-7-5520-0727-5/K·254　　　　定价：60.00元

版权所有　翻印必究